22일간의 **신화창조**
The Show 영문법

2010년 2월 19일 초판 1쇄 인쇄
2010년 2월 26일 초판 1쇄 발행

저자 이정금
펴낸이 정정례
펴낸곳 삼영서관
디자인 디자인클립

주소 서울 동대문구 답십리3동 469-9 1F
전화 02) 2242-3668 팩스 02) 2242-3669
홈페이지 www.sysk.kr
이메일 sysk@paran.com
등록일 1978년 9월 18일
등록번호 제1-261호

ISBN 978-89-7318-330-2 13740

책값 15,800원

Copyright©2010 by 삼영서관
First edition printed in 2010. Printed in Korea.

※ 파본은 교환하여 드립니다.

※ 이 책에 실린 모든 내용, 디자인, 이미지의 저작권은 도서출판 삼영서관과 저자에게 있습니다.
   이 책을 무단 복사, 복제, 전재하는 것은 저작권법에 저촉됩니다.

22일간의 신화창조

THE SHOW 영문법

Lyla 샘 _ 이정금 저

Samyoung Publishing House

| The Show 영문법 |

대학 새내기 시절 night school(야학)의 영어교사를 starting point(출발점)로 공교육과 사교육의 현장을 두루 섭렵하며 학생들을 지도해온지 어느새 30여년, 이 세월 동안 많은 것이 변했고, global village(지구촌)란 신조어가 생길 만큼 세계는 가까워졌습니다.

Global language(국제어)로서의 영어의 위상은 더욱 높아졌고 영어에 대한 우리들의 인식과 학습방법에도 많은 변화가 있었습니다. 하지만 영어를 잘하기 위해 갖춰야만 할 four competence(능력)인 listening, speaking, reading, writing을 위해 기본 체계를 잡아줄 영문법에 관해서라면 별반 달라진 것이 없습니다. 서점에 나가보면 수많은 영문법 책이 있지만, 그 내용을 살펴보면 단행본과 전문교재라는 양극화 현상만 두드러질 뿐입니다. 쉬운듯하지만 영문법의 체계를 기초부터 심화까지 완전하게 구축하기에는 내용이 부족한 단행본, 내용은 탄탄하지만 재미라곤 찾아볼 수 없는 hard & boring한 전문교재, 이 양극화를 넘어 톡톡 튀는 재미와 충실한 내용을 한권에 담아내는 edge있는 영문법 책은 찾아 볼 수 없는 것이 작금의 실정입니다.

영문법의 유기적인 구조관계를 한 눈에 보여줄 수 있도록 well-planned되고 well-organized된 목차와 각 어법의 핵심개념을 콕 찍어 보여줄 수 있는 eye-catching show가 있는 책, show story가 주는 개념을 바탕으로 영문법에 관한 기초와 체계를 완전하게 구축해 grammar master가 되고 이를 발판으로 영어 달인에 대한 꿈과 희망을 갖게 해 줄 Dream society에 부응 할 수 있는 차세대 교재가 절실하게 필요한 시점입니다.

핵심 개념은 쉽고 재미있게 story로 잡지만 이론은 Build Up을 통해 구체적이고 체계적으로 구축해 진정한 grammar master가 될 수 있도록, 7년 간 기획되고 의도된 책이 바로 『The Show 영문법』입니다.

영문법을 위한 영문법이 아니라 영어의 달인이 되기 위한 도구로 활용할 수 있도록 해주는 new version, new style book. 영문법 창조 전 과정을 영상화할 수 있는 story는 물론 그 story를 체계적으로 논리정연하게 memory box 안에 저장할 수 있도록 해주는 Dream society에 부응하는 책입니다. 기초편인 품사는 물론 구, 절, 심지어는 어려운 구문조차도 show를 통해 쉽고 재미있게 master할 수 있도록 특별하게 기획된 책이 바로 『The Show 영문법』입니다.

Grammar still got you down? (문법이라면 여전히 자신이 없나요?)
If you feel that way, just enjoy this show. (만약 그렇다면, 이 쇼만 즐기세요.)
Show will guide you to the summit. (쇼가 여러분을 정상으로 안내할 것입니다.)

영문법의 유기적인 구조관계를 한 눈에 파악할 수 있는 well-organized된 contents와 완전학습을 위해 미리 well-planned된 main body, 그리고 여러분의 영문법 공부를 유쾌, 상쾌, 통쾌하게 만들어 줄 eye-catching show가 있는 『The show 영문법』의 나라로 여러분을 초대합니다.

| The Show 영문법 |

영문법의 유기적인 구조 관계에 관한 체계를 확실하게 구축하고 어법의 세부적인 특징과 용법을 완전하게 내재화 할 수 있도록, 22일간의 창조 전 과정을 통해 문장이 구성되는 과정을 three levels & five acts로 구분했습니다. 1막과 2막은 문장과 품사 편에 해당하는 왕초보를 위한 basic course, 3막과 4막은 구와 절편에 해당하는 중급편인 intermediate course, 5막은 구문 편에 해당하는 고급편 advanced course로 구성하였습니다.

1막 (All about the sentence)
문장에 관한 기본적인 개념과 체계를 구축하기 위한 곳으로 문장의 구성단위, 문장의 구성요소, 5형식 문형, 그리고 문장의 종류에 관한 4일간의 창조 story로 구성됩니다.

2막 (All about the parts of speech)
문장 구성에 있어 최소 단위가 되는 단어, 그리고 그와 불가분의 관계에 있는 품사들, 특히 8품사의 특징과 역할, 용법에 관한 상세한 profile이 소개되는 장으로 관사를 포함해 9일간의 창조 story로 구성됩니다. 품사들은 역할에 따른 Power순으로 배열하였기 때문에 8품사의 역할에 관해 보다 정확하고 구체적으로 학습할 수 있습니다.

3막 (All about the phrase)
문장 구성의 두 번째 단위가 되는 구의 특징과 역할에 관해 master하기 위한 곳으로 구동사의 상징인 super동사-부정사, 동명사, 분사에 관한 3일간의 창조 story로 구성됩니다.

4막 (All about the clause)
문장 구성의 마지막 단위가 되는 절에 관한 이야기로 접속사와 대명사의 역할을 동시에 하는 관계대명사와 접속사와 부사의 역할을 동시에 담아내는 관계부사, 그리고 복합관계사가 유도하는 각 절에 관한 이야기로 2일간의 story로 구성됩니다.

5막 (All about the others)
수동태, 가정법, 일치, 화법, 그리고 특수구문에 관한 구문까지 완전하게 tackle 함으로써 영문법의 전 과정을 master합니다. 4일간의 story로 구성됩니다.

Sum up
영문법의 Goal을 완벽하게 달성할 수 있도록 1막에서는 문장이란 골격을 잡고, 2막에서는 그 문장을 구성하는 최소 단위인 단어, 즉, 품사에 관해 완전하게 내재화하고, 3막에서는 이를 바탕으로 두 단어 이상이 모여 품사 역할을 하는 구를 내재화하고, 4막에서는 두 단어 이상이 주어+동사의 관계를 나타내며 품사의 역할을 하는 절을, 마지막 5막에서는 앞에서 쌓은 기본기를 바탕으로 어려운 구문을 tackle하게 함으로써 학습의 전이 효과를 극대화하고 완전하게 영문법의 전 과정을 master할 수 있도록 했습니다.

 교육학자 Bloom이 추구하는 완전학습에 도달할 수 있도록 본문을 four process로 구성하였습니다.

Intro

 동기유발과 시선을 집중하기 위해 준비된 첫 도입부로 그 날의 main topic이 될 어법의 탄생 과정에 관한 창조 behind story가 창조주 제우스와 도우미 참모들의 회의 장면을 통해 fantastic하게 펼쳐집니다.

 Show의 주인공이 될 어법에 관해 알려줌으로써 구체적인 학습목표와 성취할 Goal에 관해 명확하게 제시합니다.

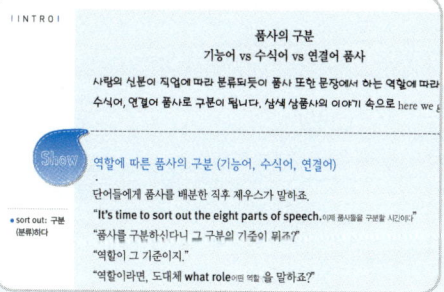

Show

이 책의 가장 특징적인 부분으로서 Build Up에서 다루게 될 어법의 핵심개념과 central meaning을 미리 catch하기 위한 곳입니다. 본격적인 학습에 앞서 부드럽게 연착륙할 수 있도록 마련된 warming up corner로 story와 그 story를 image화 할 수 있는 간단한 삽화로 구성했습니다.

창조주와 피조물인 영어들이 사람처럼 말하고 행동하는 happening을 Show를 통해 보여주는 곳으로 영문법에 관한 체계를 정확하고 완전하게 잡을 수 있는 곳입니다.

의인화되고 characterized된 창조주와 피조물 8품사들이 무대로 올라와 자신들의 특징과 역할에 관해 소개하는 Show를 통해 각 어법의 핵심개념, central meaning을 파악해 쉽게 다음에 오는 Build Up에 연착륙할 수 있도록 마련된 Show야말로 『The Show 영문법』만이 가지는 exclusive corner입니다.

Show에 관한 자세한 것은 Wrap Up 뒤에 있는 Show synopsis를 참고하세요.

* Show는 물론, Build Up 예문에 사용되는 8품사는 모두 의인화 된 놈들입니다.
  먼저 이들과 자연스럽게 친구가 되어보세요. 꽤 괜찮은 놈들입니다. ^^

Build Up

본격적인 학습이 이루어지는 장으로 각 어법 이론에 대한 설명이 체계적이고 논리정연하게 이루어지는 곳입니다. Show에서 얻은 개념을 바탕으로 어법의 용법을 익히고 또한 예문을 통해 그 어법을 응용함으로써 어법을 내재화하기 때문에 아무리 어려운 어법도 쉽게 master할 수 있습니다. Show와의 연계를 위해 show에 등장하는 익살스러운 품사들을 주어로 예문을 준비했기 때문에 자연스럽게 어법을 내재화하고 또한 응용할 수 있습니다.

Wrap Up

Check up을 위한 곳으로 어법의 point를 다시 한 번 파악하고 또한 문제풀이 과정을 통해 문법 문제에 대한 해결능력을 길러서 말 그대로 Wrap Up, 만족스럽게 마무리하기 위한 corner입니다. 중고 내신과 수능에 단골 메뉴로 등장하는 어법 문제 위주로 선별했기 때문에 point있게 공부할 수 있습니다.

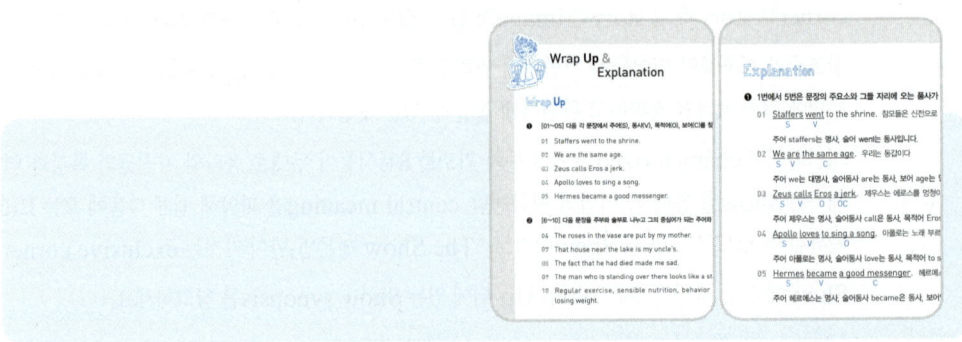

영어에는 왕도가 없지만 영어에 대한 규칙과 체계를 구축해주는 영문법 학습에는 왕도가 있습니다. 영문법의 전 과정을 한 눈에 볼 수 있는 Well-organized된 contents, 그리고 어법의 핵심개념을 잡아주는 Show가 바로 그 비밀입니다.

진정한 영문법의 달인이 되고 싶다면 『The Show 영문법』의 목차대로 기본과 체계를 지키며 step by step 오세요. 당신도 분명 달인이 될 수 있습니다. I bet!

| The Show 영문법 |

Who? Why? How?
누가 영문법을 창조했을까?
왜 창조되었을까?
각 어법은 실제로 문장에서 어떻게 사용될까?

이들 3Q에 관한 대답을 찾아보세요.

영문법을 창조하기 전 English Kingdom은 혼돈에 빠져 있었다. 영어왕국의 백성인 단어들은 자신들의 identity정체성를 나타내줄 품사명을 받지 못해 구와 절은 물론 최고의 dream이며 존재이유인 문장으로 갈 길을 찾지 못해 신음하고 있었다.
"Who the hell am I? 도대체 나는 뉴~규?"
자신들에게 이름을 주고 동시에 문장 구성을 위해 헌신할 역할까지 정해줄 품사를 갈망하는 단어들의 절규는 결국 지상의 boundary를 넘어 신전에 사는 신들의 짱인 제우스의 귀에까지 퍼져가게 된다.
어느 오후 석양의 어스름에 서서 일몰을 바라보다 이 절규를 듣게 된 제우스는 순간 자신이 창조주가 되겠다는 깜찍한 발상을 하게 된다

그 후 제우스는 긴 시간을 두문불출하며 홀로 영문법에 관한 lay out을 끝내고는 자신의 창조 사업에 동참할 참모 다섯 명을 pick up하게 된다. 소위 신들 중 한 머리(brainy)한다는 아폴로, 아테나, 그리고 전령(messenger)이 될 헤르메스, 자신의 아내 헤라와 애첩 아프로디테가 그들이다. 하지만 뒤늦게 이 사실을 알게 된 개념상실 에로스가 "Count me in, please.(나도 끼워줘요, 제발)"하며 강하게 appeal을 하자 어쩔 수 없이 끼워주게 된다.

그 후 영어왕국의 모임과 학술의 장인 agora로 내려간 제우스와 참모들은 첫 mission으로 단어들이 오매불망 그리던 품사 명을 단어들에게 나누어주게 된다. 이를 starting point로 22일간 창조주와 이들 피조물들이 interaction하며 좌충우돌하는 영문법의 창조여정이 역동적으로 전개되고 마침내 영문법이 완성된다.

Show의 reality와 통통 튀는 재미를 위해 8품사는 물론 구동사와 관계사까지도 모두 이들의 특징과 역할에 맞게 characterizing했다. 이들 character는 show에 등장하는 앙증맞은 삽화를 통해 볼 수 있다.

참고로 이 show를 100배 즐길 수 있는 관전 point는 다음과 같다.

| The Show 영문법 |

관전 포인트

하나, 8품사는 물론 기타 어법에 등장하는 terms(용어)들의 nickname에 유의할 것.

중요한 8품사는 물론 기타의 어법 용어들에 친밀감을 느낄 수 있도록, 또한 이들의 특징과 역할을 한 눈에 catch할 수 있도록 nickname을 붙였으므로 함께 기억하면 it really pays ^^

둘, 메가폰을 통해 전달되는 내용

Megaphone은 피조물인 영어들이 창조주 제우스에게 자신들의 요구를 전달하는, 또한 제우스가 자신의 뜻을 전달하는 대화의 창이다. 즉, 이 메가폰을 통해 전달되는 내용들은 주로 어법의 핵심개념과 관계가 있기 때문에 extra caution이 필요하며, 이를 숙지하면 Build Up에 매우 쉽게 연착륙할 수 있다.

셋, vocabulary & survival English 익히기

Show에 나오는 어휘, 간단한 회화 표현을 함께 익혀두면 it will be worth. 저자의 field experience를 살려 삽입한 빈출 어휘이므로 따로 word card를 만들어 정리하면 even better.

| The Show 영문법 |

주요 등장인물에 대한 profile

1. Creator (창조주)

❶ 제우스(Zeus): 창조의 신. 다혈질이며 쉽게 욱하지만 결국 영문법을 완성한다.

2. Staff members (참모들)

❷ 헤라(Hera): 제우스의 조강지처. 아름답지만 질투와 보복의 화신이다.

❸ 아테나(Athena): 지혜의 여신. 위기 때 마다 제우스를 돕는 idea maker이다.

❹ 아프로디테(Aphrodite): 미의 여신. 제우스의 애첩이며 헤라의 숙적이다.

❺ 아폴로(Apollo): 지혜와 음악의 신으로 수금 연주의 달인이며 아테나와 더불어 창조의 일등 공신이다.

❻ 에로스(Eros): 개념상실, 연애질의 달인이며 단순 무식해 별명이 단무지다. *단순, 무식, 지랄 ㅋㅋ

❼ 헤르메스(Hermes): messenger, 전령의 신으로 제우스의 명령을 영어나라에 전달한다.

| The Show 영문법 |

Contents

창조 1막
All about the sentence
_ Story 01
_ Story 02
_ Story 03
_ Story 04

첫째 날: 문장을 구성하는 최소단위 세 놈 이야기 | 26

Episode #1 _ 8품사 창조와 배분에 관한 이야기 | 27
1. 단어와 품사의 관계 | 29 　Show 품사, 너는 내 운명 | 27
2. 역할에 따른 품사의 구분 | 31 　Show 기능어, 수식어, 연결어 품사 | 31
3. 품사의 변화 | 32

Episode #2 _ 구와 절에 관한 이야기 | 34
1. 구(phrase) | 35 　Show Single단어와 couple구의 battle | 34
2. 절(clause) | 36

Wrap Up & Explanation | 38

둘째 날: 문장의 사대천왕 주동목보 이야기 | 40

Episode #1 _ 사대천왕 창조와 그를 위한 품사의 casting | 41
1. 사대천왕의 등극 | 43 　Show 주동목보에 관한 화려한 profile(신상소개서) | 41
2. 사대천왕을 위한 품사 casting | 45
　　Show 사대천왕과 품사의 mating(짝짓기) | 44

Episode #2 _ 종요소와 주부, 술부에 관한 이야기 | 47
1. 수식어 | 48 　Show 수식어, 연결어 품사의 이유 있는 반항 | 47
2. 주부와 술부 | 49 　Show 주부와 술부의 영역다툼 | 48

Wrap Up & Explanation | 52

셋째 날: 문형과 동사 오형제 이야기 | 54

Episode # 1 _ 5형식 문형과 동사 오형제에 관한 건방진 profile 팍! 팍! | 55
1. 1형식 | 57 　Show 교만 완자의 교만한 profile | 55
2. 2형식 | 57 　Show 겸손 불자의 겸손한 profile | 55
3. 3형식 | 58 　Show 목적 완타의 목적 있는 profile | 56
4. 4형식 | 58 　Show 두목 수여에 관한 profilc | 56
5. 5형식 | 58 　Show 부족 불타의 모자란 profile | 56

Episode #2 _ 특히 주목할 까칠 동사들에 관한 이야기 | 59
1. 1탄 감각동사와 부사 | 60 　Show 부사, 너는 나의 원수! | 59
2. 2탄 타동사 vs 전치사 | 62 　Show 전치사, 제발, 꺼져줄래? | 61
3. 3탄 수여동사 | 63 　Show 두목의 서열 다툼 | 62
4. 4탄 불완전타동사 | 66 　Show 사역동사의 음모 | 65

Wrap Up & Explanation | 68

넷째 날: 문장을 구조와 내용에 따라 구분하는 이야기 | 70

Episode #1 _ 구조(형태)상의 분류 | 71

  <u>1</u> 단문 | 72   **Show** 일부(주)일처(동)제 | 71
  <u>2</u> 중문 | 73   **Show** 용호상박 | 72
  <u>3</u> 복문 | 74   **Show** 마님, 저는 마님의 영원한 돌쇠구먼요 | 73
  <u>4</u> 혼합문 | 75   **Show** 중문과 복문의 만남 | 74

Episode #2 _ 내용(의미)상의 분류 | 76

  <u>1</u> 평서문 | 77   **Show** 부정문과 두더지 삼형제 | 76
  <u>2</u> 의문문 | 79   **Show** 말도 많고 탈도 많은 의문문 6종 set | 79
                        Show 우리는 자체발광 특수의문사 | 81
                        Show 의문문의 대굴욕 | 83
                        Show 유추동사와 의무사의 귀환 | 86
  <u>3</u> 명령문 | 88
  <u>4</u> 감탄문 | 88
  <u>5</u> 기원문 | 89

Wrap Up & Explanation | 90

다섯째 날: No.1 지존품사 명사 이야기 | 94

Episode #1 _ 명사의 역할과 종류에 관한 이야기 | 95

  <u>1</u> 명사의 역할 | 96   **Show** 모범명사 vs 불량동사 | 95
  <u>2</u> 명사의 종류 | 98   **Show** 명사 5대 가문에 관한 briefing | 96
                        Show 단수냐, 복수냐, 그것이 문제로다 | 98
                        Show 물질명사들의 결사항쟁 | 100

Episode #2 _ 명사의 makeover(변신)는 무죄 | 103

  <u>1</u> 명사의 전환 | 104   **Show** 명사의 변신은 무죄 | 103
  <u>2</u> 명사의 수 | 106   **Show** 명사의 수, 성, 격 | 105
  <u>3</u> 명사의 성 | 107   <u>4</u> 명사의 격 | 108

Wrap Up & Explanation | 111

창조 2막

All about the parts of speech

_ Story 05
_ Story 06
_ Story 07
_ Story 08
_ Story 09
_ Story 10
_ Story 11
_ Story 12
_ Story 13

창조 2막

여섯째 날: 명사의 대타(replacement) 대명사 이야기 | 114

Episode #1 _ 사람을 대신하는 인칭과 지시대명사 이야기 | 115

1 대명사의 역할 | 116   Show 대명사와 동사의 battle | 115
2 인칭대명사 | 117   Show 대명사 5대 가문에 관한 profile | 116
                    Show 재귀대명사는 돌아오는 대명사야! | 118
3 지시대명사 | 120   Show This와 That의 conspiracy(음모) | 120
4 특별한 대명사 It | 123   Show special It의 담판 | 122

Episode #2 _ 도끼병에 빠진 의문과 상실감에 빠진 부정대명사 이야기 | 125

1 의문대명사 | 125   Show 의대삼총사 Who, Which, What | 125
2 부정대명사 | 127   Show 부정대명사의 굴욕 | 126

Wrap Up & Explanation | 132

일곱째 날: No.2 행동대장 동사 이야기 | 134

Episode #1 _ 3대 가문 동사와 어미활용에 관한 이야기 | 135

1 Be동사에 관한 profile | 136   Show 절대 권력을 갖게 된 Be동사 | 135
2 동사의 어미활용 | 138   Show 규칙동사 vs 불규칙동사 | 137

Episode #2 _ 동사가 관리하는 12시제 이야기 | 141

1 기본 3시제 | 142   Show 12시제의 축이죠 | 141
2 진행형 3시제 | 144   Show 진행형의 상징 Be동사 | 143
3 완료형 3시제 | 147   Show 양다리의 대가 완료 | 146
4 완료진행형 3시제 | 150   Show 완료진행형 vs 현재진행형 | 149

Wrap Up & Explanation | 152

여덟째 날: 동사의 도우미 조동사 이야기 | 156

Episode #1 _ 조동사의 두 얼굴 | 157

1 자체발광 조동사 Modal | 158
   Show 자체발광 modal vs 용병 auxiliary | 157
2 용병 Auxiliary | 158

Episode #2 _ Modal, 그들만의 특별한 이야기 | 160

1 can, could | 161   Show modal 간의 power game | 160
2 may, might | 162   Show 추측 조동사와 해피의 특별한 만남 | 166
3 must | 162
4 will, shall | 163
5 would, should | 164
6 used to, ought to | 165

창조 2막

<u>7</u> need to, dare (to) **|** 166
<u>8</u> 조동사와 현재완료 **|** 168
<u>9</u> 조동사를 이용한 관용표현 **|** 168

Wrap Up & Explanation **|** 170

아홉째 날: 명사의 위상을 높여주는 관사 이야기 **|** 172

Episode #1 _ 관사의 두 얼굴 | 173

<u>1</u> 부정관사 **|** 174   🅢 Show 소박 털털 부정관사 a, an **|** 173
<u>2</u> 정관사 **|** 176   🅢 Show 된장녀 정관사 **|** 175

Episode #2 _ 관사와 기타 한정사 간의 서열 다툼 | 179

<u>1</u> 한정사 간의 어순 **|** 180   🅢 Show 관사와 such, so의 대격돌 **|** 179
<u>2</u> 이중소유격 **|** 182   🅢 Show 한정사와 소유격의 잘못된 만남 **|** 181
<u>3</u> 관사와 명사의 수 **|** 183

Wrap Up & Explanation **|** 184

열째 날: 명사의 makeup artist 형용사 이야기 **|** 188

Episode #1 _ 언어의 마술사 형용사에 관한 profile 팍! 팍! | 189

<u>1</u> 형용사의 두 용법 **|** 190   🅢 Show 한정 vs 서술 **|** 189
<u>2</u> 형용사의 종류 **|** 191   🅢 Show 형용사 3대 가문 **|** 191
                          🅢 Show 수량의 지존 Many vs Much **|** 192
                          🅢 Show 두 부정형용사 Some과 Any 이야기 **|** 194
<u>3</u> 형용사의 위치 **|** 196

Episode #2 _ 형용사의 세 급 이야기 | 198

<u>1</u> 원급 **|** 199   🅢 Show 헤라와 아프로디테의 미모는 막상막하 **|** 198
<u>2</u> 비교급 **|** 199
<u>3</u> 최상급 **|** 202

Wrap Up & Explanation **|** 204

열한째 날: 수식의 달인 부사 이야기 **|** 208

Episode #1 _ 수식의 달인 부사에 관한 오지랖 넓은 profile 팍! 팍! | 209

<u>1</u> 부사의 역할 **|** 210   🅢 Show 수식의 달인 부사 **|** 209
<u>2</u> 부사의 형태 **|** 210   🅢 Show 순종부사 vs 잡종부사 **|** 212
<u>3</u> 부사의 종류 **|** 214   🅢 Show 3대 가문 부사 다 모여! **|** 213
<u>4</u> 부사의 위치 **|** 216

Episode #2 _ 시간, 정도 부사들의 internal fight(내분) | 218

1 시간부사 | 219 　🔵Show Ago와 Before의 대격돌 | 218
2 Already vs Yet vs Still | 220 　🔵Show Already와 Yet의 찐한 우정 | 219
3 Very vs Much | 221 　🔵Show Very vs Much의 대격돌 | 221

Wrap Up & Explanation | 224

열두째 날: 연결어 접속사 이야기

Episode #1 _ 접속사와 접속부사에 관한 profile | 227

1 접속사 vs 접속부사 | 228 　🔵Show 연결어 접속사 vs 이정표 접속부사 | 227
2 접속사의 종류 | 229 　🔵Show 형태와 역할에 따라 구분하는 접속사 | 230
　　　　　　　　　　　🔵Show 바늘과 실 상관접속사 | 232

Episode #2 _ 종속접속사가 이끄는 세 종속절 이야기 | 234

1 명사절 | 235 　🔵Show 명사절, 형용사절, 부사절로 거듭나는 종속절 | 234
2 부사절 | 236
3 형용사절 | 238

Wrap Up & Explanation | 239

열셋째 날: Navigation 전치사 이야기 | 242

Episode #1 _ 전치사의 역할과 종류에 관한 이야기 | 243

1 전치사의 역할 | 244 　🔵Show 전치사 story | 243
2 전치사의 종류 | 247

Episode #2 _ Match made in heaven(천생연분) 전치사와 명사 | 249

1 전치사의 목적어 | 250 　🔵Show 명사 family만 okay | 249
2 전치사의 위치 | 250
3 전명구의 역할 | 250 　🔵Show 전명구 story | 252

Wrap Up & Explanation | 254

열넷째 날: Super동사 1탄 부정사 이야기 | 258

Episode #1 _ Super동사 부정사에 관한 profile | 259

1 부정사의 특징 | 260 　🔵Show 부정사와 동사의 대격돌 | 259
2 부정사의 세 용법 | 260 　🔵Show 의문사와 부정사의 연맹 & 왕따 된 why | 261
　　　　　　　　　　　🔵Show 자체발광 Be to 구문 | 263

Episode #2 _ 부정사의 주어, 시제, 태에 관한 이야기 | 267

창조 3막
All about the phrase
_ Story 14
_ Story 15
_ Story 16

1 부정사의 주어, 시제, 태에 관한 이야기 I 268　　🔵Show 부정사의 의미상의 주어 I 267
　　2 원형부정사 관용표현 I 270

Wrap Up & Explanation I 272

열다섯째 날: Super동사 2탄 동명사(gerund) 이야기 I 274

Episode #1 _ 동명사에 관한 profile I 275

　　1 동명사 vs 동사 I 276　　🔵Show 동사의 두 번째 굴욕 I 275
　　2 동명사의 역할 I 276　　🔵Show 전치사의 목적어가 되기에 너무 먼 동사 I 277
　　3 동명사 만들기 I 278

Episode #2 _ 동명사와 명사절의 특별한 관계 I 280

　　1 동명사의 주어 I 281　　🔵Show 명사절의 diet 성공기 I 280
　　2 동명사의 시제 I 281
　　3 동명사의 태 I 282
　　4 부사모 vs 동사모 I 283　　🔵Show 동사모 vs 부사모 I 283
　　5 동명사 관용표현 I 285

Wrap Up & Explanation I 288

열여섯째 날: Super동사 3탄 분사 이야기 I 290

Episode #1 _ 두 분사에 관한 서로 다른 profile 팍! 팍! I 291

　　1 동명사 vs 현재분사 I 292　　🔵Show 현재분사와 동명사의 대격돌 I 291
　　2 분사의 두 얼굴 I 293

Episode #2 _ 분사구문과 부사절의 은밀한 관계 I 295

　　1 분사구문 I 296　　🔵Show 부사절의 diet 성공기 I 295
　　2 독립분사구문 I 298
　　3 분사구문의 시제와 태 I 298

Wrap Up & Explanation I 300

창조 4막
All about the clause
_ Story 17
_ Story 18

열일곱째 날: 접속사와 대명사의 역할을 한 방에 해결하는 관계대명사 이야기 I 304

Episode #1 _ 4대 관계대명사에 관한 다양한 profile 팍! 팍! I 305

　　1 관계대명사 who, which I 305　　🔵Show 사람을 수식하는 who I 305
　　　　　　　　　　　　　　　　　🔵Show 사물을 선행사로 하는 which I 306
　　2 관계대명사 that, what I 309　　🔵Show 전천후 that의 ups and downs I 308
　　　　　　　　　　　　　　　　　🔵Show 자체발광 what I 311

Episode #2 _ 관대용법과 짝퉁 유사관계대명사 이야기 | 314

  1 관계대명사의 용법 | 315　🅢how 콤마, 네 놈이 감히 나를 능멸해?? | 314
  2 관계대명사의 생략 | 315
  3 유사관계대명사 | 317　🅢how 짝퉁 as, but, than의 꿈 | 316

열여덟째 날: 관계부사와 복합관계사 이야기 | 320

Episode #1 _ 관계부사에 관한 profile | 321

  1 관계부사의 특징 | 322　🅢how 접속사와 부사의 역할을 한 방에 | 321
  2 관계부사의 종류 | 323

Episode #2 _ 복합관계사 이야기 | 325

  1 복합관계대명사 | 326　🅢how 팔방미인 관계사, 복합관계사의 탄생 | 325
  2 복합관계부사 | 327

Wrap UP & Explanation | 328

창조 5막
All about the others
_ Story 19
_ Story 20
_ Story 21
_ Story 22

열아홉째 날: 주어의 의지 상태를 보여주는 태 이야기 | 334

Episode #1 _ 능동태 vs 수동태 이야기 | 335

  1 수동태 개념 잡기 | 336　🅢how 수동태의 상징은 비와 삐삐 | 335
  2 문형으로 보는 수동태 | 337　🅢how 3, 4, 5형식 수동태 | 336
　　　　　　　　　　　　　🅢how 절 목적어 이야기 | 338
　　　　　　　　　　　　　🅢how 지각동사, 사역동사 그리고 부정사의 귀환 | 341
  3 시제로 보는 수동태 | 342

Episode #2 _ 문장별로 구분해보는 수동태 이야기 | 344

  1 명령문 수동태 | 345　🅢how 내 목 베가 주~! | 344
  2 의문문 수동태 | 346　🅢how Whatever, 의문사 먼저 | 345
  3 부정주어 수동태 | 346
  4 기타 수동태 | 347

Wrap Up & Explanation | 350

스무째 날: 가정의 나래를 펴보는 가정법 이야기 | 352

Episode #1 _ If 가정법 사형제에 관한 profile | 353

  1 If 가정법 미래와 현재 | 354　🅢how 쉬리와 현재의 시건방떨기 | 353
  2 If 가정법 과거와 과거완료 | 356　🅢how 워(were)와 해피의 현실도피 | 355

Episode #2 _ I wish, as if 가정법 이야기 | 357

  1 I wish 가정법 | 357　🅢how 소망의 가정법 | 357

창조 5막

   2 As if 가정법 ∣ 359   🔵Show 척의 대마왕 ∣ 358

Episode #3 _ 기타 주의할 가정법 story ∣ 360

   1 혼합가정법 ∣ 361   🔵Show 내 맘대로 가정법 ∣ 360
   2 If의 생략과 조건절 대용 ∣ 361
   3 주의할 관용표현 ∣ 363

Wrap Up & Explanation ∣ 364

스물한째 날: 일치와 화법에 관한 이야기 ∣ 336

Episode #1 _ 수와 시제가 짝을 이루는 일치이야기 ∣ 367

   1 수의 일치 ∣ 368   🔵Show 주어와 동사의 쪽수 맞추기 ∣ 367
                               🔵Show News와 학과명의 반란! ∣ 369
   2 시제 일치 ∣ 372   🔵Show 마님절에 일치하는 돌쇠절 ∣ 371
                               🔵Show 진리의 반란 ∣ 373

Episode #2 _ 말을 전달하는 화법이야기 ∣ 375

   1 직접화법 vs 간접화법 ∣ 375   🔵Show 직접화법의 symbol은 콤마와 따옴표 ∣ 375
   2 화법의 전환 ∣ 376

Wrap Up & Explanation ∣ 380

마지막 날: 문장의 파격, 특수구문 이야기 ∣ 382

Episode #1 _ 술부의 반란에 관한 이야기 ∣ 383

   1 도치(Inversion) ∣ 383   🔵Show 도치 이야기 ∣ 383
   2 강조(Emphasis) ∣ 386   🔵Show star가 되고 싶냐? 내게 연락해 ∣ 385
   3 생략(Eclipsis) ∣ 387
   4 삽입(Insertion) ∣ 388
   5 공통관계(Common Relation) ∣ 389

Episode #2 _ 물주구문에 관한 이야기 ∣ 390

   1 물주구문 ∣ 391   🔵Show 목적어를 주어로 생각하라니까 ∣ 390

Wrap Up & Explanation ∣ 392

| The Show 영문법 |

추천의 글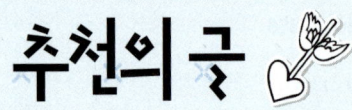

제대로 'edge' 있는 문법책이 나왔다!
not just 'witty' but also 'professional'!

추준호 (서울대학교 사회교육계 09학번)

이 세상에 재미있고 즐거운 영문법서를 표방하는 책들은 한없이 많다. 특히 영어에 대한 교육열과 학구열이 대단한 이 곳 대한민국의 서점에 가 보면 "지루한 영문법은 가라!" 식의 캐치프레이즈를 어디서나 볼 수 있다. 나 또한 그런 광고 문구들의 유혹에 수없이 넘어가 보았다. 하지만 언제나 그들은 나에게 적잖은 실망감을 안겨주었다. 설명은 재미있는데 내용이 부실하거나, 혹은 재미있는 story로 내 관심을 끌어놓고 뒤에는 여느 참고서 어디에서나 볼 수 있는 천편일률적인 내용을 무책임하게 던져줄 뿐이었다. 독자 입장에서는 정말 황당한 일이었지만 한편으로는 안타깝기도 했다.

이런 불편함과 안타까움이 있었기에 나는 Lyla 선생님께서 처음 『The Show 영문법』에 대한 아이디어를 이야기하셨을 때 매우 반가운 마음이 들었다. 처음으로 영문법 공부의 재미를 느끼도록 해주신 선생님께서, 본인의 노하우를 좀 더 많은 학생들에게 전수해주고자 그것을 책으로 출판하겠다고 하시니 적극 찬성일 수밖에 없었다. 이젠 과장된 캐치프레이즈가 아니라 영문법을 '진짜 재미있게' 가르쳐줄 책이 탄생할 것이라는 확신이 들었다. 그렇게 선생님께서 7년 동안 내용물을 깎고 다듬는 각고의 노력 끝에 이렇게 시중에 출판하게 된 책이 바로 『The Show 영문법』이다.

책이 정식 출판되기 전, 선생님께서는 책에 실릴 내용을 보여주셨는데, 그것을 쭉 읽어본 후 내 입에서 나온 첫 마디는 "So fresh!"였다. 『The Show 영문법』의 첫인상은 적어도 나에게 있어서는 '신선한 충격'이었다. 이 책은 정말 witty하다. 책의 목적이 '사람들로 하여금 영문법에 편하게 접근하도록 하는 것'이다 보니 내용 전반적으로는 말할 것도 없고 예문 하나하나에도 재치와 위트가 숨어있다.

하지만 이 책이 다른 교재들에 비해 더욱 차별화된 specialty를 갖는 것은 다름 아닌 '내용의 충실성'에 있다. 앞에서도 밝혔듯 소위 재미있는 문법책을 표방하는 교재들은 대부분 '재미'와 '내용' 사이의 간극을 메우는 데 실패한다. 하지만 이 책은 하나의 재미있는 이야기 소재로 우리가 다루어야 할 모든 문법적 지식을 꿰고 있다. 한 편의 소설을 읽는 기분으로(물론 그것보다는 좀 더 진지해야겠지만) 이 책을 읽어낼 수 있는 것이다. 만약 이 추천사를 읽고도 이 말이 이해되지 않으신 분들은 직접 이 책의 한 chapter만이라도 읽어보시길 권유한다. 책의 몰입도와 내용 이해도가 뛰어나다는 것을 느낄 수 있을 것이다.

요컨대, 『The Show 영문법』은 'witty but professional' 하다. 말투와 설명 방식이 가볍고 톡톡 튄다. 하지만 그 가벼움 속에 우리가 지금까지 무겁게 생각해왔던 수많은 내용들이 담겨있다. 적어도 이 책에서는 문법 공부가 '뭐 별 거 아닌' 것이 되어버리는 것이다. 그러면서도 우리에게 필요한 내용을 모두 거둬들일 수 있다. 이것이 바로 30여년의 시간 동안 영어 교육 현장에 몸담으신 Lyla 선생님의 special know-how라고 생각한다.

이 책을 나이와 영어실력에 상관없이 '영어 문법의 틀을 한 번 제대로 잡아보고 싶은' 모든 사람들에게 적극 추천하고 싶다. 분명한 것은 이 책으로 공부하는 여러분은 문법에 대해 좀 더 유기적이고 체계적으로, 그리고 무엇보다도 '쉽게' 공부할 수 있다! 독자 여러분의 grammarphobia(문법공포증)를 이 책으로 말끔히 치유할 수 있다고 확신한다.

모든 학생들이 영어 공부에 흥미를 느끼도록 만들고 싶다는 Lyla 선생님의 꿈은 반드시 이루어질 것이다.

마지막으로, 이 책을 통해 되도록 많은 분들이 영어 공부의 'sunshine virus'에 감염되는 그 날을 기대한다. May the good fortune ALWAYS with U!

권정아 (연세대 03학번, 현 UCLA MPH(Master Of Public Health) 과정)

선생님께서 영문법 책을 출간하신다는 소식을 듣자 지금까지 제가 소중히 간직해온 보석 같은 영어 학습법이 만인에게 공개가 된다는 생각에 질투가 나기도 했습니다.

하지만 제가 그 덕분에 영어 내신과 수능에서 좋은 성적을 받고 희망하던 대학을 졸업한 후 현재 미국에서 석사과정을 밟으며 학업과 인간관계를 해나가는데 큰 도움을 받고 있다는 생각을 하니 하루 빨리 많은 학생들에게 쉽고 재미있고 효과적인 영어 학습교재를 공개해 줘야 할 때라고 생각했습니다.

책을 보면 아시겠지만 기존의 지루하고 앞쪽 페이지들만 공부한 흔적이 남아 있는 책들과는 다르게 딱딱할 수 있는 영문법을 소설과 같은 스토리로 자연스럽게 녹아들어가게 한 퓨전 문법책이라고 표현하면 될 것 같습니다.

앞으로 살면서 피해갈 수 없는 영어의 벽을 훌쩍 넘기 위해서는 영문법이 참 중요합니다. 그런 의미에서 선생님의 영문법 책을 읽고 계신 분들은 현명한 지름길을 선택하신 것입니다. 샘의 이 책 한 권 안에는 영어공부를 위해 필요한 모든 문법 내용이 다 담겨 있으니 말입니다. show를 보듯이 즐기며 영문법에 관한 기초와 체계를 완전하게 다잡을 수 있는 샘의 『The Show 영문법』을 자신 있게 강추합니다.

이청훈 (고려대 87학번, 현 농협중앙회 근무)

제가 중학교 1학년 때 선생님은 대학생이셨고 방학을 맞아 고향을 찾았습니다. 시골의 친구들과 선생님께 영어를 배웠죠. 교재는 빨간 기본영어. 알파벳을 처음 접한 학생에게 쉬운 책은 아니죠. 하지만 수업시간은 즐거웠습니다. 딱딱한 영문법을 쉽고 재미있는 이야기처럼 펼쳐 보이셨죠. 방학동안의 짧은 기간이지만 그 당시 배움은 지금도 오롯이 남아있습니다.

그 후 25년의 세월이 흘러 제 아들이 중학교 2학년입니다. 먼저 선생님의 『The Show 영문법』 발간을 축하드립니다. 스토리텔링과 영어문법의 달콤한 어울림. 선생님다운 참신한 발상입니다. 각종 영어교육 컨텐츠의 홍수 속에서도 영어문법의 기초를 갖추지 못해 애태우는 제 아들 또래에게 확실한 디딤돌이 될 것으로 믿습니다. 책이 나오면 우리 아이들에게 맨 먼저 선물할 생각입니다. 이 책이 있기까지 먼 길을 묵묵히 그리고 알차게 걸어오신 이정금 선생님께 박수를 보냅니다.

김형준 (서울대 전산학부 95학번, 현 연구소 근무)

선생님의 『The Show 영문법』 출판을 진심으로 축하드립니다.

약 20년 전 예비 중학생시절 당시 저에게 영어란 과목은 완전한 미지의 세계였습니다. 주변의 친구들과는 달리 왕초보 백지상태에서 영어공부를 시작했죠. 하지만 선생님의 정확하고 체계적인 지도와 기본을 중시하는 원칙 덕분에 중고시절 내내 좋은 성적을 유지할 수 있었습니다.

제 영어공부에 큰 지표가 되어준 선생님께 항상 감사드리고 있었는데 이제 선생님의 teaching know-how를 담은 이렇게 좋은 책을 출판하신다니 반가울 따름입니다.

제 아들에게 꼭 선물하고 싶은 책입니다. 아들이 선생님의 책으로 영문법을 공부할 생각을 하니 너무 맘이 놓입니다. 목차와 본문의 구성을 보니 꼼꼼하고 다정다감하신 선생님이 바로 옆에 계신 듯합니다. 선생님 수고 많이 하셨고 선생님의 큰 뜻을 꼭 이루시기 바랍니다.

The Show 영문법

이준경 (중대 의대 99학번, 현 의사)

중학교 1학년 여름 방학 때 선생님을 만났습니다. 영어공부라곤 학교에서 한 학기 배웠던 것이 전부여서 자신감이 없었던 저에게 선생님이 하신 말씀이 지금도 기억납니다.

"어설프게 알면서 잘난 척하기보다는 차라리 완전히 모르는 것이 낫지. 중요한 것은 바로 너의 의지와 태도 아니겠니?"

그렇게 저의 영어공부가 시작이 되었습니다. 여름방학 이후 영어 과목에 자신감이 붙게 되었고 그 후 중학교는 물론 고등학교에서도 최고의 영어성적을 유지할 수 있었습니다. 내신은 물론 수능까지 선생님에게서 기초를 다진 후 따로 영어를 공부할 필요가 없었습니다. 지금 생각해보면 그 성적의 비결은 바로 탄탄한 문법에서 나왔던 것 같습니다.

그 당시 제가 선생님을 만났던 것은 큰 행운이었습니다. 제 영어 공부의 기초를 제대로 잡아주신 선생님이 선생님만의 version으로 누구나 쉽게 공부할 수 있는 영문법을 출판하신다니 기쁠 따름입니다. 목차와 본문의 구성을 보며 감탄을 금치 않을 수가 없습니다. 기초적인 어법은 물론 어려운 구문까지도 쉽고 재미있게, 그리고 체계적으로 풀어낸 선생님의 책이 영문법 학습에 새로운 이정표를 제시할 것이란 사실을 믿어 의심치 않습니다.

고은지 (교대 00학번, 현 초등학교 교사)

영어울렁증. 영어로 말하려고 하면 가슴이 울렁울렁 뛰고 얼굴이 빨개지는 현상은 아마도 영어를 배우는 모든 사람들이 그러하겠죠?

하지만 라이라 샘이 들려주는 신화 속 영문법 완성 이야기를 듣다보면 22일 후에 무릎을 팍! 치며 영문법 고민 해결

특히 예비중학생들이 가장 어려워하는 영문법을, story를 통해 쉽고 재미있게, 게다가 체계적으로 다가가는 『The Show 영문법』은 좋은 영어입문서가 될 것 같습니다. 저도 아이들에게 라이라 샘의 재미있는 이야기를 들려줄 생각에 벌써 설레는 걸요~ Just enjoy show!

이승은 (이대 01학번, 대한항공)

선생님과 처음 만난 고2 여름, 전공이 미술이라 실기에 많은 시간을 투자하다보니 상대적으로 영어가 무지 약해 주눅이 들어있던 나에게 선생님이 하신 한 말씀.

"좀 늦은 감은 있지만 한 번 해 보자."

이렇게 시작한 선생님과의 공부는 수능에서 외국어 영역 만점이라는 놀라운 성적을 받게 했고, 원하는 대학에 진학하게 되었습니다. 생각해보면 영어 반타작에서 만점까지 끌어 올렸던 그 원동력은 바로 기본과 원칙을 중시하는 선생님의 신념 때문이었던 것 같습니다.

영어의 중요성이 더욱 부각되고 영어란 그림자가 졸졸 따라 다니는 요즘, 영어를 잘하고 싶은 분들에게 입문서로 이 책을 추천합니다.

Fundamentals are building blocks for fun.

이 책을 끝까지 공부하신다면 분명히 재미를 톡톡히 볼 것입니다.

이창준 (University of Otago, NewZealand)

제목부터 즐거운 영문법 책!!

처음 이 책을 접했을 때, 어렵고 딱딱한 영문법을 다룬 책일 것이라고는 전혀 예상하지 못했다. 언뜻 모 유명 통신회사 광고의 카피를 연상시키는 센스있는 제목은 고리타분하고 지루한 영문법에 한결 친근하고 쉽게 다가가게 해준다.

첫 챕터를 읽고 난 후 딱딱한 영문법을 한 편의 Show로 이렇게 재미있고 쉽게 풀어낸 선생님의 성과에 놀라지 않을 수 없었다. 이렇게 쉽고 재미있는 영문법을 그동안 왜 그토록 어렵고 힘들게 배웠었나 하는 생각과 함께, 라일라 샘의 독창성과 창의성에 감탄 할 수밖에 없었다.

독자들은 그냥 가벼운 마음으로 재미있는 소설을 한 편 읽듯이 이 책을 읽고 나면, 자연스레 영문법의 전체적인 흐름과 함께 까다로운 개념들을 이해하고 습득할 수 있게 될 것이다.

처음 영문법을 접하는 사람은 물론, 많은 시간을 영문법을 공부하는데 투자했지만, 아직도 영문법이 딱딱하고, 어려운 대상으로만 느껴지는 사람들에게 특히 이 책을 추천한다.

이진아 (Victoria University of Wellington, NZ)

라이라 선생님의 『The Show 영문법』 책은 기존에 봐왔던 다른 영문법 책에서는 찾아볼 수 없었던 라이라 선생님만의 재밌고 독특한 노하우로 완성된 책이다.

딱딱하지 않고 이해하기 쉬운 예문으로 구성 되어있는 『The Show 영문법』 책은 읽고 공부하는 시간이 지루하지 않다.

책상에 앉아서 공부하는 시간은 많지만, 책장을 넘길수록 지루해지는 영문법 책들을 보면서, 처음부터 끝까지 재미있게 끝낼 수 있는 영문법 책은 없을까 라는 생각을 한 적이 있다. 중학교 1학년 때 이민을 온 후 영문법을 제대로 공부한 적이 없기 때문에 사실 대학생이 된 지금까지도 영문법은 나에게는 여전히 풀리지 않는 숙제다. 중고 시절 영어가 모국어가 아닌 학생들을 위해 준비된 ESOL반에서 문법을 들었지만 현지인 선생님의 설명은 어렵고 따분할 뿐이어서 문법이라면 아주 넌더리가 났다. 문법으로 인해 받은 압박감이 누구보다 컸기에 지금 이 책을 보면서 너무나 큰 아쉬움이 든다.

'그 때 이런 책이 있었다면 영어공부가 얼마나 쉬웠을까?'

내 경험을 통해 유학을 준비하는 학생은 물론 현재 외국에서 공부를 하며 문법 때문에 stress를 받고 있는 학생들에게 꼭 권하고 싶은 책이다. 다른 책들과는 분명 차별화된 내용을 갖고 있는 이 책을 공부하는 동안 영어가 재밌어지고 영어실력이 향상 되는 자신을 발견 할 것이다.

최지원 (09학번 추계 예대)

'영문법은 어렵다' 라는 고정관념이 박혀있는 나에게 라이라 선생님의 『The Show 영문법』 책의 출간 소식이 매우 반가울 따름이다. 라이라 선생님의 『The Show 영문법』은 '영문법은 따분하고 어렵다' 라는 고정관념을 깨고 쉽고 흥미로운 내용들로 구성되어 있다. 또한 신선한 이야기와 익살스런 삽화가 있기 때문에 어른들은 물론 내가 지도하고 있는 예비 중학생들도 쉽게 볼 수 있는 책인 것 같다. 영문법과 매일매일 씨름하고 있는 학생들 그리고 영어가 필수가 되어버린 직장인들이 이 책을 부담감 없이 반복해서 읽는다면 자신도 모르게 영문법을 완전 정복하는 자신을 발견할 수 있으리라고 믿는다. 라이라 선생님만의 경험과 끊임없는 연구를 통해 마침내 나온 『The Show 영문법』이 영문법을 따분해하고 어려워하는 많은 사람들에게 영문법을 재해석 할 수 있는 좋은 계기가 될 것을 믿어 의심치 않는다.

SECTION 01

All about the sentence

창조1막

Story 1 _ 창조 첫째날 : 문장을 구성하는 최소 단위 세 놈 이야기

Story 2 _ 창조 둘째날 : 문장의 사대천왕 주동목보 이야기

Story 3 _ 창조 셋째날 : 문형과 동사 5형제 이야기

Story 4 _ 창조 넷째날 : 문장을 구조와 내용에 따라 구분하는 이야기

| 창조 첫째 날 _ All about the sentence |

STORY 01

문장을 구성하는 최소단위 세 놈 이야기

품사, 너는 나의 운명(destiny)!

Wow! The Show 영문법 창조를 위한 첫날 아침입니다. 역사적인 이날 아침, 신전의 분위기는 어떤지 한 번 둘러볼까요? 먼저 입구에 보이는 창조의 산실이 될 conference room 회의실 으로 가보시죠. 오! 참모들이 일치감치 모여 잡담을 나누고 있네요. 헤라가 말합니다.

"누가 첫날의 주인공이 될까?"

"글쎄, 정말 너무 궁금해."

참모들이 기대 반, 호기심 반으로 기다리고 있을 때 제우스가 말하죠.

"Hi, guys, 우리가 할 첫날의 과제는 문장에 관한 개념을 잡기 위해 가장 기본이 될 문장구성의 최소 단위 세 놈인 단어, 구, 절에 관한 profile을 작성하는 일이다. 팩 팩! 효과적인 진행을 위해 두 개의 episode로 나누어 one에서는 단어와 품사와의 관계에 관해, two에서는 구와 절에 관해 알아볼 예정이다. 유남생? You know what I am saying? 알겠니?"

이 때 개념상실 에로스가 손을 번쩍 들고는 생뚱맞게 묻죠.

"헉! 품사? 품사가 뭐죠? 처음 들어보는 말인데, 쩝!"

"품사란 단어의 성격과 품성을 나타낸다고, 어제 orientation에서 이미 말했지, 어제 말할 때는 딴 짓만 하더니, 하여튼 개념이 없어요, 개념이."

"단어의 성격과 품성? 아하! 그래서 이름이 품사구나, 그렇죠?"

"그렇지, 그럼 이제 슬슬 떠나볼까? Are you all ready? 준비됐니?"

"Yes, sir."

"Good! Let's go for it! 그럼 출발하자!"

창조 첫날, 문장을 구성하는 최소 단위, 단어와 품사, 그리고 구와 절의 이야기 속으로 go! go!

8품사 창조와 배분에 관한 이야기

| INTRO |

품사, 너는 내 운명(destiny)!

도대체 품사가 뭐 길래? 단어들은 절규할까요? 품사, 너는 내 운명이라고 말이죠. 이에 대한 비밀을 적나라하게 보여주는 show 속으로 한 번 빠져봅시다, Here we go!

지존 품사, 명사가 되기 위한 단어들의 무한 질주

영문법 창조를 위한 **first mission**첫 임무 을 해결하기 위해 한 자리에 모인 제우스와 참모들, 그들의 얼굴이 모두 결의로 빛나고 있죠. 제우스가 말합니다.

"드디어 우리들의 능력을 펼쳐 보일 시간이 되었다. 우선할 일, 즉, priority는 바로 단어들에게 품사명을 배분해 그들이 할 역할을 결정해주는 일이다. 이미 말했지만, 품사란 단어의 성격과 품성을 나타내는 것으로 크게 여덟 가지로 분류가 된다. 알아야 면장을 한다고 먼저 이들에 관한 profile부터 보고 시작을 해야겠지. 헤르메스, placard를 펼쳐봐."

제우스의 명령에 따라 헤르메스가 8품사의 이름과 역할에 관한 profile을 적어둔 placard를 짠~! 하고 펼쳐 보이죠. 참모들의 시선이 그곳으로 모아지죠.

No.1 **Noun**명사 : 천지 사물의 이름을 말하며 power 짱!   지존품사
No.2 **Verb**동사 : 천지 사물의 동작을 나타내며 No.2   행동대장
No.3 **Pronoun**대명사 : 명사를 대신하는 대타   명사의 대타
No.4 **Adjective**형용사 : 명사를 한정, 서술하는 분장사   makeup artist
No.5 **Adverb**부사 : 동사, 형용사, 부사를 수식하는 수식의 지존   수식의 달인
No.6 **Conjunction**접속사 : 말과 말을 연결하는 bridge   다리(bridge)
No.7 **Preposition**전치사 : 명사 앞에 붙어 앞 말과 명사와의 관계를 나타낸다.   navigation
No.8 **Interjection**감탄사 : 슬픔, 기쁨, 놀라움 등을 나타낸다.   over돌이

명사　동사　대명사　형용사　부사　접속사　전치사　감탄사

| The Show 영문법 |

"Cool, 완전 멋져요, 팔팔한 놈으로 8품사."

"그런데 말이다, 문제가 있어, 이들을 공평하게 단어들에게 나누어 줄 기준이 없어서 말이다. **Do you have any brilliant ideas?** 뭐 멋진 생각이 없을까?"

"그냥 단어들이 달라는 대로 주면 되잖아요."

"**No way,** 안 돼! 사실 품사라고 다 같은 품사가 아니거든, 역할에 따라 power가 달라져. 가령 주어, 술어동사가 되는 명사, 동사는 센 놈, **on the other hand,** 반면에 연결만 하는 품사는 약한 놈이 될 테니 말이다. 희망대로 하라면 모든 단어들이 주어가 되는 명사가 되려 할 테니 말이다. **What can I do?** 나 어떡해? **Please, help me out.** 제발, 도와 줘"

하지만 속절없이 시간만 가자 에로스가 단순하게 지르죠.

"**Why don't you try first come, first served, sir?** 선착순을 기준으로 하면 어때요?"

"뭐라, 선착순? **What does that mean?** 그게 무슨 말이야?"

"단어들에게 경주를 시켜 선착순에 따라 여덟 그룹으로 나누어 8품사명을 붙여주자는 말이죠."

"흠~! 최상의 방법은 아니지만 **I have no choice.** 어쩔 수 없지 그래, 선착순에 따라 배분하자."

잠시 후 영어 광장에 도착한 제우스가 애타게 기다리고 있는 단어들을 보며 말하죠.

"**Guys, sorry to keep you waiting.** 기다리게 해서 미안하다 이제 약속대로 품사명을 붙여주마. 참고로 저기 placard에 있는 품사들의 순서는 곧 품사의 power순이며 이를 얻기 위한 배분기준은 선착순이다. **accordingly,** 따라서 희망 품사가 되고 싶으면 **just speed up** 열나게 달려라. 준비하고, **okay, it's time to run.** 달려라"

제우스의 신호와 함께 그야말로 피 터지는 경주가 시작되죠. 이들이 모두 **finish line** 결승점으로 들어왔고 정말 선착순에 따라 명사에서 감탄사 순으로 단어들에게 품사명을 붙여주죠. 품사의 배분이 끝나자마자 단어들의 불평이 봇물처럼 터져 나오죠. 특히 간발의 차이로 명사에게 밀려 동사가 된 단어들이 **getting mad** 꼭지가 돌다 해져서는 말하죠.

"**Crap!** 망했다 0.01초 차이로 선두를 뺏기다니, 젠장, Nike만 신었어도 1등 할 수 있었는데. 짝퉁 Nice라, ㅠ~ㅠ"

● crap; 망했다는 뜻으로 아주 자주 사용되는 생활영어랍니다.

동사의 불평에 최하위권 연결어 전치사가 반격을 하죠.

"아라리요, No.2 동사면 됐지, 뭘 더 바래? 하여튼 있는 것들이 더해."

이에 동사가 욱하죠.

"Shut up! 명사 없으면 개털 되는 찌질이 주제에??"

"찌질이? Jerk라고?"

"그래, 어쩔래?"

"좋다, 맞짱 한 판 붙자?"

"좋아, **just bring it on!** 덤벼, 짜~~샤~아"

● bring it on; 덤벼 봐.

하지만 이들의 속내를 알리가 만무한 제우스가 말하죠.

"어때, 이제 만족하니? 그토록 너희들이 갈망하던 품사명을 얻었으니 말이다. 너희들 각각의 특징과 역할에 관한 더 상세한 profile은 2막에서 해줄 것이니 그리 알도록."
제우스의 말에 아무도 이의를 제기하지는 않지만 에그그, **who knows?** 그 누가 알았겠어요?"
첫날, 품사 배분을 두고 야기된 이들의 갈등이 창조 과정 내내 제우스의 발목을 잡게 될 줄을, 사악한 동사들이 반란도 불사하며 제우스를 협박 하게 될 줄 말입니다. ㅋㅋ

1 단어와 품사의 관계

문장구성(단어<구<절<문장)의 최소 단위인 단어는 원칙적으로 하나 혹은 하나 이상에 해당하는 품사명을 갖고 있죠. 그럼 품사란 무엇일까요? 품사란 the parts of speech, 말을 할 때 **한 부분을 차지하는 요소로서 두 가지 역할을 합니다.**
첫째, 단어의 이름을 나타내주고, 둘째, 문장에서 할 역할을 결정합니다.

예 **Eros is clueless.** 에로스는 눈치가 없다
단어 Eros의 이름은 명사, 이 명사는 문장에서 주어 역할을 하고 있죠.

다양한 품사가 있지만 일반적으로 여덟 가지로 구분해 8품사라고 합니다. 참고로 8품사에 관한 상세한 설명은 2막 품사 편에 준비되어 있기 때문에 본 장에서는 개요만 짚고 가겠습니다.

❶ 명사(Noun)

천지, 사람, 사물의 이름을 나타내며 주어, 목적어, 보어 자리에 옵니다. 보통, 집합, 물질, 고유, 추상 명사로 구분되며 8품사 중에서 유일하게 주어, 목적어, 보어 자리에 다 올 수 있기 때문에 No.1 지존품사로 불립니다.

예 house, flower, family, class, water, coffee, Hera, Korea, truth, beauty, etc.

❷ 동사(Verb)

명사의 동작이나 상태를 나타내며 술어동사 자리에 옵니다. 의미상 동작을 강조하는 동작 동사와 상태를 강조하는 상태 동사로 구분되며 역할 상으로는 be동사, 조동사, 일반 동사로 구분이 됩니다. 주어의 행동을 책임지고 있기 때문에 행동대장으로 불립니다.

예 am, are, can, should, study, fight, etc.

❸ 대명사(Pronoun)

명사를 대신합니다. 명사가 하는 일이 많아 동일한 명사가 반복되자 이 반복을 피하기 위해 생긴 품사가 대명사입니다. 인칭, 지시, 의문, 부정, 관계대명사로 구분되며 역할은 명사와 동일합니다. 따라서 명사의 대타로 불립니다.

예 I, this, what, some, which, who, etc.

| The Show 영문법 |

❹ 형용사(Adjective)

명사의 형태나 용태를 나타내며 명사를 한정, 서술합니다. 수량, 성상, 부정형용사로 구분이 되며 명사를 꾸며주는 역할로 인해 명사의 make up artist로 불립니다.

예 seven, twice, kind, old, tall, some, only, etc.

❺ 부사(Adverb)

동사, 형용사, 다른 부사, 구, 절, 그리고 문장 전체를 수식합니다. 단순, 의문, 관계부사로 구분됩니다. 오지랖이 넓게 수식하는 이유로 수식의 달인으로 불립니다.

예 slowly, rarely, hard, when, how, where, why, etc.

❻ 접속사(Conjunction)

단어(word)와 단어, 구(phrase)와 구, 그리고 절(clause)과 절을 연결하는 역할을 합니다. 대등, 종속, 상관접속사로 구분되며 하는 일이 마치 강과 강을 연결하는 다리와 같아서 bridge로 불립니다.

예 and, but, because, while, either A or B A 혹은 B 중 하나, both A and B A, B 둘 다

❼ 전치사(Preposition)

명사 앞에 붙어 앞 말과 명사와의 관계를 나타내죠. 단순, 구, 분사, 이중전치사로 구분되며 역할 중 방향을 알려주는 기능도 있어 navigation으로 불립니다.

예 on, for, depend on 의존하다, wait for 기다리다, considering 고려하자면, etc.

❽ 감탄사(Interjection)

어머나! 세상에! 야호! 등과 같이 놀람, 기쁨, 슬픔 등의 감정을 강조하는 품사로 독립적으로 사용됩니다. 과도하게 감정을 표현하는 이유로 오버돌이로 불립니다.

예 Oh! my God! oops! 어머나, alas! 이~런!, yahoo! 야싸~야!, Oh, dear! 헉! 이런, yuck! 아주 이상한 것을 보았거나, 토할 것 같을 때, yummy! 맛있다~!, ouch! 아야!, etc.

| INTRO |

품사의 구분
기능어 vs 수식어 vs 연결어 품사

사람의 신분이 직업에 따라 분류되듯이 품사 또한 문장에서 하는 역할에 따라 기능어, 수식어, 연결어 품사로 구분이 됩니다. 삼색 삼품사의 이야기 속으로 here we go!

역할에 따른 품사의 구분 (기능어, 수식어, 연결어)

• sort out: 구분 (분류)하다

난어늘에게 품사를 배분한 직후 제우스가 말하죠.
"**It's time to sort out the eight parts of speech.** 이제 품사들을 구분할 시간이다"
"품사를 구분하신다니 그 구분의 기준이 뭐죠?"
"역할이 그 기준이지."
"역할이라면, 도대체 **what role** 어떤 역할 을 말하죠?"
"기능어, 수식어, 연결어로서의 역할을 말하는 것이지. 기능어가 문장을 구성하는 주요 소라면, 수식어란 그 주요소를 수식하는 요소이며 연결어란 이들을 연결하는 요소를 말하는 것이지."
"그런데요? **It's getting complicated.** 점점 복잡해지네요 그것이 품사와 무슨 상관이 있죠?"
"당연히 있지, 품사들 또한 역할에 따라 미리 구분해둬야 문장을 만들 때 제 자리를 정확하게 찾아갈 수가 있으니 말이다."
"아하! 그렇군요! 그런데 어떻게 구분이 되죠?"
"기능어자리에는 명사, 대명사, 동사가, 수식어 자리에는 형용사, 부사가 연결어 자리에는 전치사, 접속사가 사용될 것이다. 이것이 바로 품사의 구분이란다. 알겠니?"
"Yes, sir. 핵심은 명사, 대명사, 동사는 **기능어품사**/형용사, 부사는 **수식어품사**/접속사와 전치사는 **연결어품사**로 구분이 된다는 뜻이죠, 그렇죠?"
"**Exactly!** 그렇지 **That's what I mean.** 바로 내 말이 그 말이지"

---

2 역할에 따른 품사의 구분

❶ 기능어 품사 (Functional Word)

주어, 술어, 목적어, 보어 자리에 사용되는 품사인 명사, 대명사, 동사를 **기능어 품사**라고 합니다.

• Zeus loves Aphrodite. 제우스는 아프로디테를 사랑한다
    S   V   O
– 주어 Zeus(n) + 목적어 Aphrodite(n) + 술어동사 love(v)

• Athena is the goddess of wisdom. 아테나는 지혜의 여신이다
     S   V   C
– 주어 Athena(n) + 술어동사 is(v) + 보어 goddess(n)

❷ 수식어 품사 (Modifiers)

수식어 자리에 사용되는 형용사, 부사를 **수식어 품사**라고 합니다. 형용사는 명사, 대명사를, 부사는 동사, 형용사, 부사를 수식합니다.

- **Gorgeous** Aphrodite has **blond** hair. 멋진 아프로디테는 금발 머리를 가지고 있다
  - 형용사 gorgeous, blond가 명사를 수식하죠.
- Hermes runs very **fast**. 헤르메스는 빨리 달린다
  - 부사 fast가 동사 runs를 수식합니다.

❸ 연결어 품사 (Linking Word)

각 품사를 연결해주는 전치사, 접속사를 **연결어 품사**라고 합니다.

- Many nymphs left **for** the shrine. 많은 요정들이 신전을 향해 떠났다
  - 전치사 for가 명사 shrine과 동사 left를 연결합니다.
- Eros denied **that** he had been dumped. 에로스는 자신이 차였던 사실을 부인했다
  - 접속사 that이 주절과 종속절을 연결합니다.

> **백발백중 예상 문제**
> 다음 밑줄 친 부분을 바르게 고치시오.
> This is a <u>beauty</u> rose.
>   명사
> 정답 | This is a <u>beautiful</u> rose. 이것은 아름다운 꽃이다
>   형용사
> 명사 rose를 수식해야 하므로 형용사 beautiful로 고쳐야겠죠. 꼭! 꼭! 기억하세요, 사람이 분수에 맞게 살아야 행복하듯이 8품사들 또한 정해진 분수에 맞는 자리에 설 때 행복할 수 있습니다.

3 품사의 변화

품사는 일반적으로 변하지 않지만 예외적으로 역할에 따라 다른 품사로 변하는 경우가 많아 각별히 주의할 필요가 있습니다. 다음 예문을 통해 이에 관해 알아보시죠.

❶ work, play가 명사와 동사로 사용되는 경우

- All **work** and no **play** makes Jack a dull boy.
  매일 일만(또는 공부만) 하게 하고 쉬게하지 않는 것은 잭을 바보로 만드는 것이다
  - work, play가 주어 자리에 사용되었으므로 명사입니다.
- Zeus **worked** very hard to finish the creation. 제우스는 창조를 끝내기 위해 열심히 일했다
  - work가 술어동사 자리에 사용되었으므로 동사입니다.

- Apollo **played** the lyre for two hours. 아폴로는 2시간 동안 수금을 연주했다
  - play가 술어동사 자리에 사용되었으므로 동사입니다.

❷ before가 전치사와 접속사로 사용되는 경우

- Aphrodite finished knitting **before** the sunset. 아프로디테는 해가 지기 전에 뜨개질을 마쳤다
  - before 뒤에 명사가 왔으니 전치사입니다.
- She finished knitting **before** Zeus came back. 아프로디테는 제우스가 오기 전에 뜨개질을 마쳤다
  - before 뒤에 절(s+v)이 왔으므로 접속사입니다.

구와 절에 관한 이야기

| INTRO |

단어, 구, 절, 이렇게 달라요

자체가 품사가 되는 단어(word), 두 단어 이상이 모여 하나의 품사 구실을 하는 구(phrase), 그 두 단어가 주어와 술어관계를 나타내는 절(clause), 자체발광을 강조하는 단어, 구조상 한 수 위를 강조하는 구, 이 둘이 격돌하는 show 속으로 here we go!

single단어와 couple구의 battle(격돌)

어느 쓸쓸한 가을 날, 고독의 상징인 단어 Lonely가 고독을 질겅질겅 씹으며 말하죠.

"**Damn it!** 젠장! 오늘따라 날은 왜 이리 스산하대? 허전하다 못해 시린 옆구리 T_T. **Winter is just around the corner,** 겨울이 바로 코앞인데. 내 짝은 어디에 있지? 아, **really cold.** 춥다 으~ **freezing** 얼 것 같아."

혼자라는 아픔에 Lonely가 신음하는데 oops! 이 때, 청춘남녀의 웃음소리가 들려옵니다.

"**What's going on?** 얘 대체 뭐야?"

Lonely가 주변을 둘러보니 항상 두 단어 이상이 짝을 지어 다니는 구 **Hand-in hand** 손에 손을 잡고가 좋아 죽겠다는 듯이 시시덕대는 것이 아닙니까. 이들의 행각에 열 받은 Lonely가 독설을 퍼붓네요.

"이런! 백주 대낮에 둘이 엉겨 붙어서 뭔 짓거리여? 지금 single word 염장 질러?"

"흥! 떫으면 너도 단어 하나 더 붙여 구로 거듭나던가, 흥! single은 word의 운명, couple은 phrase의 운명인 것을, why 짜증?"

"내 말이 바로 그 말이야, 남이야 붙어 다니던 말든, 뭔 상관이래?"

초록은 동색이라고 더 심하게 애정 행각을 벌이던 구 **On the kiss**가 보란 듯이 찐하게 뽀뽀를 하며 맞장구를 치죠. 이에 단어 **Support** 지지하다가 Lonely의 편을 들죠.

"뭣이라? 구로 거듭나라고, 놀고 있네, 두 단어 이상이 모여야 겨우 품사 구실을 하는 phrase 주제에, 자체가 품사인 word, 즉, 자체발광을 하는 우리 단어에게 들이대다니."

이 말에 구가 썩소를 날리며 맞불을 놓죠.

"**It sounds silly.** 멍청하여라! 야! 야! 야! 너희들 구가 뭔지는 알고 설치냐? 문장의 구성 단위를 봐, 단어〈구〈절〈문장 아니겠어? **What does it mean?** 이게 뭔 뜻이겠어? 구조상 구가 단어 보다는 한 수 위란 뜻 아니겠어? 안 그래? 음, 파~하하!"

> "헐~"
> 구가 구조상 한 수 위라는 논리에 반박할 말이 없는 단어들이 꼬리를 내리며 한탄을 하죠.
>
> "Alas! single도 서러운데 구조상도 한 수 아래라니, **it sucks!** 완전 엿 같네 ㅋㅋ"
> 여러분, 이제 단어와 구의 형태상 차이점이 뭔지 분명하게 감을 잡으셨나요?
> good! 그럼 Build up으로 가서 화~악 굳혀 버립시다, **just move on.** ^^

• suck: 재수 없다

1 구(Phrase)

두 개 이상의 단어가 모여 품사 역할을 할 때 이를 **구**라고 합니다. 구 역시 8품사구로 분류되지만 빈출 구는 **명사구, 형용사구, 부사구**입니다. 따라서 이 장에서는 이들 세 구의 역할에 관해 알아보도록 하겠습니다.

❶ 명사구(Noun Phrase)

둘 이상의 단어가 모여 **주어, 목적어, 보어 역할**을 할 때 이를 **명사구**라고 합니다. 구에 관한 상세한 설명은 3막에 준비되어 있으므로 이 장에서는 명사구에 관한 개념만 catch하세요.

1) 주어 역할

보통 문장의 첫머리에서 '~은, 는, 이, 가' 로 해석됩니다.

- **To know** is one thing and **to teach** is another. 아는 것과 가리키는 것은 별개의 것이다
    S   S

- **Creating Show Grammar** takes a long time. Show 영문법을 창조하는 것은 많은 시간이 걸린다
                 S

  = It takes a long time **creating Show Grammar**.

> 영어는 원칙상 긴 주어를 문장 앞에 사용하지 않죠. 따라서 주어가 구의 형태를 취하면 가주어 it을 대신하고 원래 주어는 뒤로 보냅니다. 이에 관한 상세한 설명은 2막 대명사 it편에서 보실 수 있습니다.

2) 목적어 역할

타동사 뒤에서 동사가 나타내는 동작의 대상이 되며 '~을, ~를' 로 해석됩니다.

- Eros loves **to date**. 에로스는 데이트를 즐긴다
                 O

- Hera, stop **gossiping behind Aphrodite**. 헤라! 아프로디테의 뒷담화를 그만해~!
                  O

| The Show 영문법 |

3) 보어 역할

Be동사 혹은 기타 불완전 자동사 뒤에서 주어를 보충하며 '~이다'로 해석 됩니다.

- Hera's dream was **to be loved** by Zeus. 헤라의 꿈은 제우스에게 사랑 받는 **것이었다**
    C
- He seems **to be okay**. 그는 괜찮은 것 같아
    C

❷ 형용사구(Adjective Phrase)

두 개 이상의 단어가 모여 명사를 한정 서술할 때 이를 형용사구라고 합니다. 역할에 따라 한정과 서술 용법으로 구분이 되죠, 용법에 관한 상세한 이야기는 2막 형용사 편에서 만나게 됩니다.

- The ring **on the table** is for Aphrodite. 탁자 위에 있는 반지는 아프로디테의 것이다
  - on the table이 명사 ring을 수식합니다.
- Hera, your nagging is **of no use**. 헤라, 당신의 잔소리는 소용이 없소
  - of no use가 명사 nagging을 수식합니다.

❸ 부사구(Adverbial Phrase)

두 개 이상의 단어가 모여 동사, 형용사, 혹은 다른 부사를 수식할 때 이를 부사구라고 합니다.

- Zeus stood **on the hill**. 제우스는 언덕 위에 서 있었다
  - on the hill이 동사 stood를 수식합니다.
- Surfing internet is easy **to learn**. 인터넷 검색은 배우기가 쉽다
  - to learn이 형용사 easy를 수식합니다.
- Eros, you are old enough **to be independent**. 에로스, 이제 독립할 나이가 되었잖아
  - to be independent가 다른 부사 enough를 수식합니다.

| INTRO |

> **종신계약의 노예, 절(clause)**
>
> 종신계약? 노예? 헉! 무슨 말이냐고요? 절의 전제 조건이 주어+술어동사, 즉 평생을 이 조건을 갖춰야만 하기에 붙여본 이름입니다.
> 절에 관한 절절한 이야기 속으로 here we go!

2 절(Clause)

두 개 이상의 단어가 모여 **주어와 술어의 관계를 나타낼 때** 이를 절이라고 합니다. 절은 역할에 따라 **주절, 대등절, 종속절**로 구분되며 종속절은 다시 역할에 따라 **명사절, 형용사절, 부사절**로 세분됩니다. 절에 관한 상세한 이야기는 4막 절 편에 준비되어 있으므로 이 장에서는 절에 관한 개념만 catch해주세요.

❶ 주절(Subject Clause)

주절은 문장의 중심이 되는 절로 의미상 종속절과 대조를 이룹니다. 주인마님이 사는 마님절로 기억하세요.

- **Hermes bets** that Hera is the most beautiful goddess of all.
  헤르메스는 헤라가 가장 아름다운 여신이라는 데 내기를 걸었다
- **Verbs protested hard**, so they could get what they wanted.
  동사들은 강하게 항의를 했다, 그래서 그들은 그들이 원하는 것을 얻을 수 있었다

❷ 종속절(Subordinate Clause)

주절에 종속되는 절로 주절과의 구분은 종속절 앞에는 종속접속사가 붙어 있다는 것이죠. 이 절은 주절로부터 독립해 홀로 완전한 문장을 구성할 수 없죠. 주절이 마님 절이라면 종속절은 종놈의 대표 돌쇠, 즉, 돌쇠절로 기억하세요. 종속절은 역할에 따라 명사절, 형용사절, 부사절로 다시 구분이 되죠, 이에 관한 상세한 설명은 2막 접속사 편에서 만날 수 있습니다.

- I hope **that you will come back safely**. (명사절) 나는 당신이 안전하게 돌아오기를 희망합니다
  - 동사 hope의 목적어 역할을 하므로 명사절입니다.
- Eros, do you know that girl **who is wearing a wreath?** (형용사절)
  에로스, 저 화환을 쓰고 있는 소녀를 알고 있나?
  - 종속절이 명사 girl을 수식하는 형용사 절입니다.
- I heard you talk **while I was watching a movie**. (부사절)
  나는 영화를 보는 동안 당신이 말하는 소리를 들었다
  - 종속절이 시간을 말하므로 부사절입니다.

❸ 대등절(Parallel Clause)

절과 절이 대등한 관계를 나타내는 것을 대등절이라고 하죠. 종속절과는 달리 대등접속사 and, but, for, or, so 등으로 연결되며 대등접속사만 없애면 두 절은 언제라도 완전한 문장을 구성할 수 있습니다. 주절에 종속되어 독립될 수 없는 종속절과 비교해 잘 기억해두세요.

- Oh, Zeus, I love you **but you still dislike me**. 제우스! 나는 당신을 사랑하는데 당신은 여전히 나를 미워하는군요
  = a. I love you. b. You still dislike me.
- Hermes, I trust you **and you trust me as well**. 헤르메스, 나는 그대를 믿고 그대 또한 나를 믿지
  = a. I trust you. b. You trust me as well.

Hurrah!! 창조 첫 날 문장의 구성 단위 세 놈에 관한 briefing이 끝났습니다. 다음 Wrap Up을 통해 이와 관련해 출제될 수 있는 어법 문제들을 check하시고 내일 다시 만나요. bye!

Wrap Up & Explanation

Wrap Up

❶ [01~05] 다음에서 밑줄친 부분의 품사를 말하시오.

01 Hermes <u>runs</u> very <u>fast</u>.
02 She is a really <u>kind</u> girl.
03 What <u>kind</u> of food do you <u>like</u>?
04 Zeus blamed <u>him</u> <u>severely</u>.
05 <u>Wow</u>! That's very nice!

❷ [06~10] 다음에서 밑줄친 구의 역할을 쓰시오.

06 <u>To think</u> is one thing and <u>to act</u> is another.
07 He went there <u>with his family</u>.
08 Look at the girl <u>on the stage</u>.
09 Can you tell me <u>how to get</u> to the shrine?
10 Apollo did it <u>on purpose</u>.

❸ [11~15] 다음 문장이 괄호 안의 의미를 나타낼 수 있도록 다시 배열하시오.

11 early is to get for good up health (일찍 일어나는 것은 건강에 좋다)
   ----

12 many gods are there in room the (방 안에 많은 신들이 있다)
   ----

13 until I wait here come back (여기서 내가 돌아 올 때 까지 기다려라)
   ----

14 mom a cook is well known very (엄마는 유명한 요리사다)
   ----

15 wonder if you help me out I (당신이 나를 도울지 궁금하다)

| The Show 영문법 |

Explanation

❶ 1~5번까지는 8품사의 기본적인 역할에 관한 개념을 잘 파악하고 있는지 알아보는 문제입니다.

01　runs는 주어의 동작을 나타내는 동사, fast는 그 동사를 수식하는 부사입니다.
　　(헤르메스는 매우 빨리 달린다)

02　kind가 명사 girl을 수식하는 형용사입니다.
　　(그녀는 매우 친절한 소녀다)

03　kind가 의문사 what의 수식을 받는 명사로 종류란 뜻을 나타냅니다. like는 '좋아하다' 란 뜻을 나타내는 동사입니다. kind가 형용사로 사용되면 '친절하다' 는 뜻이죠.
　　(어떤 종류의 음식을 좋아합니까?)

04　him은 타동사 blame의 목적어 역할을 하는 대명사이며, severely는 동사 blame을 수식하는 부사죠.
　　(제우스는 그를 심하게 꾸짖었다)

05　Wow는 감정을 나타내는 감탄사입니다.
　　(와우, 멋지다!)

❷ 6~10번까지는 둘 이상의 단어가 모여 품사의 역할을 하는 구의 종류와 역할에 관해 알아보는 문제입니다.

06　To think, to act 둘 다 주어역할을 하는 명사구입니다.
　　(생각과 행동은 별개의 것이다)

07　with his family가 동사 went를 수식하는 부사구입니다.
　　(그는 그곳에 그의 가족과 함께 갔다)

08　명사 girl을 수식하는 형용사구입니다.
　　(무대에 있는 소녀를 보아라)

09　동사 tell의 목적어가 되는 명사구입니다. 의문사+부정사는 명사구가 되죠.
　　(신전으로 가는 길을 알려 주세요)

10　동사 did를 수식하는 부사구입니다.
　　(아폴로는 그것을 고의적으로 했다)

❸ 11~15번까지는 품사를 역할에 따라 알맞게 배열하는 문제입니다.

11　<u>To get up</u> early <u>is</u> <u>good</u> for health.
　　　　S　　　　　V　　C

12　There <u>are</u> <u>many gods</u> in the room.
　　　　　V　　　S

　　유도부사 there is, are는 바로 다음에 진짜 주어가 온다는 사실에 유의하세요.

13　<u>Wait</u> here until <u>I</u> <u>come back</u>.
　　 V　　　　　　S　　V

　　주어가 생략되고 동사원형으로 시작하는 명령문이죠, 종속절의 어순은 접속사+주어+동사입니다.

14　<u>Mom</u> <u>is</u> a very well known <u>cook</u>.
　　　S　　V　　　　　　　　　　　　C

　　전형적인 주어+be동사+보어의 문장입니다.

15　<u>I</u> <u>wonder</u> if <u>you</u> <u>help</u> <u>me</u> out.
　　S　　V　　　　S　　V　　O

　　타동사 wonder의 목적절이 되는 if절이죠, **if가 명사절을 이끌면 '~인지 ~아닌지'로 해석되죠.**
　　● help out은 끝까지 철저하게 도와주다는 뜻이죠, 단순히 도와주다는 help와 구분하세요.

| 창조 둘째 날 _ All about the sentence |

STORY
02

문장의 사대천왕 주동목보 이야기

주동목보야, 문장의 사대천왕이 되어라!

창조 둘째 날입니다. 오늘은 문장의 사대천왕이 될 주어, 동사, 목적어, 보어에 관한 profile이 만들어지는 날입니다. 아침 일찍 눈을 뜬 제우스가 혼자 말을 하고 있죠.

"오늘의 주인공은 주어, 동사, 목적어, 보어. 흠, 이들의 위상을 한 방에 나타내줄 적절한 별명이 없을까? right! 문장의 사대천왕, sounds perfect. 어서 가서 창조를 시작해야지."

제대로 삘 받은 제우스가 경쾌하게 회의실로 들어서며 참모들에게 인사를 하죠.

"It's a beautiful morning, isn't it?좋은 아침이야, 그렇지?"
"그러네요, 그런데 오늘 뭐 좋은 일이라도 있나요? You look upbeat.기분이 패 좋아 보이네요"
"오! 완전 귀신이 따로 없군, 그래 나 기분 열라 좋아. 오늘은 왠지 모든 일이 잘 될 것 같아서 말이야."
"Cool, 그나저나 오늘의 mission은 뭐죠?"
"문장의 사대천왕인 주동목보에 관해 상세한(detail) profile을 만들고 또한 이들과 궁합이 맞는 품사를 찾아 짝 지어주는 것이지."
"짝짓기? You mean mating?"
"Exactly. 바로 그것이지 그럼 슬슬 떠나볼까?"
"Yes, sir, let's step on it~! 좋아염, 빨리 가요. ♪♪"

둘째 날, 사대천왕 주동목보에 관한 profile 속으로 go! go!

사대천왕 창조와 그를 위한 품사의 casting

| INTRO |

문장의 사대천왕, 그들은 뉴~구??

문장을 구성하는 요소들 중 문장구성에 직접적인 영향을 주는 4대 주요소 주어, 동사, 목적어, 보어를 말합니다. 이들 사대천왕의 화려한 profile 속으로 한 번 빠져봅시다!

문장의 사대천왕 : 주. 동. 목. 보. 에 관한 화려한 Profile 팍! 팍!

제우스가 주동목보에게 사대천왕이란 별명을 붙여준 후 특명을 내리죠.

"Hey, 사대천왕들, 이제 너희들에 관해 영어 만민에게 소개할 시간이다. 무대로 가서 화끈하게 신고식을 해라. 수단과 방법을 가리지 말고(by all means) 알겠지? **Can you deal with it?** 잘할 수 있지?"

- deal with: 해결하다, 풀어내다

"**Yes, sir, we can.** 잘 할 수 있어요"

"**Cool! Do it right now!** 좋아! 당장 시작해라."

소개를 위해 허겁지겁 달려가는 사대천왕을 보며 제우스가 속내를 드러내죠.

"흐흐! 드디어, 온 천하에 나의 창조능력을 보여줄 때가 왔어."

한편, 어느새 광장에 도착한 주동목보는 사대천왕이라는 말에 한껏 고무되어 (encouraged) 좌충우돌 소개를 시작하죠.

S-line 주어(subject)

S-line 몸매를 가진 주어 subject가 initial(첫 자) S를 강조하며 sexy하게 말하죠.

"**Hey, men, you know who I am?** 안녕, 여러분, 내가 누군지 알아? 나는 주어라고 해. 사대천왕 중에서도 서열 1위라고 할 수 있지, 나는 '~은, ~는, ~이, ~가' 로 해석이 되고 있어. 나의 위상에 걸맞게 나의 position(위치)은 문장 처음이지, 혹, 알고들은 있나? 문장에서 어순은 곧 power란 것을 말이야, 다음 예문을 봐."

- **Subject** is the master of sentence. 주어는 문장의 주인입니다.
  S

- powerful: 강한

이제 주어가 얼마나 powerful한지 알겠지, 서열 1위 주어여 영원하라~!"

V-line 술어동사(verb)

주어의 소개가 끝나자마자 V-line 얼굴을 가진 동사가 화급히 달려

The Show 영문법

나오죠. Oh, my god! 그런데 동사가 무대에 서자마자 제대로 뽕삘을 받아 노래를 하네요.

"얼굴은 V-line, 몸매도 S-line, 동사는 정말, 아주 죽여~~줘요~!!

Hello, guys, my name is Verb. 나는 주어의 동작, 상태를 보여주는 술어동사라고 해. 혹자는 나를 그냥 동사라고 하지. 내 이름의 initial V에 맞게 내 얼굴은 완전 V-line이지. 그나저나 방금 주어가 서열 1위니, 주인이니 하면서 헛소리를 하던데, 참, 나, 웃기지 말라 그래, 문장의 주인이면 뭐하나? 나 술어 없으면 꽝인 것을. 다음 예문을 봐.

● Subject **is** the master of sentence. 주어는 문장의 주인입니다.
          V

주어의 상태를 나타내는 나 동사 is가 없다고 가정해 봐, 완전한 문장이 되냐고? No, absolutely not! 동사 없으면 주어는 완전 개털이야. 서열 1위는 개뿔, 까~~불고 있어."

- absolutely not: 절대, 아니야!

목적어(object)

주어와 동사가 하는 짓거리를 관망하던 목적어가 재빨리 잔머리를 굴리기 시작합니다.

"휄~! 저 센 놈, 둘의 틈바구니에서 어떻게 나 목적어만의 매력을 발산하지? I have to grab attention. 꼭, 주목을 받아야만 해"

궁리하던 목적어가 아예 등장부터 시선을 끌 작정으로 몸을 O자로 말고는 떼굴떼굴 굴러 나옵니다. 예상대로 관중들의 시선이 집중되죠. 이에 목적어가 몸을 풀고는 소개를 하죠.

- grab attention: 주목을 받는다, 관심을 끌다

"Hi, there! 나는 동사가 하는 동작의 대상이 되는 목적어인 object야. initial은 O, 해석은 주로 '~을, ~를'로 되곤 해. 그래서 하는 말인데, 동사! 너희 중 앞 말의 해석이 '~을, ~를'로 되는 동사들, 소위 타동사들, 내 앞에서는 개 폼 그만 잡지, 나 목적어 없으면 너희들 완전 한 순간에 새 된다. Just take a look;

- take a look: 보다

● Subject does **yoga** every Tuesday. 주어는 매주 화요일에 요가를 한다
                O

'~을 하다'라는 의미를 가진 타동사 does, 그 동작의 대상이 되는 나, 목적어 yoga, 봐, 타동사 중 목적어 없이 완전한 문장으로 올 자는 없지."

보어(complement)

목적어가 소개를 하는 동안 보어가 가슴이 타서 혼자 말을 하죠.

"다음이 내 차례인데 어떻게 나를 appeal하지? 좋은 방법이 없나?"

- appeal: 드러내다, 호소하다

궁리하다 가슴 중앙에 C를 새긴 채 나와 소개를 합니다.

"Hi, there! 내 이름은 보어라고 해, 영어 이름은 Complement, C로 나타내며 주어,

목적어를 보충해주는 일을 하고 있지. 비록 주어, 술어처럼 주연급은 아니지만 없어서는 안 될 조연이지. 나의 해석은 주로 '~이다 혹은 ~하다'로 되곤 해. Hey, 동사들, 너희들 중 특히 앞에 불이란 접두사를 달고 다니는 동사들, 조심해라, 나 없으면 황 된다. Just have a look;

- Subject is **the master** of sentence. 주어는 문장의 주인이다
                 C

어때, 나 보어 master가 없다면 주어가 누구인지 어떻게 알겠어, 이것이 바로 보어만이 갖는 매력이지."

사대천왕의 무례한 소개가 끝나자마자 신들이 급 열을 받아 사대천왕은 물론 제우스까지 싸잡아서 욕을 해대죠.

"저런, 막 돼 먹은 것들 같으니, 사대천왕이면 눈에 뵈는 것이 없나, 도대체 제우스는 뭘 한 거야, 무대에 올리기 전에 최소한 무대예절(stage manners) 정도는 가르쳤어야지. 주동목보 저것들은 싸래기 밥만 쳐 먹었나, 엇다 대고 감히 반말이야."

"**Calm down** 진정하게, 제우스 하는 일이 그렇지 뭐."

"그래도 혹시나 했더니 역시나 **It's really disappointing.** 대 실망이야"

신들이 떼거리로 질타를 보내자 당황한 제우스가 급히 그 자리를 빠져나오며 말하죠.

"**Crap!** 도대체 이게 뭐야, 폼 좀 잡으려다 완전 개망신만 당하다니. ㅠ~ㅠ"

1 사대천왕의 등극

❶ 주어(Subject)

문장의 주체가 되는 요소로서 '은, 는, 이, 가'로 해석되죠. 주로 문장의 첫머리에 오며 S로 나타냅니다.

- **The actress** looks gorgeous. 그 여배우는 멋져 보인다
      S
- **This box** was made of wood. 이 상자는 나무로 만들어졌다
     S

❷ 술어동사(Verb)

주어의 동작이나 상태를 나타내며 '~하다, ~이다, ~되다' 등으로 해석되며 주어 뒤에 옵니다. V로 나타냅니다.

- Apollo **plays** the lyre. 아폴로는 수금을 연주 한다 (동작)
          V
- They **are** nymphs. 그들은 요정들이다 (상태)
       V
- She **became** a cellist. 그녀는 첼로연주가가 되었다 (변화)
        V

❸ 목적어(Object)

동사가 나타내는 동작의 대상으로 '~을, ~를'로 해석이 되며 타동사 뒤에 옵니다. O로 나타냅니다.

- We took **a lot of pictures** in the Folk Village. 우리는 민속촌에서 많은 사진을 찍었다
  O
- The cat ate up the **fish** quickly. 그 고양이는 급히 생선을 먹어 치웠다
  O

❹ 보어(Complement)

불완전한 주어나 목적어를 보충해주고 '~이다 ~하다' 등으로 해석되며 동사 혹은 목적어 뒤에 옵니다. C로 나타내며, 주어를 보충하면 주격보어(SC), 목적어를 보충하면 목적보어(OC)라고 합니다.

- He is a **prosecutor**. 그는 검사이다
  SC
- People call her **a witch**. 사람들은 그녀를 마녀라고 부른다.
  OC

명사 보어 vs 형용사 보어 이렇게 달라요

명사 보어는 주어, 목적어와 동격을, 반면 형용사 보어는 주어나 목적어의 상태를 한정 서술합니다.

- She became **a professor**. 그녀는 교수가 되었다; she=professor
- He looks quite **old** for his age. 그는 나이에 비해 꽤 늙어 보인다

| INTRO |

사대천왕과 품사의 mating(짝 짓기)

문장의 사대천왕이 제 역할을 다하기 위해서는 전제 조건이 필요하죠, 궁합이 맞는 품사를 찾아 짝짓기를 해주는 것이죠, 이들의 달콤 살벌한 짝짓기 현장 속으로 here we go!

사대천왕과 품사의 mating(짝짓기)

사대천왕을 소개함으로써 자신의 창조업적을 자랑해보려다 오히려 개망신만 당하자 pissed off된 제우스가 신전으로 올라가서는 내려올 생각을 않죠. 기다리던 참모들이 안달이 나서 헤르메스의 옆구리를 찌르며 말하네요.

- pissed off:
  열 받다

"사대천왕이 제 빛을 발하려면 그들 자리에 올 수 있는 품사들을 골라 mating을 해줘야지. 어서 가서 제우스를 모셔와, 빨리"

"I got it, please stop pushing me. 알았으니 재촉 좀 그만 해 휴~! 그나저나 지금 가면 분명 날벼락이 떨어질 텐데. 하지만 별 수 없지."

마지못해(reluctantly) 신전으로 올라간 헤르메스가 제우스의 방문을 두드리죠.
"**Knock, knock. Sir, it's time to mate.**짝짓기 할 시간인데요"
"그래서(so what?), 나보고 어쩌라고? 이미 첫날 품사를 역할에 따라 세 가지로 구분했으니 그대로 따라 하면 될 일을 가지고 왜 난리야?"
"8품사 중 명사, 대명사, 동사가 기능어 품사라는 말씀은 하셨지만 기능어에 관해서는 아직 충분히 들은바가 없거든요."
"**Gee! I can't help it.**이런! 어쩔 수 없군 내려가는 수밖에."
억지로 광장으로 내려온 제우스가 완전 짜증스럽게 말하죠.
"기능어를 모른다고 했냐? 멍청한 것들, 문장을 구성할 때 결정적인 역할을 하는 주동목보가 기능어라고 내 이미 말했거늘."
제우스의 신경질에 참모들이 불쾌하지만 꾹 참고 말하죠.
"명사, 대명사는 주어, 목적어, 보어와, 동사는 술어동사와 mating을 하면 된다는 말이죠?"
"당근이지, 이제 알았냐? 같은 말을 몇 번을 하게 만들어, 완전 짱 나게 스리. 헤르메스, 가서 영어들에게 말해, 분수에 맞게 살라고, 괜히 동사가 주어 자리에 들이대다가 깨지지 말라고 말이야."
헤르메스가 팔품사들에게 제우스의 말을 전하자 동사가 완전 꼭지가 돌아 막말을 하죠.
"아! 명사 저 쳐 죽일 놈이 주어, 목적어, 보어까지 모두 독식을 하는 것만 해도 속이 뒤집히는데, 왜 가만히 있는 동사는 들먹이고 난리야? 제우스, 당신, 이쯤 되면 막 가자는 것이지, 두고 봐, 복수(revenge) 할거야, **I am sure you will get in serious trouble.** 확신하건대 당신 반드시 피 볼 것이야."
동의의 막말에 침묵하고 있던 수식어와 연결어 품사 역시 불평을 합니다.
"뭔 짝짓기가 이리 살벌해, 제우스는 명사만 왕 총애해. 기타 품사들은 어디 서러워 살겠어? ㅠ~ㅠ"

- you will get in serious trouble; 피 보게 될 것이다, 후회하게 될 것이다

명사

2 사대천왕을 위한 품사의 casting

❶ 주어(Subject)의 짝은 명사, 대명사

주어가 될 자격을 갖춘 품사는 명사, 대명사이며 기타 부정사, 동명사, 명사절이 있습니다.

- **Zeus** kept his promise to create the parts of speech. (명사)
  제우스는 품사를 창조하겠다는 약속을 지켰다
- **We** went to the same school. (대명사)
  우리는 동창생이다

| The Show 영문법 |

- **Reading** is good for mental health. (동명사)
  독서는 정신 건강에 좋다
- **To study** a foreign language requires a great patience. (부정사)
  외국어 공부는 많은 인내심을 필요로 한다
- **That he killed himself** proved just rumor. (명사절)
  그가 자살했다는 것은 단지 헛소문으로 판명이 되었다

❷ 술어(Verb)의 짝은 동사

술어의 자격을 갖춘 품사는 동사입니다. 이 동사는 의미에 따라 동작 동사와 상태 동사로 구분됩니다.

- Hermes **delivers** Zeus' message. (동작 동사)
  헤르메스는 제우스의 메시지를 전달한다.
- Aphrodite **is** the symbol of beauty. (상태 동사)
  아프로디테는 미의 상징이다.

❸ 목적어(Object)의 짝 역시 명사, 대명사

목적어 자격을 갖춘 품사는 명사, 대명사, 그리고 부정사, 동명사, 명사절입니다.

- I can bake **cookies**. (명사)
  나는 쿠키를 구울 수 있다
- Who brought **it**? (대명사)
  누가 그것을 가져왔니?
- Hera began **shouting**. (동명사)
  헤라는 외치기 시작했다
- Zeus decided **to choose** staffers. (부정사)
  제우스는 참모들을 뽑을 결심을 했다
- I strongly believe **that we will get over hard times**. (명사절)
  나는 우리가 이 역경을 이겨낼 것이라고 굳게 믿는다

❹ 보어(Complement)의 짝은 명사, 형용사

보어 자격을 갖춘 품사는 명사, 형용사, 그리고 부정사, 동명사, 분사, 명사절입니다. 명사보어는 동격을, 형용사보어는 상태를 서술합니다.

- Zeus' biological father is **Cronos**. (명사)
  제우스를 낳아준 아버지는 크로노스이다
- He looks pretty **stubborn**. (형용사)
  그는 매우 고집이 세 보인다
- Teaching is **learning**. (동명사)
  가르치는 것은 배우는 것이다
- My dream is **to be** an astronaut. (부정사)
  나의 꿈은 우주비행사가 되는 것이다
- I heard somebody **knocking** the door. (분사)
  나는 누군가 문을 두드리는 소리를 들었다
- The truth is **that he had an affair**. (명사절)
  사실은 그가 바람을 피웠다는 것이다

종요소와 주부, 술부에 관한 이야기

INTRO

종요소의 이유 있는 반항

문장은 주요소와 종요소가 결합해 만들어지죠. 하지만 제우스가 종요소를 개 무시하자, 격분한 이들이 거칠게 반항을 하게 됩니다. 이들의 이야기 속으로 here we go!

흥! 제우스, 당신이 수식어의 variety함을 알아??

짝짓기 원칙에 관한 제우스의 말이 끝나자마자 수식어, 연결어 품사들이 불평을 합니다.

"아이쿠, 단어 팔자 뒤웅박 팔자라더니, 단어가 어떤 품사가 되느냐에 따라 팔자가 이렇게 달라질 수 있어? 젠장, 달리기 하나 잘못한 죄로 내 존재감이 이리 작아지다니, 흑!"

전치사의 말에 형용사가 맞장구를 치죠.

"**That is exactly what I mean.** 바로 내 말이 그 말이야 명사들, 니들이 기능이면 다냐? 니들이 언어의 마술사, 형용사의 그 화려한 역할을 알아? 흥! 제우스, 당신이 우리 수식어 품사의 variety함을 알아? 깊은 맛을 아냐고? 안다면 절대 이럴 수는 없지."

- variety; 다양함, various(다양한)의 명사형이죠.

"**You've got the point.** 정말 핵심을 찌르는 말이야. Hey, 동사, 너희들도 마찬가지야, 너희 동사의 상태를 속속들이 파헤쳐주는 나 부사 없이 니들이 잘 먹고 잘 살 수 있을 것 같아?"

부사가 다시 이에 맞장구를 치고 이는 일파만파로 퍼져 결국은 종요소들을 하나로 결집하게 하는 계기가 되죠. 평소 오지랖이 태평양(Pacific)처럼 넓은 부사가 급 제안을 하죠.

"어이, 친구들, 종요소를 구성하는 우리 수식어, 연결어 품사에 관한 장을 따로 만들어 달라고 요구하자, otherwise, 우리 파업(strike)하자, 아주 쓴 맛을 보여주자고."

"쪼아! 쪼아!"

- otherwise: 그렇지 않으면

결심한 수식어, 연결어 품사들이 파업에 돌입하자 난리가 났죠. 명사가 있으니 어떤 명사인지 알 수 없고 동사가 있으니 어떻게 동작을 하는지, 접속사가 없으니 연결도 안 되고, 이에 제우스가 두 손을 들고는 말하죠.

"알았다, 내 생각이 짧았다. 사실 주요소 주동목만 있으면 다 될 줄 알았는데, 물론 문장을 구성할 수는 있지만 다양한 의미를 전달할 수는 없더구나, episode two에서는 너희들을 주인공으로 만들어 줄 테니 제발 파업을 철회해줘. okay?"

이에 수식어와 연결어 품사, 즉 종요소들이 파업을 풀고는 본업으로 돌아가게 되죠.

| The Show 영문법 |

1 수식어(Modifiers)

문장의 주요소를 수식하는 형용사, 부사를 수식어라고 합니다. 다음 주요소로만 구성된 문장과 기타 종요소가 결합된 문장을 비교하며 수식어 품사의 역할에 관해 알아봅시다.

❶ 주요소로만 구성된 문장

- Eros is a player. 에로스는 바람둥이다
  S   V   C
- Birds sing a song. 새들이 노래를 한다
  S   V   O

❷ 종요소가 mix된 문장

- (Handsome) Eros is a (well-known) player. 잘생긴 에로스는 누구나 다 아는 바람둥이다
              S   V   C
  – 괄호 안에 있는 말들이 종요소이며 이들 자리에 오는 품사는 형용사, 부사, 그리고 형용사, 부사구와 절입니다.
- (A lovely) bird sings a song (happily)(in the forest). 귀여운 새가 숲에서 행복하게 노래한다
             S   V   O
- (Embarrassed) Hermes (quickly) got on the cloud. 당황한 헤르메스는 급히 구름에 올라탔다
                 S   V   O

| INTRO |

주부와 술부란 무엇이죠?

영어문장은 크게 두 축; 주부와 술부로 구성이 됩니다. 주어가 사는 곳을 주부, 술어, 목적어, 보어가 사는 곳을 술부라고 합니다. 용호상박하는 두 축, 주부와 술부의 이야기 속으로 here we go!

주부와 술부의 영역다툼

수식어와 연결어를 모아서 종요소들만의 장을 마련해준 후 제우스가 아프로디테와 함께 tea를 마시고 있죠.

"This tea smells really good, doesn't it, darling?" 이 차의 향이 정말 좋아요, 안 그래요? 따~알링?"
"아프로디테, 당신의 향기(scent)가 더욱 달콤한 걸, ♡♡"

둘이서 아주 닭살을 떨고 있는데 oh, dear! 이런, 영어왕국으로 정찰을 나갔던 헤르메스가 마치 호떡집에 불이라도 난 듯이 급하게 달려와 말합니다.

"Sir, it's an emergency. 헉! 비상사태랍니다 지금 주부의 주어와 술부의 동사가 치고받고 난리가 났어요."
"도대체, 왜?"

> "제우스님이 주시겠다고 약속했던 성(castle) 때문이죠, 둘이 서로 큰 성을 갖겠다고 입씨름을 하더니 이젠 완전히 육탄전으로 변해 폭력이 난무하고 있어요, 신속하게 조치를 취하지 않으면, 아유, 칼부림 나겠어요."
>
> "No worry, 걱정 마, I will take care of it. 내가 해결할 테니"
>
> 제우스가 내려가 보니 정말 난리가 났죠, 술부가 왕 펀치를 날리며 말하죠.
>
> "야, 주부, bring it on, 덤벼, 짜샤~아! 주부면 다냐? 억지도 유분수지, 술어에 목적어는 물론 보어까지도 포함하는 나 술부가 큰 성을 가져야지, 지나가는 소를 잡고 물어봐, 누구 말이 맞나."
>
> 술부의 공격에 주부 역시 이단 옆차기를 하면서 counterattack을 하죠.
>
> "나 원, 코끼리 가랑 잎 타고 태평양 건너는 소리 하고 있네, 식솔만 많으면 다냐? 문장의 주인인 주어가 있는 주부가 당연 큰 성을 가져야지."
>
> 욱한 제우스가 고함을 치죠.
>
> "Hey, stop fighting! 그만 두지 못해, 큰 성은 딸린 식솔이 많은 술부의 것이니 그리 알라, 이것은 나의 명령이다, okay?"
>
> 제우스의 말에 주어가 볼 맨 소리로 말하죠.
>
> "It's too hard for me. 정말, 너무하세요 ㅋㅋ"

- take care of: 문제를 해결하다
- counterattack: 반격하다

2 주부와 술부

영어 문장은 주부와 술부로 구성이 됩니다. 주부에는 주어가, 술부에는 술어, 목적어, 보어가 있으며 주부의 중심은 **주어**, 술부의 중심은 술어, 즉 **동사**입니다. 평서문의 경우 주부가 술부 앞에 오지만 의문문, 감탄문, 그리고 도치문인 경우는 술부의 동사, 목적어, 보어 등이 주부 앞으로 이동하기 때문에 구분하기가 어려울 때가 많습니다. 하지만 주부와 술부의 구분은 속독을 위한 첫걸음이므로 반드시 파악해야만 하죠. 도치문에 관한 다양한 예문은 마지막 날, 특수 구문 편에 준비되어 있으니 참고하세요.

❶ 평서문

주부+술부로 구성됩니다.

- **The girl** carrying a heavy bag / desperately **shouted** "help me."
  S   주부   술부   V
  무거운 가방을 들고 있는 **소녀는** 필사적으로 **소리쳤다**, "도와줘요."라고

- **The chef** cooking in the kitchen / **picked up** a beautiful plate made in England.
  S   주부   술부 V
  주방에서 요리하는 **주방장은** 아름다운 영국 산 접시를 **집어 들었다**

- Many white unknown **flowers** / **are blooming** here and there.
         주부   S   술부   V
  많은 이름 없는 하얀 **꽃들이** 여기저기에서 **피어나고 있다**

| The Show 영문법 |

❷ 도치문

주어보다 술부의 요소들이 앞에 올 때 이를 도치문이라고 합니다.

- What a fantastic movie / **it is**! 얼마나 멋진 영화인가! (감탄문)
  술부   주부 V

- Near the lake **was** / **a cabin**. 호수 옆에 오두막이 있었다 (부사구 강조)
  술부   V   S 주부

- Who **is** / **that girl** dancing on the stage? 무대에서 춤을 추고 있는 저 소녀는 누구입니까? (의문문)
  술부 V   S   주부

  • 도치에 관한 상세한 설명은 마지막 날 술부의 반란 편에 흥미진진하게 준비되어 있습니다. you can expect.^^

이상으로 창조 둘째 날 문장의 구성요소에 관한 이야기가 끝났습니다. 다음 Wrap Up을 통해 잘 마무리하시고 내일 다시 만나요. see you soon~!

Wrap Up & Explanation

Wrap Up

❶ [01~05] 다음 각 문장에서 주어(S), 동사(V), 목적어(O), 보어(C)를 찾아 표시하고 그 품사명을 쓰시오.

01 Staffers went to the shrine.

02 We are the same age.

03 Zeus calls Eros a jerk.

04 Apollo loves to sing a song.

05 Hermes became a good messenger.

❷ [6~10] 다음 문장을 주부와 술부로 나누고 그의 중심어가 되는 주어와 술어를 표시하시오.

06 The roses in the vase are put by my mother.

07 That house near the lake is my uncle's.

08 The fact that he had died made me sad.

09 The man who is standing over there looks like a statue.

10 Regular exercise, sensible nutrition, behavior modification are good for losing weight.

❸ [11~15] 다음 문장 중 잘못된 부분을 바르게 고치시오.

11 Your suit looks wonderfully.

12 He came home hurry.

13 There is many roses in the garden.

14 Would you have some to drink?

15 She is a well-known cooker.

Explanation

| The Show 영문법 |

❶ 1번에서 5번은 문장의 주요소와 그들 자리에 오는 품사가 제대로 일치하는지 알아보는 문제입니다.

01 <u>Staffers</u> <u>went</u> to the shrine. 참모들은 신전으로 갔다
    S   V

주어 staffers는 명사, 술어 went는 동사입니다.

02 <u>We</u> <u>are</u> <u>the same age</u>. 우리는 동갑이다
    S   V   C

주어 we는 대명사, 술어동사 are는 동사, 보어 age는 명사입니다.

03 <u>Zeus</u> <u>calls</u> <u>Eros</u> <u>a jerk</u>. 제우스는 에로스를 멍청이라고 부른다
    S   V   O   OC

주어 제우스는 명사, 술어동사 call은 동사, 목적어 Eros 역시 명사, 목적보어 jerk 역시 명사입니다.

04 <u>Apollo</u> <u>loves</u> <u>to sing a song</u>. 아폴로는 노래 부르기를 좋아한다
    S   V   O

주어 아폴로는 명사, 술어동사 love는 동사, 목적어 to sing a song은 부정사구입니다.

05 <u>Hermes</u> <u>became</u> <u>a good messenger</u>. 헤르메스는 좋은 전령이 되었다
    S   V   C

주어 헤르메스는 명사, 술어동사 became은 동사, 보어인 messenger는 명사입니다.

❷ 6번에서 10번은 주부와 술부를 구분하는 감각을 기르기 위한 문제죠. 이 구분은 술부의 동사를 기준으로 동사 앞까지가 주부, 동사를 포함한 뒤 전체가 술부가 됩니다.

06 <u>The roses</u> in the vase / <u>are put</u> by my mother. (화병에 있는 장미는 엄마가 꽂아 두셨다)
    S   주부   V   술부

동사 are 앞 까지를 주부, are를 포함한 그 뒤 전체를 술부라고 합니다.

07 <u>That house</u> near the lake / <u>is</u> my uncle's. (호수 근처에 있는 저 집이 삼촌의 집이다)
    S   주부   V   술부

동사 is 앞이 주부, 그 뒤가 술부입니다.

08 <u>The fact</u> that he had died / <u>made</u> me sad. (그가 죽었다는 사실이 나를 슬프게 했다)
    S   주부   V   술부

동사 made 앞이 주부, 뒤가 술부죠.

09 <u>The man</u> who is standing over there / <u>looks like</u> a statue. (저기 위에 서 있는 남자는 마치 동상 같다)
    S   주부   V   술부

관계대명사가 이끄는 형용사절로 looks 앞이 주부, 그 뒤가 술부입니다.

10 <u>Regular exercise, sensible nutrition, behavior modification</u> / <u>are</u> good for losing weight.
                       S 주부   V   술부

(규칙적인 운동, 균형 잡힌 영양, 행동의 변화 등이 체중조절에 좋다)

술어 are 앞까지가 주부이며 나머지가 술부입니다.

❸ 11 불완전자동사 look의 보어 자리에는 형용사가 옵니다. 부사는 보어가 될 수 없죠.
    wonderfully → wonderful (당신의 정장이 멋지네요)

12 동사 came을 수식하는 품사는 부사이므로 hurry를 hurriedly로 고칩니다. (그는 급히 집으로 왔다)

13 **There are** 다음에는 복수명사가 오므로 is를 are로 고칩니다. (정원에는 많은 장미가 있다)

14 목적어가 될 수 있는 품사는 명사, 대명사. some → something (뭐 좀 마실래요?)

15 cook이 명사가 되면 요리사, **cooker**는 요리기구죠. cooker → cook (엄마는 유명한 요리사다)

창조 셋째 날 _ All about the sentence

STORY
03
문형과 동사 오형제 이야기

창조 셋째 날입니다. 오늘은 문형과 동사 오형제에 관한 profile이 만들어지는 날입니다. 이날 아침 신전의 분위기는 어떤지 **let's take a look around.**한 번 둘러보시죠 저런, 전령 헤르메스가 오두방정을 떨며 달려와 말하죠.

"영어 광장을 보세요, 완전 마비상태랍니다."

마비란 말에 화급히 영어왕국을 내려다보니 **what a surprise!**이게 웬 일입니까? 주동목보가 문장의 주요소란 말에 완전 기분이 up되어 마구 뒤섞여 엉터리 문장을 만들자 수식어도 이에 합세해 영어왕국이 완전 마비가 되어버린 것이죠, 하지만 제우스가 별일 아니란 듯이 심드렁하게 말하죠.

"뭐, 별일도 아닌데, 호들갑이야, 이미 예상하고 있던 일이다. 일단 회의실로 가자."

CR로 간 제우스가 말하죠. ● CR: Conference Room (회의실)

"안녕? 그대들, 저기 혼란에 빠진 영어왕국을 보게? 왜 저런 사태가 벌어졌을까? 왜 저리 되었을까?"
"**We have no idea about it, sir.** 잘 모르겠어요 무엇 때문인가요?"
"사대천왕의 어순을 잡아줄 문형, 즉, sentence pattern이 없기 때문이지. 따라서 오늘 우리의 mission은 주동목보가 제 역할을 다할 수 있도록 문형을 만들어주는 것, 소위 5형식 문형과 아울러 그 문형을 관리하게 될 동사 오형제에 관한 profile을 만드는 일이 될 것이다. 그럼 이제 슬슬 문형 창조를 위해 떠나볼까? **Do you get ready?**준비 됐니?"
"Yes, sir, just go ahead." ● go ahead: 하던 일, 가던 길을 계속가다

창조 셋째 날, 5형식 문형과 다섯 group 동사들의 화려한 profile 속으로 go! go!

Episode #1

5형식 문형과 동사 오형제에 관한 건방진 profile 팍! 팍!

| INTRO |

문형(Sentence Pattern)이란?

주동목보를 일정한 어순에 따라 배열해 어법상, 의미상 완전한 뜻을 전달 할 수 있도록 만든 것을 문형이라고 합니다. 이들 문형의 이야기 속으로 here we go!

5형식 문형과 다섯 동사들의 건방진 profile 팍! 팍!

제우스가 5형식 문형을 만든 후 특별히 동사를 따로 불러 특명을 내리죠.

"동사들아, 너희들은 문형의 꽃, 이제 무대로 올라가서 각자의 특징과 역할에 관해 소개하여라."

문형의 꽃이란 말에 동사 오형제가 완전 기가 살아 무대 위로 올라가 소개를 시작합니다.

1. 교만 완자의 건방진 profile 팍! 팍!

완전자동사 Come, Go, Walk 등이 시건방을 떨며 나와 소개를 하네요.

- have a look: 보다

"우리는 1형식을 관리하는 완전자동사! 목적어, 보어, 그 딴 것, 아무 필요 없어. 나 동사만으로 주어를 완전하게 만들어주지. 얼마나 완전한지 **just have a look at an example.** 예문을 봐

● Zeus **comes**. 제우스가 온다
    S   V

떫은 얼굴로 보고 있던 전치사 Of가 말하죠.

"건방진 것들, 교만이 장난이 아니군. 그렇지, 교만완자, 딱 좋아!"

2. 겸손 불자의 겸손한 profile

불완전자동사 Look, Sound, Be동사가 완자와는 전혀 다른 겸손한 모습으로 소개를 하죠.

"우리는 2형식을 관리하는 불완전자동사, 주어를 보충해줄 보어가 있어야만 완전한 문장을 만들 수 있기에 불(insufficient)이란 접두어를 달고 다니죠. 보어 없이는 완전한 문장을 만들 수 없는 우리는 2%부족한 자동사랍니다. 우리는 부족한 동사들이죠."

● Zeus **became** a creator. 제우스는 창조주가 되었다
    S   V   C

불완전자동사들의 겸허한 소개가 끝나자 Of가 말하죠.

"세상에, 같은 자동사인데 어쩜 저리 겸손(modest)할까? okay, 겸손 불자, 완전 어울려.

3. 목적 완타의 목적 있는 profile

완전타동사 Like, Study, Begin 등이 나와 인사를 합니다.

"우리는 3형식을 관리하는 완전타동사, 자동사와는 달리 우리가 나타내는 행동의 대상이 되는 목적어를 필요로 하는, 그래서 이름이 타동사가 되었죠. 우리의 특징은 앞말의 해석이 '~을, ~를'로 되며 그 '을'과 '를'에 해당하는 말이 목적어죠. 목적어는 타동사의 운명이죠, please take a look;

- **Zeus loves Aphrodite.** 제우스는 아프로디테를 사랑한다
  S   V   O

완전타동사의 말이 끝나자 별명 만들기에 재미가 들린 Of가 또 나서서 말하죠.

"목적어는 타동사의 운명, 즉, 타동사와 목적어는 불가분의 관계라는 말이지. good, 목적 완타가 딱! 이야."

4. 두목 수여에 관한 profile

수여동사 Give, Buy, Ask, Write 등이 나와 말하죠.

"우리는 4형식을 관리하는 수여동사, '~에게'에 해당하는 간접목적어와 '~을, ~를'에 해당하는 직접목적어 두 개를 다 갖춰야만 완전한 문장을 구성하는 동사들이죠.

- **Zeus gave me a prize.** 제우스는 나에게 상을 주었다
  S   V   IO   DO

나 Gave가 역할을 완전하게 다하기 위해서는 줄 대상인 사람과 줄 물건이 동시에 있어야 한다는 말이죠."

"쳇, 욕심도 엄청 많군, 하나로 부족해 둘씩이나, **whatever**어쨌든, 두 개의 목적어가 필요한 동사가 수여동사라니 cool, 두목수여가 딱! 이야,"

5. 부족 불타의 모자란 profile

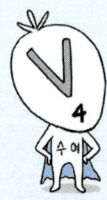

불완전타동사로 불리는 Call, Make, Choose, Keep 등이 아주 싸~아한 표정으로 나와 소개를 하죠.

- sweetie: 예쁜이

"우리는 5형식을 관리하는 불완전타동사, **damn it!**젠장! 무슨 운명의 장난인지, 완전한 문장을 만들려면 목적어는 물론 그 보어까지 있어야 한다니 정말 너무한 것 아냐? 어떤 놈은 동사만으로 완전하고, 어떤 놈은 목적어에 보어까지, 완전 부족함의 극치를 달리지."

- **Mom calls me sweetie.** 엄마는 나를 sweetie라고 부른다
  S   V   O   OC

> 불완전타동사의 우울한 소개가 끝나자 모든 영어들의 시선이 Of에게 집중이 되죠. Of가 으쓱해져 nickname별명 을 짓죠.
> "부족한 것이 가장 많아 슬픈 이름, 불완전타동사, that's it바로 그거야, 부족 불타, 완전 좋아!"

1 1형식동사는 완전한 자동사 (S+V)

주어와 동사만으로 완전한 문장을 구성할 수 있죠. go, come, grow, stand, walk, rise, fly, die, cry, end 등.

- Grandma **died** last year. 할머니는 작년에 돌아가셨다
  S   V
- All staffers **came** to the conference room. 모든 참모들이 회의실로 왔다
  S   V
- There **were** many spectators in the Agora. 아고라에는 많은 관중들이 있었다
  S   V
  - Agora: 고대 학술의 장이 펼쳐지던 그리스 폴리스의 광장

There is는 유도부사로 뒤에 장소를 나타내는 부사구를 수반하며 '~가 있다' 로 해석됩니다.
There is+단수명사, there are+복수명사로 사용된다는 점, 특히 주의하세요!

2 2형식동사는 불완전한 자동사 (S+V+C)

자동사이지만 주어를 보충하는 주격보어가 필요하기 때문에 불완전자동사로 불리며 의미에 따라 상태, 감각, 변화 동사로 구분됩니다. 명사, 형용사, 기타 부정사, 동명사, 분사가 보어 자리에 올 수 있고 감각동사인 경우 특별히 형용사만을 보어로 취합니다.

❶ 상태 동사

주어의 상태를 설명하며 '~이다. 혹은 ~한 채로 있다' 등으로 해석되며 명사, 형용사, 분사를 보어로 취하며 be동사, lie, remain, keep이 대표적인 상태 동사들입니다.

- Apollo **is** a muse. 아폴로는 음악의 신이다
- The door **kept** unlocked. 그 문은 계속 열린 채로 있었다
- This garden **remains** untouched. 이 정원은 누구의 손길도 닿지 않은 채 남아있다

❷ 변화 동사

주어의 변화를 나타내며 '~~해지다' 로 해석됩니다. become, get, grow, turn, go, run 등.

- This tree **grows** bigger and bigger. 이 나무는 점점 자라고 있다
- His hair has already **turned** gray. 그의 머리카락이 어느새 하얗게 변했다
- Eros **went** mad at hearing the news. 에로스는 그 소식을 듣고는 몹시 화가 났다
  went는 go의 과거형이며 '~~해 지다' 란 뜻을 나타내죠.
- 감각동사에 관한 설명은 episode two에 상세하게 나와 있습니다.

| The Show 영문법 |

3 3형식동사는 완전한 타동사 (S+V+O)

자동사와는 달리 목적어를 취하는 동사를 타동사라고 합니다. 이들 동사는 주로 앞말의 해석이 '~을, ~를'로 되며 그 '~을, ~를'에 해당되는 말이 목적어입니다. **decide, love, like, finish, discuss, start, kill, eat, drink, hope, hate, begin, want 등.**

- Staffers **discussed** the bill. 참모들은 그 안건을 논의했다
  S   V   O
- Grandma **finished** sewing. 할머니는 바느질을 마쳤다
  S   V   O
- Eros **loves** to hang around. 에로스는 방황하는 것을 좋아한다
  S   V   O

4 4형식동사는 수여동사 (S+V+IO+DO)

타동사 중에서도 특히 두 개의 목적어를 취하는 동사를 수여동사라고 합니다. 이들 동사의 해석은 '~에게(간목), ~을, ~를(직목)'로 되며 **buy, give, teach, write, tell, show, get, make, find 등**이 대표적인 수여동사들입니다.

- Zeus **made** Aphrodite a flower ring. 제우스는 아프로디테에게 꽃반지를 만들어 주었다
  S   V   IO   DO
- He **found** me a shelter. 그는 나에게 보금자리를 찾아 주었다
  S   V   IO   DO
- I **showed** a foreigner the way to the station. 나는 외국인에게 역으로 가는 길을 안내해줬다
  S   V   IO   DO

5 5형식동사는 불완전한 타동사(S+V+O+OC)

목적어와 그를 보충 설명하는 목적보어까지 있어줘야만 비로소 완전한 의미를 전달할 수 있는 동사로 해석은 '~을, ~를, ~~하다,' 혹은 '~~가 ~하다, 되다'로 됩니다. **think, call, believe, keep, see, hear, have, make, get, let 등.**

- Hermes **saw** Verbs fight. 헤르메스는 동사들이 싸우는 것을 보았다
  S   V   O   OC
- She **left** her baby alone. 그녀는 아기를 홀로 남겨두었다
  S   V   O   OC
- The coach **made** his team keep practicing. 감독은 팀원들이 계속 연습을 하게 했다
  S   V   O   OC

58

Episode #2

특히 주목할 까칠 동사들에 관한 이야기

| INTRO |

특히 주목할 까칠 동사란?

특히 주목할 까칠한 동사란 도대체 어떤 동사들일까요?
다소 복잡하고 어렵지만 어법에 어김없이 등장하는 영순위 동사들을 말하죠.
이들의 story 속으로 here we go!

1탄 감각동사와 부사의 격돌 (부사, 너는 나의 원수)

보고(look), 느끼고(feel), 듣고(sound), 맛보는 (taste) 동사들, 소위 감각동사들이 모여 다음 문장을 보고는 급 흥분해서 말하죠.

- She looks **beautifully**. 아프로디테는 아름답게 보인다
        C

"Oh my god! 저게 뭐니? 저 문장을 좀 봐, 부사 beautifully가 하는 꼴 좀 봐, 정말, 더 이상 부사들이 진상 떠는 것을 용인할 수는 없어."

"그러게, 지금까지 참을 만큼 참았어, 부사 주제에 어떻게 보어 자리에 떡 하니 버티고 있을 수 있담, 완전 뻔뻔하기가 짝이 없어, it's unbearable.

Look의 말에 Feel이 맞장구를 치죠. 이처럼 앞말의 해석이 '~~하게 보이고, 들리고, 느껴지고' 등으로 되는 이들 감각동사들이 모여 분개하자 이를 본 제우스가 말하죠.

"Hermes, what made them so upset? 왜 감각동사들이 저리 화가 났지? 가서 알아봐."

헤르메스가 내려와 이들에게 묻네요.

"What's going on guys? 무슨 일이야?"

"세상에, 정말, 우리처럼 부사에게 당해보지 않았으면 말을 마세요."

감각 Sound가 대답을 하자 헤르메스가 다시 한 번 말하죠.

"Talk to me. 말을 해 그래야 알지."

"알다시피, 우리는 주어를 보충해줄 보어가 있어야만 완전한 문장을 만들 수 있는 동사들이잖아요?"

"그렇지, 그래서 너희들 이름이 불완전자동사들이잖아, 그런데 왜?"

"그럼 보어 자리에 부사가 올 수 있나요?"

"No, absolutely not! 절대 안 돼."

- unbearable: 참을 수 없는
- upset: 화가 나다

| The Show 영문법 |

"그죠, 그죠? 그런데, 저 문장을 보세요. 부사는 보어가 될 수 없음에도 불구하고, 정말, **nevertheless**그럼에도 불구하고 부사 beautifully가 보어 행세를 하며 저리 초를 치니 우리가 미치고 폴짝 뛰겠다는 것이죠. 어휴~! 정말, 부사는 우리들의 천적이라니까요. 저처럼 죽일 부사들 때문에 늘 완전한 문장을 만들 수 없는 우리 고통을 아세요? **Gee! We suffered too much.**으흐! 완전 개고생하고 있다니까요 ㅋㅋ"

● suffer: 고생하다

"흠, 부사가 왜 그랬을까? 일단 알아보고 해결해 줄 테니 **take it easy.**진정해라"

헤르메스가 제우스에게 상황을 설명하자 급 욱한 제우스가 부사들을 불러 다짜고짜 고함부터 지르죠.

"부사, 이것들아, **are you out of mind?**미쳤니? 수식어 품사 주제에 어디서 보어 자리를 넘봐. 내가 어제 수식어 부사는 수식어 자리에만 올 수 있다고 피터지게 말했거늘."

"**To be honest,**솔직히 **it's your fault.**당신 잘못이죠 감각동사들의 해석이 다 '~하게' 로 되길래 당연 우리 부사들이 서야할 자리인 줄 알았죠. 형용사의 해석은 '~~한,' 부사의 해석은 '~~하게' 로 된다고 당신이 말했잖아요? **Am I wrong?**잘못 됐나요?"

부사가 강하게 반박을 하자 제우스가 꼬리를 내리며 말하죠.

"오! 저런, 그랬군, **it's my fault.**내 잘못이다 **I am terribly sorry about that.**완전 미안해"

● terribly: 몹시

해결을 위해 광장으로 내려온 제우스가 감각동사와 부사를 앞으로 불러 말하죠.

"**Guys, listen up!** 이 모든 **happening**사건 이 감각동사의 해석법으로 인해 일어났다. 그러니 감각동사들은 부사들을 원망하지 말라. 또한 부사들, 앞으로 이후로는 절대로 감각동사의 보어 자리에 가서는 안 된다. 그 자리는 오직 형용사만의 것이니 말이다. **You know what I mean?**내 말 알겠지?"

"Yes, sir, but, 그럼 명사라도 감각동사의 보어가 될 수는 없다는 말인가요?"

"**Absolutely.**물론이다 감각동사의 보어는 오직 형용사만이 가능하다. 다음처럼 말이다."

● Aphrodite looks **beautiful**. 아프로디테는 아름답게 보인다
　　　　　　　　　C

1 1탄 감각동사와 부사

감각을 나타내는 동사 **feel, look, sound, taste, smell** 등은 그 해석이 부사처럼 되므로 보어 자리에 형용사 대신 부사를 사용하기 쉽습니다. 하지만 꼭 기억하세요. 부사는 보어가 될 수 없으며 또한 **감각동사의 보어 자리에 올 수 있는 품사는 오직 형용사뿐**입니다.

● Kimchi **tastes wonderful**. 김치는 맛이 좋다
　　　　　　　　C

● That song **sounds sweet**. 그 노래는 감미롭게 들린다
　　　　　　　　C

* This mango **smells good**. 이 망고는 좋은 냄새가 난다
                    C

이상 예문의 보어 자리에 부사 wonderfully, sweetly, well을 사용하면 피 봅니다.

| INTRO |

타동사의 천적 전치사

전치사는 왜 타동사의 천적일까요? 이 둘의 악연에 관한 story 속으로 here we go!

2탄 타동사 vs 전치사 (전치사, would you please 꺼져줄래?)

동사라면 이를 가는 전치사들이 모여 궁리를 하고 있죠.
"어떻게 하면 동사를 물 먹이지? 저 동사의 상승 mood를 꺾어 놓을 방법이 없을까?"
"**Why not, we do.** 아니, 있어."
"**Really?** 정말, **Cool, what is it?** 그게 뭐지?"
"우리가 타동사 뒤에 붙어 깽판을 치는 것이지."
"뒤에서 깽판을 치다니, **what does it mean?** 무슨 말이야?"
"팔품사들 중에 목적어를 취할 수 있는 품사는 둘, 바로 우리 전치사와 동사들이지. 동사 중에서도 특히 타동사들이고 말이야."
"그렇지, 그런데, 그것이 왜?"
"**Just imagine.** 상상해 봐 만약 타동사 뒤에 우리 전치사가 붙어버린다면 **what would happen?** 어떤 일이 발생할까?"
"그야, 당연히 개판이 되겠지, 타동사는 홀로 목적어를 취해야 하는데 전치사가 붙으면 어법상 불완전해지니 말이야."
"**That's it.** 바로 그거야! 타동사들은 원칙적으로 뒤에 전치사가 붙게 되면 제 구실을 못하니 이를 이용하자는 게지."
"하지만 타동사가 한 둘이 아닌데, 그럼 무조건 타동사 뒤에 다 붙자고? 에이, **nonsense.** 말도 안 돼."
"야! 이 멍충아, 요령껏 붙어야지, **for example,** 예를 들면 타동사지만 그 해석이 '~을, ~를'이 아니라 자동사처럼 되는 타동사를 꼭 찍어서 말이야."
"**Brilliant!** 완전 좋은 생각이야. 그럼 그런 동사들을 지금 당장 뽑자."

이렇게 전치사들이 작당해 pick up된 타동사들은 바로 다음과 같은 녀석들이었죠.

● pick up: 선택하다, 태우다, 줍다 etc.

| The Show 영문법 |

> attend(~에 출석하다), discuss(~에 관해 토론하다), enter(~에 입학하다), inhabit(~에 거주하다), marry(~와 함께 결혼하다), resemble(~와 닮다), reach(~에 도착하다), etc.
>
> 이런 전치사의 작전은 대성공을 거두게 되었죠. 이에 왕짜증이 난 타동사들이 제우스에게 **complain**불평 을 해보지만 제우스는 그냥 못들은 척 지나치죠. 이로 인해 이들 타동사는 그야말로 두고두고 완전 개고생을 하게 되죠.

2 2탄 타동사와 전치사

타동사의 특징은 전치사 없이 목적어를 취할 수 있다는 것이죠. 하지만 타동사 marry, reach, discuss, attend, resemble, inhabit 등은 그 해석이 자동사처럼 되어 실수로 뒤에 전치사를 붙이기 쉬워 어법영순위 동사가 되었죠. 꼭 기억하세요. 타동사 뒤에는 전치사를 붙일 수가 없습니다.

- We **married** last year. 우리는 작년에 결혼했다
  - 함정은 뒤에 '함께' 라는 의미를 나타내는 with가 붙는다는 것이죠.
- Zeus **reached** the English kingdom. 제우스는 영어왕국에 도착했다
  - 함정은 '~~에' 해당하는 at을 붙인다는 것이죠.
- We **discussed** a new project. 우리들은 새로운 프로젝트에 관해 토론했다
  - 함정은 '~에 관해' 에 해당하는 about을 붙일 수 있다는 것이죠.
- All gods **attended** the meeting. 모든 신들이 회의에 참석했다
  - 함정은 '~~에' 해당하는 at을 붙인다는 것이죠.

> attend와 enter 뒤에 전치사가 오면 다음과 같은 뜻을 나타냅니다.
> - attend to 경청하다 • attend on 시중들다 • enter into 착수하다

| INTRO |

두목의 서열다툼, 그리고 전치사의 출현

두목의 서열다툼은 왜 일어났고 그 과정에 생겨난 전치사는 누구일까요?
그 behind story 속으로 here we go!

3탄 두 목적어 간의 서열다툼

두 개의 목적어가 있어야만 완전한 뜻을 전달할 수 있는 수여동사가 아주 딱하다는 듯이 직접목적어를 보고 말하죠.

• pathetic: 처량하다, 안됐다

"**You are so pathetic!** 너 인생도 참 꿀꿀하다! 항상 간접목적어의 꽁무니만 졸졸 쫓아다니니 말이다."

어순에 강하게 불만을 품고 있던 차에 수여동사가 염장을 지르자 직접목적어가 불평을 쏟아내죠.

"아주 상처에 소금을 뿌려라, 사실 문장에 있어 어순은 곧 power, 아니래도 열 받아 죽겠는데, ㅋㅋ"

"야! 그럼, 가서 제우스에게 일단 질러, 항의를 해. 그래야 죽이 되던 밥이 되던 뭐가 되지, 안 그래?"

"**Right!** 맞아, **You took the words right out of my mouth.** 내가 하고 싶은 말을 네가 해주는구나."

수여동사 Offer의 말에 고무된 직접목적어가 광장으로 가서 메가폰을 들고는 소리를 치죠.

"**Can you hear me, Zeus?** 내 말 들~리~삼?"
"**What seems to be the problem?** 무슨 일이여?"
"왜? 우리는 항상 간접목적어 뒤에 있어야 하죠, 도대체 왜?"

Unexpected protest 예상치 못한 저항 에 제우스가 **yelling** 꾸중 을 하죠.

• yell at: ~에게 고함을 치다, 꾸중을 하다

"뭔 귀신 씨나락 까먹는 소리야? 그럼 주로 사람이 주인공이 되는 IO가 먼저지, 물건을 말하는 DO를 앞에 두리?"

"그래도 한 번쯤은 DO도 앞에 있어봐야죠, 항상 그렇게 해달라고 하는 것도 아닌데 그 **wish** 소원 하나 못 들어줘요?? 길을 막고 물어 봐요, 내 말이 틀리나."

참모들 또한 DO의 말이 설득력이 있다고 하자 제우스가 idea meeting에 들어가죠. 드디어 대안이 마련되었네요. **DO가 IO 앞으로 가면 IO 앞에 전치사를 붙여주기로** 말입니다. 하지만 또 문제가 생겼죠. 어떤 전치사를 붙이느냐를 두고 궁리 끝에 첫날 품사명을 주기 위해 경주를 했듯이 전치사들에게도 같은 방법을 이용했죠. 그 결과 **to, for, of가 뽑히게 되었죠.** 제우스가 4형식문형을 관리하는 수여동사들을 함께 불러 명령을 하죠.

"요구대로 DO를 IO앞으로 보내주기로 했다. 단, 명심해라, 뒤로 가는 IO 앞에는 전치사 to, for, of가 붙게 될 것이니 말이다. 동시에 그런 문형은 더 이상 4형식이 아니라 3형식이 되니 그 또한 명심해라. 예문은 Build Up에서 보여줄 테니 그리 알고 모두 돌아가라."

3   3탄 수여동사, 두목의 서열다툼

4형식 문형의 어순은 S+V+IO+DO입니다. 두 목적어의 위치는 바뀔 수가 있죠. 하지만 이 과정에서 일어나는 두 가지 변화가 있죠. 첫째는 간접목적어 앞에 전치사 to, for, of가 첨가되는 것. 둘째는 4형식이

 | The Show 영문법 |

3형식으로 아예 문형자체가 변한다는 것입니다. 관전 point는 바로 수여동사가 이들 세 전치사를 결정한다는 것입니다.

❶ for를 취하는 수여동사

buy, get, make, build, find, etc.

- Mom **bought** me a dress. (4형식)
  S   V   IO   DO

  = Mom **bought** a dress **for** me. (3형식)

  엄마는 나에게 dress를 사 주셨다

- The chef **made** us a nice dish. (4형식)
  S   V   IO   DO

  = The chef **made** a nice dish **for** us. (3형식)

  주방장은 우리를 위해 멋진 요리를 만들어줬다

for와 수여동사 이렇게 암기하세요.
헉! 바(buy) 구(get) 미(make)가 쌀통에 집을 빌드(build)했네. 발견(find)해서 다행이야.(for)
바구미 빌퐈~퐈 • 바구미란 쌀에 생기는 벌레랍니다. Yuck!

❷ of를 취하는 수여동사

ask, inquire

- A girl **asked** me a favor. (4형식)
  S   V   IO   DO

  = A girl **asked** a favor **of** me. (3형식)

  어떤 소녀가 내게 부탁을 했다

- The detective **inquired** Brian many things. (4형식)
  S   V   IO   DO

  = The detective **inquired** many things **of** Brian. (3형식)

  그 탐정은 브라이언에게 많은 것을 물었다

of를 취하는 수여 동사 암기법
애석(=ask)하면 오빠(=of)에게 물어(=inquire) 봐~~!

❸ to와 수여동사

for, of를 제외한 기타 수여동사에 사용됩니다.

- My boss **offered** me a director. (4형식)
  S   V   IO   DO

  = My boss **offered** a director **to** me. (3형식)

  사장은 나에게 국장 자리를 제의했다

- I **write** parents a letter once a month. (4형식)
  S   V   IO   DO

= I **write** a letter **to** parents once a month. (3형식)

나는 부모님에게 한 달에 한 번 편지를 쓴다

| INTRO |

사역동사의 음모

사역동사는 누구이며 왜 이들은 음모를 꾸몄을까요?
이들 동사가 발단이 되어 Yes to vs No to로 첨예하게 대립하는 5형식
불완전타동사들의 한바탕 happening 속으로 here we go!

4탄 사역동사의 음모 (Yes to vs No to 전쟁)

5형식문형의 동사들 중 가장 불만이 많은 동사들이 바로 불완전타동사들이었죠. 목적어도, 보어도 모두 있어야만 제 역할을 할 수 있다 보니 왕짜증이 났던 것이죠. 그들 중에서도 평소 목적어를 아주 종같이 부려 먹어 이름이 사역동사가 된 나쁜 놈 have, make, let이 모여 conspiracy를 꾸미기 시작했죠.

- conspiracy: 음모

"봐, 속담에 무슨 dog를 돌아본다더니, 제우스를 좀 봐. 그 말이 꼭 맞지, 4형식의 디오만 봐도 그렇지 뭔가?"

"하긴, 일단 들이대면 고물이라도 떨어지더군."

"그래서 생각해봤는데 우리도 핑계를 만들어 이익을 얻어 보세. 다행이 우리 셋은 사역이라는 **common points** 공통점 가 있으니 말일세. 어이, Have, what's on your mind? 뭘 생각하고 있어?"

"**I am just listening,** 듣고 있다네. 욱하기는. 저기, 어차피 우리는 목적어를 부려먹는 동사로 비호감이 된 사역동사, 아예 이참에 목적보어까지 우리 맘대로 쥐락펴락하며 나쁜 동사의 지존으로 등극하면 어때?"

- fabulous: 멋 제! awesome, cool과 같은 의미로 사용됩니다.

"Fabulous! 완전 좋지, 난 나쁜 동사가 될 것이야. 요즘의 대세(trend)는 나쁜 동사니까. 그나저나 어떻게 보어를 **control** 쥐락펴락하지."

"부정사의 상징 to를 날려버리자는 것이지. 부정사는 3막에서 나올 친구로 자세한 것은 그곳에서 보고 일단 예문을 보게."

- Zeus **made** Verb **stop** talking. 제우스는 동사들이 말하는 것을 멈추도록 했다
  S   V   O   OC

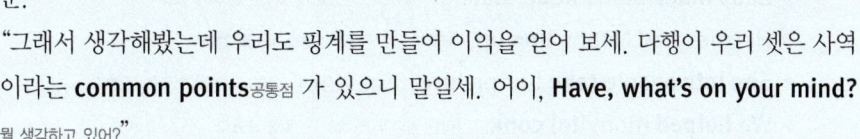

| The Show 영문법 |

> 원래 보어는 기능어이므로 동사 stop이 올 수 없고 부정사 to stop이 와야겠지만 우리는 그 to를 버리자는 말이지, 왜? 우리는 특별한 사역동사니까."
>
> "**Great idea. Let's do that.**그렇게 하자
>
> 이 때 마침 지나가던 지각동사 Hear가 이 말을 듣고는 말하죠.
>
> "**Please, sign me up to.**나도 끼워 줘라, 응, 제발"
>
> "**Okay.**"
>
> 사역동사와 지각동사들이 자기들 맘대로 부정사에서 to를 버리자 원칙을 중시하는 기타 불완전타동사 allow, permit, compel, force 등이 강하게 저항을 하죠. 같은 5형식의 동사들끼리 부정사와 원형부정사 보어로 구분해 격하게 대립하자 결국 제우스가 중재에 나서 양쪽 동사들을 구분해 떼어놓게 되었죠. 영어사에 길이 남을 **부정사대 원형부정사의 격돌입니다.**

- sign up to: 등록하다=join, resister

4 4탄 불완전타동사, 사역동사의 음모

불완전타동사 중 지각, 사역동사는 목적보어로 원형부정사를 취하지만 같은 사역의 의미를 담고 있는 force, allow, permit, compel 등은 부정사를 목적보어로 취합니다. catch point는 **지각, 사역동사는 항상 to없는 부정사, 즉, 원형부정사를 목적보어로 사용한다는 것입니다.**

❶ 원형부정사를 취하는 사역, 지각동사

사역동사(make, have, let 등), 지각동사(see, hear, watch, feel 등)는 목적격보어로 to가 생략된 원형부정사를 취합니다. 이 때, 목적어와 목적보어는 또 하나의 주어와 동사 관계를 나타냅니다.

- Zeus **made** staffs **keep** talking. 제우스는 참모들이 계속 말을 하게 했다
- Hermes **had** Nouns **line up**. 헤르메스는 명사들이 줄을 서도록 했다
- She **lets** people **take** her picture. 그녀는 사람들이 그녀의 사진을 찍도록 두었다
- We **helped** mom (**to**) **cook**. 우리는 엄마가 요리하시는 일을 도왔다
  - help는 부정사와 원형부정사를 모두 보어로 취할 수가 있습니다.

사역동사 이렇게 암기하세요.
- make(맞고) have(할) let(래); 맞고 할래, 그냥 할래? help(흥) 둘 다 싫어! 싫어!

- I **saw** Eros **follow** a nymph. 나는 에로스가 요정을 쫓아다니는 것을 보았다
  - 동작의 상태를 강조합니다.
- I **saw** Eros **following** a nymph. 나는 에로스가 요정을 쫓아다니고 있는 것을 보았다
  - 동작의 계속을 강조하면 현재분사를 사용합니다.
- I **saw** a nymph **followed**. 나는 요정이 미행당하는 것을 보았다
  - 목적어가 당하면 과거분사를 사용합니다.

- Zeus **heard** Words **screaming**. 제우스는 단어들이 비명을 **지르는 소리를** 들었다
- They **watched** the building **demolished**. 사람들은 그 건물이 **철거되어지는 것을** 보았다

지각동사는 신체 부위와 관련해 암기하세요.
- 눈(eyes); see, watch, observe(관찰하다), look at, notice(주목하다)
- 귀(ears); hear, listen to
- 코(nose); smell
- 감각(sense); feel, perceive, etc.

❷ 부정사를 취하는 불완전타동사

allow, force, compel, permit 외에 ask, order, tell, want, advice, urge(촉구하다) 등은 목적격 보어 자리에 부정사를 취합니다. 사역동사와 구분해 꼭 기억하세요.

- I **allowed** my son **to go** out. 나는 아들이 외출 하도록 허락했다
  = I **let** my son **go** out.
- Dad **forced** me **to be** a doctor. 아빠는 내가 의사가 되기를 강요했다
  = Dad **had** me **be** a doctor.
- He **asked** me **to go** out. 그는 나에게 데이트를 신청했다
  - ask + O + to do (~목적어가 ~할 것을 요청하다)
- Doctor **advised** him **to stop** smoking. 의사는 그에게 금연하라고 충고했다
  - advise + O + to do (목적어가 ~할 것을 충고하다)
- The general **ordered** his men **to retreat**. 장군은 군사들에게 퇴각하라고 명령했다
  - order + O + to do (목적어가 ~할 것을 명령하다)
- She **told** me **to bring** her book. 그녀는 나에게 책을 가져오라고 말했다
  - tell + O + to do (목적어가 ~할 것을 말하다)
- We **want** you **to stay** with us. 우리는 당신이 함께 있어주길 원한다
  - want + O + to do (목적어가 ~해 줄 것을 원하다)

❸ 기타 주의할 사역동사 have와 get

사역의 뜻을 나타내는 동사 have, get은 의미는 같지만 어법은 다음처럼 차이가 있습니다.

- Hera **had** a maid **make up** bed. 헤라는 하녀가 침대를 정리하도록 했다
  = Hera **got** a maid **to make up** bed.
  - get의 목적어가 생물이면 보어로는 to부정사를 사용합니다.
- I **had** my hair **cut**. 나는 머리를 잘랐다
  = I **got** my hair **cut**.
  - get의 목적어가 무생물이면 보어자리에는 과거분사를 사용합니다.

Oh, god, in the long run, (마침내) 셋째 날, 긴 5형식 문형과 동사들에 관한 이야기도 끝이 났습니다. nicely done! 수고하셨습니다. 5형식 문형은 다른 chapter와는 달리 3배 이상의 self-study가 필요합니다. 꼼꼼하게 복습하시고 완전하게 master하신 후 내일 다시 만나요. Bye!

Wrap Up & Explanation

Wrap Up

❶ [01~05] 다음 각 문장에서 주동목보를 찾아 아래에 표시하고 문의 형식과 동사의 종류에 관해 쓰시오.

01　There is a book on the desk.
02　We played a card game last night.
03　He believes me (to be) honest.
04　You look really tired.
05　My aunt made me a lovely doll.

❷ [06~10] 다음 두 문장들이 같은 의미를 나타낼 수 있도록 괄호 안에 알맞은 말을 쓰시오.

06　He gave me an apple.
　　= He gave an apple (　　) me.
07　I found her a key in the car.
　　= I found a key (　　) her in the car.
08　She asked me a favor.
　　= She asked a favor (　　) me.
09　We built orphans that building.
　　= We built that building (　　) orphans.
10　My parents bought me a nice bag.
　　= My parents bought a nice bag (　　) me.

❸ [11~15] 다음 잘못된 부분을 골라 바르게 고치시오.

11　This candy tastes sweetly.
12　She married with John.
13　I told him get out of my room.
14　He had his arm break.
15　I watched a thief to break into the shop.

Explanation

| The Show 영문법 |

❶ 1~5번 까지는 문장의 구성요소와 문형을 파악하는 눈을 기르기 위한 문제입니다.

01 유도부사 there is(are)로 시작하는 **문장은** 모두 **1형식입니다.** be동사 다음에 오는 명사가 주어가 되며 이때 be동사는 완전자동사로서 존재를 나타내며 해석은 '~가 있다' 로 됩니다.
There <u>is</u> <u>a book</u> on the desk. (책상 위에 한권의 책이 있다)
       V   S

02 목적어를 취하는 완전타동사가 관리하는 3형식문장입니다. (우리는 지난 밤 카드놀이를 했다)
<u>We</u> <u>played</u> <u>a card game</u> last night.
 S   V   O

03 목적어와 그 보어까지 취하는 불완전타동사가 관리하는 5형식문장입니다. (그는 내가 정직하다고 믿는다)
<u>He</u> <u>believes</u> <u>me</u> <u>to be honest</u>.
 S   V   O   OC

04 불완전자동사가 관리하는 2형식문장입니다.
<u>You</u> <u>look</u> really <u>tired</u>. (당신은 정말 피곤해 보입니다)
 S   V   SC

05 수여동사가 관리하는 4형식문장입니다.
<u>My aunt</u> <u>made</u> <u>me</u> <u>a lovely doll</u>. (이모는 나에게 예쁜 인형을 만들어 주었다)
 S   V   IO   DO

❷ 6~10번 까지는 4형식을 3형식으로, 3형식을 4형식으로 전환하는 문제로 수여동사와 전치사의 관계를 파악하기 위한 문제입니다. 중학교 내신에 꼭 나오는 문제들입니다.

06 gave는 give의 과거형이므로 to입니다. (그는 나에게 사과를 주었다)
07 found는 find의 과거형이므로 for입니다. (나는 차에서 그녀에게 열쇠를 찾아 주었다)
08 asked이므로 of입니다. (그녀는 내게 부탁을 했다)
09 built는 build의 과거형이므로 for입니다. (우리는 고아들에게 저 건물을 지어주었다)
10 bought는 buy의 과거형이므로 for입니다. (부모님은 나에게 멋진 가방을 사 주셨다)

❸ 11~15번까지는 episode two와 관련된 어법들로 고등학교 내신은 물론 수능모의고사에도 자주 출제되는 문제들입니다.

11 taste는 보어가 필요한 불완전자동사죠. 그 해석이 '~하게로'라는 감각동사이므로 보어자리에 부사를 쓰는 실수를 하기 쉽죠, 꼭 기억하세요, **부사는 보어가 될 수 없습니다.** 형용사 sweet으로 바꿉니다.
(이 사탕은 달콤한 맛이 난다)

12 marry는 완전타동사이지만 그 해석이 '~와 함께로' 되어 전치사 with를 붙여 실수하기 쉬운 동사죠. **marry는 with와 함께 사용될 수 없습니다.** (그녀는 존과 결혼을 했다)

13 tell은 불완전타동사로 목적보어 자리에 부정사를 취하는 동사죠. 보어 get 앞에 to를 붙여야 합니다.
(나는 그에게 방에서 나가라고 말했다)

14 사역동사 have의 **목적어가 수동의 어감이 있을 때,** 쉽게 무생물이 목적어가 되면 **목적보어로는 과거분사를 사용합니다.** break의 과거분사 broken이 바른 어법입니다. (그의 팔이 부러졌다)

15 watch는 지각동사이기 때문에 목적보어로 to를 생략한 원형부정사를 취하죠. to break into를 break into로 고쳐야 합니다. (나는 도둑이 그 상점으로 침입하는 것을 보았다)

| 창조 넷째 날 _ All about the sentence |

STORY 04

문장을 구조와 내용에 따라 구분하는 이야기

모든 문장을 형태와 의미에 따라 구분하라!

창조 넷째 날입니다. 오늘은 문장을 종류별로 구분해 각각의 특징과 역할에 맞게 이름을 붙여주는 날입니다. 단어에게 품사 명을 붙여 이름과 역할을 주었듯이 문장 또한 구조와 내용에 따라 구분하여 이름을 주기 위함이죠. Oh, my gosh, 그런데, 이 날 아침, 신전의 atmosphere분위기 는 왜 이리도 싸~~아아 할까요? 싸~아다 못해 아주 춥죠. There must be something wrong.뭔가 문제가 생겼음에 틀림이 없죠 Shall we take a look around?한 번 둘러볼까요? 회의실을 보니 잔뜩 열을 받은 참모들이 불평을 하고 있죠.

"도대체 제우스는 왜 안 오지, 벌써 30분이나 지났는데?"
이 때 제우스가 들어오며 말하죠.
"Hi, guys, I am a little bit late.조금 늦었네. You know, the road is a standstill.길이 어찌나 막히든지"
"길이 막혀? 쭈꾸미 사우나 하는 소리 하고 있네, 구름을 타고 다니면서. 씨가 먹히는 소리를 해야 믿지."
참모들의 차가운 반응에 무안해진 제우스가 서둘러 오늘의 mission을 말하죠.　● standstill: 정체된 상태

"오늘은 1막 문장에 관한 창조가 마무리되는 날이다. 지난 삼일 간 문장을 구성하기 위해 필요한 체계를 모두 잡았으니 오늘은 이들 문장을 특징과 역할에 따라 종류별로 구분해 문장 명을 붙여줄 것이다. 구분의 기준은 구조와 내용이 될 것이다."
"구조와 내용? What does it mean sir?"
"구조란 문장의 외형, 구조적인 측면에 따라서만 구분하는 것으로 절의 수와 접속사의 종류에 따라 단문, 중문, 복문, 혼성문으로 구분되고, 반면 내용은 말 그대로 문장이 내포하는 의미에 따라 평서문, 의문문, 명령문, 감탄문, 기원문으로 구분이 될 것이다. Can you follow me?알겠니?"
"Yes, sir."
"Good! Let's get started.그럼 시작하자!"
창조 넷째 날, 문장을 구조와 내용에 따라 구분하는 이야기 속으로 go! go!

구조(형태)상의 분류

| INTRO |

구조상의 분류

절의 수와 접속사의 종류에 따라 단문, 중문, 복문, 혼성문으로 구분되는 구조상의 분류 속으로 here we go!

 일부일처제를 고수하는 단문의 깔끔한 profile

문장을 구조에 따라 넷으로 구분한 후 제우스가 단문을 불러 말하고 있죠. 단문의 첫 자를 따서 단이라고 부르며 말이죠.

"단이야, 왜 너를 단문이라고 하는지 알겠니? 단문의 정의가 뭐지?"

"절이 달랑 하나라 말 그대로 단순(simple)한 문장(sentence)이란 뜻이 아닌가요?"

뜬금없이 제우스가 친한 척하며 살갑게 굴자 띠~웅, 왕 어색해진 단문이 대답은 하지만 속으로는 생각하죠.

"헉! 아니 왜 저리 친한 척이래, 적응 안 되게 스리"

"빙고, 바로 내가 원하던 대답이다, 단문(simple sentence)의 특징은 주어와 동사가 하나씩 있는 문장으로, 일부일처제를 고수하는 문이지."

"일부, 즉, 주어도 하나, 일처, 동사도 하나뿐이라는 뜻인가요? 문장이 too long 해도 주어와 동사가 각각 하나씩이면 단문이란 말씀인가요?"

"**Exactly,** 바로 그 거야 **let me show you an example.** 예문을 보여주지.

- (A tall, handsome, nice) **guy is coming** (here waving his hands.)
                                 S   V
   멋지고 잘생긴 한 녀석이 손을 흔들며 이리로 오고 있다

예문처럼 긴 수식어가 주어와 술어를 덮고 있어도 주어와 술어가 하나면 단문이란 말이지.

이에 주어가 탄식을 하죠.

- harsh: 가혹하다

"**Gee;;; It's too harsh.** 가혹해 세상에 깔린 것이 동사인데 오직 하나만 선택하라니. ㅋㅋ"

동사가 어이없다는 듯이 받아치죠.

"**That is exactly what I am thinking.** 사돈 남 말 하고 있네 세상에 깔린 것이 주어거든."

| The Show 영문법 |

1 단문(Simple Sentence)

하나의 주어와 하나의 동사로 구성된 문장입니다. 절이 곧 문장이 됩니다.

- **Zeus** hurriedly **went** to the conference room. 제우스는 급히 회의실로 갔다
  S   V
- **The god** playing the lyre over there **is** Apollo. 저기 위에서 수금을 연주하고 있는 **신이** 아폴로이다
  S   V
- There are **many goddesses** in the shrine. 신전에는 많은 **여신들이** 있다
     V   S

INTRO

중문(Compound Sentence) – 용호상박

두 절이 대등한 관계를 나타내는 대등접속사로 연결된 문장을 중문이라고 합니다. 두 절의 관계가 마치 용과 호랑이처럼 팽팽한 관계를 유지하는 중문 속으로 here we go!

Show 용호상박, 중문

제우스가 중문을 불러 다짜고짜 말하죠.

"영광인줄 알아, 이것들아,"

"헉! 갑자기 왜 그러세요? 영광(glory)라니, 뭐가요??"

"너희 앞과 뒤의 두 절의 power가 아주 대등해서 수가 뒤틀리면 언제라도 독립해 당당한 두 개의 단문으로 살아갈 수 있으니 이보다 더 한 영광이 어디 있겠어, 안 그래?"

"오! 그렇게 깊은 뜻이, 그런데, 중문인지 어떻게 구분을 하죠?"

"대등접속사 and, but, for, or, so가 절과 절을 연결하니 아주 쉽게 구분을 할 수 있지. 요약(sum up)을 하지. 중문은 두 개의 절이 대등접속사로 연결되며 대등한 관계를 유지하기 때문에 접속사만 생략하면 언제나 완전한 두 개의 단문으로 거듭날 수 있다는 것이다. Am I clear?알겠니?"

- crystal clear: 명확하게 이해를 하다.

"Yes, sir, crystal clear.확실하게 알아먹었어요"

"좋아, 이 시간부터 너희 중문의 별명은 멋진 용호상박이다. Are you happy?"

"용호상박? 용과 호랑이처럼 막상막하라는 뜻인데, 그런데 그게 뭐 그리 기뻐해야할 일인데요?"

- stupid: 어리석은, 멍청한

"How stupid! 하긴 너희가 곧 보게 될 종속절의 아픔을 겪어봐야 대등절의 행복을 알지. 기다려라, 곧 알게 될 테니, 쩝!"

2 중문(Compound Sentence)

두 절이 대등관계를 나타내는 접속사; and, but, for, or, so, etc.로 연결된 문장을 중문이라고 합니다. 두 절은 대등한 관계를 이루기 때문에 **접속사만 생략하면 두 개의 완전한 단문이 될 수 있습니다.**

- <u>Eros</u> <u>asked</u> a nymph to go out **but** <u>she</u> <u>refused</u> it.
    S   V   S   V
  에로스는 요정에게 데이트를 신청했지만 그녀는 거절했다
  = a. Eros asked a nymph to go out.   b. She refused it.

- <u>It</u> <u>is</u> fine **so** <u>we</u> <u>can go</u> on a picnic. 날씨가 좋다, 그래서 우리는 소풍을 갈 수 있다
   S V   S   V
  = a. It is fine.   b. We can go on a picnic.

- <u>I</u> <u>like</u> a raw fish **for** <u>it</u> <u>is</u> good for diet. 나는 회를 좋아한다, 왜냐하면 다이어트에 좋으니까
  S V   S V
  = a. I like a raw fish.   b. It is good for diet.

| INTRO |

복문(Complex Sentence) 마님 vs 돌쇠

두 절이 주와 종의 관계를 나타내는 복문, 주절이 마님이라면, 종속절은 마님을 모시는 돌쇠, 마님과 돌쇠가 만들어내는 복문의 이야기 속으로 here we go!

복문이야기 (저는 마님의 영원한 돌쇠구먼요)

단문은 일부일처제, 중문은 용호상박으로 문의 character를 잘 살려낸 제우스가 복문을 불러 말하죠.

"복문아, 너희들은 두 절이 주와 종의 관계를 이루는 문이다. 주인이 되는 주절과 그에 종속되는 종속절로 구성되지."

"그럼 종속절은 주절로부터 독립해서 사용될 수는 없나요?"

"당근이지, 주절은 마님 절, 종속절은 돌쇠 절. 돌쇠가 누구니? 종놈의 대명사 아니냐? 그러니 종속절은 주절로부터 독립할 수가 없지. Am I clear?"

- am I clear: 알겠니?

"Yes, sir. 하지만 종속절과 대등절을 어떻게 구분하죠?"

It will be a micky mouse for you. 식은 죽 먹기지 대등접속사를 제외한 기타 종속접속사가 이끄는 절이 종속절이니 말이다. **It's too simple, isn't it?** 참 쉽지?

"Not really, sir. ㅋㅋ"

- not really: 꼭 그렇지는 않아요

| The Show 영문법 |

3. 복문(Complex Sentence)

두 절이 주와 종의 관계를 나타내는 주절과 종속절로 구성된 문을 복문이라고 합니다. 종속절은 주절에 종속되어 따라오기 때문에 **주절로부터 독립할 수가 없습니다.** 종속절은 역할에 따라 명사절, 형용사절, 부사절로 구분됩니다. 명사절, 부사절에 관한 설명은 접속사 편에, 형용사절은 4막 관계사 편에 상세하게 준비되어 있습니다.

- I think / **that** he is honest. (명사절)
  주절   종속절

  나는 그가 정직하다고 생각한다
  - 명사절은 명사와 같이 주절, 목적절, 보어절의 역할을 합니다.

- I saw a dancer / **who** was performing on the stage. (형용사절)
  주절   종속절

  나는 무대에서 공연하는 한 dancer를 보았다
  - 형용사절은 형용사와 같이 명사를 한정, 서술합니다.

- He came back home / **after** the sun set. (부사절)
  주절   종속절

  그는 해가 진 후 집으로 돌아왔다
  - 부사절은 부사와 같이 시간, 장소, 원인, 양보 등의 뜻을 나타냅니다.

| INTRO |

혼합문(Mixed Sentence) 문장의 짬자면

중문과 복문이 만나 만들어내는 혼합문, 문장의 짬자면, 혼합문이야기 속으로 here we go!

혼합문이야기(문장의 짬자면)

구조상 마지막 문이 될 혼합문의 character를 잡기위해 제우스가 끙끙대고 있을 때 갑자기(suddenly) 철가방을 든 **delivery boy** 배달원 가 들어와 외치죠.

- delivery boy: 배달원, 철가방

"자장면 시키신 분?"

"It's me. 나야"

"짬뽕 시키신 분?"

"Over here. 여기"

이에 제우스가 놀라 말하죠.

"헐~! 아니 언제 배달(delivery) 시켰어? 나만 빼고."

"그럼, 지금이라도 주문하시죠. 뭐."

"어떡하지, 나는 자장면도, 짬뽕도 다 먹고 싶은데. **What am I going to do?** 어떡해?"

이 때 delivery boy가 좋은 제안(good suggestion)을 하죠.

"그럼 짬자면 드세요."

- What is it like?
  : 그것은 어때요?

"**What is it like?** 그게 뭔데?"
"짬뽕과 자장면을 mix한 것이죠."
"**Wow! Fantastic.** 완전 좋아!"
뒤늦게 배달된 짬자면을 후루룩 짭짭 먹던 제우스, 순간 brilliant idea가 떠올라 말하죠.
"**Olleh! That's it!** 바로 이거야. 중문과 복문이 섞여 만드는 혼합문을 짬자면 문이라고 하자.
It is just fine. 딱! 좋아."

4 혼합문(Mixed Sentence)

중문과 복문이 혼합되어 있는 문으로 주절, 대등절, 종속절이 공존합니다.

- I got on the plane / just **before it took off**, / but Jason couldn't.
     주절   종속절   대등절
  나는 비행기가 막 이륙하기 전에 탈 수 있었지만 제이슨은 비행기를 타지 못했다

- **When summer comes**, / some people go to the beach, / **but others go to mountain**.
       종속절   주절   대등절
  여름이 오면 어떤 사람들은 해변으로 가고, 또 어떤 사람들은 산으로 간다

내용(의미)상의 분류

| INTRO |

내용상의 분류

문장이 내포하는 의미를 중심으로 평서문, 의문문, 명령문, 감탄문, 기원문으로 구분해보는 내용상의 분류 속으로 here we go!

 부정문 story (두더지 삼형제의 glory)

제우스가 말하죠.

"문장을 내용에 따라 구분할 때 주의할 첫 번째 사항은 바로 어순이다. **You know that?** 알고 있니?"

이 때 에로스가 멍 때리는 얼굴로 말하죠.

"어순? 어순은 왜 또, 골 아프게. 뭔 차이가 있다고. ㅋㅋ"

이에 제우스가 욱해 고함을 치죠.

- glory: 영광

- the hell: 도대체

"**What the hell are you talking about?** 뭔 귀신 씨나락 까먹는 소리 하고 있어? Eros, shut up! 모르면 가만히 있어, 괜히 나대지 말고. 평서문의 어순은 주어+동사가 원칙이다. 하지만 의문문인 경우 동사+주어이며 감탄문조차도 형용사, 부사가 주어 보다 앞에 오니 어순이 중요한 기준이 될 수밖에 없지, now you got it?"

"Yes, sir."

"Good! 그럼, 일단 이 중에서 모든 문의 기본이 될 평서문에 관한 profile부터 만들어 보자."

"평서문은 그럼 S+V라는 전형적인 어순을 취하나요?"

"Exactly, 그렇지, 또한 긍정문과 부정문으로 구분이 되지."

"부정문은 어떻게 나타내죠?"

"**That is what we are going to do.** 바로 우리가 지금부터 할 일이 그것이다. 긍정문을 부정문으로 바꾸는 방법에 관해 생각해보자. **Do you have any brilliant ideas?** 기똥찬 생각이라도 있니?"

이 때 모처럼 아프로디테가 suggestion을 하죠.

- suggestion: 제안

"동사 뒤에 부정어 not을 붙여주면 어떨까요?"

"흥! 단순하기는, 과거, 현재형이 확실하게 구분된 be동사나 조동사라면 몰라도 현재와 과거형, 심지어는 과거분사까지 같은 동사들이 많은 일반 동사는 어떻게 하라고? 현재를 부정하는지, 과거를 부정하는지 who knows?

(누가 알아?) 안 그래?"

헤라가 반론을 제기하자 참모들이 맞장구를 치죠.

"헤라님의 말이 맞아요. be동사, 조동사는 현재와 과거형이 구분이 되니 그냥 뒤에 not을 붙여 쓰고 대신 일반 동사들은 조동사를 이용하는 것이 어떨까요?"

"조동사? What kind of auxiliary? 어떤 조동사 말이냐?"

- recommend: 추천하다

"Do를 recommend합니다."

"Do? 흠, good thinking. 헤르메스, 어서 가 Do 삼형제를 데려오라."

헤르메스가 눈썹을 휘날리며 내려가 DO(두), DID(더), DOES(지)를 데려왔고 제우스가 말합니다.

"Guys, Congratulations! 너희들을 부정문을 위한 전령으로 명하마. 모두 잘 들어라, 오늘부터 일반 동사가 있는 긍정문을 부정문으로 바꿀 때는 꼭 이들 두더지형제를 앞에 붙여 나타내도록 하라. 이들을 사용하는 규칙은 Build Up에서 구체적으로 보여주마. **Can you follow me?** 알겠니"

"Yes, sir,"
그때서야 비로소 상황이 파악된 두더지들이 흥분해 말하죠.

"**Oh my god! Is it real?** 이게 꿈이야, 생시야? 정말 **jack pot** 대박이다!"

1 평서문(Declarative Sentence)

사실의 진위를 나타내는 문으로 긍정문과 부정문으로 구분이 되며, 주어+동사의 어순을 취합니다.

❶ 긍정문

- Eros was dumped by Aris. 에로스는 요정 에이리스에게 차였다
- Oops! You are a bald. 어머, 당신, 대머리네요
- Hercules has a perfect six-pack. 헤라클레스는 완벽한 복근이 있다

❷ 부정문

사실을 부정하는 문으로 긍정문의 동사가 be동사, 조동사이면 뒤에 not을/일반동사이면 주어의 인칭, 수, 동사의 시제에 따라 do, did, does에 not을 붙여 나타냅니다. 물론 이들 뒤에 오는 일반 동사는 항상 원형입니다.

1) be동사가 있는 경우의 부정문

부정어 not을 be동사 am, are, is, was, were 바로 뒤에 붙여줍니다. 보통 축약형을 사용하죠.

- There **isn't** a god like me. 나와 같은 신은 없지

 The Show 영문법

- Hera, you **aren't** my number one any more. 헤라, 당신은 더 이상 나에겐 No.1이 아니라오
- It **wasn't** easy for me to get close to her. 내가 그녀와 친해지는 것은 쉽지 않았어

2) 조동사가 있는 경우의 부정문

조동사(can, may, will, must, should, would, might, etc.) 바로 뒤에 부정어 not을 붙여줍니다. 보통 축약형을 사용합니다.

- Zeus, I **can't** accept your apology. 제우스, 당신의 사과를 받아들일 수가 없어
- I **won't** apologize, either. 나도 역시 사과 안 할 것이다
  - 부정문의 either는 '~~또한 아니다'란 뜻을 나타냅니다.
- You **need not** hurry up, just take your time. 서두를 필요 없어, 천천히 해
  - need not은 조동사로 '~할 필요 없다' 라는 뜻을 나타냅니다.

3) 일반 동사가 있는 경우의 부정문

a) don't+원형동사

주어가 3인칭 단수가 아니고 동사가 현재형일 때

- I **love** cherry blossoms. 나는 벚꽃을 좋아한다
  I **don't love** cherry blossoms. 나는 벚꽃을 좋아하지 않는다
- They **hang out** in the park. 그들은 공원을 싸돌아다닌다
  They **don't hang out** in the park. 그들은 공원을 싸돌아다니지 않는다

b) doesn't+원형동사

주어가 3인칭단수이며 동사의 시제가 현재형일 때

- Zeus **blames** Eros. 제우스는 에로스를 비난한다
  Zeus **doesn't blame** Eros. 제우스는 에로스를 비난하지 않는다
- My wife **cooks** very well. 내 아내는 요리를 잘한다
  My wife **doesn't cook** very well. 내 아내는 요리를 잘하지 못한다

 3인칭 단수 현재형이란?
말을 하는 사람을 1인칭, 그 말을 듣는 사람을 2인칭, 그 밖에 화제에 오른 사람을 3인칭이라고 합니다. 이 중 주어가 3인칭 단수이고 동사의 시제가 현재형일 때는 동사 뒤에 ~s, ~es를 붙이는데 이를 **3인칭 단수 현재형**이라고 합니다.

c) didn't+원형동사

인칭에 관계없이 동사가 과거형일 때

- Apollo **wrote** a beautiful poem. 아폴로는 아름다운 시를 썼다
  Apollo **didn't write** a beautiful poem. 아폴로는 아름다운 시를 쓰지 않았다
- We **got** married. 우리는 결혼했어요
  We **didn't get** married. 우리는 결혼하지 않았어요.

| INTRO |

의문문(Interrogative Sentence)

의문을 나타내기 위해 사용하며 평서문과는 달리 V+S~? 어순을 취합니다. 말도 많고 탈도 많은 의문문 6종 set의 이야기 속으로 here we go!

의문사가 없는 보통의문문 이야기 (두더지 삼형제, 또 대박 터졌네)

- serious: 진지한

제우스가 staff들에게 serious하게 묻죠.

"의문을 나타내기 위해 사용될 의문문, 이 의문문에 관한 concept를 어떻게 잡아야 잘 잡았다고 소문이 날까? Are there any speculative theories? 좋은 생각이라도 있니?"

"V+S의 어순을 취한 후 의문문의 상징인 question mark를 붙이면 되죠."

- sensible: 이치에 맞는

"It sounds sensible. 쪼아, 그럼 어떤 경우든지 동사만 주어 앞으로 이동하면 돼?"

"**Not really, sir.**그렇지 않죠 부정문처럼 be동사와 조동사인 경우에는 그 동사들이 직접 주어 앞으로 나갈 수 있지만 일반 동사들은 다시 한 번 두더지 형제를 사용해 do, did, does+S+원형동사? 로 나타내면 **that will be fine**문제없죠"

아테나 여신의 제안에 완전 만족한 제우스가 말하죠.

"**Amazing!**대단해 그럼, 그렇게 하자."

"**Hold on, please,**잠깐만요 추가로 넣어야할 중요한 사항이 빠졌어요."

"중요한 사항이라니 그것이 뭔데?"

"의문문에 관한 대답법인데요, 기본 원칙은 묻는 동사로 답하기. 가령, do로 물으면 do, can으로 물으면 can으로 답한다는 원칙(principle)이죠."

"**Brilliant,**훌륭해 대답법까지 미리 생각하다니, **you are a genius itself.**당신은 완전 천재야 ^_^*"

"**I am so flattered.**완전 비행기 제대로 태우시네요. ㅎㅎ"

- on the other hand: 반면에

On the other hand, 부정문에 이어 다시 한 번 의문문에서도 spotlight를 받게 된 두더지 형제는 급 감격해 제우스에게 말하죠.

- appreciate: 감사하다

"**How can we appreciate it, sir?**어떻게 감사를 드려야 할지요? 대대손손 두더지 가문의 영광입니다."

2 의문문(Interrogative Sentence)

❶ 보통의문문

의문사 없이 동사로 시작하는 의문문을 보통의문문이라고 합니다. Yes, No의 대답이 필요하며 묻는 동사로 대답하는 것이 원칙입니다. 평서문을 의문문으로 만드는 법은 동사의 종류에 따라 다음과 같이 구분됩니다. 참고로 부정문 만드는 법과 동일합니다.

| The Show 영문법 |

1) be동사 의문문

be동사를 주어 앞으로 보낸 후 question mark를 붙여 주며 대답 또한 be동사로 합니다.

- **Are** you Hermes? 당신이 헤르메스인가요?

  Yes, I **am**. / No, I **am not**.

- **Is** Hercules really hot? 헤라클레스는 정말 섹시한가요?

  Yes he **is**. / No, he **isn't**.

2) 조동사 의문문

조동사를 주어 앞으로 보낸 후 question mark를 붙여주며 묻는 조동사로 대답합니다.

- **Can** you come over to my house tonight? 오늘 밤에 우리 집에 올 수 있니?

  Yes, I **can**. / No, I **can't**.

- **Should** my son avoid the dairy product? 내 아들은 유제품을 먹지 말아야하나요?

  Yes, he **should**. / No, he **shouldn't**.

3) 일반 동사 의문문

a) Do+주어+원형동사?

주어가 3인칭 단수가 아니고 동사가 현재형일 때 사용하며 대답 또한 do로 합니다.

- You **know** what made him upset.

  Do you know what made him upset? 무엇 때문에 그가 화가 났는지 아세요?

  Yes, I **do**. / No I **don't**.

b) Did+주어+원형동사?

동사가 과거형일 때 사용하며 did로 대답합니다.

- All guests **arrived** on time.

  Did all guests **arrive** on time? 모든 손님들이 제 시간에 도착했나요?

  Yes, they **did**. / No, they **didn't**.

c) Does+주어+원형동사?

주어가 3인칭 단수이며 동사가 현재형일 때 사용하며 does로 대답합니다.

- Eros **goes** out every night.

  Does he **go** out every night? 에로스는 매일 밤마다 데이트를 하나요?

  Yes, he **does**. / No, he **doesn't**.

| INTRO

특수의문문

의문사로 시작한다는 이유 하나로 보통의문문을 개 무시하는 특수의문문,
이들의 오만 방자한 story속으로 here we go!

특수의문문 이야기 (호호! 우리는 자체발광 특수의문사)

육하원칙을 주도하는 의문사들 who? when? where? what? how? why? 등이 모여 비장하게 말을 하네요.

- high time: 바로 그 시간

"**It's high time that we showed our specialty.** 우리의 전문성을 보여줄 바로 그 시간이야 제우스에게 가서 말하자."

작당을 한 의문사들이 몰려와 메가폰을 들고 소리를 치죠.
"제우스님, 우리말 좀 들어줘요."
"아! 또 왜? 하여튼 너희들은 내가 편하게 쉬는 꼴을 못 보는구나. **What's up?** 뭔 일이야?"
"거두절미하고 의문사로 시작하는 의문문은 특별하니 특수를 붙여 특수의문문이라고 불러줘요. 의문사가 없는 보통 것들과는 다르게 treat 해줘요."

- treat: 대접하다

"특수의문문? 뭐가 그리 특별한지 한 번 들어나 보자."
"무엇보다 우리는 자체발광, 즉 해석이 되잖아요. 그것보다 더 특별한 일이 어디 있어요?"
"**I got it,** 알았다, **is that all?** 그게 전부냐?"
"아뇨, 하나만 더요, 대답법 또한 천한 것들과는 달라야죠. yes, no 없이, 짧고, 굵게, 우리 의문사에 해당하는 부분만 강조해서 대답하게 해줘요. 다음처럼;

Q: **Where** did you go last night? 어제 밤에 어디에 갔었니?
A: (I went to) the **club**. 클럽에 갔었어

where로 물었으니 장소에 해당하는 말만 강조해서 대답하면 된다는 말이죠."

성화에 못 이겨 제우스가 말하죠.

- who cares?: 아무도 상관하지 않는다

"**Do as you wish,** 너희들 하고 싶은 대로 해라 **who cares?** 누가 말리겠니?"
원래 천성이 교만한 의문사들이 제우스의 허락까지 받게 되자 안하무인이 되어 보통의 문문을 완전 개 무시를 하죠.
"어이, 천한 것들, **you know what?** 있잖아? 우리 의문사들이 노는 물은 일급 수, 너희들이 노는 물은 똥 물. 그게 뭐니? 딸랑이처럼 yes, no를 달고 살아야하니, **just look at us.** 우리 한 번 봐 우리 의문사로 시작하는 특수의문문은 화끈하게 묻는 말에만 답하니 완전 cool하잖아, 음~파~하하!"

| The Show 영문법 |

❷ 특수 의문문

who(누가)? when(언제)? where(어디서)? what(무엇을)? how(어떻게)? why(왜)? which(어떤)? whether(~인지, 아닌지)? 등과 같은 의문사로 시작하는 의문문을 특수의문문이라고 합니다. yes, no 로 대답할 필요 없고 의문사에 해당하는 부분만 강조해 대답합니다.

1) Who

신분 혹은 혈족 관계를 나타냅니다.

- **Who** is he? 그는 누구니? (신분)
  He is **James**. 그는 제임스야
- **Who** are they? 그들은 너와 어떤 사이니? (혈족)
  They are **my cousins**. 그들은 내 사촌들입니다

2) Where

장소를 나타냅니다.

- **Where** does she live? 그녀는 어디에 살죠?
  She lives **in Seoul**. 그녀는 서울에 살아요

3) How

수량, 나이, 방법을 물을 때 사용합니다.

- **How old** is she? 그녀는 몇 살이죠? (나이)
  She is **seven years old**. 그녀는 일곱 살 입니다
- **How** can I get to the city hall? 시청에 어떻게 가죠? (방법)
  Take a number 7 bus. 7번 버스를 타세요

4) What

사물이나 직업을 물을 때 사용합니다.

- **What** is that? 저게 뭐죠?
  It is a **snake**. 그것은 뱀입니다
- **What** does your father do? 아빠의 직업은 무엇입니까?
  He is **a salary man**. 회사원입니다

❸ 선택의문문(Alternative Question)

둘 중 하나를 선택할 때 사용하는 의문문으로 특징은 다음과 같습니다.

① Which~ or, 혹은 or를 써서 나타낸다.
② Yes, No로 답할 필요 없이 선택한 부분만 강조해서 대답한다.
③ 억양은 or 앞에서 올라가고 or 뒤에서 내려간다.

- Q: Do you want to stay ↗ **or** leave ↘? 남을래요? 아니면 떠날래요?
  A: I want to **stay**. 남을래요
- Q: **Which girl** is your sister, tall ↗ **or** small one ↘? 키 큰 소녀와 키 작은 소녀 중 어떤 소녀가 당신의 동생이죠?
  A: **The tall one**. 키 큰 소녀입니다

| INTRO |

수사의문문(Rhetoric Question)

부정함으로써 강한 긍정의 효과를, 긍정함으로써 강한 부정의 효과를 나타내는 수사의문문, 겉과 속이 다른 이들의 이야기 속으로 here we go!

❹ 수사의문문(Rhetoric Question)

부정을 통해 강한 긍정을, 긍정을 통해 강한 부정을 나타내는 의문문을 수사의문문이라고 합니다.

- **Who knows** what will happen tomorrow?
  내일 어떤 일이 일어날지 누가 알겠는가?
  = **Nobody knows** what will happen tomorrow. 내일 어떤 일이 일어날지 아무도 모른다
- **Who doesn't love** his country? 누가 자신의 조국을 사랑하지 않을까?
  = **Anybody loves** his country. 누구라도 자신의 조국을 사랑한다

| INTRO |

간접의문문은 Spy 의문문

의문문의 character; V+S를 버리고 평서문화해서 주절 뒤에 숨어 마치 spy처럼 의문문 역할을 하는 간접의문문, 이들의 은밀한 이야기 속으로 here we go!

간접의문문 이야기 1탄 (의문문의 대굴욕)

의문문 1, 2탄을 끝낸 제우스가 콧노래를 하죠.

"I feel so good!기분 열라 좋아. 문장을 구분하는 일이 착착 잘 진행되니 말이야. So far, so good."

- so far, so good: 지금까지는 좋아

하지만 이 행복에 찬물을 끼얹은 두 문이 있었으니, 바로 평서문과 의문문이었죠. 두 문을 합해서 주절과 종속절로 구성된 복문을 만들겠다고 하자 두 문이 서로 주절이 되어야겠다고 쌈박질을 시작했던 것이죠. 참! 기구하게도 평서문과 격돌한 의문문은 말발이 약한 보통의문문이었죠. 특수의문문이라면 결과가 어떻게 되었을지 모르겠지만 보통의문문은 기가 약해 처음부터 밀릴 수밖에 없는 싸움이었죠. 그럼에도 불구하고 (nevertheless), 의문문이 주절이 되겠다고 치고 나오자 평서문이 가소롭다는 듯이 말하죠.

"Are you out of mind?아주 미쳤구나? 모든 문장의 기본이 되는 평서문이 당근 주절을 맡아야지. 까불고 있어."

| The Show 영문법 |

상황이 심각해지자 제우스가 중재를 하네요,

"평서문이 주절을 먹고 의문문이 종놈 절이 되어라, 이것은 창조주의 명령이다."

"도대체 왜요? 왜 우리가 종속절이 되어야 하는데요??"

"이런 짱구 같은 놈들, 평서문은 모든 문의 기본이 되는 문이니 그렇지, 아무 이유 없어, **the end of discussion**대화 끝"

의문문이 급 실망을 해 기가 죽어 있는데, 헉! 설상가상으로 제우스가 의문문의 상처에 또 한 번 대못을 박죠.

"의문문, 너희들이 종속절이 되면 의문문의 어순이 아니라 **평서문의 어순 S+V**가 되어야 한다. 즉, 주절과 같은 평서문의 어순을 취해야 한다. got it?"

"**Say what?**뭐라고요? V+S의 어순은 의문문의 고유한 character인데 어떻게 그럴 수 있어요? 정말 이건 의문문을 두 번 죽이는 일이죠. ㅠ~ㅠ"

"닥쳐! 종놈 살이 하러 가는 주제에 고유의 character는 무슨? size에 맞는 소리를 해. S+V를 지켜, 아니면 죽~는다!"

이를 듣고 있던 각 영어들이 쑥덕대죠.

"참, 나, 의문문이 S+V의 어순을 취한다니 말이 돼? 완전 간첩도 아니고. 왜 숨어서 의문문 노릇을 하냐고?"

"간첩이라고? 어머, 어머! 그래 간접의문문을 간첩(spy)의문문으로 부르자. 완전 딱~이야~!"

How shame!이런 굴욕이! 종놈의 신세가 되는 것도 모자라 간첩, spy 의문문이란 별명까지 얻게 되다니 참~ 딱하~죠잉! ㅋㅋ

❺ 간접의문문

의문문이 종속절화 해서 평서문처럼 **주어+동사의 어순을 취하는 것을 간접의문문**이라고 합니다. 이들 간접의문문은 종속절 중에서도 **명사절의 역할**을 하며 특징은 다음과 같습니다.

① if, whether, 혹은 의문사가 이끌며 S+V, 즉 평서문의 어순을 취한다.
② 타동사 think, ask, wonder, believe, know, etc의 목적어가 되며 명사절 역할을 한다.
   • if, whether는 '~~인지, 아닌지'로 해석합니다.
③ 보통의문문, 특수의문문으로 구분된다.

1) 보통의문문일 때

① if 혹은 whether를 종속접속사로 사용한다.
② 주어+동사의 어순으로 바꾼다.
③ 주절이 평서문이면 마침표(.)로 의문문이면 물음표(?)로 마무리 한다.

- a. I wonder.　　　　　　　b. Will he be back soon?

　= I wonder **if(whether) he will** be back soon.
　　　　　　　　　　　　S　 V

　나는 그가 곧 돌아올지 아닐지 궁금하다

- a. Do you believe?　　　　　b. Is Zeus capable of leading our kingdom?

　= Do you believe **whether(if) Zeus is** capable of leading our kingdom?
　　　　　　　　　　　　　　　S　 V

　당신은 제우스가 우리 왕국을 이끌어 갈 수 있다고 믿나요?

  - be capable of ~　~할 수 있다.

간접의문문에 사용되는 if는 '~인지, 아닌지'의 뜻을 나타내며 명사절을 이끌기 때문에 미래시제 will, shall을 사용할 수 있습니다.

2) 특수의문문일 때

의문사를 접속사로 사용하는 것 외에는 보통의문문과 동일합니다.

- a. We wonder.　　　　　　b. **Why** did Tom break up with his girl friend?

　= We wonder **why Tom broke up with** his girl friend.

　우리는 왜 탐이 여자 친구와 헤어졌는지 궁금하다

　- 간접의문문으로 변화하는 과정에서 did의 소멸, 그리고 break → broke의 변화를 주의하세요. 완전 중요!!

- a. Could you tell me?　　　b. **How** can I get to the Art gallery?

　= Could you tell me **how I can get to** the Art gallery?

　미술관으로 가는 길을 알려주시겠어요?

　- 주절이 의문문이므로 물음표로 마무리 합니다.

더지(did, does)는 물귀신이다!

의문문이 간접의문문화 하면 평서문이 되죠. 당연 의문문을 위해 사용했던 조동사 did, does는 생략되어야겠죠. 하지만 이들은 물귀신, 그냥 사라지는 법이 없죠. 뒤에 오는 본동사에 반드시 영향을 주게 됩니다. **did**는 본동사를 과거형 동사로, **does**는 본동사를 3인칭 현재형 단수로 바뀌게 합니다. Do remember!

- a. Hera doubts.　　b. **Did** Zeus really love her?

  = Hera doubts **if Zeus** really **loved** her. 헤라는 제우스의 사랑을 의심한다

| The Show 영문법 |

| INTRO |

유추동사와 의문사의 귀환

의문사로 시작하는 의문문이 종속절화 할 때 주절에 사용되는 타동사들 중 생각과 관련된 몇몇 동사들은 항상 의문사를 문두로 끌어내야만 하는데 이런 동사를 유추동사라고 합니다. 다음 show를 통해 이들 유추동사에 관해 알아봅시다.

간접의문문 이야기 2탄 (유추동사와 의문사의 귀환)

의문문이 평서문에게 밀려 종놈의 절로 전락되었다는 사실을 뒤늦게 알게 된 특수의문문들이 개거품을 물고 분통을 터트립니다.

"**Oh, my gosh. It's a nightmare.**이건 악몽이야. 종놈의 절이라니, 말도 안 돼."

"야! 그것은 약과야, 의문사는 항상 문두자리에 선다는 원칙까지도 무너졌어, 우리 의문사를 연결어 접속사처럼 사용한다고 하잖아. 자체 발광하는 우리를 기껏 연결어로 박다니, 정말 참을 수가 없어."

"**It's time to take action.**행동을 취할 시간이 왔어 이판사판 공사판, 죽기 아니면 까무러치기야. 까짓 것, 가서 한 바탕 할 거야."

열 받은 의문사들이 메가폰을 들고 제우스를 협박하죠.

"우리 의문사들을 다시 문두로 이동시켜주던가, 아님 죽이던가. 맘대로 하세요."

"**What?** 뭐라? **Are you insane?**너희들 미쳤니?"

- insane: 제 정신이 아닌

"그래요, 미쳤어요. 의문사가 문 중간에 있다는 것 그 자체가 우리에겐 죽음인데 안 미치는 것이 이상하죠."

이에 제우스가 참모들과 논의를 하죠.

"좋은 방법이 없을까?"

"조건을 만들어 요구를 들어주시죠. 의문사를 문두로 끌어낼 명분이 필요하니 이들을 끌어줄 수 있는 동사, 소위 유추동사를 선발해 이들이 있을 때만 의문사를 끌어내면 큰 무리는 없을 것 같은데요."

"음, good idea, 그럼 어떤 동사를 유추 동사로 뽑지?"

"생각과 관련된 동사; think, suppose, guess, imagine, believe 등이 어떨까요?"

"**Awesome!**완전 좋아 그렇게 하자. 헤르메스, 내려가 의문사들에게 유추동사에 관해 알려주고 이들 동사가 오면 문두로 갈 수 있다고 전해라. 유추동사와 의문사의 귀환이란 제목을 붙여서 말이다."

guys, 이제 유추동사가 누구인지, 왜 유추란 이름이 붙었는지, 이들 동사가 오면 왜 의문사를 문두로 끌어내는지 분명히 아셨죠?

3) 유추동사와 의문사의 관계

의문문이 종속절화 해 간접의문문이 될 때 주절에 think, suppose, guess, imagine, believe와 같은 타동사가 오면 **의문사들은 문두로 나오게 됩니다.** 이처럼 의문사를 문두로 끌어내는 동사를 유추동사라고 합니다.

- a. Do you **guess**? 추측할 수 있니? b. How many visitors will come? 얼마나 많은 손님이 올까?
  = Do you **guess how many visitors** will come? (✗)
  = **How many visitors** do you **guess** will come? (○)
  얼마나 많은 방문객이 올지 짐작이 가니?
  - 의문사 how는 many visitors를 수식하는 의문형용사이므로 함께 문두로 이동시켜 줘야만 합니다.
    how many, how much, how tall, how old 다 마찬가지죠.
- a. Can you **imagine**? 상상할 수 있니? b. What is he like? 그는 어떤 사람이야?
  = Can you **imagine what** he is like? (✗)
  = **What** can you **imagine** he is like? (○)
  그가 어떤 사람인지 상상할 수 있니?

❻ 부가의문문(Tag Question)

상대방의 의향을 묻거나 혹은 동의를 구하기 위해 평서문 뒤에 덧 붙여서 사용하는 의문문으로 만드는 법은 다음과 같습니다.

① 평서문이 긍정이면 부정으로, 부정이면 긍정으로 바꿔 붙인다.
② be동사, 조동사인 경우 그대로, 일반 동사인 경우 do, does, did를 이용한다.
   • 부정인 경우 축약형으로 나타낸다.
③ 일반 명사 주어는 대명사로 바꾼다.

1) be 동사, 조동사 부가의문문

- Eros is such a playboy, **isn't he**? 에로스는 정말 바람둥이야, 그렇지 않니?
  - Yes, he is. 예, 그는 바람둥이예요
  - No, he isn't. 아니오, 그는 바람둥이가 아니에요
- Hera and Aphrodite **can't** be friends, **can they**? 헤라와 아프로디테는 친구가 될 수 없겠지, 그렇지?
  - Yes, they can. 아니오, 될 수 있어요
  - No, they can't. 예, 될 수 없어요

2) 일반 동사 부가의문문

주어의 인칭, 수 그리고 동사의 시제에 따라 **do, did, does**를 사용합니다. 이들을 선택하는 기준은 부정문, 의문문과 동일합니다.

- You **enjoy** cooking, **don't you**? 당신 요리를 즐기죠, 그렇지 않아요?
  - Yes, I do. 그래요, 즐겨요
  - No, I don't. 아뇨, 즐기지 않아요
- Aphrodite **went** to see Zeus, **didn't she**? 아프로디테는 제우스를 보러 갔지, 그렇지?
  - Yes, she did. 예, 갔어요
  - No, she didn't. 아뇨, 가지 않았어요

 | The Show 영문법 |

- Eros **doesn't attend** meeting, **does he**? 에로스는 회의에 참석하지 않지, 그렇지?
  - Yes, he does. 아니오, 참석 합니다
  - No, he doesn't. 예, 참석하지 않습니다

 부정부가의문문에서 Yes는 아니오, No는 예, 즉, 반대의 뜻을 나타내지만, yes 다음에는 긍정의 동사가, no 다음에는 부정의 동사가 온다는 사실을 명심하세요.

3) 평서문이 명령문이거나 혹은 let's로 시작하는 부가의문문

명령문은 won't you?를, let's인 경우 shall we?를 붙여줍니다.

- **Go** back home right now, **won't you**? 집으로 당장 돌아가라
- **Let's** get started, **shall we**? 이제 시작하자

3 명령문(Imperative Sentence)

상대방에게 '~하라', 혹은 '~하지마라' 하고 명령하는 문으로 듣고 있는 상대방 2인칭에게 직접하는 직접 명령문과 화제에 오른 대상 3인칭에게 하는 간접 명령문으로 구분이 됩니다.

❶ 직접명령문

2인칭 청자에게 명령하는 문으로 만드는 법은 다음과 같습니다.
① 주어를 생략하고 동사원형으로 나타낸다.
② 부정명령문은 문장 앞에 Don't 혹은 Never를 붙여 나타낸다.
③ 명령이기 보다는 부탁임을 나타내고 싶다면 please를 앞, 뒤에 붙여준다.

- **Sign** up the marathon club. 마라톤 동호회에 들어라
- **Don't (never) sign** up the marathon club. 마라톤 동호회에 들지 마라
- **Please**, sign up the marathon club. 제발, 마라톤 동호회에 들어줘

❷ 간접명령문

3인칭에게 간접적으로 명령할 때 사용하며, let+목적어+원형동사의 형태로 나타냅니다.

- **Let** him go to school. 그를 학교에 가게 해라
- **Let** me know. 나에게 알려줘
- **Don't let** her overeat. 그녀가 과식하지 않도록 해!

4 감탄문(Exclamatory Sentence)

기쁨, 슬픔, 혹은 놀라움 등의 감정을 강조하기 위해 사용하는 문입니다. 명사를 강조하는 감탄문과 형용사, 부사를 강조하는 감탄문으로 구분이 됩니다.

❶ 명사를 강조하는 감탄문

1) What, such+a(an)+형+명+(주+동)!
   So+형+a(an)+명+(주+동)!

- He is a **very** hot **guy**. 그는 매우 섹시하다
  = **What** (**such**) a hot guy (he is)! 그는 얼마나 섹시한지!
  = **So** hot a guy (he is)!
  - So로 바꾸면 관사보다 형용사가 앞에 옵니다. 주의 하세요!
- They are **very** beautiful **flowers**. 그것들은 매우 아름다운 꽃들이다.
  = **What** beautiful **flowers** (they are)! 얼마나 아름다운 꽃들인지!!
  - 감탄문에 사용되는 주어와 be동사는 생략할 수 있습니다.

❷ 형용사를 강조하는 감탄문

1) How+형용사(부사)+주어+동사!

- You are **really nice**.
  = **How** nice (you are)! 얼마나 친절한지!

5 기원문(Optative Sentence)

'~했으면, ~하소서' 등과 같이 소망이나 기원을 나타내는 문장으로 조동사 may를 이용해 나타냅니다.

- **May** your days be happy! 나날이 행복하소서!
- **May** God be with you! 주님이 함께 하시길!

Wow! In the long run, 마침내, 1막 all about the sentence에 관한 모든 이야기가 마무리 되었습니다. 다음 Wrap Up을 통해 깔끔하게 마무리한 후 2막 품사 편에서 다시 만나요. Catch soon!

Wrap Up & Explanation

Wrap Up

❶ [1~10] 다음 각 문장을 지시대로 고쳐보세요.

01 He went to the movies last weekend. (의문)

02 You can speak French. (부정문)

03 Clara finished her report. (부가의문)

04 Brian is a very handsome guy. (감탄문)

05 How lovely you are! (평서문)

06 She writes a letter every Sunday. (간접 명령문)

07 Do you know? What day is it today? (간접의문)

08 Can you tell me. Will he return home? (간접의문)

09 Do you guess? What would happen? (간접의문)

10 Let's go shopping, _____? (부가 의문문)

❷ 다음 문장에서 잘못된 부분을 바르게 고치세요.(11~15)

11 Did she finished her project? No, she hasn't.

12 You have never tried your best, haven't you?

13 So a tall boy he is!

14 There are a rosy garden around here.

15 Went to bed right now.

Explanation

❶ 1~10번까지는 문장을 종류에 따라 바꿔보는 문제입니다.

01 의문문과 부정문을 만들기 위해 제일 먼저 파악할 것은 **동사의 종류**입니다. 일반 동사의 과거형이므로 did가 필요하죠. 조동사 뒤에는 항상 원형동사가 오죠. went의 원형은 go죠.
    Did he **go** to the movies last weekend? (지난 주에 그는 영화를 보러 갔었나요?)

02 조동사가 있으므로 **조동사 다음에 not만 붙여주면** 됩니다.
    You can't speak French. (너는 불어를 할 수 없다)

03 부가의문문 역시 동사를 파악한 후 긍정은 부정으로 부정은 긍정으로 고쳐 뒤에 붙여주죠. **명사 주어는 반드시 대명사로 바꾸어줍니다.** 일반 동사의 과거형이고 긍정문이므로 didn't를 사용합니다.
    Clara finished her report, **didn't she**? (클라라는 보고서를 끝냈죠? 그렇지 않니?)

04 평서문을 감탄문으로 전환하기 위해서는 **평서문이 명사를 강조하는지, 형용사를 강조하는 것인지 파악**해야 합니다. 이 문장은 **단수 명사인 a guy**를 강조하기 때문에 **what a 형 명 주 동!** 을 사용합니다.
    What a handsome guy Brian is! (브라이언은 정말 멋진 남자야!)

05 감탄문을 평서문으로 고칠 때는 **what or how를 very로 고친 후 평서문의 어순으로 나타냅니다.**
    You are so(very) lovely. (당신은 매우 사랑스럽다)

06 간접명령문은 **let+목적어+원형동사**로 나타냅니다.
    Let her write a letter every Sunday. (그녀가 매주 일요일마다 편지를 쓰게 해줘요)

07 의문사로 시작하는 특수의문문이므로 **의문사+주어+동사의 어순으로** 나타냅니다.
    Do you know **what day it is** today? (오늘이 무슨 요일인지 아시나요?)

08 보통의문문이므로 **if or whether를 접속사로 사용한 후 평서문의 어순으로 나타냅니다.**
    Can you tell me **if he will return** home? (그가 돌아올지 아닐지 말해주겠니?)

09 간접의문문을 만들 때 또 하나 주의할 점은 주절에 유추동사가 있는지 파악하는 것이죠. 이들 동사가 있을 때는 의문사를 문두로 옮겨야만 하기 때문이죠. **guess는 유추동사이므로 의문사를 문두로 끌어내야죠.**
    What do you **guess** would happen? (어떤 일이 일어날지 추측이 되나요?)

10 Let's로 시작하는 문장의 부가의문문은 **shall we**?를 붙여줍니다. (쇼핑하러 가자)

❷ 11~15번까지는 특히 실수하기 쉬운 어법들입니다. 빈출어법이니 각별히 주의하세요.

11 질문의 대답이 hasn't, 즉, 현재완료형이죠. did를 **has**로 바꿔야죠. (그녀가 프로젝트를 끝냈나요?)

12 부정문이며 현재완료이므로 **have you**?로 나타냅니다. (당신은 최선을 다해 본적이 없죠, 그렇죠?)

13 So로 시작하는 감탄문의 어순은 **So+형+a+명**입니다.
    So tall a boy he is! (그는 얼마나 키가 큰 소년인지!)

14 유도부사 **there are** 뒤에는 복수 주어가 옵니다. are를 is로 고쳐야죠. (이 부근에 장미 정원이 있다)

15 명령문은 주어를 생략하고 동사원형으로 시작하죠. went의 원형은 go입니다. (당장 잠자리에 들어라)

SECTION 02

All about the purts of speech

창조 2막

Story 5 _ **창조** 다섯째 날 : No.1 지존품사 명사 이야기
Story 6 _ **창조** 여섯째 날 : 명사의 대타(replacement) 대명사 이야기
Story 7 _ **창조** 일곱째 날 : No.2 행동대장 동사 이야기
Story 8 _ **창조** 여덟째 날 : 동사의 도우미 조동사 이야기
Story 9 _ **창조** 아홉째 날 : 명사의 위상을 높여주는 관사 이야기
Story 10 _ **창조** 열째 날 : 명사의 makeup artist 형용사 이야기
Story 11 _ **창조** 열한째 날 : 수식의 달인 부사 이야기
Story 12 _ **창조** 열두째 날 : 연결어 접속사 이야기
Story 13 _ **창조** 열셋째 날 : navigation 전치사 이야기

창조 다섯째 날 _ All about the parts of speech

STORY 05

No.1 지존품사 명사 이야기

명사야, 8품사의 지존이 되어라!

창조 다섯째 날입니다. 오늘부터 앞으로 9일간은 8품사들 각각에 관한 상세한 profile이 만들어질 예정입니다. 2막의 첫날인 오늘은 천지 사물의 이름을 나타내며 문장구성을 위해 한 몸을 다 바쳐 주어, 목적어, 보어의 역할까지 모두 해내는 명사가 주인공이 되는 날이죠. 제 1막을 마무리하고 새로운 막을 시작한다는 생각에 잔뜩 고무된 제우스가 아침부터 흥겹게 랄랄라 송을 부르고 있네요.

"오늘은 기분이 좋아, 랄~랄~라! 랄~랄~라!"

이를 본 에로스가 헤르메스에게 슬쩍 묻네요.

"He looks upbeat.기분 열라 좋아 보이네 What made him so excited?뭣 땜에 저리 신이 났을까?"

"그러게, 어쨌든, 부어 있는 것보다는 낫네 뭐, 그나저나 오늘의 주인공은 누구일까?"

"분명 명사겠지."

"It might be,그럴지도 모르지만 but who knows?개구리 뛰는 방향을 누가 알겠어?"

이 때 제우스가 경쾌하게 말하죠.

"오늘은 8품사 중에서 지존, 소위 No.1 품사, 명사가 주인공이 되는 날이다. 문장을 구성하는 사대 주요소 중 술어동사를 제외한 모든 자리에 올 수 있는 품사니 당연 그 역할에 걸맞게 첫날의 주인공으로 삼아줘야겠지. You know what I mean?알겠니?"

"Yes, sir, let's get started.출발하시죠"

창조 다섯째 날, 8품사 중의 짱, No.1 지존품사, 명사의 이야기 속으로 go! go!

Episode #1

명사의 역할과 종류에 관한 이야기

| INTRO |

명사(Noun)

천지사물의 이름을 나타내며 주어, 목적어, 보어 역할 까지 cover하는 명사,
하지만 늘 겸손하고 모범이 되는 명사, 그의 profile 속으로 here we go!

Show

명사이야기 (모범명사 vs 불량동사)

창조 2막이 열리는 아침 일찍부터 Verb들이 광장의 앞자리를 차고 앉아 행복한 상상을 하고 있죠.

"모두들 명사가 2막의 첫 주인공이 될 것이라고 하지만 흥! 길고 짧은 것은 대봐야 알지, 안 그래?"

"**That is just what I am thinking.** 바로 내 생각도 그래. 우리 동사도 이제 옛날의 그 동사가 아니야. 명사를 제압하고 No.1이 될 수 있지, 그럼"

하지만 제우스가 내려오자마자 동사의 꿈은 모두 물거품이 되죠. 제우스가 사랑을 가득 담은 목소리로 명사를 찾죠.

"**My sweetie Nouns! Where are you?** 내 사랑 명사들아, 어디 있니? 오늘은 바로 너희의 날이란다. 제일 앞자리로 나오렴. 문장 구성을 위해 헌신하며 주어, 목적어, 보어의 역할까지 완벽하게 해내니 얼마나 기특한지. 너희가 참 고생이 많다. 애들아, 너희 공로를 기리기 위해 너희들을 5대 가문으로 구분해 품위를 높여주마. **You deserved it.** 너희들은 그럴만한 자격이 있단다"

● deserved:
  마땅하다

이에 동사들이 질투가 나서 불평(griping)을 하죠.

"What? 우리 동사는 달랑 3대 가문인데 명사는 5대 가문? 뭐 이런 개 같은 경우가 다 있어? **It doesn't make any sense.** 말도 안 돼 항상 명사만 총애하고 정말 짜증 지대로다."

동사의 말에 제우스가 고함을 치죠.

"Shut up! 이 발칙한 놈들, 이제 아주 대놓고 기어오르는구나. 불량하기가 짝이 없구나. 명사를 봐! 주어, 목적어, 보어의 역할을 다 함에도 불구하고 얼마나 겸손하냐. 너희 불량동사와는 완전 격이 다르지 않니? 기껏 술어동사 역할만 하는 주제에 어디서 No.1을 꿈꿔. 깨몽!"

제우스에게 혼 줄이 나는 동사를 보자 전치사가 좋아 죽겠다는 듯이 깔깔대며 말하죠.

| The Show 영문법 |

> "호호호! 불량동사래. It sounds funny, doesn't it?정말 재미있지 않니? 모범 명사 vs 불량동사, What a fantastic figure!완전 멋진 비유야"
>
> guys, 명사란 말이 들리면 just remind! 기억하세요, 주어, 목적어, 보어의 역할입니다!

1 명사의 역할

사람, 동물, 사물의 이름을 나타내며 주어, 목적어, 보어 역할을 할 수 있습니다.

❶ 주어 역할

- **Noun** can be a subject. 명사는 주어가 될 수 있다
- **Spring** is just around the corner. 봄이 가까이 왔다

❷ 목적어 역할

- Zeus had to deal with **Hercules**. 제우스는 헤라클레스를 상대로 한판을 벌여야만 했다
  – 동사구 deal with(해결하다)의 목적어가 고유명사 헤라클레스죠.
- All gods want to meet **Aphrodite**. 모든 신들은 아프로디테를 만나고 싶어 한다
  – 동사 meet, 즉 만나는 대상, 목적어가 고유명사 아프로디테입니다.

❸ 보어 역할

명사 주격보어는 주어와 동격, 즉 equal(=) 관계를 나타냅니다.

- They are all **clowns**. 그들은 모두 광대들이다   They = clowns
- Rain has become a **hollywood star**. 비는 할리우드 스타가 되었다   Rain = a hollywood star

| INTRO |

5대명사

명사는 보통, 집합, 물질, 고유, 추상명사 다섯 종류로 구분이 되며 그 기준은 바로 counting에 달려 있죠. 이들의 이야기 속으로 here we go!

명사의 종류에 관한 이야기 (Hi-five 명사 5대 가문에 관한 briefing)

제우스가 명사를 다섯 종류로 구분해 이름을 붙여준 후 그 가문의 대표들을 불러 말하죠.
"너희를 5대 가문으로 구분했단다, 3대 가문 동사에 비해 power가 당연 세지. **Are you happy with this?**만족하니?"

"**Yes, sir, it will be our honor.** 가문의 영광입니다. 그런데, 우리 명사들을 분류하는 기준은 무엇이며 또한 어떤 이름으로 구분이 되나요?"

"**Good question.** 분류기준은 counting이란다. 즉, 셀 수 있는 명사냐, 없는 명사냐 하는 것이며 각 이름은 보통명사, 집합명사, 고유명사, 물질명사, 추상명사가 될 것이다. 이들에 관한 특징은 요약(sum up)해서 site에 올렸으니 돌아가 확인 후 다시 광장에 있는 무대로 오너라. 간단하게 briefing을 할 수 있도록 준비해서, 유남생~? **You know what I am saying?** 내 말 알겠니?"

"Yes, sir."

5대 가문의 대표 명사, **Book, Class, Water, Eric, Love**들이 돌아가 briefing을 준비하는 동안 제우스는 모든 영어들을 광장으로 불러 모으죠. 준비를 끝낸 다섯 명사가 오자 소개가 시작됩니다.

보통명사 Book이 start를 끊죠.

"나는 보통의 명사, 아주 평범해. 보이는 것처럼 일정한 형태가 있고 셀 수 있기 때문에 복수명사로 나타낼 수도 있지. 하지만 꼭 기억할 사실이 있어, 보통명사의 단수와 부정관사는 항상 붙어 다닌다는 것, **Please, keep this in your mind.** 꼭 기억해주세~용"

집합명사 Class가 말하죠.

"나는 집합명사, 말 그대로 집합, 즉 둘 이상의 명사가 모여야만 만들어지는 명사야. family를 봐 아빠, 엄마, 형이 모여 만들어지지. 셀 수 있기 때문에 복수로 나타낼 수 있지. 주의사항? 음, 집합명사는 상황에 따라 전체를 강조하는 집합, 각 구성원을 강조하는 군집으로 구분이 되며 전자는 단수로, 후자는 복수명사로 취급한다는 것이야. Keep it in your mind!"

고유명사 Eric이 말하죠.

"나는 고유명사, 세상에 하나 밖에 없는 사람, 사물의 이름을 말해. 셀 수가 없기 때문에 부정관사도 붙일 수 없고 복수형으로 나타낼 수도 없어."

물질명사 Water가 말하죠.

"나는 물질명사, 세상 만물의 물질을 말하는 명사, 일정한 형태가 없으니 셀 수 없지. 당연 복수형이 없지. 굳이 나를 세고 싶다면 우리들이 담겨지는 용기를 헤아려 주세~용. 물 한 잔, 차 두 잔 etc."

추상명사가 말하죠.

나는 추상명사, 추상적이라 볼 수도 없고 만질 수 도 없죠. 오직 생각 속에서만 그려볼 수 있지. 셀 수 없으니 부정관사도 붙일 수 없고 복수형도 없지."

명사들의 특징에 관한 소개가 끝나자 동사들이 말하죠.

"흥, 잘 났어. 종류가 많아 아주 배 터지겠네. 잘 먹고 잘 살아라!"

| The Show 영문법 |

2 명사의 종류에 관한 이야기

명사는 가산(countable)과 불가산(uncountable)에 따라 보통, 집합, 고유, 추상, 물질명사로 구분됩니다. 보통, 집합은 가산명사이며, 고유, 추상, 물질명사는 불가산명사로 원칙적으로 단수로 취급됩니다.

❶ 보통명사(Common Noun)

book, desk, car, house 등과 같이 구체적인 형태가 있죠. 특징은 다음과 같습니다.

1) 소문자로 나타낸다.
- She wears a pink **sweater**. 그녀는 분홍 스웨터를 입고 있다
- Staffers are having **a nectar**. 참모들은 불사의 음료, 넥타를 마시고 있다

2) 단수로 사용되는 경우 반드시 부정관사(a, an) 혹은 정관사를 붙여 나타낸다.
- Girls love to make **a doll**. 소녀들은 인형 만들기를 좋아한다
- Zeus gave Hera **a ring** to comfort her. 제우스는 헤라를 달래기 위해 반지를 주었다
  - 단수보통명사는 a, an, the를 붙여 사용됩니다. 절대 홀로 사용될 수 없습니다.

3) 어미에 ~s, ~es를 붙여 복수형으로 나타낼 수 있다.
- **A rose** is put in the vase. 화병에 장미가 한 송이 있다
- **A lot of roses** are put in the vase. 화병에 많은 장미가 있다

| INTRO |

집합명사(Collective Noun)

개체가 모여 집합체를 이루는 집합명사, 각각의 개체를 강조하면 복수, 전체를 강조하면 단수가 되는 이들 집합명사의 고민 속으로 here we go!

 집합명사 이야기 (단수냐, 복수냐, 그것이 문제로다 ㅠ~ㅠ)

집합명사들이 모여 심각하게 talking을 하고 있죠. 평소 많은 소녀 fan을 확보하고 다니는 집합명사, **Spectator**관중 와 **Audience**청중 가 말하네요.

"**You know what?**있잖아? 어제 동방신기가 concert를 했잖아."
"어머! 멋있었겠다. **I am a big fan.**나 완전 광팬인데 관중들 구름 같이 모여들었겠네, 그치?"
"당근이지, 근데 문제는 오늘 아침 신문에 난 기사였어. 참, 나 어이가 없어서, 쩝!"
"What's wrong?"
"이렇게 갈겨 놓은 거야, 글쎄. **The spectator was really touched.**관중들 모두 감동을 받았다 관중의 수가 얼마나 많은데 단수 동사 was와 일치를 시키니, 당근, were로 했어야지. was가 뭐니? 달랑 한 명만 감동을 받았다는 말이야, 뭐야? **It doesn't make sense**

- no wonder: 당연하다

at all. 완전 김 밥 옆구리 터지는 소리야"

"**It's no wonder you feel angry.** 화 날만 하네 친구"

동병상련이라고 청중 Audience가 맞장구를 치죠. 이에 Family 또한 합세합니다.

"우리의 이름이 왜 집합명사겠니? 적어도 둘 이상이 모여야 구성되는 명사니 그런 것이 잖아. 그럼, 우리 뒤에 오는 동사의 수는 당연히 복수여야 하는 것 아니니?"

"**That's what I mean.** 완전 공감이야"

마침 제우스가 절묘한 timing에 말하죠.

"집합명사들은 들어라. 너희는 단수명사도 되고 복수명사도 다 될 수 있다. 전체를 강조하면 단수로 취급해 단수동사와, 반면에 속한 구성원 개개인을 강조하면 복수로 취급해 복수동사와 일치를 이루게 될 것이다. 전자는 집합명사로, 후자는 군집명사로 불리게 될 것이다. **Are you satisfied with what I am saying?** 내 말에 만족하니?"

- be satisfied with: ~에 만족하다

"**Definitely, sir.** ^_^ * 물론이죠"

제우스의 말에 집합명사들이 급 up되어 한 목소리로 말합니다.

"우리는 개체가 모여 만들어지는 집합명사, 전체를 강조하면 집합, 개체를 강조하면 군집, 한 마디로 그~때, 그~ 때 달라 염."

❷ 집합명사(Collective Noun)

가족, 학급, 참모, 청중, 관중; family, class, staff, spectator, audience 등과 같이 개체가 모여 집단을 이루는 명사로 특징은 다음과 같습니다.

1) 소문자로 나타내며 복수형으로 나타낼 수 있습니다.

   family, class, audience, spectator, staffers, crowd, etc. (단수)
   families, classes, audiences, spectators, staffs, crowds, etc. (복수)

2) 전체를 강조하면 집합명사가 되고, 구성원 각각을 강조하면 군집명사가 됩니다. 전자는 단수동사와, 후자는 복수동사와 일치를 이룹니다.

- BigBang **performs** very well. 빅뱅은 공연을 정말 잘 한다
  - BigBang 전체를 강조하죠. 집합명사로 간주해 단수동사, 즉, 3인칭 단수 현재형으로 나타냅니다.
- BigBang **are** all hard workers. 빅뱅 멤버들은 모두 노력파들이다
  - 빅뱅 개개인을 강조하죠. 군집명사로 간주해 복수동사로 일치시킵니다.

3) 집합적 물질명사

물건의 집합체로 구성된 명사로 물질명사로 취급해 집합적 물질명사라고 하며 주의할 특징은 다음과 같습니다.

a) 항상 단수로 취급한다.

baggage(수하물), machinery(기계류), clothing(의복), furniture(가구), etc.

b) 특별히 수량을 표시할 때는 a piece of를 붙여 나타낸다.

- a piece of baggage   **two pieces** of baggage 두 개의 수하물
- a piece of furniture   **ten pieces** of furniture 가구 10개

❸ 고유명사(Proper Noun)

세상에 하나밖에 없는 사람 및 사물의 고유한 이름을 나타내며 특징은 다음과 같습니다.

1) 대문자로 나타냅니다.

- **Clara** has been to New Zealand. 클라라는 뉴질랜드에 갔다 왔다
- **Paul** is staying at the Hilton hotel. 폴은 힐튼 호텔에 머물고 있다

2) 원칙적으로 부정관사를 붙일 수 없고, 복수형으로 나타낼 수 없습니다.

- I want to buy a car made in **Germany**. 나는 독일제 차를 사고 싶다
- **Seoul** is the capital city of **Korea**. 서울은 한국의 수도이다

❹ 추상명사(Abstract Noun)

눈으로 볼 수도 손으로 만질 수도 없기 때문에 오직 상상 속에서만 그려 볼 수 있는 명사들입니다. 슬픔(sadness), 행복(happiness), 증오(hatred), 놀라움(surprise) 등과 같은 명사로 특징은 다음과 같습니다.

1) 소문자로 나타내며 관사를 붙일 수 없다

- Do you have any **information** about the project? 그 계획에 대한 정보가 있니?
- My belief is that **goodness** always defeats **evil**. 나의 신념은 선은 항상 악을 이긴다는 것이다

2) 복수형으로 나타낼 수 없다.

- Athena has much **knowledge** about the universe. 아테나 여신은 우주에 관해 많은 지식이 있다
- Aphrodite's **sadness** was so great that nobody could **comfort** her.
  아프로디테의 슬픔이 너무 커서 아무도 그녀를 위로할 수가 없었다

물질명사 이야기 (물질명사들의 결사항쟁)

물질명사 Milk가 불평을 하죠.

"왜, 난 셀 수가 없지?"

"넌 일정한 형태가 없잖아. 그러니 셀 수가 없지."

"왜? 컵이나, 잔에 따르면 일정한 형태가 만들어지잖아. 왜 안 돼?"

이에 Water, Coffee, Tea 등도 덩달아 목청을 높입니다.

"야! 그렇게 따지자면 우리도 마찬가지야. 커피 한 잔, 물 한 잔, 완전 말 되잖아."
"그러니까 말이야. 우리도 이쯤에서 한 번 질러보자고?" "질러? 뭘?"
"이판사판 공사판, 셀 수 있게 해 달라고 들이대는 것이지. 이런 경우는 단순 무식하게 떼를 쓰는 것이 최고야."
"좋은 생각이야, **let's go for it!** 그래, 우리 가는 거~~야~!"

물질명사들이 몰려가 농성을 시작하죠. Water가 메가폰을 잡고 선창을 하면 기타 명사들이 제창을 하죠.

"우리들도 세고 싶다. 수량 표시 하게 해 줘요."
"해 달라, 달라!"

성화에 못 이겨 제우스가 말하죠.

"어떻게? 생각해 둔 방법이라도 있어?"
"**Absolutely, we have.** 당근, 있죠 우리들을 담는 용기에 담아서 하면 되죠. 복수이면 용기에 복수어미를 붙이면 되고. **It sounds pretty easy.** 참, 쉽죠~잉?"

물질명사의 말을 듣고 보니 일리가 있어 제우스가 허락을 하되 조건을 붙이죠."

"**Do as you wish.** 뜻대로 해 하지만, 혹시라도 너희 물질명사 뒤에 복수 어미를 붙이면 죽는다. 알겠지?"
"**No worry.** 걱정 마세요 그런 일은 없을 테니 말이죠. ♪♪"

❺ 물질명사(Material Noun)

세상에 존재하는 모든 물질을 나타내는 명사를 물질명사라고 합니다. **sugar, water, money, bread, coffee, tea, milk, stone, paper,** etc. 특징은 다음과 같습니다.

1) 소문자로 나타내며 단수로 취급한다. **much, a lot of 등이 수식합니다.** many는 절대 사용할 수 없습니다.

- We need **much water** everyday. 우리는 매일 많은 물이 필요하다
- I put a **little sugar** when making bread. 빵을 만들 때 나는 설탕을 조금만 넣는다

2) 보조 수사 "a + 용기 + of"를 사용해 구체적인 수량을 나타낼 수 있다.

- Can I have **a glass(two glasses) of** water? 물 한 잔 먹어도 될까요?
- I ordered **two cups of** tea. 나는 차 두 잔을 주문했다
  - 복수형은 용기에 s를 붙여 나타냅니다.

빈출 물질명사 수량표시

단수	복수	
a cup of tea	two **cups** of tea	차 한 잔
a bottle of beer	two **bottles** of beer	맥주 한 병
a glass of milk	two **glasses** of milk	우유 한 잔
a piece of paper	two **pieces** of paper	종이 한 장
a slice of cheese	two **slices** of cheese	치즈 한 장
a cake of soap	three **cakes** of soap	비누 한 조각
a lump of sugar	two **lumps** of sugar	설탕 한 덩어리
a spoonful of sugar	two **spoonfuls** of sugar	설탕 한 스푼

명사의 makeover(변신)는 무죄

| INTRO |

명사의 변신(Makeover)

가산명사와 불가산명사가 change를 꿈꾸며 만들어낸 명사의 변신, 그 이야기 속으로 here we go!

명사의 변신에 관한 이야기 (명사의 변신은 무죄)

5대 명사의 특징과 역할에 관해 마무리한 후 제우스가 휴~ 한숨을 돌리며 말하죠.

"**Shall we have a cup of tea?** 차 한 잔 어때?"

"**We'd love that.** 좋죠 **You took the words right out of my mouth.** 바로 그 말 하려던 참이었는데"

제우스와 참모들이 휴식을 취하는 동안 영어나라에서는 불가산명사들이 모여 은밀한 밀담을 나누죠. 추상명사 Sadness가 말하죠.

"나는 정말 너무 추상적이야. 형태도 없고, 만질 수도 없고, 항상 단수로만 사용되고 말이야. 형태도 있고 셀 수도 있고 복수도 만들 수 있는 보통명사처럼 한 번 살아봤으면 얼마나 좋을까?"

"그러게, 보통명사는 외로울 시간이 없잖아. 홀로 있으면 부정관사가 항상 같이 있어주지, 아니면 여러 명이 항상 같이 다니고 말이야. 항상 단수로만 존재하는 난 정말 외로워."

고유명사가 맞장구를 치자. 물질명사도 합세를 하죠.

"**Me, too.** 나두, 나두 부정관사도 못 붙여, 복수형도 없어. 완전 갑갑해, 정말 보통명사처럼 평범하게, 자유롭게 살고 싶어."

우연히 이 말은 들은 보통명사가 이들을 향해 쓴 소리를 하죠.

"영광인 줄 알아, 이것들아~! 호강에 겨워 요강에 푸푸(똥)싸는 소리 하지 말고. 니들이 특별한 것을 꿈꾸는 보통명사의 간절한 소망(wish)을 알기나 해??"

보통명사의 말을 들은 제우스가 참모들에게 묻죠.

"**Guys, what's your opinion?** 그대들 생각은 어때? **Should I do anything?** 뭔가를 해야 할까?"

"뭔가 조치(measure)를 취해주는 것이 좋을 듯해요. 사실 최근 영어왕국의 **trend** 경향 는 makeover, 변신이잖아요. 이 trend에 맞게 명사도 makeover해주면 좋겠죠. 사실 명사

| The Show 영문법 |

는 그럴만한 자격(qualification)이 충분하잖아요. 안 그래요?"
"그럼, 특혜를 받을 만한 자격이 충분하지, 그러면 저들이 원하는 대로 가산은 불가산 명사가 되게 하고, 불가산은 가산명사가 될 수 있도록 해주자. 음, 다음처럼 만들어서 말이다.

- **The pen** is mightier than **the sword**. 문은 무보다 강하다

pen과 sword는 보통명사지만 앞에 정관사를 붙여 추상명사가 되게 하는 것이지. 즉, 문과 무가 되도록 vice versa반대로

- **a beauty** and **a beast** 미녀와 야수

beauty, beast는 추상명사이지만 특별히 부정관사를 붙여 보통명사 미녀와 야수란 뜻으로 사용되게 하자는 것이지. What's on your mind?어떻게 생각해?"
"Oh, brilliant idea!탁월한 생각입니다"

제우스가 명사들을 불러 전환에 관해 말한 후 명사의 변신은 무죄라고 하자 명사들이 깜짝 놀라 말하죠.

"Oh my god! How did Zeus know our wish?어떻게 우리 속마음을 알았지? 이건 정말 대박이야~!"

뒤늦게 명사의 변신에 관해 듣게 된 동사들은 완전 꼭지가 돌아 말하죠.

"What? 명사의 변신은 무죄? 널뛰고 있네. 지나가는 개가 웃겠다, 흥!"

동사의 불행은 곧 전치사의 행복. 이를 본 전치사가 동사의 상처에 왕소금을 뿌리죠.

"불량동사, has the green monster got you? You look green. 어머, 질투로 완전 눈이 뒤집혔구나. 어떡하니??"

- 영어에서 green color는 질투를 상징하며 green monster는 질투의 화신이란 뜻입니다. ^^

guys, 명사의 전환에 관한 show를 많이, 많이 즐기세요, 어법 영순위 문제들이니까요,

1 명사의 전환(변신)

❶ 보통명사에서 추상명사로의 전환

보통명사 앞에 정관사를 붙여 추상명사의 뜻을 나타냅니다.

- **The pen** is mightier than **the sword**. 문필의 힘은 무력보다 더 강하다
  - pen, sword는 보통명사지만 the를 붙여 문과 무라는 추상명사가 되었죠.
- I felt **the mother** at seeing the baby. 그 아기를 보자 나는 모성애를 느꼈다
  - mother는 보통명사지만 정관사 the를 붙이면 모성애란 뜻의 추상명사가 됩니다.
    - the patriot = patriotism (애국심)

❷ 물질, 고유, 추상명사에서 보통명사로의 전환

물질명사, 고유명사, 추상명사 앞에 관사를 붙이거나 혹은 어미에 복수형을 붙이면 보통명사가 됩니다.

104

- **A Brian** came to see you this afternoon. 브라이언이라는 사람이 너를 보기 위해 오후에 왔다
  - 고유명사 Brian 앞에 a를 붙여 '~라는 사람'이란 뜻을 나타내죠.
- A curator exhibited **two Picassos**. 큐레이터는 피카소의 작품 두 점을 전시했다
  - 고유명사 Picasso에 복수어미 ~s를 붙여 '작품'이란 뜻을 나타냅니다.
- None but **the brave** deserves **the beauty**. 용기 있는 자만이 미인을 차지할 수 있다
  - 추상명사 brave에 정관사를 붙여 '용감한 사람', beauty 앞에 정관사를 붙여 '미인'의 뜻을 나타냅니다.
- He showed me **a good kindness**. 그는 나에게 많은 친절을 베풀어주었다
  - 추상명사 kindness 앞에 관사를 붙이면 '친절한 행위'란 뜻이 됩니다.
- Zeus brought **a good wine** yesterday. 제우스가 어제 좋은 포도주 한 병을 갖고 왔다
  - 물질명사 wine 앞에 관사를 붙이면 '제품 한 병'이 됩니다.
- My favorite is blue mountain **coffees**. 내가 가장 좋아하는 것은 블루 마운틴 커피다
  - 물질명사 coffee에 복수어미를 붙이면 커피의 종류를 말합니다.
- A child threw **a stone** at a dog. 아이는 개에게 돌멩이를 던졌다
  - 물질명사 stone에 부정관사를 붙이면 **개체화 된 돌멩이**가 됩니다.

| INTRO |

명사의 수(number), 성(gender), 격(case)

명사는 자신의 역할을 완전하게 수행하기 위해 수, 성, 격을 갖고 있습니다. 이들의 이야기 속으로 here we go!

명사의 수, 성, 격에 관한 이야기

명사의 wish대로 가산명사는 불가산명사로, 불가산명사는 가산명사가 될 수 있도록 한 후 다시 제우스가 참모들을 재촉합니다.

"Guys, We have no time to lose. 꾸물거릴 시간이 없어 명사의 수, 성, 격에 관한 구체적인 format을 잡아야 해, 벌써 해가 서산으로 기울어 가고 있어. **Please step on it!** 빨리하자"
제우스가 몰아붙이자 참모들이 불평을 하죠.

- format: 형태

"**Damn it.** 된장! 도대체 왜? 명사의 수, 성, 격을 구분해야 하는데. **What for?** 무엇 때문에?"
눈치가 팔 단인 제우스, 살짝 고삐를 늦추며 설득(persuade)을 합니다.

- get somebody wrong: 오해하다

"가중한 업무에 불만들이 많겠지? 하지만, **Don't get me wrong.** 오해는 하지 마 곧, 수, 성, 격의 창조가 왜 필요한지 알게 될 테니 말이야. Okay?"
"**We got it.** 알았어요"
"좋아, 명사의 수, 성, 격을 구분해야 하는 이유는 다음과 같다.
첫째, 명사의 수(number)가 단수인지 복수인지 알아야 동사의 수를 결정할 수 있기 때문이다.
둘째, 명사의 성(gender)을 구분해야 올바른 대명사를 취할 수 있다.

| The Show 영문법 |

> 셋째, 명사의 격(case)을 알아야 주어, 목적어, 보어를 올바른 자리에 사용할 수 있기 때문이다.
> 이상의 예문은 Build Up에서 확인하도록 하라. The end of discussion 대화 끝."
> "오! 그렇게 깊은 뜻이, we got it sir. ♩♩"

2 명사의 수

단수와 복수, 두 수로 구분이 되죠. 복수형은 단수 어미에 ~s, 혹은 ~es를 붙여 만들어지는 규칙변화와 이와는 달리 불규칙적으로 만들어지는 불규칙 변화형이 있습니다.

❶ 규칙변화

- 어미에 ~s만 붙입니다.
  pen-pens, table-tables, banana-bananas
- 어미의 발음이 [z], [ʒ], [s], [ʃ], [tʃ], [dʒ]로 끝나면 ~es를 붙이죠.
  dish-dishes, church-churches, bus-buses
- 어미가 자음+y로 끝나면 y를 i로 고친 후 ~es를 붙입니다.
  lady-ladies, city-cities
- 어미가 모음+y로 끝나면 그냥 ~s만 붙이죠.
  boy-boys, toy-toys
- 어미가 자음+o로 끝나는 단어는 ~es를 붙입니다.
  potato-potatoes, hero-heroes 영웅

〈예외〉 자음+o로 끝나지만 -s만 붙이는 경우
  pianos, photos

- 모음+o로 끝나면 ~s만 붙입니다.
  bamboo-bamboos 대나무 radio-radios
- 어미가 f, fe로 끝나면 v로 고친 후 ~s, ~es를 붙입니다.
  knife-knives, leaf-leaves

〈예외〉 f, fe로 끝나지만 -s만 붙이는 경우
  roofs 지붕   safes 금고   handkerchiefs 손수건

❷ 불규칙 변화

모음을 바꾸어, 혹은 기타 접미사를 붙여 나타냅니다.

- 모음을 바꾸어 나타내는 명사
  tooth-teeth, man-men, woman-women, foot-feet

- 어미에 -en을 붙여서 만드는 명사
  child-child**en**, ox-ox**en** 황소
- 단수, 복수의 형태가 동일한 명사
  fish 물고기   sheep 양   deer 사슴

❸ 복수 어미 발음법

- 발음이 [z], [dʒ], [s], [ʃ], [tʃ]로 끝나면 es를 붙이고 [iz]로 발음합니다.
  dishes[iz], churches[iz], kisses[iz]
- 발음이 [p], [f], [k], [t], [θ] 즉 무성음으로 끝나면 s를 붙이고 [s]로 발음합니다.
  books[s], desks[s], mouths[θs]
- 기타의 경우 s를 붙이고 [z]로 발음합니다.
  tables[z], beds[z], pens[z]

❹ 기타 주의할 복수형

1) 분화 복수

복수가 되면서 뜻이 달라지는 명사를 말합니다.

airs 태도   sands 사막   waters 바다   manners 예절   customs 관습   goods 상품

2) 상시 복수

짝으로 존재하기 때문에 항상 복수형으로 나타내는 명사를 말하죠.

pants 바지   glasses 안경   socks 양말   scissors 가위

3) 상호 복수

'악수하다, 차를 갈아타다' 등과 같이 동작이 일어나기 위해서는 반드시 복수형이 필요한 명사들입니다.

shake hands 악수하다   change cars 차를 갈아타다   make friends 친구를 사귀다

3 명사의 성(gender)

❶ 생물인 경우

남성, 여성, 중성, 통성 네 가지로 구분이 됩니다.

1) 남성

남성을 뜻하는 명사로서 **he**로 받습니다.
boy, father, prince, brother, etc.

2) 여성

여성을 뜻하는 명사로서 **she**로 받습니다.
girl, mother, princess, sister, etc.

3) 중성

남성과 여성의 구분이 분명하지 않을 때 사용하며 **대명사는 it**으로 받습니다.

house, watch, flower, table, etc.

4) 통성

여성과 남성을 동시에 포함하는 명사들이 이에 속합니다.

parent 부모님   **spouse** 배우자   **fire fighter** 소방관   **salesperson** 판매사원

❷ 무생물 명사의 성

남과 여의 구분이 분명하지 않은 무생물 명사의 성은 남성, 여성, 중성으로 구분하며 다음과 같은 기준에 따라 성이 결정됩니다. 어법에 자주 나오는 부분이니 각별히 주의하세요.

1) 남성

강하고, 용감하고, 위대한 것을 나타내는 명사로 대명사는 he로 받습니다.

war 전쟁   **sun** 태양   **death** 죽음   **winter** 겨울

2) 여성

부드럽고 섬세하고 평화로운 것을 나타내며 대명사는 she로 받습니다.

peace 평화   **moon** 달   **ship** 배   **spring** 봄

3) 중성

특히 국가와 관련된 경우 다음과 같은 기준에 따라 여성, 중성으로 구분됩니다.

a) 여성

문화적, 사회적인 면을 강조하는 경우 she로 받습니다.

- **France** takes pride in **her** well known artists.
  프랑스는 유명한 예술가들을 많이 배출한 것을 자랑스러워한다

b) 중성

지리적인 면을 말하는 경우로 대명사는 it으로 받습니다.

- **New Zealand** is well known for **its** beautiful scenery.
  뉴질랜드는 아름다운 경치로 잘 알려져 있다

4 명사의 격(case)

명사의 격이란 명사와 기타 품사들 간의 문법적인 관계를 나타내는 것으로 주격, 소유격, 목적격으로 구분이 됩니다. 주격과 목적격은 형태가 동일하지만 소유격은 생물과 무생물에 따라 나타내는 법이 달라 각별한 주의가 필요합니다.

❶ 주격

명사가 주어 자리, 그리고 호격 자리에 올 때 사용하는 격을 주격이라고 하며 뒤에는 항상 술어동사가 따라 나옵니다.

- **Michael** comes from Africa, **he** is really tall. 마이클은 아프리카에서 왔다, 그는 정말 키가 크다
- **Guys**, come and see this. 애들아, 와서 이것을 봐라
  - Guys가 호격으로 사용되었으므로 주격의 형태를 취했죠.

❷ 소유격

소유를 나타낼 때 사용하며 해석은 '~~의'로 합니다. **소유격 뒤에는 반드시 명사가 따라옵니다**.

1) 생물의 소유격

   a) 명사 어미에 apostrophe(') s를 붙여 나타냅니다.
   Jane**'s** chair 제인의 의자   Monkey**'s** tail 원숭이의 꼬리

   b) 어미가 s로 끝나는 복수명사인 경우 복수 어미 s위에 apostrophe(')만 붙여 나타냅니다.
   The **girls'** school 여학교   **Jesus'** judgement 예수님의 심판

2) 무생물의 소유격

   전치사 of를 이용해 정관사(the)+명사+of+무생물명사의 순으로 나타냅니다.
   - **The** flower **of** the vase 화병의 꽃
   - **The** picture **of** the wall 벽의 그림
   - 명사 앞에 붙는 정관사 the는 한정의 뜻을 나타냅니다.

3) 예외

시간, 거리, 가격, 무게 등을 나타내는 무생물명사, 혹은 무생물이지만 특별히 의인화 된 경우에는 생물명사처럼 apostrophe(')를 붙여 나타냅니다.

- **Fortune's** smile (의인화)
  행운의 미소
- **Five hours'** walk (시간)
  5시간의 행군
- **Two hundred miles'** distance (거리)
  200마일의 거리
- **Seven dollars'** worth (가격)
  7불의 가치
- **Ten pounds'** weight (무게)
  10파운드의 무게

4) 복합 명사의 소유격

복합 명사의 소유격은 끝 명사에 apostrophe(') s를 붙여 나타냅니다.
- **Father-in-law's** company 장인의 회사
- **Mother-in-law's** house 시어머니의 집

5) 기타 소유격

둘 이상의 명사가 접속사 and로 연결될 때 한 명사에만 apostrophe가 있으면 공동소유, 각 명사마다 있으면 개별소유를 나타냅니다.

 | The Show 영문법 |

- This room is **Zeus and Aphrodite's**. (공동소유)
  이 방은 제우스와 아프로디테가 함께 쓰는 방이다
- **Zeus' and Aphrodite's** room (개별소유)
  제우스와 아프로디테 각자의 방

❸ 목적격

명사가 타동사 혹은 전치사 뒤에서 그들이 나타내는 동작의 대상이 되는 말로 '~을, ~를'로 해석이 될 때 이를 목적격이라고 하며 형태는 주격과 동일합니다.

- Buddy, we need to support **Noun**. 친구, 우리는 명사를 support해줄 필요가 있어
  - Noun이 동사 support의 목적어 역할을 합니다.
- Zeus is yelling at the **staff**. 제우스가 참모들에게 역정을 내고 있다
  - 명사 the staff가 전치사 at의 목적어 역할을 합니다.

Hurrah! 2막 첫날의 주인공 No.1 품사 명사에 관한 이야기도 모두 끝이 났습니다. 다음 Wrap Up을 통해 꼼꼼하게 check한 후 내일 다시 만나요. Take care.(^_^)/

Wrap Up & Explanation

Wrap Up

❶ [01] 다음 명사의 복수형을 쓰시오.

01 flower, lady, fish, radio, church, leaf, mouse, roof, woman, mouth

❷ [02~06] 어법상 잘못된 부분을 바르게 고치시오.

02 Physics are very interesting subject.
03 They changed seat each other.
04 He is wearing glove.
05 Where are your manner?
06 No news are good news.

❸ [07~09] 다음 빈칸에 알맞은 보조 수사를 쓰시오.

07 a _____ of sugar (설탕 한 숟가락)
08 two _____ of gloves (장갑 두 켤레)
09 a _____ of advice (충고 한 마디)

❹ [10~13] 다음 괄호 안에서 알맞은 동사를 고르시오.

10 The German (is, are) a diligent people.
11 The crowd (was, were) deeply moved.
12 Hundred miles (is, are) a long distance.
13 There (has, have) been Tom's and Jane's cars.

❺ [14~20] 잘못된 부분을 찾아 바르게 쓰시오.

14 Look at the wall's picture.
    ----

15 This is girl's school.
    ----

16 Mom invited some my friends.
    ----

17 There are many money in my pocket.
    ----

18 Have you got many water in your fountain?
    ----

19 I felt mother at seeing him.
    ----

20 A stranger has shown many kindness to me.

Explanation

❶

01 flowers, ladies, fish, radios, churches, leaves, mice, roofs, women, mouths

❷

02 학과명은 항상 단수로 나타내죠. is (물리학은 재미있는 과목이다)
03 두 개의 자리가 있어야만 바꿀 수 있는, 즉 상호복수죠. seats (그들은 서로 자리를 바꿨다)
04 상시복수이므로 항상 복수로 나타냅니다. gloves (그는 장갑을 끼고 있다)
05 복수가 되면서 뜻이 달라지는 명사, 즉 분화복수죠. manners (예의를 상실했군요)
06 **news**는 항상 단수로 취급하죠. is (무소식이 희소식이다)

❸

07 spoonful
08 pairs
09 piece

❹

10 독일인, 즉 German people을 말하므로 복수형으로 나타내죠. are (독일인은 매우 근면하다)
11 개개인의 감정을 강조하는 군집명사죠. were (군중들은 깊은 감명을 받았다)
12 시간, 거리, 가격, 무게 등을 하나의 단위로 취급할 때는 단수로 나타내죠. is (100마일은 먼 거리다)
13 탐의 차와 제인의 차, 즉 두 대이므로 have (탐과 제인의 차가 있었다)

❺

14 무생물의 소유격이므로 of를 이용해 나타내죠. the picture of the wall. (벽의 그림을 보라)
15 어미가 s로 끝나는 복수명사의 소유격은 s위에 (')를 붙여주죠. girls' (이것은 여학교이다)
16 **소유격과 some**은 나란히 사용될 수 없죠. 이중소유격으로 나타내죠. some friends of mine
   (엄마는 내 친구 몇 명을 초대하셨다)
17 돈은 much로 수식하죠. many를 much로 바꿔야만 하죠. (내 주머니에 많은 돈이 있다)
18 물 또한 much로 수식하죠. (당신의 샘에는 물이 많나요?)
19 문맥상 엄마가 아닌 추상명사인 모정, 모성애가 필요하죠. the mother(모성애)
   (그를 보자 나는 모성애를 느꼈다)
20 구체적인 행동을 말하는 보통명사이므로 kindnesses입니다. (이방인은 나에게 많은 친절을 베풀었다)

| 창조 여섯째 날 _ All about the parts of speech |

STORY 06

명사의 대타(replacement) 대명사 이야기

명사의 대타가 되어라!

창조 여섯째 날입니다. 오늘은 대명사가 주인공이 되는 날입니다. 어떻게 대명사가 동사를 제치고 오늘의 주인공이 되었을까요?

여섯째 날 아침 제우스가 morning tea를 마시며 영어왕국을 보니 누군가가 일찍부터 열심히 일을 하고 있죠.

"누가 이렇게 일찍 일을 하고 있지?"

궁금해진 제우스가 알아보니 바로 명사였죠. 혼자서 주어, 목적어, 보어 역할을 다 하다 보니 업무량이 많아 밤새워 일을 하고 있었던 것이죠. 이를 본 제우스가 생각을 합니다.

"음! 명사가 일이 너무 많구나.

오늘은 우선 명사의 짐을 덜어줄 수 있도록 대명사에 관한 profile부터 완성을 해야겠어."

결심한 제우스가 서둘러 CR로 가서 topic을 말합니다.

"오늘은 격무에 시달리는 명사의 수고를 덜어 주기 위해 그를 대신해 뛰어줄 수 있는 대타 대명사에 관한 profile을 만들 것이다."

"그럼 슬슬 대명사 이야기 속으로 떠나볼까? Are you ready?"

"Yes, sir, just go for it. 떠나 봅시다!"

창조 여섯째 날, 동일한 명사의 반복을 피하기 위해 창조된 명사의 대타, 대명사의 이야기 속으로 go! go!

사람을 대신하는 인칭과 지시대명사 이야기

| INTRO |

대명사(Pronoun)

명사의 과한 업무를 덜어주기 위해 창조된 대명사, 이들이 동사보다 먼저 부름을 받자 분개한 동사들이 이들과 격돌하게 되죠. 둘의 power game 속으로 here we go!

대명사와 동사의 battle(격돌)

동사가 영어왕국의 No.2라는 사실은 영어왕국에 사는 품사라면 누구다 아는 사실이죠. 그런데 대명사가 동사보다 먼저 호명이 되자 동사들이 꼭지가 돌아버렸죠. 설상가상으로 대명사의 가문까지 떡하니 자기들보다 많은 5대 가문으로 구분해주자 분노가 bang하고 폭발해버렸죠. 애꿎은 대명사들에게 분풀이를 하죠. 괜히 지나가는 대명사를 세워 시비를 걸죠.

- get on one's nerves: 신경 쓰이게 하다. 신경을 긁다

"야! 뭐야, 너희들우, 대타 주제에. No.2를 밀쳐? **You are really getting on our nerves.** 엄청 우리 신경을 긁는 구나."

이에 대명사들이 반발을 하죠.

"No.2는 얼어 죽을, 주어도 될 수 없는 것들이. 야, 너 주어 노릇할 수 있어? 우린 되거든. 대명사는 명사와 역할이 같다는 것을 알아야지, 어디서 게겨?"

동사와 대명사의 설전을 보고 있던 제우스가 보다 못해 중재를 하죠.

"대명사들의 말이 맞다, 대명사는 명사를 대신하는 품사이므로 주어, 목적어, 보어 역할을 다 할 수 있다. 하지만 대명사는 명사의 family일 뿐, No.2는 될 수 없다. 왜냐하면 No.2의 자리는 동사들의 것이기 때문이지. 유남생?"

- 유남생: you know what I am saying; 알겠냐?

제우스의 말에 동사들이 거드름을 피우며 말하죠.

"대명사, 알아들었냐? No.2는 우리라고 하는 말, 까~불고 있어. 한 번만 더 들이대면 아주 죽는다. 팍!"

- cocky: 잘난 체 하는 사람

"Such a cocky. 정말, 잘난 척 대마 왕이야. ㅋㅋ"

| The Show 영문법 |

1 대명사의 역할

명사의 반복을 피하기 위해 대신 사용되는 품사이므로 명사와 같이 주어, 목적어, 보어 역할을 합니다.

❶ 주어

대명사가 주어 자리에서 '은, 는, 이, 가' 등으로 해석됩니다.

- **These** are the golden shoes that Hermes wears. 이것이 헤르메스가 신고 다니는 그 황금신발이다
- **Some** are Canadians, **others** are French. 일부는 캐나다인이고 또 일부는 프랑스인이다

❷ 목적어

대명사가 타동사 혹은 전치사 뒤, 목적어 자리에 오며 '~을, ~를'로 해석됩니다.

- Zeus, why do you always ignore **me**? 제우스, 왜 당신은 항상 나를 무시하는데요?
- The cruel master beat **us** severely. 잔인한 주인이 우리를 심하게 때렸다.
  - 동사 beat의 목적어 역할을 합니다.
- I am looking for **her**. 나는 그녀를 찾고 있다.
  - 전치사 for의 목적어 역할을 합니다.

❸ 보어

대명사가 불완전자동사 뒤 보어 자리에서 '~이다'로 해석됩니다. 대명사 중 소유대명사가 주로 보어 역할을 합니다.

- The pleasure is **mine**. 괜찮아요
  - be동사 뒤에서 주어를 보충하죠.
- That passport on the table is **his**. 탁자 위에 있는 저 여권은 그의 것이다
  - 소유대명사 his는 소유격+대명사, 즉, his passport란 뜻을 나타냅니다.

| INTRO |

대명사 5대 가문

어떤 명사를 대신하느냐에 따라서 인칭, 지시, 의문, 부정, 관계대명사로 구분되는 대명사, 이들 5대 가문이 짱의 자리를 놓고 경합하는 이야기 속으로 here we go!

대명사 종류에 관한 이야기 (대명사 5대 가문에 관한 profile)

제우스가 말하죠.

"대명사를 역할에 따라 인칭, 지시, 의문, 부정, 관계대명사로 구분을 했다. 이제 그 서열(ranking)을 정해야겠는데, 이들 중 누가 짱이 되어야할까?"

"**In my opinion,** 제 생각으로는 만물의 영장, 사람을 대신하는 인칭대명사가 되어야 할 것 같아요."

"**Do you agree with her, staffers?** 참모들, 이에 동의하남?"
"Yup, we do."
"Okay, 그럼 인칭대명사의 profile부터 만들어보자. 인칭대명사들 이리로 나오지."
이런 제우스의 결정에 대명사들이 불평을 하죠.
"**Damn it**젠장, 사람의 이름만 대신하면 다야, 인간이 뭐 길래? 짬뽕 나게."
"그니까, 내 말이."
하지만 유독 관계대명사들은 별 반응을 보이지 않자 대명사들이 묻죠.
"**Hey, man, why are you keeping silent?** 왜 말이 없어?"
"**I don't care,** 난 관심 없어 우리는 너희 보통 것들과는 수준이 다르거든. 한 마디로 scale이 달라. 우리는 일류(big-time)거든."
"**Big-time? What does it mean?** 그게 뭐냐?"
"일류란 말이지, 너희들은 small-time, 즉, 이류. 우리는 4막의 주연, 관계사로 화려하게 비상할 귀하신 몸이란 것을 알아야지. ♪ ♫"
이에 인칭대명사가 말하죠.
"꼴값 떨고 있네, **whatever,** 어쨌든 제우스님이 우리 인칭이 짱이라는데 왜 그리 사설이 싫어? 어이 그대들, 우리 인칭대명사는 인칭은 말밥, 소유를 나타내는 소유대명사와 되돌아오는 재귀대명사까지 포함한다는 말 들어는 봤나? 흐흐, 가소로운 것들."

guys, 인칭대명사는 소유, 재귀대명사까지 포함합니다. 대명사 완전정복을 위해 다음 표는 꼭! 암기하세요!

• big-time: 일류
• small-time: 이류

2 인칭대명사(Personal Pronoun)

사람 및 사물의 이름을 대신하는 대명사로 인칭, 수, 성, 격에 따라 다음처럼 형태가 변합니다. 다음 표는 꼭 암기하세요.

인칭대명사 변화표

인칭	수·성		인칭대명사			소유대명사	재귀대명사
			주격	소유격	목적격		
1인칭	단수		I	my	me	mine	myself
	복수		we	our	us	ours	ourselves
2인칭	단수		you	your	you	yours	yourself
	복수						yourselves
3인칭	단수	남성	he	his	him	his	himself
		여성	she	her	her	hers	herself
		중성	it	its	it	×	itself
	복수		they	their	them	theirs	themselves

| The Show 영문법 |

❶ 인칭대명사의 변화

인칭대명사도 명사와 같이 수와 격이 변합니다.

1) 수의 변화

- **I** am a surgeon. 나는 외과 의사이다 〈단수〉
- **We** are surgeons. 우리는 외과 의사들이다 〈복수〉

2) 격의 변화

- **We** keep a puppy. 우리는 개를 기른다
  – 주어 자리에는 주격을 사용하죠.
- These are **our** puppies. 이것들은 우리들의 강아지들이다
  – 소유를 나타내므로 소유격을 사용합니다.
- Please give it to **us**. 제발 그것을 우리들에게 줘
  – 목적어 자리에는 목적격을 사용합니다.

❷ 소유대명사(Possessive Pronoun)

소유를 나타내는 대명사로 '~의 것'으로 해석이 됩니다. 주어의 인칭, 수에 따라 형태가 변화하며 소유대명사=소유격+명사로 나타낼 수 있습니다.

1) 수의 변화

- This **lunch box** is **mine**. 이 도시락은 나의 것이다 〈단수〉
- Those **lunch boxes** are **ours**. 저 도시락들은 우리들의 것이다 〈복수〉

2) 착각하기 쉬운 소유대명사 its vs it's

It은 소유대명사가 없죠. Its는 it의 소유격이며, It's는 it is의 축약형일 뿐입니다.

- **It's** a remote control. 그것은 리모컨이다
- The dog is licking **its** nose. 그 개는 자신의 코를 핥고 있다

재귀대명사 이야기 (재귀대명사는 돌아오는 대명사야!!)

인칭대명사가 대명사 중 처음으로 부름을 받자 신이 나서 동네방네 떠들고 다니죠.

"**I am proud of me.** 나는 내가 정말 자랑스러워 대명사의 지존이 되다니. **I really love me.** 난 정말 나를 사랑해"

이를 본 제우스가 화들짝 놀라 인칭대명사를 불러 말하죠.

"**Oh my god! Are you serious?** 제 정신이야?"
"**What's wrong with me, sir?** 뭐가 잘못 됐나요?"
"이런 저질 어법을 흘리고 다니다니, **How shame!** 완전 창피해!"

"**Pardon?** 다시 한 번 말씀해주실래요? 저질이라뇨? 어쩜 그리 심한 말을. 내가 나를 사랑하는 것이 저질인가요?"

"문제는 저질 문법이지, 주어가 다시 목적어가 되어 그 동작을 받을 때, 그 자리에는 반드시 재귀대명사를 사용하는 것이 원칙이라고 내가 얼마나 강조했어. 그런데, 지금 너의 꼬락서니를 봐. me가 뭐니? 쪽 팔리게 스리."

"어쩌라고요? 정 그러시면 고쳐주시던가. ()_()'"

"당장 인칭대명사 me대신 **재귀대명사 myself**로 바꿔, **do it right now.** 지금 당장 해"

"I love myself, I am so proud of myself. 이렇게요?"

"**Exactly.** 그렇지! 꼭! 기억해. 자신이 자신을 사랑하고, 미워하고, 죽일 때 그 목적어 자리는 되돌아오는 재귀대명사의 자리라는 것을 말이다."

"Yes, sir, we will do that. ♪ ♪"

❸ 재귀대명사(Reflexive Pronoun)

주어가 나타내는 동작의 결과가 주어에게 되돌아갈 때(주어가 목적어가 될 때) 그 목적어는 재귀대명사로 나타냅니다. 인칭대명사의 소유격 뒤에 self(단수), selves(복수)를 붙여 나타내며, 재귀적용법과 강조용법으로 구분이 됩니다.

1) 재귀적 용법

타동사나 전치사의 목적어가 되죠. 생략할 수 없습니다.

- Zeus praised **himself**. 제우스는 자화자찬을 했다
- The soldiers killed **themselves** when captured. 병사들은 체포되면 스스로 목숨을 끊었다

2) 강조 용법

주어, 목적어, 보어를 강조하기 위해 부가적으로 사용됩니다. 생략할 수 있습니다.

- I (**myself**) finished this project. 나 혼자서 이 일을 끝냈다
- Hera misunderstood Apollo (**himself**). 헤라는 아폴로를 오해했었다
- The singer was Rain (**himself**). 그 가수는 바로 비였다

3) 관용적인 표현

전치사 혹은 타동사와 결합해서 관용적으로 사용됩니다.

- I did it <u>**by myself**</u>. 나는 혼자 힘으로 그 일을 했다
- The door opened <u>**of itself**</u>. 문이 저절로 열렸다
- He <u>**overslept himself**</u>. 그는 늦잠을 잤다

기타 빈출 관용표현

- beside oneself 미치다
- overeat oneself 과식하다
- in itself 본질적으로
- oversleep oneself 늦잠을 자다
- overwork oneself 과로하다
- by oneself 홀로, 혼자 힘으로

| The Show 영문법 |

| INTRO |

지시대명사(Demonstrative Pronoun)

가까운 곳을 가리키는 this, 먼 곳을 가리키는 that,
이 둘이 작당해 such, same, so를 물 먹이는 이야기 속으로 here we go!

지시대명사 이야기 (This와 That의 음모)

인칭대명사에 이어 호명을 받는 친구는 지시대명사들이네요. 제우스가 말하죠.

"지시대명사들, **it's your turn.** 이번은 너희들의 차례다 특징을 요약해 briefing할 준비는 됐겠지?"

"**Incredible!** 믿을 수가 없어요! 우리가 다른 대명사를 두고 호명되다니. **Never did I dream.** 꿈에서도 생각해본 적이 없어요."

"그래서 준비가 됐다는 것이야, 안됐다는 것이야??"

"**Please, give us some more time,** 조금만 시간을 주세요 **we will be quick.** 곧 할게요"

급한 마음에 This가 That을 불러 말하죠.

"**Buddy,** 친구야 우리 둘이 지시대명사란 사실은 영어왕국 온 천하가 알고 있는 사실이 아닌가?"

"그렇지, 근데 왜?"

"하지만 까놓고 말해 some, such, so가 지시대명사라는 사실은 잘 모르고 있잖아. 제우스가 briefing을 준비하라고 했는데 우리 둘이 선수를 쳐서 중요한 것은 우리가 다 차지하고 나머지만 저들에게 나누어 주자, 어때?"

"Cool~ 완전 좋아, 그런데 어떻게 영역을 정하지?"

"잘 봐, 너와 나는 크게 잡고 나머지는 대충 하는 거지 뭐, 다음처럼 말이야.

- this, these; 가까운 사물을 모두 지시함
- that, those; 먼 사물을 모두 지시함
- such; 상황이나 양의 정도를 가리킬 때
- same; 앞에 나온 단어, 구, 절 등이 같은 맥락을 이룰 때
- so; '그렇게'란 뜻으로 동의할 때

"어때? 맘에 들어?"

"**Awesome!** 훌륭해. 그렇게 하세."

- Incredible= Unbelievavle 강한 놀라움을 나타낼 때

3 지시대명사(Demonstrative Pronoun)

단어, 구, 절, 혹은 특정한 사람, 사물을 지시할 때 사용하는 대명사로 **this, that, such, same, so**가 있습니다.

❶ this, these(복수)

가까이 있는 사람, 사물, 단어, 구, 절을 가리킵니다.

- **This is** his computer. 이것은 그의 컴퓨터이다
- **These are** my relatives. 이분들은 나의 친척들이다
- To stay or to leave; **this(that)** is a problem. 있어야 할지, 떠나야 할 지, 이것(그것)이 문제다
  – 앞에 나온 구 전체를 지시하며 that으로 바꾸어 쓸 수 있습니다.
- The fact is **this**; Jason cheated her on purpose. 사실은 제이슨이 그녀를 의도적으로 속였다는 것이다
  – 다음에 올 내용을 지시해줍니다.

❷ that, those(복수)

멀리 있는 사람, 사물을 가리키기 위해, **동일한 명사의 반복을 피하기 위해**, 그리고 관용적인 표현에 사용됩니다.

- **That is** my grandpa. 저분이 나의 할아버지입니다
- **Those are** all my stuffs. 저것들은 모두 내 물건들이다
- **The ear(s)** of a rabbit is(are) longer than **that(those)** of a fox. 토끼의 귀는 여우의 귀보다 길다
  – 동일명사의 반복을 피하기 위해 사용합니다.
- I love to **read** and **exercise**; **that** gives me knowledge and **this** gives me health.
  나는 독서와 운동을 좋아 한다. 전재(독서)는 나에게 지식을 주고 후자(운동)는 건강을 준다
  that 대신에는 the one, the former를, this 대신에는 the other, the latter를 사용할 수 있죠.
- Heaven helps **those who** help themselves. 하늘은 스스로 돕는 자를 돕는다
  – those who (~하는 사람들), he who (~하는 사람)

this, that 바로 뒤에 명사가 오면 지시형용사로 '이, 저' 로 해석됩니다.
- **This building** was built in 1492. 이 건물은 1492년에 세워졌다
- We planted **those flowers**. 우리가 저 꽃들을 심었다

❸ such

'그러한 것,' 혹은 '그런 사람' 등의 뜻을 나타내며 지시형용사로도 사용됩니다. 지시형용사가 되면 '그러한', 혹은 '그' 등으로 해석되며 바로 뒤에 명사가 옵니다.

- Hermes delivers message all day long. **Such** is his fate.
  헤르메스는 하루 종일 메시지를 전달합니다. 그것이 그의 운명이죠
  – such가 주어 역할을 하는 대명사입니다.
- Little did I dream **such** a fantastic travel. 그런 멋진 여행은 꿈에도 생각하지 못했다
  – 명사 travel을 수식하는 지시형용사입니다.

❹ so

think, guess, believe, suppose 등과 같은 유추동사 뒤에 붙어서 앞에 나온 말을 긍정하기 위해 사용합니다. '그렇게' 란 뜻으로 해석됩니다.

- Do you believe that I can make it? 내가 그것을 할 수 있다고 믿니?
  Yes, I believe **so**. 응! 그렇게 믿어
  – so가 목적절 that you can make it을 대신합니다.

| The Show 영문법 |

❺ same

정관사 the와 함께 사용되며 '~와 같은 것'으로 해석되며, 주어와 목적어 자리에 옵니다. 바로 뒤에 명사가 오면 지시형용사가 되어 '~와 같은'의 뜻을 나타냅니다.

- Have a nice weekend! 멋진 주말 되세요!
  The same to you. (주어) 당신도요^^~!
- I will have **the same** as you. (목적어) 당신과 같은 것을 먹겠어요
  – 동사 have의 목적어 역할을 합니다.
- He has **the same** car that I have. (지시형용사) 그는 나와 똑 같은 차를 가지고 있다
  – 명사 car를 수식하는 지시형용사입니다.
  ● the same ~ as는 같은 종류를, the same ~ that은 똑같은 것을 말합니다.

| INTRO |

특별한 대명사 It

인칭, 지시, 비인칭의 역할까지 해내는 it, 하지만 이런 특별함으로 인해 왕따가 된 it, 그가 제우스를 찾아가 showdown(담판)하는 이야기 속으로 here we go!

It 이야기 (special It의 담판)

대명사들이 It을 left out(왕따)시키자 열 받은(getting mad) 그가 광장으로 가 제우스와 담판(showdown)을 벌이죠.

● mad: 화가 나다

"제우스님, 도대체 나는 어떤 대명사인가요?"
"**It sounds ridiculous.** 참, 어이없다 인칭도 되고 지시도 되고 또 게다가 비인칭도 되고, 그야말로 전천후지. **Why are you asking, though?** 새삼스럽게 왜 그래?"

● ridiculous: 멍청한

"뻥치고 있네, 정말 그렇다면, 걸맞게 대우를 해주셔야죠."
"대우라니, 어떻게?"
"인칭도, 지시도 나를 개 무시하며 팽하니 전천후면 뭐해요. 집도, 절도 없는 떠돌이 신세인 것을, 짬뽕 나게."
"흠, 듣고 보니 일리가 있다. 그럼 당장 특별 It의 영역을 따로 정해주마. **Are you happy with this?** 맘에 드니?"
"**Sounds nice, thanks!**"

비로소 자신만의 영역을 얻게 된 It이 기가 살아서는 지나가는 대명사마다 붙잡고는 말하죠.

"**Hey, do you know who I am?** 어이, 내가 누군지 알아? 난 인칭, 지시, 비인칭을 맘대로 넘나드는 special It이야. 음 파~하하!"

4 특별한 대명사 It

대명사 it은 인칭대명사, 지시대명사, 비인칭대명사는 물론 가주어, 가목적어, 강조 구문 등에 두루 사용되기 때문에 특별 it으로 불립니다. 영순위 어법문제이므로 각별한 주의가 필요합니다.

❶ 인칭대명사 it

3인칭 중성 단수 명사를 대신합니다.

- Look at **this puppy**. **It** is wearing shoes. 이 강아지를 봐, 그 강아지는 신발을 신고 있다
- He gave me **a rose**. I put **it** in the vase. 그는 나에게 장미 한 송이를 주었다. 나는 그 장미를 화병에 꽂았다

❷ 지시대명사 it

앞에 나온 명사, 구, 절을 대신하며 "그것은"이라고 해석합니다.

1) 정해진 명사를 대신합니다.

- Is that **your car**? 저것이 당신 차인가요?
  Yes, **it's** mine. 예, 그것은 저의 것입니다

2) 구를 대신합니다.

- I tried **to pull over the car** but **it** was no use. 나는 차를 세우려고 했지만 그것은 소용이 없었다

3) 절을 대신합니다.

- I knew **Jack did his best**, but his boss would not admit **it**.
  나는 잭이 최선을 다 한 것을 알았지만 사장은 그것을 인정하려 들지 않았다

❸ 가주어, 가목적어 it

주어나 목적어가 긴 구와 절일 때 대신 it을 사용하고, 진짜 주어와 목적어는 뒤로 이동시키는데 이런 it을 가주어, 가목적어라고 합니다.

1) 가주어 it

부정사구, 동명사구, 명사절을 대신합니다.

- **It** is not easy **to master English** in a short time. 단시간에 영어를 정복하는 것은 쉽지 않다
- **It** is no use **keeping him from going out**. 그에게 금족령을 내려도 아무 소용이 없다
- **It** is quite true **that honesty is the best policy**. 정직이 최선의 방책이라는 것은 엄연한 사실이다

2) 가목적어 it

부정사구, 동명사구, 명사절로 구성된 목적어를 대신합니다. 가목적어를 취하는 동사로는 think, make, believe, find, take 등이 있습니다. 빈출어법입니다. Be careful!

- I make **it** a rule **to go to mountain once a month**. 나는 한 달에 한 번씩 산에 가는 것을 규칙으로 한다
  - make it a rule to do ~을 규칙으로 삼다
- Eros found **it** hard **resisting the temptation**. 에로스는 유혹을 뿌리치는 것이 어렵다는 것을 알았다
- He took **it** for granted **that his mother sacrificed for him**. 그는 엄마의 희생을 당연하게 여겼다
  - take it for granted that ~을 당연하게 여기다

| The Show 영문법 |

❹ It ~ that 강조 구문

문장에서 특정한 부분, 즉, 주어, 목적어, 부사 등을 강조하고자 할 때 사용하는 구문입니다. it과 that 사이에 강조 어구를 넣어주며 해석은 뒤에서부터 하고, that 앞에 '바로'를 붙여서 강조 합니다.

- I saw Paul yesterday. 나는 어제 폴을 보았다

1) 주어 I를 강조할 때

- **It** was **I** that(who) saw Paul yesterday. 어제 폴을 본 것은 **바로 나다**

2) 목적어 Paul을 강조할 때

- **It** was **Paul** that(whom) I saw yesterday. 내가 어제 본 사람은 **바로 폴이다**

3) 부사 yesterday를 강조할 때

- **It** was **yesterday** that(when) I saw Paul. 내가 폴을 본 것은 **바로 어제였다**

❺ 비인칭 it

날씨, 시간, 거리, 요일, 명암, 계절 혹은 막연한 상황을 나타내며 it은 해석되지 않습니다.

- **It** is fine today. 오늘은 날씨가 좋다 〈날씨〉
- **It** is Monday. 월요일이다 〈요일〉
- What time is **it** now? 지금 몇 시죠? 〈시간〉
- **It** is spring now. 봄이다 〈계절〉
- **It** is dark outside now. 지금 밖은 어둡다 〈명암〉
- How far is **it** from here? 여기서 얼마나 멀죠? 〈거리〉
- How is **it** going? 기분이 어때? 〈상황〉

Episode #2
도끼병에 빠진 의문과 상실감에 빠진 부정대명사 이야기

| INTRO |

의문대명사의 교만(Arrogance)

의문사에다 대명사의 역할까지 한다는 이유로 교만이 하늘을 찌르는 who? what? which? 이들의 건방진 profile 속으로 here we go!

의문대명사 이야기 (who, which, what의 건방진 profile 팍! 팍!)

콧대 높은 의문대명사 세 명이 노천 cafe에 앉아 심각하게 뭔가를 논의하고 있죠.

"제우스가 이번에는 분명히 우리 의문대명사들을 호명할 텐데. 흠~ 어떻게 하면 우리들의 매력을 맘껏 발산할 수 있을까?"

"그러게 말이야, 사실 의문사 자체만으로도 완전 광채가 나는데 이제는 대명사라는 중대한 mission까지 받게 되었으니, 참 이 놈의 귀태는 식을 줄을 모르니, 쩝!"

"그럼, 그럼, 의문사 중에서도 우리 셋은 VIP(very important person)이란 말이지. 어떻게 소개를 한다지."

"걱정 마, 우리 의문대명사는 아주 특별한 특징을 갖고 있으니 그 두 가지만 말하면 game over야."

"두 가지? 그게 뭔가?"

"첫째, 대명사이므로 주어가 될 수 있지, 둘째, 격변화가 있다는 것이지."

"**Fantastic!** 완전, 멋져! 우리 의문대명사 삼인방의 화려한 profile을 알리러 어서 가자. 우리는 너무 완벽해."

- mission: 임무
- profile: 신상명세서

1 의문대명사(Interrogative Pronoun)

의문을 나타내는 대명사로 who, what, which 세 종류로 구분됩니다. 이들은 다음 도표와 같이 대상과 격에 따라 그 형태가 달라집니다.

의문대명사

용도 \ 격	주격	소유격	목적격
사람	who	whose	whom
사물, 동물	which	x	which
사람, 사물, 동물	what	x	what

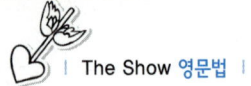

| The Show 영문법 |

❶ who, whose, whom

사람의 이름, 가족 관계, 혈연 관계를 물을 때 사용합니다.

- **Who** is she? 그녀가 누구죠? 〈주격〉
  She is **Hera**. 그녀는 헤라입니다
- **Whose** arrow is this? 이것은 누구의 화살 입니까? 〈소유격〉
  It is **Eros**'. 에로스의 것입니다
- **Whom(who)** are you talking about now? 당신은 지금 누구에 대해 이야기 하고 있나요?
  I am talking about **Jack**. 잭이요
  - 구어체 문장에서는 목적격 whom 대신 주격 who를 사용하기도 합니다.

❷ which, which

사물, 동물에 사용하며 대등접속사 or와 함께 선택의문문을 만듭니다. 소유격은 없습니다.

- **Which** is longer, this or that? 이것과 저것 중 어떤 것이 더 깁니까? 〈주격〉
  That is (longer than this). 저것이 더 깁니다
- **Which** do you like better, bread or rice? 빵과 밥 중 어떤 것을 더 좋아해요? 〈선택의문문〉
  I like **rice** better. 밥이요

❸ what, what

사람, 사물, 그리고 직업을 물을 때 사용하며 소유격은 없습니다.

- **What** is that? 저것은 무엇이죠? 〈주격〉
  It is a **camera**. 그것은 카메라입니다
- **What** does your father do? 아빠의 직업이 무엇입니까?
  He is a **police officer**. 경찰입니다

| INTRO |

부정대명사(Indefinite Pronoun)

어엿한 대명사이지만 이름으로 인해 종종 negative로 오해받는 부정대명사, 이들의 아픈 이야기 속으로 here we go!

부정대명사 이야기 (부정대명사의 굴욕(humiliation))

부정대명사의 꽃남, One이 나와 자신의 가문에 관해 briefing을 하고 있죠.

"나는 부정대명사라고 해."

"뭐라? 부정대명사? 너, 정말 개념을 물 말아 먹었구나. 여

- Definite:
  정해진
  ↔ indefinite

기는 대명사의 구역이야. 대명사도 아닌 주제에 어디서 설쳐. Get out!"
"무식한 놈, 나의 부정은 indefinite, 정해지지 않았다는 뜻이거든. 제발 좀 배워라, 배워서 남 주니."
"흥, 가는 영어 길을 막고 물어봐라, 오해하기 십상이지. 싫으면 다른 이름을 붙이던가. 왜 하필 부정이래. 헷갈리게."

기타 대명사들이 이름을 갖고 트집을 잡자 부정대명사들이 일제히 제우스를 쳐다보죠. 미처 이런 상황을 예견하지 못했던 제우스가 급 사과를 하죠.

"One, None, All, Another, Some, Any, Each, Either, Neither, Both 들아, 미안. 하지만, 딱 한 마디로 정의를 내릴 수 없는 명사들이 수없이 많은데 그럼 어떻게 하냐?"
"그렇다고 해도 이름 때문에 계속 오해를 받을 수는 없어요. 두 번 다시는 이런 굴욕을 당하고 싶지 않다고요. 그러니까 please do something. 뭔가 해 줘요"

이 때 에로스가 단순무식하게 돌파구를 열어주죠.

- not a big deal
  =no problem
  : 문제 없어, 별 것 아냐

"That is not a big deal. 문제도 아니구만. 쳇! 까짓 것, 부정대명사를 안정한 대명사로 불러요. 꽃남 축구선수 안정환의 이름을 따서 말이죠. 부정대명사들도 모두 꽃남이니 잘 어울리잖아요?"

얼짱 안정환 선수라는 말에 부정대명사들이 완전 좋아하죠. 그 날 이후 부정대명사의 nickname 별명 은 안정한대명사가 되었답니다. 물론 이름으로 인한 더 이상의 오해도 없게 되었죠.

부정대명사의 부정이 헷갈린다구요? no worry, 안정한대명사로 기억하세요. ^^

2 부정대명사(Indefinite Pronoun)

정해지지 않은 명사를 대신하는 대명사로 **one, another, other, all, any, some, each, either, neither, both, none,** etc이 있습니다. 이들 중 one, none은 부정대명사로만 사용되며 나머지는 부정형용사로도 사용됩니다. 구분법은 부정형용사인 경우 바로 뒤에 명사가 따라옵니다.

❶ one

1) 정해지지 않은 사람을 나타내며 we, you, they로 바꿔 쓸 수 있습니다.

- **One(we)** should obey **his(our)** parents. 부모님께 복종해야만 한다
  - One은 단수이므로 소유격 또한 단수 one's 혹은 his로 받아야만 합니다.

  cf. **Ones** should obey **their** parents.
  - ones는 복수이므로 소유격 또한 복수 their로 일치시켜야만 합니다.

2) 정해지지 않은 단수명사, 즉, 부정관사(a)+명사를 대신합니다.

- Do you need **a pen** (pens)? 펜이 필요한가요?

| The Show 영문법 |

Yes, I need **one**. (ones)
- 복수명사는 ones로 받습니다.
cf. 정해진 명사, 즉, 정관사(the)+명사는 it으로 받습니다.

- Do you have **the book**? 그 책을 갖고 있나요?

  Yes, I have **it**.

a+명사일지라도 이미 **정해진 명사인 경우 it으로** 나타냅니다.

- I bought **a new watch** but I lost **it** yesterday. 나는 시계를 샀지만 어제 그것을 잃어 버렸다

❷ another

부정대명사, 혹은 부정형용사로 사용됩니다. 후자의 경우 바로 뒤에 명사가 옵니다.

1) 또 다른 하나를 말할 때

- I don't like this bag. Show me **another**. 나는 이 가방이 맘에 들지 않아요, **다른 것을** 보여주세요.

2) 다수의 사물을 열거할 때, 두 번째 자리에 사용합니다.

- There are many caps. **One** is white, **another** is red, **the third** is... etc.
  방안에 많은 모자가 있다. 처음 것은 하얀색이고 둘째 것은 빨간색이고 셋째 것은...
  - second를 대신합니다.

3) 상대방에게 '한 잔 더'라고 권유를 나타낼 때

- Will you have **another** cup of coffee? 커피 한 잔 더 드시겠어요?
  - 명사 cup을 수식하는 형용사역할을 합니다.

❸ other

홀로 사용될 수 없고 정관사를 붙여 the other, 혹은 the others로 사용됩니다.

1) one, the other

둘 중에서 하나, 그리고 나머지를 나타낼 때

- I have two pets. **One** is a puppy and **the other** is a kitten.
  나는 두 마리의 애완동물이 있다. 하나는 강아지이고 다른 하나는 고양이다

2) the one, the other

앞에 나온 두 명사를 전자, 후자로 구분해 사용할 때

- I love mathematics and history. **The one** is scientific and **the other** is interesting.
  나는 수학과 역사를 좋아한다. 전자(수학)는 과학적이고 후자(역사)는 재미있다

3) some, others

막연한 다수 중 일부는 some으로, 다른 것은 others로 나타냅니다.

- Many flowers are in the backyard. **Some** are roses, **others** lilies.
  많은 꽃들이 뒤뜰에 있다. 일부는 장미고, 다른 것은 백합이다

4) some, the others

구체적으로 정해진 수 중 일부는 some, 나머지 전체는 the others로 나타냅니다.

- We have twenty books; **some** are novels, **the others** cartoons.
  책이 20권이 있다. 일부는 소설들이고 나머지 모두는 만화책 들이다

❹ all, both

1) all

모두, 전체를 말하며 사람을 나타낼 때는 복수, 사물을 나타낼 때는 단수로 취급합니다.

- **All** the people **have** left the stadium. 모든 사람들이 다 경기장을 떠났다 〈사람〉
- **All is** ready. 준비 완료 〈사물〉
  - all은 동사와 수의 일치를 이루는 문제로 자주 출제되니 꼭 기억하세요!

2) both

둘 다를 말하기 때문에 항상 복수로 취급하며 대명사, 형용사, 상관접속사로 사용됩니다.

- **Both** of you **are** right. 너희들 둘 다 옳다
  – 대명사로 주어 역할을 합니다.
- **Both parents** are alive. 부모님 두 분 다 살아 계신다
  – 명사 parents를 수식하는 형용사입니다.
- **Both** Hermes **and** Eros attended the meeting. 헤르메스와 에로스 둘 다 회의에 참석했다
  – 상관접속사로 사용되는 경우 and와 함께 사용됩니다.

❺ some, any

조금, 얼마, 몇 개의 뜻을 나타내며 대명사와 형용사로 사용됩니다. 긍정문에는 **some**을, 부정문, 의문문, 조건문에는 **any**를 사용합니다.

1) some

긍정문에 사용됩니다.

- **Some** of nymphs are ignored. 요정의 일부는 무시를 받았다
  – 주어 역할을 하는 대명사입니다.
- I have **some** money. 나는 돈이 조금 있다
  – 명사 money를 수식하는 형용사입니다.

2) any

부정문, 의문문, 조건문에 사용됩니다.

- Can I carry **any** of these bags? 이 가방들 중 일부를 운반해 드릴까요?
  – 의문문에서 any가 주어 역할을 합니다.
- I don't have **any** homework today. 나는 오늘 할 숙제가 없다
  – 명사 homework을 수식하는 형용사입니다.
- If you have **any** eggs, lend me some. 계란 있으면 좀 빌려줘요
  – 명사 egg를 수식하는 형용사입니다.

3) 예외

의문문에서 some은 부탁, 권유의 뜻을, 긍정문에서 any는 양보의 뜻을 나타냅니다.

- Will you have **some** dessert? 후식 좀 드실래요?

- **Any** child would follow him. 어떤 아이라도 그를 따라 갔을 것이다
  - 긍정문에 사용된 any는 '어떤 ~라도'로 해석됩니다.

❻ every, each

every는 모두, 혹은 전체를 나타내며 형용사로만 사용됩니다. 반면 each는 각각의 뜻을 나타내며 대명사와 형용사 역할을 모두 할 수 있습니다. 주의할 점은 이 둘은 항상 단수로 취급해 동사 또한 단수로 일치시킨다는 것입니다.

1) every

- **Every** mother **loves her** children. 모든 엄마는 그들의 자녀를 사랑한다
- **Every** dog **has its** day. 쥐구멍에도 볕 들 날이 있다
  - every는 항상 형용사로 사용되며 단수 동사와 일치를 이룹니다.

2) each

- **Each has his** own taste. 사람들은 각자 자신의 취향이 있다
  - 대명사로 주어 역할을 합니다.
- **Each country has** its own law. 국가마다 각각의 법이 있다
  - 명사 country를 수식하는 형용사입니다.
- He and I love **each other**. 그와 나는 서로 사랑한다
  - 둘 사이에는 each other를 사용합니다.
- They are talking about **one another**. 그들은 서로 이야기를 하고 있다
  - 셋 이상 사이에는 one another를 사용합니다.

❼ either/neither

대명사, 형용사, 상관접속사로 사용됩니다.

1) either

둘 중 하나를 선택할 때 사용합니다.

- **Either** of you has to go there. 너희 둘 중 하나는 거기에 가야한다
  - 대명사로 주어 역할을 합니다.
- **Either way** is all right. 둘 중 어떤 방법이든 좋다
  - 명사 way를 수식하는 형용사입니다.
- **Either** he **or** I have to stay here. 그와 나 둘 중 한명이 이곳에 있어야만 한다
  - 상관접속사로 동사의 수는 or 다음에 오는 주어와 일치시킵니다.

either가 부정문에 쓰이면 '~도 또한 아니다' 즉, neither의 뜻을 나타냅니다.
- Jane can't swim, **I can't, either**. 제인은 수영을 하지 못한다, 나도 **또한 할 수 없다**

2) Neither

'둘 다 아니다' not either란 뜻을 나타내며 대명사, 형용사, 부사, 상관접속사로 사용됩니다.

- **Neither** of them has a bike. 그들 둘 다 자전거가 없다
  - 대명사로 주어 역할을 합니다.
- **Neither way** is good. 어떤 방법도 옳지 않다
  - 명사 way를 수식하는 형용사입니다.
- He can't play the cello. 그는 첼로를 연주하지 못한다

    Neither, can I. 나도 못 한다
  - 이 때 neither는 부사로 not+either의 뜻을 나타내며 도치가 일어납니다.
- **Neither** she **nor you are** in the wrong. 그녀나 당신 모두가 잘못이 없다
  - 상관접속사로 동사의 수는 nor 다음에 오는 주어에 일치시켜줍니다.

❽ 부분 부정

전체를 나타내는 all, always, both, every, wholly, entirely, completely, altogether, etc이 부정어 not, never, little 등과 함께 사용되면 일부는 부정, 일부는 긍정의 뜻을 나타내게 되는데 이를 부분 부정이라고 합니다. 전체 부정을 나타내는 neither, nor와 비교해 자주 출제 되는 어법문제입니다. 각별히 주의하세요!

- The rich are **not always** happy. 부자라고해서 항상 행복한 것은 아니다
  = Some rich people are happy, but others aren't. 부자 중 일부는 행복하지만 일부는 아니다
- **All** that glitters is **not** gold. 반짝인다고 다 금은 아니다
- I **can't entirely** understand what you are saying. 나는 당신이 말하는 것을 완전히 이해할 수 없다
    - 관계대명사에 관한 설명은 창조 제 4막 관계사 편에 상세하게 준비하게 되어있습니다.

Eventually, 명사의 replacement 대명사 5대 가문에 관한 모든 story도 끝이 났습니다. 다음 Wrap Up을 통해 깔끔하게 마무리 한 후 내일 만나요. bye!

Wrap Up & Explanation

Wrap Up

❶ [01~08] 괄호 안에 들어갈 알맞은 말을 고르시오.

01 Do you have a pen? Yes, I have (it, one).
02 I have found the watch you lost. (One, It, They) was in the drawer.
03 I bought a bike a week ago. I lost (it, one) yesterday.
04 She has five dolls. Three of them are bears and (others, the others) are rabbits.
05 I have two puppies; one is white, and (the other, another) is black.
06 Do you have (some, any) bread? If you have (any, some), give me (some, any).
07 I don't like this color. Show me (other, another).
08 Every girl (has, have) her own room.

❷ [09~12] 괄호 안에 알맞은 의문사를 쓰세요.

09 (   ) does your mother do?
10 (   ) looks after you?
11 (   ) do you like better, mountain or sea?
12 (   ) cap is this?

❸ [13~14] 같은 의미가 되도록 괄호 안을 채우세요.

13 He doesn't know all of them.
    = He only knows (   ) of them.
14 All the people are not happy.
    = (   ) people are happy but (   ) are not.

❹ [15~20] 잘못된 부분을 찾아 바르게 고치세요.

15 These are some my friends.
16 She killed her.
17 Who is the best way to get there?
18 None of them have money.
19 Every student in this class study hard.
20 His shouting is those of lions.

Explanation

| The Show 영문법 |

❶ 1~8번까지는 대명사의 구분법에 관한 문제입니다.

01 부정관사+명사를 대신하므로 one이죠. (펜 있나요? 예, 있어요)
02 정관사+명사를 대신하므로 it이죠. (나는 네가 잃어버린 시계를 찾았다. 그것은 서랍 안에 있었다)
03 부정관사+명사지만 이미 알고 있는 명사이므로 it이죠. (일주일 전에 산 그 자전거를 잃어버렸다)
04 한정된 수 중 나머지 모두를 말하므로 **the others**죠.
    (그녀는 인형이 다섯 개다. 그것들 중 셋은 곰이고 나머지는 토끼들이다)
05 둘 중 하나와 나머지를 말하므로 the other입니다.
    (나는 두 마리 강아지가 있다. 하나는 흰 색이고 다른 하나는 검정색이다)
06 의문문이므로 any, 조건문이므로 any, 긍정문이므로 some이죠. (빵 좀 있니? 있으면 좀 줘)
07 다른 어떤 것을 말하므로 another. (나는 이 색깔이 싫어. 다른 것을 보여줘)
08 **Every**는 항상 단수로 사용되므로 has죠. (모든 소녀들은 자신의 방을 갖고 있다)

❷ 9~12까지는 의문대명사의 어법에 관한 문제입니다.

09 직업을 물을 땐 what을 사용하죠. (엄마 직업이 무엇이죠?)
10 누가에 해당하는 의문사 who입니다. (누가 당신을 돌보죠?)
11 선택의문문이므로 which를 사용하죠. (산과 바다 중 어느 쪽을 더 좋아해요?)
12 '누구의?'에 해당하는 소유격 whose이죠. (이것은 누구의 모자죠?)

❸ 13~14번까지는 부분 부정에 관한 문제입니다.

13 그가 그들 모두를 알고 있는 것은 아니다. 즉, 일부는 알고 일부는 모른다는 뜻입니다. some을 사용하면 되죠.
    (그는 그들 중 일부를 알고 있다)
14 모든 사람들이 다 행복한 것은 아니다. 부분 부정이죠. some, others이죠.
    (일부는 행복하지만 다른 일부는 불행하다)

❹ 15~20번까지는 대명사와 관련해 출제되는 어법 영순위 문제들입니다.

15 이중소유격에 관한 문제죠. 소유격과 한정사는 나란히 사용될 수 없으므로 **한정사+명사+of+소유대명사**로 나타냅니다.
    These are some friends of mine. (이들은 내 친구들이다)
16 주어의 동작이 다시금 주어 자신에게 돌아갈 때는 재귀대명사로 나타냅니다. herself
    She killed herself. (그녀는 자살했다)
17 양자택일을 나타내므로 선택의 의문대명사 which가 필요하죠.
    (그 곳에 가는 가장 좋은 방법이 무엇이죠?)
18 부정대명사 **none**은 항상 단수로 취급합니다. have를 has로 바꿉니다.
    (그들 모두 돈이 없다)
19 부정형용사 **every**는 항상 단수로 취급합니다. 3인칭 단수 현재형이니 동사의 어미에 s, es를 붙여 studies로 나타내야만 합니다. (이 학급의 모든 학생들은 열심히 공부한다)
20 단수명사는 that으로 복수명사는 those로 받죠. shouting은 단수이므로 that입니다.
    (그의 비명은 사자의 비명과 같았다)

| 창조 일곱째 날 _ All about the parts of speech |

STORY 07

No.2 행동대장 동사 이야기

동사야, 12시제까지 접수해버려!

창조 일곱째 날입니다. 오늘은 8품사 중 No.2 행동대장 동사에 관한 profile이 만들어지는 날입니다. 2막의 첫날, 혹시라도 명사를 제치고 자신들의 이름이 호명될까 기대했던 동사들이 다음 날 대명사들에게 마저도 밀려 오늘에야 호명을 받게 되는 것이죠. 이로 인한 동사들의 불만은 가히 하늘을 찌르고도 남죠. **However**그러나 이런 동사의 속내를 아는지, 모르는지 제우스는 만사태평하게 이날 아침 아주 느긋하게 CR로 와서는 말합니다.

"오늘의 mission은 행동대장 동사에 관한 profile을 만드는 것이다. 문장의 주인이 될 명사, 그리고 그를 대신한 대명사까지 엮어 작업을 마쳤으니 오늘은 당연 그 주어의 동작을 말해줄 행동대장, 동사가 주인공이 되어야겠지. **Do you get ready to go?**떠날 준비 됐남?"

"**Yes, sir, let's get started.**출~발~!!"

창조 일곱 째 날, 주어의 동작이나 상태를 나타내는 행동대장, 하지만 불량하기 짝이 없는 불량 동사 이야기 속으로 go! go!

Episode #1
3대 가문 동사와 어미활용에 관한 이야기

| INTRO |

3대 가문 동사

동사는 역할에 따라 be동사, 조동사, 일반 동사로 구분이 되죠. 진행형과 태를 위한 조동사로 사용되며, 절대 권력을 얻게 된 be가문 그 이야기 속으로 Here we go!

Be동사 이야기 (절대 권력을 갖게 된 Be동사)

제우스가 동사들을 세 종류로 구분해 영역을 정해주자 be동사에 비해 수가 훨씬 더 많은 일동들이 비동을 만만하게 보고는 툭하면 핑을 뜯죠. 이에 비가문의 짱 Be가 속이 상해 한탄을 하죠.

"**Alas!**애 이놈의 세상! 가문의 영광을 위해 뭔가를 하고 싶지만 이렇게 작은 수로 무엇을 하겠어. 살아도 사는 것이 아니야. ㅋㅋ"

완전히 기가 죽은(discouraged) Be를 보며 제우스가 묻죠.

"**Man, what seems to be the problem?**어이, 무엇이 문제지?"

"다른 동사들에 비해 우리 자손들의 수가 턱없이 적어 일할 맛이 안 나서요. 모두 합해 **be, am, are, is, was, were, been, being** 여덟뿐이니, 이 수로 어떻게 두 가문의 동사를 대적할 수 있겠어요?"

"**No worry**걱정 마, 대신 너희에게 특혜를 줄 테니."

"**You mean it?**정말이죠? 어떤 특혜요?"

● You mean it?
= Really?
정말?

"진행형과 수동태를 만들기 위해 필요한 핵심동사가 되게 할 테니 말이다. 백문이 불여일견, **just take a look at examples.**"

다음 예문을 보아라

● I **am** talking now. (진행형)
　나는 지금 이야기 중이야

● The new version of *Show Grammar* **was** finished. (수동태)
　새로운 해석 판의 Show 영문법이 완성되었다

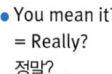

이상에서 너희 be동사가 없다고 생각해봐, 완전 황 되지. 이제 너희들이 얼마나 대단한 동사인지 알겠지?"

"**Amazing!**대단해요. **We owe you a lot.**완전 감사해요. 이제 한 번 일동들과 제대로 붙을 수 있겠어요."

"단, **keep this in mind.**기억해라 이렇게 진행형과 수동태를 위해 사용될 때 너희는 조동사로 간주됨, **however,**하지만 원래 조동사들 can, must 등과는 level이 다르다. 시제

> 와 태를 위해 특별히 마련된 조동사니 자부심을 가져라. 유남생? **You know what I am saying?** 뭔 말인지 알겠지?"
>
> "Absolutely, sir. 당근, 아니 말밥이죠."
>
> 기쁨에 겨워 Be가 소리를 치네요.
>
> "야! 일동, 각오해, 너희들 이제 다 죽었어."
>
> Guys, 진행형을 만들기 위해, 그리고 수동태를 만들기 위해 사용되는 be동사는 조동사란 것을 기억하셔~염!!

1 Be동사에 관한 profile

1형식의 완전자동사가 되면 '~가 있다,' 2형식의 불완전자동사가 되면 '~입니다'의 뜻을 나타내죠. 동사들 중 유일하게 원형(be)과 현재형이 다르죠. 원형 be, 현재형 am, are, is, 과거형 was, were, 현재분사 being, 과거분사 been이 전부이며 진행형과 수동태를 위한 조동사의 역할도 합니다.

❶ 조동사

현재분사와 결합해 진행형을, 과거분사와 결합해 수동태를 만듭니다.

1) 진행형

- Hera **is dressing up** for the party. 헤라는 파티를 위해 옷을 차려 입고 있다
- Eros **was dating** when Hermes got there. 헤르메스가 그 곳에 갔을 때 에로스는 데이트 중이었다

2) 수동태

- Rain **is surrounded** by many fans. 비는 수많은 팬들에 의해 둘려 쌓였다
- Those gifts **were given** to BigBang by their fans. 저 선물들은 빅뱅의 팬들이 준 것이다

> 기본기가 약한 분들이 흔히 하는 실수 I am write. I was study. 이제 절대로 안 됩니다. be동사가 일반 동사와 나란히 사용되는 경우는 예문처럼 진행형과 수동태뿐입니다.

❷ Be동사

1형식과 2형식에 사용됩니다.

1) 1형식 완전자동사

존재를 나타내며 주로 유도부사 there(is, was, are, were) 구문으로 사용됩니다. There is, was 다음에는 **단수명사**, are, were 다음에는 **복수명사**가 옵니다.

- There **are** top **singers** on the stage. 무대에는 잘 나가는 가수들이 있다
- **Is** there **a restroom** around there? 그 부근에 화장실이 있나요?

There의 두 얼굴
There is(are)는 유도부사로서 '있다'는 뜻을, there는 지시 부사로 '그 곳에' 란 뜻이 되죠.

2) 2형식 불완전자동사

'~이다, ~입니다'로 해석되며 이런 경우 반드시 뒤에 주격보어를 수반합니다.

- Athena **is** wisdom itself. 아테나 여신은 지혜 그 자체이다
- You **are** mean and weird. 당신은 야비하고 괴상하다
  - be동사의 변화표는 인칭대명사 편에 잘 나와 있으니 참고하세요.
  - mean이 형용사가 되면 '야비하다'란 뜻을 나타냅니다.

| INTRO |

동사의 활용

동사는 어미에 ed를 붙여, 혹은 다른 형태를 붙여 과거, 과거분사가 될 수 있죠.
이들 동사의 활용 속으로 here we go!

 **동사의 활용 이야기 (규칙동사와 불규칙동사)**

제우스가 말하죠.

"이제 동사가 관리할 12시제에 관한 **format**형태 을 잡을 시간이 되었다. 모두 이리로 모여라."

"12시제라니? 그리고 동사가 관리하다니? 왜요? 이미 동사의 power가 차고 넘치는데 말이죠."

"12시제란 때를 나타내는 것이며 동사가 그 시제를 관리하는 이유는 행동대장이니 그렇지. 그럼 전치사가 시제를 관리하리?"

"**It sounds resonable.**지당한 말씀이네요 동사는 동작을 나타내는 품사니 적격이겠군요."

"**Bingo! That is what I mean.**바로 내 말이 그 말이지 그럼 본격적으로 12시제의 형태를 만들어보자. 일단 기본이 될 3시제, 현재, 과거, 미래를 나타내는 법부터 연구해보자."

"현재시제는 일반적인 동사의 형태로 나타내면 되고, 문제는 과거와 미래인데. 쩝, **Do you have any good ideas?**좋은 생각은 없을까?"

"미래는 미래의 조동사 will, shall+원형동사로 하면 되겠죠. 흠, 과거는 동사의 어미 활용을 통해 나타내면 어떨까요?"

| The Show 영문법 |

아테나 여신이 말하죠.

"어미 활용이라. 흠, **What is it like?** 어떤 것이지?"

"동사의 어미에 과거를 나타내는 접미사 ~ed를 붙여 과거는 물론 과거분사형까지 만드는 방법이죠. 예를 들면 walk~walked~walked처럼 말이죠.

"Olleh~! 올~레!!! 아주, 훌륭해. let's do that. 무조건 동사의 어미에 ed만 붙이면 만사 okay이냐?"

"**Not really, sir,** 아뇨, 꼭 그렇지는 않아요 **there is no rule but has some exceptions.** 예외 없는 법칙은 없죠 그렇지 않은 동사들도 있죠. 가령, go~went~gone처럼 말이죠. 따라서 ~ed를 붙여 과거, 과거분사를 만드는 동사를 규칙동사. 달리 만들어내는 동사를 불규칙동사라고 구분하셔야죠."

"역시! 지혜의 여신은 다르군. Accept your proposal. 그 제안을 받아들일 것이야. ♪♪"

● but: that~not

● accept: 받아 들이다

2 동사의 어미활용

동사의 어미에 ed를 붙여 과거, 과거분사형을 만들어 내는 과정을 동사의 활용이라고 합니다. 규칙활용, 불규칙활용으로 구분이 됩니다.

❶ 규칙활용

동사의 어미에 -ed를 붙여 과거, 과거분사를 만듭니다. 어미에 ed를 붙이는 법은 다음과 같습니다.

1) 원형에 -ed를 붙인다.
- work-worked-worked 일하다
- talk-talked-talked 말하다

2) e로 끝나는 동사는 e를 빼고 -d만 붙인다.
- love-loved-loved
- change-changed-changed

3) 자음+y로 끝나면 y를 i로 고친 뒤 -ed를 붙인다.
- study-studied-studied 공부하다
- carry-carried-carried 나르다

4) 모음+y로 끝나면 그냥 -ed만 붙인다.
- stay-stayed-stayed 머물다
- play-played-played 놀다

5) 단모음+단자음으로 끝나는 단음절 동사는 자음을 겹친 후 -ed를 붙인다.
- stop-sto**pped**-sto**pped**

- beg-be**gg**ed-be**gg**ed 구걸하다

6) 2음절 이상이며 끝 모음에 강세가 있으면 자음을 겹치고 -ed를 붙인다.
- occu**rred**-occu**rred** 발생하다

예외) 2음절 이상이라도 끝 모음에 강세가 없으면 그냥 -ed만 붙인다.
- visit-visited-visited 방문하다

❷ 불규칙동사

일반적으로 다음 세 가지 유형으로 구분됩니다.

1) A-A-A형 (현재, 과거, 과거분사가 동일한 동사)
- cut-cut-cut 자르다
- shut-shut-shut 닫다
- read-read-read 읽다
- put-put-put 두다
- let-let-let 하게 하다

2) A-B-B형 (과거, 과거분사가 동일한 동사)
- buy-bought-bought 사다
- build-built-built 세우다
- bring-brought-brought 가져오다
- find- found-found 발견하다
- hear-heard-heard 듣다
- meet-met-met 만나다
- say-said-said 말하다
- teach-taught-taught 가르치다
- tell-told-told 말하다

3) A-B-C형 (현재, 과거, 과거분사가 모두 다른 동사)
- begin-began-begun 시작하다
- choose-chose-chosen 선택하다
- drive-drove-driven 운전하다
- eat-ate-eaten 먹다
- know-knew-known 알다
- speak-spoke-spoken 말하다
- write-wrote-written 쓰다

※ 혼돈하기 쉬운 불규칙동사
- find-found-found 발견하다
- found-founded-founded 설립하다
- rise-rose-risen 떠오르다

- raise-raised-raised 기르다, 들어 올리다 ⟨vt⟩
- see-saw-seen 보다
- saw-s**a**wed-sawed 톱질하다
- sow-s**o**wed-sowed 씨 뿌리다
- sew-s**e**wed-sewed 바느질하다
- fall-fell-fallen 떨어지다 ⟨vi⟩
- fell-felled-felled ~을 넘어 뜨리다 ⟨vt⟩
- sit-sat-sat 앉다 ⟨vi⟩
- seat-seated-seated ~을 앉히다 ⟨vt⟩

동사가 관리하는 12시제 이야기

Episode #2

| INTRO |

동사의 12시제(tense)

동사의 변화를 통해 열두 가지 각각 다른 시제를 보여주기 때문에 동사의 12시제라고 하죠. 이들 시제의 기본 축을 이루는 현재, 과거, 미래의 이야기 속으로 here we go!

현재, 과거, 미래 3시제에 관한 profile (12시제의 축이죠)

제우스가 12시제 변화의 기본이 될 3시제, 현재, 과거, 미래에 관한 format을 작성한 후 동사들을 불러 말하죠.

- come forward: 앞으로 나오다

"Hey, Finish and Buy come forward, 지금부터 모든 시제의 기본이 될 현재, 과거, 미래 시제는 어떤 형태를 취하는지 보여주마. please have a look;

규칙동사 finish
- 현재 : I **finish** work at five. 나는 다섯 시에 일을 마친다
- 과거 : I **finished** work at five. 나는 다섯 시에 일을 마쳤다
- 미래 : I **will finish** work at five. 나는 다섯 시에 일을 마칠 것이다

불규칙동사 buy
- 현재 : She **buys** eggs every weekend. 그녀는 주말마다 계란을 산다
- 과거 : She **bought** eggs every weekend. 그녀는 주말마다 계란을 샀다
- 미래 : She **will buy** eggs every weekend. 그녀는 주말마다 계란을 살 것이다

- different story: 상황이 다르다
- totally: 완전히

Let me rephrase that 요약하면, 현재는 원래 기본 모습이니 굳이 형태에 관해 말할 필요가 없지만 과거는 different story, 주목할 필요가 있지. 규칙동사냐, 불규칙동사냐에 따라 과거형 만드는 방법이 totally different해져서 말이다. 미래는 미래조동사만 붙이면 되니 별 문제 없을 것이고, 동사들, can you follow me?이해가 되니?"

"Yes, sir, 그럼 과거 시제 만드는 방법만 알고 있으면 만사형통이네요?"

"**Exactly**그렇지. 사실 과거시제 만드는 법도 단순하지, 규칙인지, 불규칙인지만 알면 쉽게 만들 수 있으니 말이다."

- Gee: 아이쿠

"Gee! 규칙, 불규칙을 구분하는 것이 어려우니 그렇죠. 어떻게 그 많은 동사를 구분할 수 있냐고요?? "**Take it easy!**진정해 하다보면 알게 되어 있으니 말이다."

"I got it, sir, 그런데 현재, 과거, 미래의 의미상의 차이점은 짚고 가야죠."

"당연하지, 그래서 준비했다. just take a look;

| The Show 영문법 |

> ● 현재 : 현재의 상태, 사실, 규칙적인 습관, 불변의 진리, 속담, 격언 등
> ● 과거 : 과거의 상태, 역사적 사실 등
> ● 미래 : 미래에 일어날 일
>
> It is really simple, isn't it? 정말 단순하지 않니?"

1 기본 3시제

현재, 과거, 미래를 말합니다.

❶ **현재시제(present tense)**

현재의 사실이나 상태를 나타내죠. **반복되는 습관, 불변의 진리, 속담, 격언 등은 항상 현재시제**로 나타냅니다.

- The house **stands** on the hill. 그 집은 언덕위에 있다 〈상태〉
- Apollo **plays** music every morning. 아폴로는 아침마다 음악을 연주한다 〈습관〉
- The earth **is** round. 지구는 둥글다 〈진리〉
- Honesty **is** the best policy. 정직이 최선의 정책이다 〈격언〉
- Heaven **helps** those who help themselves. 하늘은 스스로 돕는 자를 돕는다 〈속담〉

❷ **과거시제(past tense)**

과거의 사실, 상태, 습관, **역사적 사실은 항상 과거시제**로 나타냅니다.

- Hera **loved** Zeus before he had cheated on her. 〈과거사실〉
  헤라는 제우스가 바람을 피기 전에는 그를 사랑했다
  ● cheat on: 바람을 피우다
- Eros **stayed up** all night enjoying party. 〈과거습관〉
  에로스는 밤을 꼴딱 새우며 파티를 즐겼다
- Noun **was** a king among the parts of speech. 〈과거의 상태〉
  명사가 품사 중의 짱이었다
- Korean war **broke out** in 1950. 〈역사적 사실〉
  한국전쟁은 1950년에 발발했다

❸ **미래시제(future tense)**

앞으로 일어날 사실을 말하며 조동사 will, shall을 붙여 나타냅니다. 단순미래, 의지미래로 구분이 됩니다.

1) 단순미래

주어의 의지 없이 그냥 시간이 지나면 일어나게 될 일을 나타냅니다.

- I **will be** 20 years old next month. 나는 다음 달이면 20살이 될 것이다
- This train **will** get to London Station in two hours. 두 시간 있으면 이 기차는 런던 역에 도착할 것이다

2) 의지미래

말하는 사람(speaker) 혹은 듣는 사람(hearer)의 의지를 나타냅니다. 특히 주의할 의지미래는 다음과 같습니다.

a) 화자의 의지를 나타낼 때

평서문 2, 3인칭 주어 다음에 오는 shall은 주어가 아닌 말하는 사람의 의지를 나타냅니다.

- You **shall** love me in no time. 곧 당신은 나를 사랑하게 될 것이다
  = I will **let you love me** in no time. 당신이 곧 나를 사랑하도록 하겠다
- Eros **shall** be left out. 에로스는 왕따가 될 것이다
  = I will **let** Eros **be** left out. 내가 에로스를 왕따 시킬 것이다

b) 청자의 의지를 나타낼 때

의문문 3인칭 주어 다음에 오는 shall은 청자의 의지를 나타냅니다.

- **Shall** Eros set free? 에로스를 풀어줄까요?
- **Shall** they come in? 그들을 들어오게 할까요?

3) 미래 대용 관용구

a) be going to do (~하려고 하다)

will과는 달리 계획되고 의도된 미래를 나타냅니다.

- I **am going to throw** a party this weekend. 나는 이번 주말에 파티를 열려고 한다

b) be about to do (막 ~하려고 하다)

- The train **is about to** leave. 기차가 막 떠나려고 한다

c) 왕래발착동사의 미래대용

오고 가는 동사들, **go, come, start, leave, reach,** etc과 같은 왕래발착 동사가 미래를 나타내는 부사, 혹은 부사구와 함께 사용되면 미래를 나타냅니다.

- Zeus **comes back** to the shrine **tomorrow**. 제우스는 내일 아침에 신전으로 돌아올 것이다
  = Zeus **will come** back to the shrine **tomorrow**.

| INTRO |

진행형 3시제(progressive tense)

진행 중인 동작을 강조하기 위해, 혹은 동작의 계속을 강조하기 위해 사용하는 진행형 시제, 비와 현분 낭자가 만나 만들어내는 진행형 이야기 속으로 here we go!

진행형 이야기 (진행형의 상징은 비와 현분)

제우스가 말하죠.

"**Now it's time to make progressive tense.** 이제 진행형을 만들 시간이다"

"**Progressive tense?** 진행형시제? **Damn it!** 젠장! 복잡하게 진행형은 왜 또 만든담?"

| The Show 영문법 |

"야! 에로스, 말 좀 곱게 쓸 수 없어? 품위 없게."

"품위는 개뿔, 품위가 밥 먹여줘요. 도대체 진행형은 왜 또 만드냐고요? 아니래도 할 일이 많아 머리 뽀개지겠구만. 아 왜?"

"필요하니 만들지, 그럼 괜히 만들까 봐. 진행 중인 동작을 나타내기 위해, 혹은 동작의 계속을 강조하기 위해 꼭 필요하니 만들려고 한다. 왜? 어쩔래?"

"그럼 기본 시제와 차이점이 뭔데요? 형식을 알아야 진행형인지 기본형인지 알죠."

"I am talking now지금 말하고 있잖아 좀 가만히 듣고 있으면 덧나니? 헤르메스, please, get him out,저 놈을 끌어내 지금 당장, 꼴도 보기 싫으니."

에로스가 끌려 나간 후 제우스가 다시 말하죠.

"진행형의 형식은 be동사+현재분사가 될 것이다. 이미 약속했듯이 be동사는 조동사로 이용하고, 동사는 현재분사화해서 be+ing로 말이다. 백문이 불여일견이니 just take a look;

- He **reads** a book. 그는 책을 읽는다 〈현재〉
- He **is reading** a book. 그는 책을 읽고 있다 〈현재진행형〉

이제 진행형이 무엇인지, 어떻게 나타내는지 이해가 되니?"

"No, we can't."

"Oh, dear, 좋아. 그럼 Be야, 네가 나와서 진행형에 관해 말해 보겠느냐?"

"Sure, sir."

Be가 씩씩하게 나와서는 말하죠.

"사실 진행형의 꽃은 바로 우리 Be라고 할 수 있죠. 일단 진행형을 만들려면 무조건 be동사는 있어야만 하니까요. 현재이면 am, are, is, 과거이면 was, were가 말이죠. 그 다음은 **too simple**,완전 쉽죠 동사 어미에 ~ing을 붙여, 소위, 3막에서 만나게 될 현재분사로 바꿔 붙이기만 하면 되니 말이죠."

"옳거니, 그럼 진행형 3시제의 구분은 바로 be동사들이 한다는 말이구나, 그렇지?"

"딩동댕! 현재분사로는 시제를 구분할 수 없으니 당연하죠. 이제 우리 비가문의 power를 알겠죠?"

"We got it, 그래 be동사가 짱이다, 됐냐?"

여러분, 진행형의 point는 be동사+ing입니다.

2 진행형 3시제 (be동사+~~ing)

동작의 진행이나 계속을 강조하기 위해 사용하며 기본시제에 비해 나타내는 시간의 범위가 짧습니다. 현재,

과거, 미래 진행형으로 구분됩니다.

❶ 현재진행형(am, are, is+~ing)

현재 진행 중인 동작을 나타내며 **be동사의 현재형(am, are, is)+현재분사**로 나타냅니다.

- She is **eating** an ice cream. 그녀는 아이스크림을 먹고 있다
- Many cars **are running** on the street. 많은 차들이 도로 위를 달리고 있다
- What **are** you **doing** on sundays? 일요일에는 무엇을 하죠?

❷ 과거진행형(was, were+~ing)

과거의 어느 순간 진행 중이었던 동작을 나타내며 **was, were+현재분사**로 나타냅니다.

- Verbs **were fighting** with Prepositions. 동사들은 전치사들과 교전하고 있었다
- We **were hanging** around in town. 우리는 시내를 싸돌아다니고 있었다

❸ 미래진행형(will, shall+be+~ing)

미래의 어느 시점에서 진행될 동작을 나타내죠. 미래조동사 **will, shall+be+현재분사**로 나타냅니다.

- My family **will be enjoying** holiday in Queenstown in December.
  우리 가족은 12월이면 퀸즈타운에서 휴가를 즐기고 있을 거야
- You **will be seeing** him soon. 당신은 곧 그를 만나게 될 것이다

❹ 진행형 불가 동사들

진행형은 찰나의 동작을 나타내기 때문에 영속적인 의미를 나타내는 **지각, 소유, 인식, 상태** 동사들은 진행형으로 나타낼 수가 없죠. 이런 동사들을 진행형 불가 동사라고 합니다.

1) 지각, 감정동사

보고, 듣고, 냄새 맡고, 느끼는 지각과 관련된 동사와 좋아하고, 싫어하고, 저주하는 감정의 동사들; **see, hear, feel, smell, taste, want, love, need, like, hate, etc.**

- He is hating to go to the dentist. (×) 그는 치과에 가는 것을 싫어한다
- He **hates** to go to the dentist. (O)

2) 사고, 인식 동사

생각하고, 기억하고 이해하고 믿는 동사; **think, remember, understand, know, believe, forget, etc.**

- She is knowing him well. (×) 그녀는 그를 잘 알고 있다
- She **knows** him well. (O)

3) 소유, 상태 동사

have(가지다), **belong to**(속하다), **own**(소유하다), **seem**, **be**, **resemble**(닮다), **consist**(구성하다) etc.

- He is having a nice car. (×) 그는 좋은 차를 가지고 있다
- He **has** a nice car. (O)

 | The Show 영문법 |

 have가 먹다, 마시다의 뜻을 나타내면 진행형을 사용할 수 있죠.
- **I am having** lunch with my client. (O) 나는 고객과 점심을 먹고 있다

| INTRO |

완료, 그대 이름은 휘재 바람

어느 한 시제에 정착하지 못한 채 두 시제에 양다리를 걸친 완료시제, 시제계의 바람, 휘재 완료이야기 속으로 here we go!

 완료 이야기 (바람둥이 완료, 그대 이름은 휘재 바람)

- abruptly:
  돌연히, 갑자기

완료에 관한 profile을 만들기 위해 talking을 하고 있는데 제우스가 abruptly 생뚱맞게 말하죠.

"**Hey, look out,** 밖을 봐 어제부터 비가 내리더니 이제 막 멈췄네. 참 많이도 내렸지, 온 땅이 질퍽하니 말이야."

"뜬금없이 왜 비 타령이람? 빨리 완료시제에 관한 profile이나 만들지 않고, 바빠 죽겠는데."

헤라가 짜증(annoyance)을 내지만 제우스가 못들은 척 노래를 하죠.

"어제는 비가 내렸네, 키 작은 나무 잎 새로, 그 비가 막 그쳤네, 랄랄라!"

"뭐래? 저 인간, 미친 것 아냐? 음치 주제에 노래는, 참 정말. 어이없다."

"**That is just what I want to say.** 바로 내 말이 그 말이야 어제 내린 비가 오늘까지 내리거나 말거나 **What's the difference?** 뭐가 중요해?"

- cynical:
  냉소적인

헤라의 말에 에로스가 맞장구를 치자 제우스가 에로스를 노려보며 cynical하게 말하죠.

"흥, 영광인 줄 알아, 이것들아, my singing 듣기가 쉬운 줄 알아? 다, 완료에 관해 hint를 주려고 부른 것이지, 쥐뿔도 모르면서 까~불고 있어. 봐, 어제 내린 비가 오늘 멈췄지. 이와 같이 한 동작이 두 시제에 걸쳐 일어날 때 사용하는 시제가 바로 완료, perfect tense이니 말이지. 현재를 기준으로 과거에 시작된 동작이 현재까지 영향을 주면 현재완료, 과거를 기준으로 그 이전에 시작된 동작이 과거에 영향을 주면 과거완료, 미래의 어느 순간을 기점으로 지금부터 해 나갈 행동을 말할 때는 미래완료를 사용하는 것이지. **Do you clearly understand perfect tense?** 완료시제에 관해 분명하게 알겠냐?"

제우스의 질문에 헤라가 깔깔거리며 말하죠.

"어머, 어머! 웬일이니? 완료시제가 하는 짓거리가 어쩜 저리 제우스와 똑 같을까? 두 시제에 양다리를 걸쳐 있는 완료나 평소 hot girl만 보이면 일단 양다리를 걸치고 보는

- whatever: 어쨌든

제우스나 그 바람의 속성이 완전 같으니, whatever, 양다리를 걸치는 것들은 모조리 다 죽여 놔야 된다니까."
헤라의 비난에 당황한 제우스가 급하게 마무리를 하죠.
"에, 완료의 point는 곧 have+pp, 진행형에 사용되는 be동사처럼 완료의 have 역시 조동사지. 과거는 had+pp, 미래는 will, shall+have+pp, 즉, have동사 없이 완료로 올 자 아무도 없다는 말이지. Have, are you happy with what I am saying? Have야, 만족하니?"

- honor: 명예, 영광

"Yes, we are, that will be our honor, sir. 물론이죠, 가문의 영광입니다."

여러분, 완료의 핵심은 have+pp, 그리고 양다리입니다.

3 완료형 3시제

두 시제에 걸쳐서 일어난 동작의 **완료, 경험, 계속, 결과**를 나타내죠. 현재, 과거, 미래완료로 구분이 됩니다.

❶ 현재완료

현재를 기준으로 과거에 일어난 동작이 현재까지 영향을 줄 때 사용합니다. **have+pp로 나타내며** 주어가 3인칭 단수일 때는 has+pp로 나타냅니다.

1) 경험

'~~해 본적이 있다.' 란 뜻으로 해석되며, 주로 횟수를 나타내는 부사, ever, never, how many times? how often? once, twice 등과 함께 사용됩니다.

- **Have** you **ever seen** Zeus? 제우스를 본적이 있니?
- Eros, **how many** times **have** I **told** about it? 에로스, 내가 몇 번이나 그것에 관해 말했니?

2) 결과

과거 동작이 현재에 결과가 되어 영향을 미칠 때 사용합니다. 단순 과거와 비교해 그 의미상의 차이를 정확하게 알아 두세요.

- He **has left** his arrow in the plaza. 그는 화살을 광장에 두고 왔다
  – 그 결과 지금 화살을 갖고 있지 않다. 란 뜻이죠.

  cf. He **left** his arrow in the plaza. 그는 화살을 광장에 두고 왔다
  – 과거시제이므로 현재는 화살을 갖고 있는지 알 수 없죠.

- Volunteers **have gone to** Africa. 자원봉사자들은 아프리카로 떠났다
  – 그 결과로 그들이 여기 없다는 뜻이죠. Has(have) gone to는 3인칭 주어에만 사용됩니다.

3) 계속

'~하고 있다'로 해석되며 기간을 나타내는 부사, for, since, how long? 등과 함께 사용됩니다.

- I **have known** him **for** ten years. 나는 그를 십년 동안 알고 지낸다
- He **has been** in hospital **since** last year. 그는 작년부터 병원에 입원해 있다
  - for 다음에는 수사가, since 다음에는 일반 명사가 사용됩니다.

4) 완료

'막 ~했다'로 해석되며 부사, just, already, yet 등과 함께 사용됩니다.

- Staffers **have just finished** the meeting. 참모들은 막 회의를 마쳤다
- **Has already** Hermes **left**? 벌써 헤르메스가 떠났소?

현재완료는 의미상 명백하게 과거를 나타내는 부사 when, ago, yesterday, last week 등과 함께 사용될 수 없죠. 반드시 시험에 나오는 영순위 어법입니다.

- **When did** verbs start protesting? (O) 동사들이 언제 항쟁을 시작했나요?
  cf) When **have you started** cleaning? (X) 당신은 언제 청소를 시작했죠?

❷ 과거완료

과거를 기점으로 그 이전(대과거)에 일어났던 동작의 완료, 경험, 결과, 계속을 나타냅니다. **had+pp**로 나타냅니다.

1) 완료

- When Verbs **arrived**, Nouns **had already stood** in the first place.
  동사들이 도착했을 때, 명사들은 이미 1등자리에 서 있었다

2) 경험

- Nouns **had never tried** revolt until that time.
  명사들은 그 때까지 결코 반란을 시도해 본적이 없었다

3) 결과

- When Zeus **got** there, staffers **had** all **left**.
  제우스가 그 곳에 갔을 때, 참모들은 떠나고 없었다

4) 계속

- He **had been** in hospital for a week when I visited him.
  내가 그를 방문했을 때 그는 일주일간 병원에 입원 중이었다

❸ 미래완료

미래의 어떤 시점을 기준으로 지금부터 만들어갈 동작의 완료, 경험, 결과, 계속을 나타냅니다.
미래형조동사 will, shall을 붙여 **will, shall+have+pp**로 나타냅니다.

1) 완료
- We **will have finished** travelling in 22 days.
  우리는 22일 후면 여행을 끝낼 것이다

2) 경험
- I **will have been to** Europe five times if I go there again.
  만약 다시 그 곳을 방문한다면 나는 유럽을 다섯 번 방문하게 된다

3) 결과
- When you return, you **will have seen** our baby.
  당신이 돌아오면, 아기를 보게 될 것이다

4) 계속
- I **will have waited** for him for three years by next year.
  나는 내년이면 삼 년 동안 그를 기다리게 될 것이다

| INTRO |

완료진행형(Perfect Progressive) 3시제

기본진행형과는 달리 자신의 뒤에 동작이 얼마나 진행되고 있는지 그 기간을 달고 다니는 완료진행형, 완료에 현재분사를 붙여 나타내는 완료진행형의 이야기 속으로 here we go!

완료진행 3시제 이야기(완료진행 vs 현재진행)

제우스가 말하죠.

"Wow! 이제 12시제 중 완료진행형에 관한 profile만 완성하면 시제 작업도 끝이다. **Oh, It was a really long day.** 오늘 하루는 정말 힘들었어 서둘러 완료진행형의 format을 잡아 보자꾸나. **What should I do?** 어떻게 하지?"

"진행형의 상징(symbol) be동사와 현재분사를 이용해 have been ~ing(현재분사), 어때요?"

아폴로가 제안을 하자 제우스가 완전 만족해 말하죠.

"**Oh, it sounds nice!** 쪼아, 쪼아! **Apollo, you saved my day.** 아폴로 자네가 나의 시름을 덜어주는 군. 쌩~유."

그런데, 이 때 딴 짓을 하던 에로스가 갑자기(all of a sudden) 질문을 하죠.

"**What is the difference between the two?** 둘의 차이점이 뭐죠?"

"둘이라니? 누구? 자다가 봉창 두드리는 소리를 하고 있어?"

"아! 진행형과 완료진행형 말이죠. 툭하면 호박 떨어지는 소리지, 누구를 말하겠어요.

- all of a sudden = suddenly: 갑자기

| The Show 영문법 |

- clueless: 눈치가 없는

You are clueless. 정말 눈치도 없지"

질문에 제우스가 살짝 당황하자 애첩 아프로디테가 cover를 하죠.

"**It is quite easy.** 왕 쉽죠 완료진행형은 기간(duration)을 나타내는 시간의 부사, 혹은 부사구를 수반하니 말이죠. 에로스, 당신이야 말로 **unaware.** 눈치라곤 없네요"

- unaware: 눈치가 없는

아프로디테의 역공으로 살아난 제우스가 말하죠.

"**Darling, you took the word right out of my mouth.** 그대, 내가 막 하려던 말을 그대가 해주는 구려 쌩~유 & 알 라~뷰~!"

4 완료진행형 3시제

두 시제에 걸쳐 진행 중인 동작을 나타내며 **have, has, had+been+ing**로 나타내며 현재, 과거, 미래완료진행형으로 구분됩니다. 주로 뒤에 기간을 나타내는 부사, 혹은 부사구를 수반합니다.

❶ 현재완료진행형

have(has)+been+~ing으로 나타냅니다.

- Verbs **have been striking** for a week. 동사들은 **일주일 동안** 파업을 하고 있다
  cf. Verbs are striking. 동사들이 파업 중이다

❷ 과거완료진형

had+been+~ing로 나타냅니다.

- Mom **had been sleeping** when I called.
  내가 전화를 했을 때 엄마는 주무시고 계셨다

❸ 미래완료진행형

will, shall+have+been+~ing로 나타냅니다.

- Workers **will have been striking** for two weeks by the end of this month.
  근로자들의 투쟁은 이 달 말이면 2주가 될 것이다
  – 미래완료진행형은 주로 미래의 시점을 알려주는 전치사 by와 함께 사용됩니다.

Yahoo!
In the long run(드디어) 일곱째 날 동사와 12시제에 관한 이야기가 끝이 났습니다. Nicely done.^_^*
다음 Wrap Up을 통해 잘 마무리 하신 후 다음 날 조동사 편에서 다시 만나요. Take care!

Wrap Up & Explanation

Wrap Up

❶ [01~05] 다음 동사의 과거, 과거분사를 쓰시오.

01 take   _____ , _____
02 break   _____ , _____
03 omit   _____ , _____
04 steal   _____ , _____
05 bring   _____ , _____
06 choose   _____ , _____
07 buy   _____ , _____

❷ [08~13] 괄호 안에 있는 동사를 알맞은 형태로 바꿔 쓰시오.

08 I _____ to church last sunday. (go)
09 He has _____ his work. (finish)
10 A wonderful idea _____ to me then. (occur)
11 I _____ him at the station yesterday. (see)
12 It is _____ to snow. (begin)
13 She has _____ her watch. (lose)

❸ [14] 다음 중 잘못된 문장을 고르시오.

① I know when he will come.
② He will study until you will return.
③ I ask him if he will buy a cap.
④ Let me know the time when he will start.
⑤ If it is fine, I will go on a picnic.

❹ [15~16] 두 문장의 뜻이 같도록 괄호 안에 알맞은 말을 쓰시오.

15 She moved here five years ago. She still lives here now.
= She ( ) ( ) here ( ) five years.

16 Brian went to New Zealand. So he isn't here.
= Brian ( ) ( ) to New Zealand.

❺ [17~19] 다음 문장을 현재진행형이나 과거진행형으로 고치시오.

17 I study English.

18 Jason ate some apples.

19 Tony and Vale swam together.

❻ [20] 다음 각 괄호 안에 알맞은 전치사를 쓰시오.

a. I have been writing a letter ( ) three hours.
b. She has been sick ( ) last year.

Explanation

❶ 1~7까지는 동사의 활용에 관해 묻는 문제입니다.

01 took, taken
02 broke, broken
03 omitted, omitted
04 stole, stolen
05 brought, brought
06 chose, chosen
07 bought, bought

❷ 8~13까지는 시제와 시간부사의 일치에 관해 묻는 문제입니다.

08 과거부사 last가 있죠. 과거형 went입니다. (나는 지난 일요일에 교회에 갔다)
09 막 동작이 완료된 상태이므로 현재완료로 나타냅니다. finished. (그는 작업을 막 끝냈다)
10 과거의 부사, then이 있으므로 과거형인 occurred. (멋진 생각이 그때 떠올랐다)
11 어제라는 부사가 있죠. 과거시제 saw입니다. (나는 어제 역에서 그를 보았다)
12 현재진행형이죠. (is) beginning. (눈이 내리고 있다)
13 그 결과로 지금 없다는 뜻이죠. 현재완료 (has) lost죠. (그녀는 시계를 잃어 버렸다)

❸ 14번은 시간부사 when, until 그리고 명사절을 이끄는 의문사 when, 형용사절을 이끄는 관계부사 when의 차이점에 관해 묻는 문제입니다. 시간 및 조건의 부사절에서는 현재시제가 미래시제를 대용하기 때문에 미래시제를 사용할 수 없죠. 반면에 when, if가 명사절을 이끌 때는 미래시제를 사용할 수 있습니다. 부사절 when과 if는 '~할 때, ~한다면' 등으로 해석이 되며 명사절 when, if는 '언제?' '~인지 아닌지'로 해석됩니다. 정답 ②

① 타동사 know 다음에 와서 명사절을 이끌죠. 맞는 문장이죠. (나는 그가 언제 올지 알고 있다)
② 시간의 부사절이므로 will return을 return으로 고쳐야겠죠. (그는 당신이 올 때까지 공부할 것이다)
③ 타동사인 ask의 목적어가 되는 명사절이죠. (나는 그가 모자를 살지 아닐지 물었다)
④ When이 관계부사이므로 미래시제를 사용할 수 있죠. (그가 출발할 시간을 알려줘)
⑤ 조건을 말하는 부사절이죠. (날씨가 좋으면 소풍을 갈 것이다)

❹ 15~16은 두 문장을 완료 시제를 이용해 한 문장으로 나타내는 문제죠. 중고 내신에 반드시 나오는 문제이므로 꼭 master하셔야만 합니다.

15 과거와 현재에 양다리를 걸치고 있는 시제는 현재완료입니다. 계속을 나타내죠.
She **has lived** here for five years. (그녀는 5년 동안 여기서 살고 있다)
16 마찬가지로 현재완료로 나타냅니다. 결과죠.
Brian **has gone to** New Zealand. (브라이언은 뉴질랜드로 가버렸다)

| The Show 영문법 |

❺ 17~19는 진행형 만드는 법에 관한 문제로 이 역시 내신에 반드시 나오는 문제입니다.

17 동사의 시제가 현재이므로 현재진행형으로 나타내죠.
   I **am studying** English.

18 과거형동사이므로 과거진행형으로 나타냅니다.
   Jason **was eating** some apples.

19 과거형 동사이므로 과거진행형으로 나타냅니다.
   Tony and Vale **were swimming** together.

❻ 20의 a, b는 현재완료 다음에 오는 for와 since의 차이점을 알아보는 문제죠.

for 다음에는 **수사**, since 다음에는 **일반 명사**가 옵니다.

a. for   b. since

| 창조 여덟째 날 _ All about the parts of speech |

STORY 08

동사의 도우미 조동사 이야기

동사의 도우미가 되어라!

창조 여덟째 날입니다. 오늘은 동사의 도우미, 조동사가 주인공이 되는 날입니다. 이미 동사의 3대 가문으로 한 자리 매김을 했던 조동사가 어떻게 오늘 다시 spotlight를 받는 것일까요? 동사에 이어 당연히 형용사가 오늘의 주인공이 되리라 생각했던 모두의 예상을 깨고 말이죠. 그 이유를 알아볼까요?

이 날 아침 돌연히 제우스가 말했죠.

"오늘의 주연(leading actor)은 조동사가 될 것이다."

"조동사? 왜죠? 특별한 이유가 있나요?"

"**Absolutely.** 당근이다 동사만으로는 나타낼 수 없는 가능, 허락, 의무, 추측 등과 같은 미묘한 의미 (meaning)를 살려주기 위해서란다. **Let's take a look and compare.** 자, 다음을 보고 비교해보자

a. Apollo **plays** the lyre.   아폴로는 수금을 연주한다
b. Apollo **can play** the lyre.   아폴로는 수금을 연주할 수 있다

바로 b의 할 수 있다. 그 가능성, 능력을 보여주는 말이 조동사 can의 역할이지. 이외에도 조동사는 다양한 의미를 나타내지. 또한 자신들의 관용표현을 통해 영어문장에 헌신하기 때문에 오늘의 주인공이 될 자격이 아주 충분하지. 유남생? **You know what I am saying?**

"Yes, sir."

"Good! Let's get started. 좋아, 그럼 출발~!"

창조 여덟 째 날 동사의 도우미 조동사의 이야기 속으로 go! go!

Episode #1 조동사의 두 얼굴

| INTRO

조동사의 두 얼굴

조동사 자체의 해석이 있는 자체발광 조동사 modal, 시제와 태를 위해서 용병으로만 사용되는 auxiliary, 두 조동사 이야기 속으로 here we go!

조동사의 두 얼굴 (자체발광 modal vs 용병 auxiliary)

여덟째 날 아침, 놀랍게도 제우스가 말하죠.

"조동사들, **where are you?** 어디 있니? **It's your turn to shine.** 오늘은 너희가 주인공이다"

"**What? Unbelievable!** 믿을 수가 없어요 어떻게 우리가 주인공이 되죠?"

"**Yes, you deserved it.** 자격이 있지. 동사가 술어동사자리에서 제 역할을 다하기 위해서, 그리고 관용표현을 위해서 너희 조동사가 아주 필요하기 때문이지."

"오! 대대손손 가문의 영광입니다."

- turn to shine: 주목받다

- keep ~ in one's mind: 기억하다

"하지만, **guys, keep this in your mind**, 조동사라고 다 같은 조동사는 아니니 말이다. 자체 발광하는 조동사가 원조 modal이라면, 시제와 태를 위해 특별히 선택한 용병은 차별화되는 auxiliary니 말이다. 둘이 서로 협력하며 아름답게 살아라. **Am I clear?** 내 말의 의미를 분명하게 알겠니?"

"Yes, sir."

하지만 제우스가 조동사를 역할에 따라 구분을 하자마자 자체 발광하는 modal이 auxiliary, Be, Have를 보며 시비를 걸죠.

"어이, 나 좀 보지. Be, Have 너희들 뭐야? 당장 꿇어, 우리는 고유한 뜻을 갖고 자체 발광하는 순수혈통 귀족 modal, 반면에(on the other hand), 너희들은 시제와 태를 위해 임시로 사온 용병 auxiliary, 귀족인 우리가 니들 같은 서민과 같은 대우(treat)를 받을 수는 없지, 어서 꿇어."

이에 비가문의 수장 Be가 욱해 대꾸를 하죠.

"**What the hell are you talking about?** 쭈꾸미 사우나 하는 소리 하고 자빠졌네. 뭐라? 서민? 니들이 아주 죽고 싶어 환장(insane)을 했구나. 하루 puppy, tiger 무서운 줄 모른다더니. 감히 우리 가문을 능멸해?"

"가문, 어디서 말라비틀어진 가문 타령이야?

| The Show 영문법 |

> 조동사가 되면 자체 발광도 못하는 주제에. 그냥 동사 Be로 만족하지, 왜 욕심은 부려."
>
> 자체발광이란 말에 Be가 어쩔 수 없이 꼬리를 내리죠. Have 또한 같은 처지라 할 말이 없죠. 하지만 그냥 참을 이들이 아니죠. 메가폰을 들고는 볼 맨 소리를 하죠.
>
> "**Sir, just say a word,** 한 멘트만 쳐줘요 modal 보다 우리가 한 수 위라고. 우리의 역할이 훨씬 더 위대(even greater)하다고 말이죠."
>
> "**I am sorry but I can't.** 유감스럽지만 그럴 수 없다 조동사에 있어서는 자체 발광하는 modal이 한 수 위인 것을 난들 어떡하니? **I can't help it.** ㅜ_ㅜ"
>
> 조동사는 역할에 따라 modal과 auxiliary로 구분이 됩니다.

● can't help it: 어쩔 수 없다

1 자체발광 조동사 modal

가능, 의무, 허락, 추측, 고집 등과 같이 자신의 고유한 뜻을 지니는 조동사들로서 주의할 특징은 다음과 같습니다.

① 자체 해석이 됩니다.
  ● We **must** obey our parents. 우리는 부모님에게 복종**해야만 한다**

② 겹쳐 사용할 수 없습니다.
  ● You **will can** walk in two months. (×)
    cf. You **will be able to walk** in two months. (○)
    당신은 두 달이 지나면 걸을 수 **있을 것입니다**
    – 가능을 나타내는 can의 미래형은 will(shall) be able to do로 나타냅니다.

③ 자신의 뒤에 항상 동사의 원형을 취합니다.
  ● You **should follow** me. 나를 **따라야만 한다**

④ 자체로 의문과 부정문을 만들 수 있습니다.
  ● Would **you** take care of this baby? 이 애기를 돌봐 줄 수 있나요?
  ● You **must not** go out. 너는 외출 할 수 없다

2 용병 auxiliary

시제와 태를 위해 사용되는 **be동사와 have동사**, 그리고 의문, 부정문을 만들기 위해 필요한 **do동사**를 말하며 특징은 다음과 같습니다.

❶ auxiliary be동사의 역할

  1) 현재분사와 결합해 진행형을 만들죠.
    ● What **are** you **doing** now? 지금 무엇을 하고 있니?

- Eros **was dating**. 에로스는 데이트를 하고 있었다
- He **has been painting** the fence all afternoon. 그는 오후 내내 울타리를 칠하고 있다

2) 과거분사와 함께 수동태를 만듭니다.

- The wine **is made** from grapes. 포도주는 포도로부터 만들어진다
- A ticket **was given** to me for ignoring a speed limit. 속도위반으로 딱지를 끊었다

❷ auxiliary have동사의 역할

과거분사와 결합해 완료형을 만듭니다.

- She **has been to** the States. 그녀는 미국에 다녀왔다
- Verbs **had stayed** up all night protesting. 동사들은 항쟁을 하며 밤을 꼬박 새웠다
- I **will have given** crown to you next month. 다음 달에 왕관을 네게 줄게

❸ auxiliary do동사의 역할

일반동사를 위한 부정문과 의문문에 사용됩니다.

- I **don't** care whether Zeus will like it or not. 나는 제우스가 그것을 좋아하든 말든 상관 안해
- **Do** you know how old he is? 너는 그가 몇살인지 아니?

Episode #2

modal, 그들만의 특별한 이야기

| INTRO |

자체발광 조동사 modal

동사가 나타낼 수 없는 가능, 허가, 추측, 의무, 필요 등의 뜻을 나타내는 조동사 modal, 그들만의 세상 속으로 here we go!

modal 간의 power game (내가 최고야!)

modal들이 자체발광하며 차별화를 요구하자 제우스가 아예 episode two를 그들의 장으로 만들고는 말하죠.

"**Guys, it's time for you to grab attention.** 너희들이 주목을 받을 시간이다 차례로 나와서 각각이 나타내는 고유한 의미(meaning)에 관해 소개하며 숨겨진 끼를 맘껏 발산 해 봐. 이 장은 오직 너희 modal만을 위한 것이니 말이다."

- grab attention: 주목받다, 시선을 끌다

"바, 바, 바, 바로 바라던 바죠."

제우스의 말이 떨어지기가 무섭게 Can이 치고 올라가서는 말하죠.

"나 Can이 최고(topnotch)가 되어야만 하는 이유는 난, 다의어(multi sense) 조동사니까. 가능, 허가, 부정적인 추측, 강한 의심까지, 어때? 당연 No.1이지?"

이에 Must가 썩소를 날리며 반격(counterattack)을 하죠.

"야! 야! 야! 까불지 마. **You can't beat me, though.** 그래도, 나를 이길 수는 없어 이유를 들어 보겠나? 친구"

"**Just talk to me.** 읊어 봐."

"강한 의무(duty), 강한 추측(guess), 어때?"

제우스의 좋은 의도와는 달리 modal들이 또 티격태격 하며 경쟁을 하자 제우스가 버럭 고함(yelling)을 칩니다.

"**Stop fighting,** 너희들만의 장을 특별히 마련해주니 또 쌈박질을 해, 아주 호강에 겨워 요강에 No.2 (똥) 싸고 있구나. **You are such a pester,** 이런 해충 같은 놈들 같으니 **just get out of my sight.** 당장 내 눈 앞에서 꺼져!"

- No.1: urine, 오줌, No.2: dung, 똥

제우스의 협박에 modal들이 일단 돌아가지만 그 후로도 이들의 쟁탈전은 **still goes on,** 계속되었죠. ㅋㅋ

1 can, could

❶ can

1) 가능

'~할 수 있다' be able to do로 바꿔 쓸 수 있죠. 가능을 말하는 can의 미래형은 **will be able to do**로 나타내죠. will can이란 표현은 없습니다.

- I **can** handle that problem.
  = I **am able to handle** that problem. 나는 그 문제를 해결할 수 있다
- The thief **could** break into the house without being noticed.
  = The thief **was able to break** into the house without being noticed.
  도둑은 들키지 않고 그 집에 침입할 수 있었다
- My son will **be able to get** in the honored class. 내 아들은 특설반에 들어 갈 수 있을 것이다

2) 허가

'~해도 될까요?' may로 바꿔 쓸 수 있습니다.

- **Can** I use your phone?
  = **May** I use your phone? 당신의 전화를 사용해도 될까요?
  Yes, you **can**. / No, you **can't**.

3) 추측

can't be, '~~일리 없다,' 부정의 추측을 나타내며 과거형은 **can't have pp**(~이었을 리 없다)로 나타냅니다.

- The rumor **can't be** true. 그 소문은 사실일 리가 없다
- The rumor **can't have been** true. 그 소문이 사실이었을 리가 없다

4) 강한 의심

'정말 사실일까?' 의문문에서 강한 의심을 나타냅니다.

- **Can** it be true? 그것이 정말 사실일까요?

❷ could

1) can의 과거형으로 시제일치에 사용됩니다.

- When I **am** seven, I **can** play the cello.
  = When I **was** seven, I **could** play the cello. 일곱 살 때 나는 첼로를 연주할 수 있었다

2) 정중한 표현에 사용되며 would로 바꿔 쓸 수 있습니다.

- **Could** you carry this suitcase?
  = **Would** you carry this suitcase? 이 가방을 운반해주시겠습니까?

3) 가정법 과거완료에 사용됩니다.

- You **could have behaved differently**. 당신은 달리 행동할 수도 있었는데
  – 과거 사실에 대한 반대를 나타냅니다.

| The Show 영문법 |

2 may, might

❶ may

1) 허가

'~해도 좋다' can으로 바꿔 쓸 수 있습니다.

- Eros, You **may** pack up and go out.
- = Eros, You **can** pack up and go out. 에로스, 짐을 싸서 가도 좋아

> 허락을 구하는 may에 대한 부정의 두 가지 대답 법
> 약한 부정에는 may not, 강한 부정에는 must not을 사용합니다.
> - May I use your phone? 전화 사용해도 될까요?
>   = No, you **may not**. 아니요
>   = No, you **must not**. 아니, 쓰면 절대로 안 돼요

2) 추측

'~일지도 모른다,' must에 비해 다소 불확실한 추측을 나타내며 과거형은 **may have pp**(~이었을지도 모른다)로 나타냅니다.

- She **may be** an angel. 그녀는 천사일지도 몰라
- She **may have been** an angel. 그녀는 천사이었을지도 몰라

3) 기원문

'~하소서,' 란 뜻을 나타냅니다.

- **May** return safe and sound! 무사히 돌아오소서!

❷ might

1) may의 과거형으로 시제 일치를 위해 사용합니다.

- Hermes **runs** so fast that he **may** deliver Zeus' message.
- = Hermes **ran** so fast that he **might** deliver Zeus' message.
  헤르메스는 제우스의 메시지를 전달하기 위해 매우 빨리 달렸다

2) 공손 표현

- You **might** exchange this watch if you want. 원하신다면 이 시계를 교환하셔도 됩니다

3 must

❶ 의무

'~~해야 한다,' have to로 바꿔 쓸 수 있죠. 미래형은 will have to, 과거형은 had to, 3인칭 단수

현재형은 has to로 나타냅니다. will must란 표현은 없습니다.

- Guys, you **must** obey me.
  = Guys, you **have to** obey me. 너희 모두는 내 말에 복종해야만 해 〈현재〉
- Staffers **had to** follow Zeus. 참모들은 제우스를 따라가야만 했다 〈과거〉
- You **will have to** stay with me. 당신은 나와 함께 있어야만 해요 〈미래〉

❷ 추측

'~임에 틀림이 없다,' may보다 강한 추측을 말하며 과거형은 **must have pp**(~이었음에 틀림없다)로 나타냅니다.

- You **must be** a princess. 당신은 공주임이 틀림없다
- You **must have been** a princess. 당신은 공주이었음에 틀림이 없어

❸ 금지

'~하면 안 된다,' should not으로 바꿔 쓸 수 있습니다.

- You **must not** smoke in this area.
  = You **should not** smoke in this area. 여기는 금연구역입니다

4 will, shall

❶ will

1) 단순미래
- You **will be** twenty next year. 당신은 내년이면 20살이 될 것이다

2) 고집
- The entrance door **will not** open. 현관문이 열리려고 하지 않는다

3) 경향
- Accident **will** happen at any case. 사고는 어떤 경우든 일어나기 마련이다

4) 권유
- **Will** you grab something to bite? 뭐 간단하게 좀 먹을래?

> 명사 will의 두 가지 뜻
> - He made a lawyer prepare his **will**. 그는 변호사에게 **유언**을 준비하게 했다
> - My **will** is still strong. 나의 **의지**는 여전히 강력하다

| The Show 영문법 |

❷ shall

1) 의지미래

- You **shall** join the summer camp. 너는 여름 캠프에 참가하게 될 것이다
  = **I will let you join** the summer camp. 내가 너를 여름 캠프에 참가하도록 할 것이다
  – 평서문 2인칭, 3인칭 다음에 사용되는 shall은 말하는 사람의 의지를 나타냅니다.
- My son **shall** stay at home today. 내 아들은 오늘 집에 있을 것이다
  = **I will let my son stay** at home today. 내가 내 아들을 오늘 집에 있도록 할 것이다
- **Shall** he come in? 그를 들어오게 할까요?
  – 의문문에서 3인칭 주어 뒤에 사용되는 shall은 청자(hearer)의 의지를 나타냅니다.

2) 상대방의 의향을 물을 때

- What **shall** we have for dinner? 저녁으로 무엇을 먹을까요?

3) Let's로 시작하는 부가의문문의 끝에

- Let's go shopping, **shall we**? 우리 쇼핑가지 않을래?

5 would, should

❶ would

1) 시제일치

will의 과거형으로 시제 일치를 위해 사용됩니다.

- He **says** that he **will** start on Sunday.
  = He **said** that he **would** start on Sunday. 그는 일요일에 출발할 것이라고 말했다

2) 과거의 불규칙적인 습관

- He **would** sit here for hours. 그는 몇 시간씩 여기 앉아 있곤 했다

> 횟수를 셀 수 있는 규칙적인 습관을 말할 때는 used to를 사용합니다.
> - He **used to** throw a party every Friday night. 그는 금요일 밤마다 파티를 열곤 했다

3) 공손한 표현

- **Would** you do me a favor? 부탁 좀 들어주시겠어요?
  = **Could** you do me a favor?

4) 가정법

- I **would** succeed if I tried my best. 내가 최선을 다했다면 성공했을 텐데
  – 현재사실에 대한 반대를 나타냅니다.
- You **would have seen** Verbs enter. 당신은 동사가 들어오는 것을 보았을 텐데
  – 과거사실에 대한 반대를 나타냅니다.

❷ should

1) 의무

'~해야 한다,' must, have to, ought to로 바꿔 쓸 수 있습니다.

- I **should** support my family.
  = I **must** support my family.
  = I **ought to** support my family. 나는 가족을 부양해야만 한다

2) 후회

'~했었어야 했는데,' should 뒤에 현재완료형을 사용해서 **과거 사실에 대한 후회, 혹은 비난**을 나타냅니다.

- They **should have come** earlier.
  = They **ought to have come** earlier. 그들은 일찍 왔었어야 했는데
  cf. They **must have come** earlier. 그들은 일찍 왔음에 틀림이 없다

3) 판단 혹은 감정의 형용사가 주절에 사용될 때

판단, 혹은 감정을 나타내는 형용사(natural, necessary, important, pity, right, etc.)가 주절에 오면 **종속절에 should를 사용**하며 이를 감정의 should라고 합니다.

- It is **natural** that Hera **should** get angry. 헤라가 화를 내는 것은 당연하다
- It is a **pity** that you **should** be dumped. 당신이 차이다니 정말 안 됐군요

4) 제안, 주장, 명령, 요구, 결정 등을 말하는 동사가 주절에 올 때 종속절에 사용합니다.

제안(propose, suggest), 주장(insist), 요구(demand, require), 명령(order), 결정(decide)과 같은 동사들이 주절에 올 때 종속절의 동사는 **should+원형동사 혹은 원형동사**를 사용합니다.

- He **insisted** that I (**should**) go there. 그는 내가 그곳에 가야한다고 주장했다
- I **proposed** that we (**should**) help the poor. 나는 가난한 사람들을 돕자고 제안했다

6 used to, ought to

❶ used to

1) 과거의 규칙적인 습관 (~하곤 했다)

- I **used to** run five kilometers to lose weight. 나는 살을 빼기 위해 5 kilo를 뛰곤 했다

2) 과거 존재했지만 현재는 더 이상 존재하지 않는 사물을 나타낼 때

- **There used to be** a well around here. 이 부근에 우물이 하나 있었다

be used to+~ing(동명사) ~하는 것에 익숙하다
- Apollo <u>is used to</u> **playing** the lyre. 아폴로는 수금을 연주하<u>는 데 익숙하다</u>
  cf. Apollo <u>used to play</u> the lyre. 아폴로는 수금을 연주하<u>곤 했다</u>

❷ ought to

1) 의무

'~해야 한다' 라는 뜻을 나타내며 should, must, have to로 바꾸어 쓸 수 있습니다.

- I **ought to** hand in papers.
  = I **should(must)** hand in papers. 나는 논문을 제출해야만 한다

2) 과거 사실에 대한 유감, 후회를 나타냅니다.

'~했었어야 했는데' **현재완료와 함께 쓰여 과거 사실에 대한 후회, 비난을** 나타내며 should로 바꿔 쓸 수 있습니다.

- You **ought to have driven** carefully.
  = You **should have driven** carefully. 당신은 좀 더 조심스럽게 운전을 **했어야만 했는데**

7 need to, dare (to)

❶ need to

'~할 필요가 있다'란 뜻을 나타냅니다.

- You **need to** start right now. 당신은 지금 당장 시작할 필요가 있다
- We **don't need to** compete. 우리는 경쟁할 필요가 없다
- **Need** he attend the meeting? 그가 회의에 참석해야 하나요?

Need가 본동사로 사용될 때는 바로 뒤에 목적어가 따라옵니다.
- I desperately **need** your cooperation. 나는 당신의 협조가 절실히 필요합니다

❷ dare (to)

'감히 ~~하다'란 뜻을 나타냅니다.

- Staffers **dare not talk** back to Zeus. 참모들은 감히 제우스에게 말대답을 하지 못한다
- Who **dare (to) criticize** her? 누가 감히 그녀를 비난 할 수 있니?

| INTRO |

modal이 해피를 만났을 때

추측조동사 may, must, can't 그리고 의무조동사 should, ought to가 해피(have+pp)를 만나면 아주 특별한 일이 생깁니다. 이들의 이야기 속으로 here we go!

 **추측 조동사와 해피의 특별한 만남 (Should의 후회)**

영어 kingdom의 추측(guess)을 도맡아 하는 추측 삼인방 May, Must, Can이 아주 은밀하게 Should를 불러 꼬시죠.

"**Hey, do you know why I called you?**왜 불렀는지 알겠니?"
"**No, I have no idea.**아니 모르겠어."
"함께 힘을 모아 modal 역사에 길이 남을 대업을 만들어보자고 불렀어."
"**It sounds cool, but how can I make it?**좋지, 그런데, 어떻게 할 수 있지?"
"쉬운 방법이 있어, 우리들 뒤에 현재완료(have+pp)를 붙여 과거형을 만들면 돼.
as follows다음처럼;

- It must **be** true. 사실임에 틀림없어
- It must **have been** true. 사실이었음에 틀림없어

"**Aha! I get it,**알겠어 추측을 나타내는 과거형은 뒤에 해피를 붙이자는 말이구나. Am I right?"
"**Exactly**정답이야 ^^"
"그럼 의무를 나타내는 나 should는 어떤 뜻이 되지? 뒤에 해피를 붙이면 말이야."
"음, 그게 사실은, 뜻이 조금 달라지는데."
"어떻게? 얼마나 달라지는데?"
"과거사실에 대한 후회, 혹은 비난을 나타내게 되지. 다음처럼 말이야."

- You should lose weight. 너는 살을 빼야해
- You **should have lost** weight. 너는 살을 뺐어야만 했는데

"Oh my god! 조금은, 개뿔, 뻥치고 있네. 완전 달라지잖아, 안 되겠어. 생각 좀 더해보고."

Should가 꺼리는 기색을 보이자 Must가 재촉을 하죠.

"그러니까, 특별히 더 주목받을 수 있잖아. 뜻이 좀 달라지면 어때. 그늘에 사는 것 보다는 양지가 훨씬 낫지."

Must가 다시 감언이설로 꼬시자 허락을 하죠. 혹 Should의 마음이 변할까 불안한 Must가 잽싸게 제우스에게로 가서 허락(allow)을 받았고, 제우스는 헤르메스를 시켜 이에 관해 **notice**공고 를 하게 하죠. 뒤늦게 이를 알게 된 Should의 절친 Would가 Should를 찾아와서는 말하죠.

"친구, 도대체 왜 그랬어? 평소에 '~해야 한다' 며 의무를 강조하던 그 cool 했던 네가 도대체 왜? 굳이 현재완료를 붙여서, 그것도, 원래의 뜻까지 바꿔가면서, 찌질하게 지

| The Show 영문법 |

> 나온 시간에 대해 후회나 하는 못난이가 되었어? **who the hell got you to change?** 대체 어떤 놈이 너를 그렇게 만들었냐고? ㅠ~ㅠ"
>
> "그러게, 아무래도 내가 귀신에게 홀렸었나봐. ㅋㅋ"
>
> guys, 의무의 조동사 should가 해피(have+pp)를 만나면 really something이 생깁니다.

8 조동사와 현재완료

❶ 추측조동사와 현재완료

추측을 나타내는 조동사 may, can't, must의 과거는 <u>뒤에 현재완료(have+pp)를 붙여</u> 나타냅니다.

- Zeus, you **must have had** an affair. (확실한 추측)
  제우스, 당신 바람피웠음에 틀림이 없어요. ㅠ~ㅠ
- No, you **can't have seen me** having an affair. (부정적인 추측)
  아니, 당신이 내가 바람피우는 것을 보았을 리가 없소
- Hermes **may have seen** it. (불확실한 추측)
  헤르메스가 보았을지도 모르죠

❷ 의무조동사와 현재완료

의무를 나타내는 should, ought to, 그리고 need not 뒤에 <u>현재완료가 오면 과거사실에 대한 후회와 비난</u>을 나타냅니다.

- I **should (ought to) have told** the truth. 진작 사실을 말했어야만 했는데
- You **need not have done** this. 이렇게까지 할 필요는 없었는데

9 조동사를 이용한 관용표현

❶ may well + 원형동사 (~하는 것도 당연하다)

- You **may well** complain. 당신이 불평하는 것도 당연하다
  = **It is natural** that you **should** complain.

❷ may as well + 원형동사 = had better + 원형동사 (~하는 것이 더 낫다)

- You **may as well** accept my apology. 너는 나의 사과를 받아들이는 편이 더 낫다
  = You **had better** accept my apology.

❸ would rather A than B (B하기 보다는 A한다)

- I **would rather** starve **than** steal. 나는 도둑질 하느니 차라리 굶겠다
  - A, B는 평형관계를 이루어야 하므로 모두 원형동사로 나타냅니다.

❹ be used to ~ing (~하는데 익숙하다)

- I **am used to sewing.** 나는 바느질에 익숙하다
  = I **get accustomed to sewing.**

❺ there used to be (~가 있었다)

- **There used to be** a big house around here. 이 부근에 큰 집이 있었다
  = There was a big house around here then but it isn't there any longer.
  – 과거에는 있었지만 더 이상은 존재하지 않을 때 사용합니다.

Wow! 창조 여덟째 째 날, 동사의 도우미 조동사에 관한 이야기도 모두 끝났습니다.
다음 Wrap Up을 통해 잘 마무리 한 후 내일 만나요. ^^

Wrap Up & Explanation

Wrap Up

❶ [01~07] 다음 문장은 어법상 잘못된 문장입니다. 바르게 고치시오.

01 Brian will can drive soon.

02 Hera have to cook tonight.

03 Girls, you ought to not to go out at night.

04 Eros was used to have a party every Friday.

05 Apollo insisted that I went there.

06 Can she gets over such a big shock?

07 Jack dares to hit a senior.

❷ 다음 두 문장이 같은 의미가 되도록 괄호 안에 알맞은 말을 쓰시오.(8~11)

08 I was able to open the box.
= I ( ) open the box.

09 You must stay at home tomorrow.
= You ( ) ( ) ( ) stay at home tomorrow.

10 You need not start right now.
= You ( ) ( ) ( ) start right now.

11 Jason shall have this purse.
= I ( ) ( ) ( ) have this purse.

❸ 다음 두 문장이 같은 뜻이 되도록 괄호 안에 알맞은 말을 쓰시오.(12~13)

12 She was a movie star, but she is not now.
= She ( ) ( ) be a movie star.

13 There was a big pond around here, but it doesn't exist now.
= There ( ) ( ) ( ) a big pond around here.

❹ 다음 문장을 해석하시오.(14~15)

14 Someone must have broken into my house.

15 You should have apologized then.

Explanation

❶

01 조동사는 겹쳐 사용할 수가 없죠. 가능 can의 미래는 **will be able to drive**로 나타냅니다.
(브라이언은 곧 운전을 잘 할 수 있게 될 것이다)

02 Hera가 3인칭 단수이며, 동사가 현재형이므로 has to로 나타냅니다.
(헤라는 오늘 밤 요리를 해야 한다)

03 조동사 ought to의 부정은 to 앞에 **not**을 붙여 나타냅니다. ought not to.
(소녀들, 밤에 외출은 금지야)

04 과거의 규칙적인 습관은 used to+원형동사로 나타냅니다. Eros used to have a party ~
(에로스는 매주 금요일 파티를 열곤 했다)

05 주절에 제안, 요구, 명령, 결정 등의 동사가 오면 종속절은 should+원형, 혹은 원형동사로 나타내죠. should go or go.
(아폴로는 내가 그곳에 가야한다고 주장했다)

06 <u>조동사 다음은 항상 원형동사를</u> 사용해야만 합니다. gets가 아닌 get이죠.
(그녀가 그런 큰 충격을 극복할 수 있을까?)

07 조동사는 3인칭 단수 현재형이 없죠. dares가 아닌 dare이죠.
(잭은 감히 선배를 때렸다)

❷

08 가능을 나타내는 숙어 was able to는 could로 바꿔 쓸 수 있죠.
(나는 그 상자를 열 수가 있었다)

09 의무를 나타내는 must는 have to로 나타낼 수 있죠. have to의 미래형은 will have to입니다.
(너는 내일 집에 있어야만 한다)

10 ~할 필요 없다. need not은 don't have to와 같은 뜻을 나타냅니다.
(당신은 지금 당장 시작할 필요는 없어요)

11 3인칭 평서문에 사용되는 shall은 바로 화자의 의지를 나타내죠. I will let Jason have this purse.
(나는 제이슨에게 이 지갑을 줄 것이다)

❸

12 과거에는 그랬지만 지금은 아니란 뜻을 나타내죠. used to입니다.
(그녀는 영화배우였었다)

13 '~가 있었는데 지금은 없다'란 뜻을 나타내죠. used to be입니다
(이 부근에 큰 연못이 하나 있었다)

❹

14 must have+pp ~했음에 틀림이 없다
(누군가가 나의 집에 침입했었음에 틀림이 없다)

15 should have+pp ~했었어야 했는데
(당신은 그 때 사과를 했어야만 했는데)

| 창조 아홉째 날 _ All about the parts of speech |

STORY 09

명사의 위상을 높여주는 관사 이야기

관사야, 명사를 상징하는 왕관이 되어라!

창조 아홉째 날입니다. 오늘은 명사를 한정하는 관사가 창조되는 날입니다. 왜? 제우스는 이 날, 또 다시 형용사를 밀쳐놓고 관사를 창조하게 되었을까요? 사실 관사는 제우스가 명사를 위해 특별하게 준비한 surprise이었죠. 완전한 문장을 위해 주목보로 불철주야 헌신하지만 불평 한 마디 없이 순종하는 모범 명사, 평소 이런 명사를 어여삐 여기던 제우스가 창조 아홉째 날, 마침 승리 100주년이 되는 이 날 특별하게 관사를 창조해 명사에게 선물로 주려는 것이죠. 잠시 눈을 감고 회상에 잠겨있던 제우스가 먼저 명사를 불러 말하죠.

"내 사랑, 모범 명사들아, 너희의 노고를 치하하기 위해 오늘 관사를 창조해 너희들에게 왕관으로 씌워주마. 앞으로 관사는 너희의 왕관이 되어 너희의 품격을 높여줄 것이다. 관사는 오직 너희 명사만을 위해 **devotion**헌신 할 것이다. 어떠냐? 내 선물이 맘에 드니?"

"Oh my gosh! 대대손손 명사가문의 영광(glory)이옵니다."

명사들의 대답에 만족한 제우스가 staff들을 보며 재촉을 합니다.

"오늘의 mission은 모범 명사를 위해 왕관이 될 명사의 한정사, 관사를 창조하는 일이다. **Are you set?** 준비됐니?"

"Yes, sir, **we're ready!**"

창조 아홉째 날, 명사를 한정하며 명사의 품격을 높여주는 관사의 이야기 속으로 go! go!

관사의 두 얼굴

| INTRO |

관사(article)의 두 얼굴

명사라면 무조건 들이대고 보는 소박 털털한 부정관사, 반면에 정해진 특정명사, 지적이고 우아한 명사만을 한정하려는 된장녀 정관사,
두 관사의 이야기 속으로 here we go!

 부정관사 a, an의 profile

명사에게 선물로 하사할 관사를 창조하기 위해 제우스와 참모들이 장시간의 idea meeting을 한 후 두 관사가 탄생되었죠. 부정관사 a와 정관사 the가 그들이었죠. 일단 이들을 명사에게 선물하기 전에 제우스가 이들을 불러 orientation을 하죠. 먼저 천성이 소박하고 털털한 부정관사를 불러 말하죠.

"Hey, A야, 너의 이름은 부정관사란다. 왜인지 알고 있니?"
"Not really, sir, 왜죠?"

● indefinite: 정해지지 않은

"Indefinite article이란 말에 걸맞게 정해지지 않은 관사, 즉 정해지지 않은 명사를 한정하기 때문이지.
Can you feel me?알겠니?"
"Yes, sir. 그럼 불특정 명사이면 단수이건 복수이건 무조건 다 내가 한정할 수 있나요?"
"No, you can't. 명사 중에서도 셀 수 있는 명사이며, 또한 단수일 경우만이다. 즉, 셀 수 없는 물질, 고유, 추상명사와 그리고 복수명사 앞에는 붙을 수가 없단다."
"그럼, 만약에요. 반대로 셀 수 있는 단수 명사인데도 불구하고 제가 없다면 어떻게 되죠?"
"오! **Good question.**좋은 질문이군. ^^ 어법상 틀린 문장이 되지. 한 마디로 황 되지. 항상 주의해야 한다. 셀 수 있는 단수 명사인 경우 부정관사 네가 그 명사 앞에서 **escort**호위를 해야 한다는 것을. 그것이 바로 너의 운명이다. okay?"
"Yes, sir, 그런데 이미 A가 있는데 An은 왜 또 있어요? **What for?**무엇 때문이죠?"
"이 녀석아, 내가 누구냐? 나는 창조주, 당근 이유가 있지. 셀 수 있는 단수 명사 중 그 첫 발음이 모음(a, e, i, o, u)으로 나면 An이 A를 대신하기 위해서지. **as follows**다음처럼;

● I like **a** peach but you have **an** apple. 나는 복숭아를 좋아하지만 너는 사과를 갖고 있다

특히 이렇게 사용된 너희 A, An은 아무런 뜻이 없다는 것도 기억해라, you know what I am saying?"
"Sure, sir. 우리 부정관사 A, An이 꼭 지켜야 할 일은 셀 수 있지만 혼자라 외로운 **단수**

| The Show 영문법 |

- nicely done
 =good job:
 잘했어 ^_^*

명사 앞에 붙어 **특별한 생각(해석)없이** 그 명사의 외로움을 달래며 한정해주는 일이란 말이죠, 그죠?"

"**That's it!** 바로 그 거야, 아주 말귀를 잘 알아듣는구나. **Nicely done.** 잘했어^_^*

1 부정관사(Indefinite Article)

특별히 정해지지 않은 명사, 처음 나오는 명사 앞에 붙어 그 명사를 한정하며 a, an 두 종류로 구분이 됩니다. **모음으로 시작하는 명사 앞에는 a 대신 an을 사용하죠**. 부정관사의 용법은 일반적인 용법과 특별용법으로 구분할 수 있습니다.

❶ 일반적 용법

1) 셀 수 있는 단수 명사 앞에 붙입니다.

- There is **a calender** on the desk. 책상 위에 달력이 있다

 cf. There are two **calenders** on the desk. 책상 위에 두 개의 달력이 있다
 – 복수명사 앞에는 부정관사를 붙일 수 없습니다.

- Eros has **an orange**. 에로스는 오렌지를 가지고 있다

- We ran **an hour** to catch the first train. 첫 기차를 타기 위해 한 시간이나 달렸다

a, an의 구분은 철자(spelling)가 아닌 발음(pronunciation)이 기준이 됩니다. 다음 예들은 빈출문제니 꼭 암기하세요.
- a university, a union, a year, etc. vs an hour, an honest boy

❷ 부정관사의 특별용법

a, an만의 특별한 뜻을 나타냅니다.

1) one (하나의)

'하나' 란 뜻을 강조하며 이 경우 분명히 '하나' 라고 해석합니다.

- Rome was not built in **a** day. 로마는 **하루** 아침에 이루어지지 않았다

2) a certain (어떤)

고유명사 앞에 붙어 '어떤' 이라는 뜻을 나타냅니다.

- **A** Mr. John came to see you this morning. 어떤 Mr. John이라는 사람이 오늘 아침 당신을 보러 왔다

3) per(~당, ~에)

'~당, 혹은, ~에' 란 뜻을 나타냅니다.

- He works out three times in **a** week. 그는 일주일에 세 번 씩 운동을 한다

4) the same (같은)

'~와 같은' 이라는 뜻을 나타냅니다.

- Birds of **a** feather flock together. 깃털이 같은 새는 함께 난다

5) 종족을 대표합니다.

종족대표는 보통명사 앞에 부정관사, 정관사를 붙여 혹은 그 명사의 복수형으로 나타냅니다.

- **A horse** is a very useful animal.
= **The horse** is very useful animal.
= **Horses** are very useful animals. 말은 매우 유용한 동물이다

 된장녀 정관사의 우아한 profile

- orientation: 적응지도
- single noun: 단수명사

제우스가 부정관사들에게 orientation을 하는 동안 정관사는 뒤에서 궁시렁대죠.

"아, 쟤는 뭐야? 명사가 홀로 있는 꼴을 못 보니! 아주 single noun만 보면 가서 번죽을 떨어대니, 격 떨어지게, 싼 티 제대로다. 왜 저리 헤퍼? 같은 관사라는 게 창피해 죽겠네."

이 때 제우스가 정관사를 보며 말하죠.

"**Hey, The, what's on your mind?** The야, 뭔 생각을 하고 있니?"

"**Nothing,** 아니 예요, 그런데 **Can I have a question?** 뭐 좀 물어봐도 돼요?"

"**Sure, go ahead.** 좋아, 해"

"나 정관사는 부정관사와는 그 용법이 물론 다르겠죠?"

"당연하지, 정관사, definite article의 이름에 걸맞게 너는 정해진 명사 앞에만 붙으니 말이다. 그런데 왜?"

"항상 정해진 명사? 그럼 단수이건 복수이건, 셀 수 없는 명사라도 상관이 없나요?"

"**Nearly.** 거의 그렇지"

"혹, 우리가 한정하고 싶은 명사를 선택해도 되나요?"

"뭐, 원한다면 그렇게 하렴."

제우스의 허락을 받은 정관사들이 얼씨구나 하며 자신들이 한정할 명사들을 선별하기 시작하죠.

"정관사의 품위에 맞게 기품 있고 고급스러운 명사들만 골라 한정해야지."

정관사들이 까다롭게 명사를 선별한 후 제우스에게 보여주죠. 제우스가 보니 참, 정관사들의 허영이 장난이 아니죠. 게다가 공주병 말기 증세까지 보이죠. 기가 막힌 제우스가 말하죠.

"무대로 올라가서 너희가 한정할 명사들에 관해 직접 말하지 그래?"

| The Show 영문법 |

무대라는 말에 한껏 들뜬 The가 나가더니 온갖 우아를 떨며 자랑질을 합니다. 마치 앙드레 김처럼 말이죠.

"Oh, beautiful time이죠. 엘러건(elegant; 우아)하고 쉬~익(chic; 세련된)한 나는 쩡~관사예요. 보다시피 나는 지적이라 신문(newspaper), 잡지(magazine) 매일 read하구요. 악기(musical instrument) 잘 다뤄요. 하지만 땀 내 나는 운동 No, 산(mountain)보다는 광활한 산맥(ridge)이 좋고, 호수 보다는 흐르는 강(river)이나 대양(ocean)을 좋아하구요. 바다를 가르는 선박(ship)을 사랑하죠. 세상에 하나 밖에 없는 해, 달, 별, 행성 그리고 고유한 건물, I love it. 하지만 노숙자(homeless)들이 모여드는 공원(park), 역(station)은 No, they are not my type. 내 스타일 아니죠. 왜? 난 격조 높은 정관사이니까."

이를 듣고 있던 부정관사가 썩소를 날리며 말하죠.

"뭐야 저 인간은, She turns me off in a big way, 정말 완전 정 떨어져"

"그러게, 자랑질에다 허영심까지, 완전 된장녀가 따로 없군. ㅋㅋ"

• turn somebody off: 정 떨어지게 하다

2 정관사(Definite Article)

정해진 명사, 혹은 이미 알고 있는 명사, 수식 어구에 의해 한정 받는 명사 앞에 붙어 그 명사를 한정합니다. 정관사의 용법은 정관사를 붙여야할 경우와 아닌 경우, 그리고 특별용법으로 구분됩니다.

❶ 정관사를 붙여야 하는 경우

1) 정해진 명사 앞에

- Eros made her **a necklace**. **The necklace** was made of roses.
  에로스는 그녀에게 목걸이를 만들어 주었다. 그 목걸이는 장미로 만들어졌다

2) 처음 나온 명사지만 상대방이 이미 알고 있는 명사 앞에

- Will you close **the** door? 문 좀 닫아주시겠어요?

3) 해, 달, 별, 행성 등과 같이 세상에 하나 밖에 없는 명사 그리고 산맥 앞에

- **The Earth** is round. 지구는 둥글다
- **The** Alps 알프스 산맥
  - 산 앞에는 붙이지 않습니다. Do keep it in your mind! (기억하세요)

4) 전치사구, 즉, 수식어에 의해서 한정을 받는 명사 앞에

- **The** socks <u>in the drawer</u> are mine. 서랍 안에 있는 양말은 내 것이다
   전치사구

5) The first, the fourth, the last 등과 같은 서수나 최상급의 형용사 앞에서
- Jason is **the** tallest boy in his class. 제이슨은 그의 반에서 가장 키가 크다

6) 관용적인 표현

In **the** morning 아침에   in **the** afternoon 오후에   in **the** evening 밤에

단, 관용구 at night (밤에) 앞엔 정관사를 붙이지 않습니다.

7) 관공 건물들 앞에

The White House 백악관   **The** Blue House 청와대   **The** National Museum 국립박물관

8) 강, 바다 앞에

The Han River, **The** Atlantic 대서양
- 호수 앞에는 붙이지 않습니다.

9) 신문, 잡지와 배 이름 앞에

The Korea Herald 헤럴드 신문   **The** Digest 다이제스트 잡지   **The** Titanic 타이타닉 호

10) 미국이나 영국과 같은 합중국, 혹은 복수로 끝나는 국가 앞에

The United States 미합중국   **The** United Kingdom 대영제국   **The** Philippines 필리핀

11) 종족 대표를 나타낼 때
- **The** tiger is the king of animals. 호랑이는 동물의 왕이다

❷ 정관사를 생략하는 경우

1) 역, 공원, 산 앞에
- Seoul Station   - Pagoda Park   - Alps 알프스 산

2) 호격, 부르는 말 앞에
- **Waiter**, may I have a cup of coffee? 웨이터, 커피 한 잔 주시겠요?

3) 가족 구성원을 말할 때
- I took **son** to the zoo last weekend. 나는 지난 주말에 아들을 동물원에 데리고 갔다

4) 신분, 즉 관직을 나타내는 말이 보어로 사용될 때
- My class chose Tony **chairman**. 토니가 우리 반 회장이 되었다

5) 공공건물이 본래의 목적으로 사용될 때
- She **goes to church** every Sunday. 그녀는 일요일 마다 예배를 보러 간다
  - go to school (공부하러 가다), go to church (예배 보러 가다), go to prison (징역살러 가다)
    - 기타의 목적으로 사용되면 관사를 붙입니다.
- I **went to the prison** to see uncle. 나는 삼촌을 면회하기 위해 감옥으로 갔다

6) 운동경기, 식사이름
- We are playing **football**. 우리는 축구를 하고 있다

| The Show 영문법 |

- We eat **dinner** at seven. 우리는 7시에 저녁을 먹는다

7) 교통수단을 나타낼 때

- I usually go to school **on foot**. 나는 보통 걸어서 학교에 간다
   - by bus(버스로), by train(기차로), by airplane(비행기로), on foot(걸어서), etc.

❸ 정관사의 특별용법

1) the + 형용사 = 복수 보통명사

정관사가 형용사와 결합하면 복수 보통명사가 되어 '사람들'이란 뜻을 나타냅니다.

- **The rich** are not always happy.
   = **Rich people** are not always happy. 부자들이라고해서 항상 행복하지는 않다
   The rich = rich people, the poor = poor people, the old = old people, etc.

2) the + 보통명사 = 추상명사

정관사가 일부 보통명사 앞에 붙으면 다음과 같은 추상명사가 됩니다.

- **The pen** is mightier than **the sword**. 문필의 힘이 무력보다는 강하다
- She felt **the mother** when seeing the baby. 그녀는 그 아기를 보자 모성애를 느꼈다

관사와 기타 한정사 간의 서열 다툼

| INTRO |

한정사(determiners)

명사를 한정하는 관사, 한정사, 소유격 그리고 형용사, 이들 모두를 한정사라고 합니다. 이들 한정사가 서열을 두고 격돌하는 그 현장 속으로 here we go!

 관사와 기타 한정사 간의 자리싸움 (Round one; 부정관사 vs Such, So의 대격돌)

명사를 한정하는 한정사들 Such, Quite, Rather, So, How, Too 등이 모여 울분을 토로하고 있죠. **What drives them so crazy?** 무엇이 저들을 저리 열 받게 했을까요? 바로 관사 때문이죠. 창조 아홉째 날, 제우스가 느닷없이 명사의 왕관이니 어쩌니 하면서 관사를 창조해 명사에게 주자 첫 날부터 명사를 한정하던 이들이 열을 받은 것이죠.

"**They freak me out,** 완전 어이 없어 도대체 저것들은 뭐야? 8품사도 아닌 것들이 떡하니 spotlight를 받다니. 아니 그도 모자라 명사 앞을 딱 꿰차고 있으니 말이야."

한정사 Such가 말하자 So가 맞장구를 치죠.

"그러게, **You took the words right out of my mouth.** 정말 내말이 그 말이야 도대체 제우스는 뭐하자는 거야. 관사가 명사의 왕관이라면 그럼 우리는?"

이에 Such가 급 제안을 하죠.

"가서 제우스에게 말해 서열을 정해두자. **otherwise,** 그렇지 않으면 **we may get in serious trouble.** 피 볼지도 몰라"

"**Good. Let's go for it.** 우리 가는 거야~!"

한정사들이 떼거리로 몰려가 메가폰을 집어 들고 외칩니다.

"제우스님, 이제 서열을 정해주시죠. 알다시피 어순은 곧 power, 관사와 우리 중 누가 먼저죠?"

"당근, 너희들이 먼저지."

"그렇다면, 빨리 그렇다고 **notice** 공고 해줘요."

"**Okay, just wait.** 잠시만 기다려."

잠시 후 제우스의 명을 받고 내려온 헤르메스가 광장 중앙에 placard를 걸죠. 그 안에는 한정사 간의 서열이 다음과 같이 정해져있었죠.

1. such(quite, rather)+부정관사(a, an)+형용사+단수명사

● You are **such a good girl.** 당신은 정말 좋은 여자야

- drive crazy: 화나게 하다

- freak out: 놀라게 하다, 당황하게 하다

- go for it: 가는 거야~! 홧팅

| The Show 영문법 |

2. so(as, too)＋형용사＋부정관사＋단수명사

• You are **so good a girl**.

"아~싸~아! 우리가 이겼다, 나 Such나, 자네 So나 어쨌든 관사보다는 앞이니 말이야. 안 그래?"

"그러게, 이제야 질서가 바로 잡히는군. 굴러온 돌이 박힌 돌을 밀어낼 수는 없지. ♪♪"

Round two; 정관사 vs All, Both, Double의 한 판

한정사 Such, So가 victory를 동네방네 떠들고 다니자 이번에는 All, Both, Double이 메가폰을 들고는 항의를 하죠. 제우스가 급 짜증을 내며 말하죠.

"아! 또 왜? **What the hell seems to be the problem?** 된장, 도대체 문제가 뭐야?

"우리와 정관사의 서열은 어떻게 되요? 조치를 취하셨어야죠?"

"서열? What 서열? 뭔 자다가 요강 들고 배구하는 소리를 하고 있어. 항상 너희가 정관사 앞인데. Why?"

"**You mean it?** 정말요? 그런데 정관사 그 된장녀는 왜 그래요? 완전 우아 떨면서 늘 앞에서 깝치는 통에 stress가 장난이 아니 예요."

"**I will take care of it right now.** 지금 당장 해결해주지"

잠시 후 제우스가 헤르메스를 시켜 다음과 같은 서열을 placard에 추가하도록 하죠. It reads;

3. both, all, double＋the＋명사

• **Both the cars** were made in Germany. 두 차 모두 독일제이다

이를 확인한 후 All, Both 등은 yahoo! 하지만 관사 A, An, The는 약이 올라 동시에 불평(griping)을 하죠.

"**Ouch! What the hell is that?** 이런, 저게 뭐야? **We are humiliated.** 완전 개망신이야 쳇! 이럴 것이면 왕관이란 말을 말던가. 젠장, 뭐야? 모냥 빠지게 ()_()*

여러분, 1, 2의 어순은 감탄문의 어순이기도 하죠. 꼭 기억하세요.

• You mean it
= Are you serious?
정말이야?
사실이야?

• the hell(젠장):
의문사를 강조하는 속어입니다

---

1 한정사 간의 어순

명사를 한정하는 관사, 소유격, 형용사, 기타 such, quite, rather, so, how, too를 모두 합해 한정사라고 합니다. 이들이 겹쳐 명사를 한정할 때 이들 간의 어순은 아주 중요하죠. 어법 영순위 문제입니다.

❶ such(quite, rather)＋a(an)＋형용사＋단수명사

• I have never seen **such a spectacular scenery**. 나는 그렇게 멋진 경치를 본 적이 없었다

- Hermes is **quite a fast god**. 헤르메스는 정말 빠른 신이다

❷ so(as, too)+형용사+a(an)+단수명사

- He is **so hot a guy**. 그는 참 멋진 녀석이다
  cf. Rain is **such a hot** guy.
- This is **as big a room** as that. 이 방은 저 방만큼 크다

❸ 관사(a, an)+부사+형용사+단수명사

- You are **a really good husband**. 당신은 정말 좋은 남편이다
- She is **an extremely tall girl**. 그녀는 매우 키가 큰 소녀다

❹ all, both, double, half+the

정관사가 all, both, double, half 등과 나란히 명사를 수식할 때 정관사는 이들 뒤에 옵니다.

- **All the** staff should attend the meeting. 참모들 모두 회의에 참석해야만 한다
- This house is **half the** price of yours. 이 집은 당신 집값의 반이다

| INTRO |

이중소유격

한정사 중 부정관사와 일부 지시형용사는 결코 소유격과 나란히 할 수 없는 상극이죠. 그래서 제우스는 이중소유격을 만들게 됩니다. 그 이야기 속으로 here we go!

이중소유격 이야기 (한정사와 소유격의 대격돌)

부정관사와 Such, So의 분쟁을 해결한 후, 휴~! 한숨 돌리나 했더니, oh dear! 또 헤르메스가 호들갑을 떨며 달려와 말하죠.

"**Please, sir, look down there.** 저기 아래를 좀 보세요"

"헉! 또, 뭔 일이람?"

제우스가 내려다보니 이번에는 소유격이 부정관사 A를 향해 주먹을 날리며 깽판을 치고 있죠. 이유인즉, 관사가 소유격 앞에서 알짱대며 **me, first** 나, 먼저 하며 약을 올리자 열 받은 소유격이 홧김에 주먹을 날린 것이죠. 이를 본 제우스가 욱해 당장 구름을 타고 내려가 번개봉을 휘두르며 협박을 하죠.

"소유격, 네 이놈, 죽으려고 환장(insane)을 했구나. 어디서 주먹질이야?? 죽고 싶어?"

● sane: 제 정신의

"흑! 왜 나만 갖고 그래요? 정말, 억울해요. ㅠ~ㅠ

저 문장을 일단 보시라 구요. A, E, C!!"

발단이 된 문장을 보니 과연 소유격이 볼 맨 소리를 할 만하죠.

- This is **a my** friend. 이 애는 내 친구다

원칙적으로 관사 a와 소유격이 나란히 올 수 없기 때문이었죠. 소유격이 다시 불평을 해대죠.

"보세요? 저 개념 없는 관사 A가 밀고 들어오기에 꺼지라고 했는데 저것들이 말을 안 듣잖아요. 어떡하라구요??"

제우스가 급 태도를 바꾸며 소유격을 달래죠.

"네가 명사 뒤로 가면 안 될까? 대신 소유격을 소유대명사로 upgrade시켜줄게. 다음처럼;

- This is **a friend of mine**. 이 애는 내 친구 중의 한 명이다

어때, 맘에 드니?"

제우스의 제안에 소유격들이 머리를 굴리죠.

"소유격 my는 명사 없으면 죽도 못 쓰는 명사의 한정사에 불과하지만 mine은 소유대명사, 번듯하게 홀로 사용되는 대명사. 흠, 해볼 만한 거래(deal)군."

실익을 따져보던 소유격 my가 대답하죠.

"Call! ^^"

"**Good choice.** 탁월한 선택이야 모든 한정사들은 들어라.

앞으로 한정사 a, an, the, this, that, some, any, no, another 등이 소유격과 겹쳐 명사를 수식해야 하는 경우가 오면 소유격을 소유대명사로 바꾼 후 다음과 같이 **이중소유격**을 사용해야만 한다. 이중소유격의 어순은 다음과 같다. **Please keep that in your mind.** 꼭! 암기해"

한정사(a, an, the, this, that, some, any, no, another)+명사+of+소유대명사

- choose(v): 선택하다, choice(n): 선택

2 이중소유격

한정사 a, an, this, that, some, any, no, another 등은 소유격과 나란히 사용될 수 없습니다. 따라서 소유격을 소유대명사로 바꾼 후 한정사+명사+of+소유대명사로 나타냅니다. 이를 이중소유격이라고 합니다.

- These are **some books of mine**. 이것들은 내 책 중 일부들이다
- He is **a teacher of mine**. 그는 나의 선생님이다

  cf. These are some my books. (✗)   He is **a my** teacher. (✗)

3 관사와 명사의 수

사람 및 사물을 나타내는 명사가 접속사 and로 연결되어 주어 역할을 할 때 이 주어를 받는 동사의 수는 관사의 유무에 따라 달라집니다. 관사가 명사 앞에 각각 있으면 복수동사로, 관사가 하나이면 단수동사로 받게 되죠. 수의 일치와 관련해 출제되는 영순위 어법 문제입니다.

- Jack is **a** pilot and programmer. 잭은 조종사이며 동시에 프로그래머이다
- **A black** and **a white cat are** sleeping on the sofa. 검은 고양이와 하얀 고양이가 소파에서 자고 있다

Yahoo!
창조 아홉째 날 명사의 한정사 article에 관한 이야기도 모두 끝이 났습니다.
다음 Wrap Up을 통해 잘 마무리하시고 내일 다시 만나요. Take care~!

Wrap Up & Explanation

Wrap Up

❶ [01~05] 다음 문제들은 어법상 잘못된 표현들입니다. 바르게 고치시오.

01 I can play piano well.

02 How do you go to school? By the bus or on the foot?

03 We take a walk in afternoon.

04 Jane goes to the church every Sunday.

05 A cow is an useful animal.

❷ [06] 다음 예문의 밑줄 친 부분과 같은 부정관사의 용법을 고르세요.

06 He wants to be a Newton.

　① We have four English classes in a week.
　② A miss Kim came to see you.
　③ Rome was not built in a day.
　④ Birds of a feather flock together.

❸ [07~10] 다음 괄호 안에 알맞은 관사를 쓰세요.

07 (A, The, An) museum opens at nine in the morning.

08 I believe you are (a, an, the) honest boy.

09 How many days in (a, an, the) week?

10 We have to help (a, an, the) sick.

❹ [11~15] 다음을 영작 하세요.

11 시인이자 작가인 사람이 죽었다.

12 이 우물의 물은 건강에 좋다.

13 첫째 날에 그는 그의 고향으로 갔다.

14 우리는 그를 의장으로 선출했다.

15 나는 보통 7시에 저녁을 먹는다.

❺ [16~18] 다음을 올바르게 고치시오.

16 Show me your another suitcase.
17 That is a her camera.
18 A writer and a director is comming here.

Explanation

❶

01 악기 명 앞에는 정관사를 붙입니다. the piano * 운동경기 앞에는 무관사.   (나는 피아노를 잘 칠 수 있다)
02 교통수단을 말할 때는 무관사. by bus, on foot   (버스를 타고 학교에 가니, 아니면 걸어서 가니?)
03 아침에(in the morning), 오후에(in the afternoon) 하지만 밤에는 무관사 at night.   (우리는 오후에 산책을 한다)
04 공공건물이 본래의 목적으로 쓰일 때는 무관사죠. goes to church   (제인은 일요일마다 교회에 간다)
05 useful은 철자 상으로는 모음이지만 발음상은 자음이므로 a입니다.   (소는 유용한 동물이다)

❷

06 Newton과 같은 사람이 되길 원한다는 뜻이다. 즉, a는 ~와 같은(the same)뜻이죠.
    ① '일주일에' 란 뜻으로 per의 뜻이죠.   (우리는 일주일에 네번 영어 수업을 한다)
    ② '어떤 ~란' 의 의미로 a certain.   (김이라는 아가씨가 너를 보러 왔었다)
    ③ '하루 만에' 란 뜻으로 one의 의미입니다.   (로마는 하루 아침에 이루어지지 않았다)
    ④ 깃털이 같은, 즉, '~~와 같은' 의 의미로 the same의 뜻입니다.   (깃털이 같은 새는 함께 난다)

❸

07 박물관, 청와대, 백악관과 같은 공공건물 앞에는 정관사를 붙입니다 the.   (박물관은 아침 9시에 개관한다)
08 발음이 모음이므로 an.   (나는 네가 정직한 소년이라고 믿는다)
09 일주일에는 몇 날이 있니? 즉, '~~에(per)' 뜻을 지닌 a가 필요하죠.   (일주일은 몇일이죠?)
10 정관사+형용사 = 복수 보통명사, sick people(아픈 사람들)을 말하며 정관사가 필요하죠 the.   (우리는 아픈 사람들을 도와야만 한다)

❹

11 관사의 유, 무에 따른 수의 일치에 관한 문제입니다.
    시인이자 작가인 사람, 즉, A poet and writer is dead.
12 이 우물의 물, 즉 이 우물이란 전명구가 명사인 물을 한정하기 때문에 정관사를 붙입니다.
    The water of this well is good for health.
13 첫째 날에, 서수가 명사를 한정할 때는 정관사가 필요하죠.
    On the first day, he went to his hometown.
14 관직이나 신분을 나타내는 말이 보어로 쓰이면 무관사입니다.
    We elected him chairman.
15 식사 명 앞에는 관사를 붙이지 않습니다.
    I normally have supper at seven.

❻

16. 이중소유격에 관한 문제죠. 소유격을 소유대명사로 고쳐 나타냅니다.
    Show me another suitcase of yours. (당신의 또 다른 가방을 보여주세요)

17 역시 이중소유격에 관한 문제입니다.
   That is a camera of hers. (저것은 그녀의 카메라입니다)

18 명사 앞에 각각의 관사가 있으므로 두 사람, 따라서 동사 또한 복수로 일치 시켜야죠.
   is → are (작가와 감독이 이쪽으로 오고 있다)

| 창조 열째 날 _ All about the parts of speech |

STORY 10

명사의 makeup artist 형용사 이야기

명사의 분장사가 되어라!

창조 열째 날입니다. 오늘은 명사의 make up artist, 형용사가 창조되는 날입니다. 때론 명사 바로 앞에 착 달라붙어 명사를 한정하고, 때론 동사를 사이에 두고 명사의 상태를 간접적으로 서술하며, 무뚝뚝한 명사, 이름만을 나타내는 명사를 치장해주는 분장사인 형용사는 부사와 함께 2대 수식어품사로 구분되죠. 이 날 아침, 조찬을 먹으며 회의를 마친 제우스가 참모들과 함께 광장으로 내려가자 이미 stand by를 하고 있던 형용사들이 불만이 가득한 얼굴로 말하죠.

"We have been waiting for you two days, it's too hard, how dare to do like this? 이틀 동안이나 기다리게 하다니 정말 너무해요. 어떻게 이럴 수가 있어요. ㅠ ~ ㅠ"

"Oh, I am terribly sorry. 오, 완전 미안해. 하지만 be happy, it's time for you to grab attention. 이제 너희들이 주목받을 시간이니 말이다. 사실 명사가 천지 만물의 이름만 알려주었지. 대체 그 만물의 형태가 어떤지, 상태가 어떤지, 표현력이라곤 손톱만큼도 없으니 그 속을 알 수가 없어서 말이다. 표현의 마술사인 너희가 명사 앞, 뒤에 붙어 명사에 대한 속내를 다 알려다오. Can you do that? 그럴 수 있지?"

이에 형용사들이 화를 풀고는 한 목소리로 대답을 합니다.

"Absolutely, sir, 물론이죠 형용사 가문의 영광(honor)입니다."
"Good! 자 그럼 이제 슬슬 너희들의 profile을 만들러 떠나볼까? Do you get ready?"
"Sure, sir, let's get started."

창조 열째 날, 명사의 형태나 용모를 한정, 서술하는 형용사의 이야기 속으로 go! go!

언어의 마술사 형용사에 관한 profile 팍! 팍!

| INTRO |

형용사의 두 용법

오직 명사를 위해 태어나, 명사를 수식하다 죽을 운명을 지닌 품사인 형용사는 두 가지 다른 방법으로 명사를 수식하죠. 두 용법에 관한 이야기 속으로 here we go!

형용사의 두 용법 (딱 한정만 할까, 아니면 길게 서술할까?)

제우스가 참모들과 진지하게 talking을 하죠.

"**Guys, as you already know**알다시피, 형용사의 최우선 과제, 즉 top priority는 명사를 완벽하게 한정하고 서술하는 것이다. 그래서 말이다. 우선 형용사의 용법을 한정과 서술로 구분했으면 하는데 **What do you think?**어떻게 생각해?"

● top priority: 최우선 과제

"**The choice sounds good.**좋은 선택이네요"

"Cool, 그럼 일단 한정 vs 서술 용법으로 구분을 하자."

"**What is the difference?**차이점이 뭐죠?"

"전자(the former)가 형용사가 마치 껌처럼 명사에 착 달라붙어 수식하는 것이라면, 후자(the latter)는 동사를 사이에 두고 명사의 상태를 서술하는 것이지. 그럼 이제 두 용법에 관해 notice를 해야겠지. 흠, 어떻게 하면 가장 쉽게 차이점을 알려줄 수 있을까?"

이 때, 마침(coincidentally) 헤라가 아름다운 장미 한 다발을 들고 들어오며 말하죠.

● coincidentally: 때 마침

"**Look at this, these are so beautiful roses, aren't they?**정말 아름다운 장미죠, 그죠?"

"**Yup, those roses are really beautiful.**그래요, 그 장미는 정말 아름답네요"

이 말을 듣고 있던 제우스가 손뼉을 치며 말하죠.

"**That's it!**바로 이거야! **That is just what I am looking for.**저것이 내가 찾던 그 것이야 참모들, 지금 헤라와 아프로디테의 말에 사용된 형용사 beautiful에 주목한 후 차이를 알아 봐, what is the difference?"

"**Aha! I get it, sir.**알겠어요 beautiful roses의 beautiful은 한정용법으로 아름다운 장미, 반면에, roses are beautiful의 beautiful은 서술적 용법으로 장미는 아름답다. Am I right?"

● clearly: 명확하게

"**Exactly!**정확해! 요약하면, 한정용법은 '~~한 명사' vs 서술용법은 '명사가~ ~하다'란 말이지. 오! 이제 영어들에게 분명하게 설명할 수 있겠어. clearly하게 말이야. ♪♬"

| The Show 영문법 |

1 형용사의 두 용법

❶ 한정용법

형용사가 명사 앞, 뒤에 붙어 직접 명사를 한정, 제한하며 우리말 version은 '~한 명사,' 즉, 형용사의 해석이 주로 ㄴ 받침으로 끝납니다. 특히 **elder, fallen, golden, only, wooden, drunken** 등과 같은 형용사는 한정용법에만 사용되니 꼭 암기하세요.

- That **tall man** is my boyfriend. 저기 키 큰 남자가 내 남친이다
- This is a **golden glove**. 이것은 황금 장갑이다
- Many **fallen leaves** are in the forest. 숲에는 많은 낙엽들이 있다

❷ 서술용법

형용사가 불완전자동사 뒤에서 명사의 상태를 서술하는 것으로 이런 경우 형용사는 보어가 됩니다. 우리말 version은 '~~하다'로 됩니다. 특히 주의 할 것은 이런 경우 형용사 앞에는 관사를 붙일 수가 없다는 것입니다. 관사는 명사의 한정사이기 때문입니다. 특히 **afraid, alike, asleep, alive, alone, worth, unable, content** 등은 서술용법에만 사용 되니 꼭 기억하세요.

- That man is **tall**. 저 남자는 키가 크다
- The news made him **excited**. 그 뉴스는 그를 흥분하게 했다
- I **am afraid of** dogs. 나는 개를 무서워한다
  - be afraid of = fear, 무서워하다
- He **was unable to** understand the painting. 그는 그 그림을 이해할 수 없었다
  - be able to do = can ~할 수 있다
- The book **is worth reading**. 그 책은 읽을 가치가 있다
  - be worth~ing ~할 가치가 있다

❸ 용법에 따라 뜻이 달라지는 형용사

certain, late, right 등은 용법에 따라 뜻이 달라집니다.

1) certain (어떤, 확신하다)

- A **certain man** came to see you. 〈한정〉
  어떤 남자가 당신을 보기위해 왔었다
- I **am certain** that he will come. 〈서술〉
  나는 그가 올 것을 확신한다

2) late (돌아가신, 지각한)

- The **late king** 돌아가신 왕 〈한정〉
- He is often **late for** class 〈서술〉
  그는 종종 수업에 지각한다

3) right (오른 쪽, 옳다)

- Turn to the **right lane**. 〈한정〉
  우회전 하세요

- **Your argument is right.** 〈서술〉
  당신의 주장이 **옳아요**

| INTRO |

형용사 3대 가문

형용사는 역할에 따라 성상, 수량, 부정형용사로 구분이 됩니다.
이들 3대 가문에 관한 이야기 속으로 here we go!

역할에 따라 세 가지로 구분하는 형용사 (성상, 수량, 부정형용사)

제우스가 말하죠.

"이제 next thing은 형용사를 종류에 따라 구분해야겠지. 역할에 따라 분류를 해둬야 형용사가 명사를 제대로 make up할 수 있지, 그렇지?"

"빙고~! 당연하죠. 화장품(cosmetic)도 종류에 따라 기초 line, 색조 line, 재생 line 별로 구분이 되는데 하물며 지존 품사인 명사를 수식할 형용사니 당연 그래야겠죠."
Do you have any good criteria? 좋은 구분 기준이라도 있냐! **If you have, just talk to me.**
생각해 둔 것이라도 있니? 있으면 말해 줘"

"세 종류 정도면 무난할 것 같아요. 첫째(firstly), 명사의 성격이나 상태를 설명하는 성상형용사, 둘째(secondly), 명사의 수와 양을 나타내는 수량형용사, 마지막으로(lastly), 정해지지 않은 명사를 한정, 서술하는 부정형용사. 이만하면 충분하지 않을까요?"
"Wow! That is enough and enough, 왕 차고 넘치지 ^^ **Oh, Athena, you saved my day.** 큰 도움을 주는구려 쌩~유~!"

- make up: 화장하다, 구성하다, 작곡하다, 잠자리를 정돈하다
- criterion· 분류 기준
- save one's day: 수고를 덜어주다

2 형용사의 종류

형용사는 역할에 따라 성상, 수량, 부정형용사 세 종류로 구분됩니다.

❶ 성상형용사

명사의 성격(character)이나 상태(condition)를 나타내며 파생(derivation)에 따라 다시 성상, 고유, 분사형용사로 구분됩니다.

1) 성상형용사

명사의 성격이나 상태를 나타냅니다. old, young, pretty, ugly(추한), easy, difficult, honest, soft, tough 등이 대표적인 성상형용사들입니다.

- **She is a very pretty girl.** 그녀는 아주 예쁜 소녀다

| The Show 영문법 |

- This ice cream is really **soft**. 이 아이스크림은 매우 부드럽다
- He is a **hard** worker. 그는 매우 근면한 일꾼이다

2) 고유 형용사

고유명사에서 파생된 형용사로 주로 국가 명에서 파생된 형용사 Korean, English, Japanese, Chinese, French, Spanish, Italian, Russian 등이 이에 속합니다.

- Grandma is a **Japanese teacher**. 할머니는 일본어 선생님이시다
- My Daughter's **English** name is Heather. 내 딸의 영어 이름은 헤더이다
- Can you speak **Russian**? 러시아어를 말할 수 있나요?

3) 분사형용사

동사의 어미에 ~ing을 붙여 현재분사, 어미에 ~ed를 붙여 과거분사로 변신한 동사들이 형용사와 같은 역할을 할 때 이를 분사형용사라고 합니다. 현재분사는 능동, 과거분사는 수동의 뜻을 나타냅니다.

- A **barking** dog does not bite. 짖는 개는 물지 않는다
- **Rolling** stone 구르는 돌
- **Fallen** leaves 낙엽
- **Wounded** soldier 부상병

수량형용사 (수량의 지존 Many vs Much)

명사의 수와 양을 나타낼 수량형용사에 관한 profile을 완성한 후 제우스가 수량의 두 짱인 Many와 Much를 불러 orientation을 하고 있죠.

"Hey, you two, 너희들은 명사의 수가 얼마나 되는지, 양이 얼마나 되는지 보여줄 수량형용사들이다. 비록 둘의 Korean version이 '많다' 이지만 그 어법은 분명한 차이가 있지. 어때? 너희들이 수식하게 될 명사의 특징에 관해 잘 알고는 있나?"

● version: 해석, 관점, 의견

"Yes, sir. 저 Many는 수의 지존으로 셀 수 있는 보통명사와 집합명사, 그중에서도 저는 복수만을 관리합니다."

"Perfect! 그렇지. 그럼 Much군! How about you?"

"저는 셀 수 없는 물질명사를 수식합니다."

"Good! 그럼, 물질명사가 어떤 명사인지 설명하고 예를 들어봐."

● material: 물질의

"흔히 주변에서 보는 물질, 유식하게 말하면 material noun으로 볼 수도 있고 만질 수 있지만, 구체적인 형태가 없는 water, milk, sugar, salt, bread, tea, coffee, money 등이 아닌가요?"

"Excellent! 정확히 알고 있군, 좋아. **Much, nicely done.** 잘했어"

이 때 Many가 볼 맨 소리를 하죠.

"Bread? 빵? 단팥빵, 소보로빵, 식빵, 빵! 빵 빵! 하나, 둘 셀 수 있는데, 이상하다."

> "Shut up, 아! 그~건 니 생각이고~! 빵은 분명한 물질명사야."
> "왜요?"
> "Oven에서 구워 나오는 덩어리 빵을 생각해 봐, 당근 물질명사지, 무식한 놈."
> 제우스가 Many를 나무란 후 노파심에 다시 한 번 주의를 주죠.
> "Much군, 특히 네가 예로 든 물질명사들을 수식할 때는 **never fail to** 그대가 하도록, **otherwise** 그렇지 않으면, 완전 피 본다. Okay?"
> "**No worry, I keep that in my mind, sir.**걱정 붙들어 매시죠, 꼭 그럴 테니"
> "Cool, 그럼 이제 너희들의 family를 소개하지. 먼저 few, a number of는 Many가문으로, little은 Much가의 형용사니 그리 알라. 기타 a lot of, plenty of, 너희들은 수와 양 모두 사용될 수 있으니 그리 알라. Okay, I am done.끝"

- never fail to: 반드시, 꼭

❷ 수량형용사

명사의 수와 양을 나타내는 형용사로 수 형용사와 양 형용사로 구분이 됩니다. 출제 빈도가 높은 형용사들이니 각별히 주의하세요.

1) 수 형용사(Numeric Adjective)

셀 수 있는 보통명사와 집합명사를 수식하며 many, few, a good(great) number of 등이 있습니다.

a) many

'많은' 의 뜻을 나타내며 not a few로 대신할 수 있죠. **복수형 명사만 수식**합니다.

- Eros has **many** lovers.
  = Eros has **not a few** lovers. 에로스는 많은 애인이 있다
- **Many** students are running.
  = **A great number of** students are running. 많은 학생들이 달리고 있다

> many 뒤에는 복수명사가, many a 뒤에는 단수명사가 옵니다.
> - Many trees **are** being cut down every year. (많은 나무들이 해마다 잘려나가고 있다)
> - Many a student **is** working in the garden. (많은 학생들이 정원에서 일을 하고 있다)

b) few

few는 '거의 없다' 란 뜻으로 부정의 뜻을, a few는 '조금 혹은 약간의' 뜻, not a few는 긍정으로 many의 뜻을 나타냅니다. 이들 뒤에도 **항상 복수명사**가 옵니다.

- There are **few** books in Zeus' room. 제우스 방에는 책이 거의 없다
- **a few** books 몇 권의 책
- **not a few** books 많은 책
  = **quite a few** books = **a great(good) number of** books = **many** books

c) A good (great) number of
many와 같은 뜻을 나타내며 **복수형 명사**만 수식합니다.

- **A good number** of book stores **are** in this town.
  = **Many** book stores **are** in this town. 이 도시에는 많은 서점들이 있다

 A number of 다음에는 **복수명사**가, the number of 다음에는 **단수명사**가 옵니다. 전자는 복수동사와 후자는 단수동사와 일치를 이룹니다.
- **A number of** students **are** dancing merrily. 많은 학생들이 즐겁게 춤을 추고 있다
- **The number of** student **is** all twenty. 그 학생들의 수는 모두 20명이다

2) 양 형용사(Quantitative Adjective)
물질명사를 수식하며 much, little, a great deal of 등이 있습니다.

a) much
water, money, milk, bread, coffee, wine 등과 같은 물질명사를 수식하며, not a little, a great deal of로 나타낼 수 있습니다.

- I have **much** money = I have **not a little** money = I have **a great**(**good**) deal of money
  나는 많은 돈을 가지고 있다

b) little
little은 '거의~없다,' a little은 '약간,' not a little은 '많다,' 즉, much의 뜻을 나타냅니다.

- We have **little** water. 물이 거의 없다
- We have **a little** water. 물이 조금 있다
- We have **not a little** water. 많은 물이 있다
  = We have **much** water = We have **a great deal of** water

3) 수와 양 모두 수식하는 형용사.
a lot of, lots of, a lot, plenty of, etc.

- Children need **lots of** milk everyday. 어린이들은 매일 많은 우유를 마셔야만 한다
- That store has **plenty of** instant noodles. 저 상점에는 많은 라면이 있다

 두 부정형용사 Some과 Any 이야기

제우스가 부정형용사에 관한 profile을 완성한 후 대표 Some, Any를 불러 orientation을 하고 있죠.

"너희들은 딱히 정해지지 않은 명사들을 수식할 사명을 띠고 이 세상에 태어났다. 부정 형용사의 부정, indefinite가 의미하는 부정이 무엇인지 말해 볼 수 있겠니?"

"Sure, why not? 당연하죠 딱히 정해지지 않았다는 뜻이죠."
"Bingo! 정해진 것이 없다보니 너희의 해석이 '좀, 얼마, 몇 개' 등으로 된다는 것도 물론 알겠지?"
"두 말하면 개소리죠."

- tone down: 말, 행동을 조심하다

"훨~! Would you tone down your speaking? 야! 좀 고상하게 말해라 쪽 팔리게 개소리가 뭐니?"
"뭐, 제우스님도 다를 바 없네요, 쪽이 뭐예요??"
"Gee! Whatever, 오랜만에 stage로 올라가 너희 둘의 어법 상 difference에 관해 소개 한 번 날려 봐."

- be my guest: 상대방의 부탁에 흔쾌히 승낙할 때 사용합니다

"Be my guest. 왕 좋죠 ^_^*"
동작 빠른 Some이 Any를 밀치고 올라가 말하죠.

"Hi, there! 안뇽? My name is Some. Nice to see you. 만나서 방가 난 딱히 정해지지 않은 명사를 한정하는 부정대명사야. 명사의 수와 양을 구체적으로 나타낼 수 없을 땐 나를 불러 줘, 언제라도 달려갈게. 밤에도 좋아, 낮에도 좋아.

- at any cost: 어떻게 해서든지

I will be there at any cost. 언제든지 달려갈게"

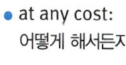

Some이 소개를 끝내기도 전에 성격 급한 Any가 치고 들어와 소개를 하죠. 하지만 Some과 똑같은 말을 반복하자 영어들이 야유를 보내죠.

"아, 뭐래? Some과 똑같은 뜻, 어법 또한 동일한데 그냥 Some에 묻어 갈 일이지, 굳이 나와 똑 같은 말을 되풀이하고 있어. 짬뽕나게, ㅋㅋ"

이에 Any가 성질을 떨며 말하죠.

"Hey, would you please 닥쳐줄래? 알지도 못하면서, 뜻은 같지만 어법은 달라. Some은 긍정문에만 사용하지만 나는 부정문, 의문문, 조건문에 다 쓰여, 까불고 있어."

Any의 말에 Some이 발끈해 말하죠.

"뭐래? 왜 나는 달랑 긍정문만 이래? 말도 안 돼!"

Some이 불평을 하자 제우스가 예외를 만들어 말하죠.

"I got it, 알았어. 그럼 권유를 나타내는 의문문이 오면 Some으로 대신하지 뭐."

이에 Any 또한 발끈하자 제우스가 말하죠.

"저런 스크루지 같은 놈, 알았어. 그럼 양보의 뜻을 나타내는 긍정문은 네가 해 먹든지."

이렇게 해서 Some은 긍정문에, Any는 부정문, 의문문, 조건문에, 예외적으로 권유를 말하는 의문문에는 Some을, 양보의 뜻을 나타내는 긍정문은 Any가 관리하게 되었답니다.

| The Show 영문법 |

❸ 부정형용사

정해지지 않은 명사를 수식하는 형용사로서 some, any가 있죠. 이들 둘의 해석은 '좀, 얼마, 몇 개'와 같이 같은 뜻을 나타내지만 어법상 **긍정문에는 some을, 부정문, 의문문, 조건문에는 any를** 사용합니다.

- There are **some** gods in the shrine. (긍정문)
  신전에는 몇 명의 신들이 있다
- **Some flowers** were put in the vase. (긍정문)
  몇 송이 꽃이 화병에 꽂혀 있었다
- Do you have **any** money? (의문문)
  돈 좀 가지고 있니?
- If you have **any** money, lend me some. (조건문)
  돈이 있다면 좀 빌려주세요
- I don't have **any** money. (부정문)
  나는 약간의 돈도 없다

* 예외

some이 의문문에 사용되면 '좀 ~할래?' 권유의 뜻을, any가 긍정문에 사용되면 '어떤 ~라도' 양보의 뜻을 나타냅니다.

- Why don't you have **some** more rice? 밥 좀 더 드시지 그래요?
- **Any** child can do that. 어떤 아이라도 그렇게 할 수 있다

3 형용사의 위치

형용사는 원칙적으로 명사 앞에서 수식하지만 다음과 같은 경우 뒤에서 수식합니다. 이와 같은 형용사를 후치형용사라고 합니다.

❶ 후치 형용사

후치는 다음과 같은 경우에 일어납니다.

1) 형용사가 겹쳐 올 때
   - She has many dolls **lovely, cute and funny**. 그녀는 예쁘고, 귀엽고 재미있게 생긴 많은 인형이 있다

2) 형용사가 뒤에 수식어를 수반할 때
   - I found my car **towed by a policeman**. 나는 내 차가 경찰에 의해 견인된 것을 알았다

3) thing으로 끝나는 명사; something, anything, nothing, everything을 수식할 때
   - We need **something hot** to drink. 우리는 마실 따뜻한 음료가 필요하다

4) 최상급이 수식하는 명사를 다시 수식할 때
   - She is **the best actress alive**. 그녀는 현존하는 가장 멋진 배우다

형용사가 겹쳐 명사를 수식할 때는 지시, 수량, 성질, 상태형용사의 순으로 나타냅니다.

- <u>Those</u> <u>seven</u> <u>lovely</u> roses are mine. 저 일곱 송이 예쁜 장미는 나의 것이다
    지시   수량   성상   명사

형용사의 세 급 이야기

Episode #2

| INTRO |

형용사(부사)의 세 급

둘 사이에서 우열을 비교하기 위해 탄생한 비교급, 셋 이상에서 최고를 가리기 위해 창조된 최상급, 헤라와 아프로디테의 외모를 두고 벌어지는 급 이야기 속으로 here we go!

비교급과 최상급 이야기 (헤라, 그대는 아프로디테보다 더 근사하다오)

Episode one을 끝냈음에도 불구하고 제우스의 안색이 좋지 않자 에로스가 묻죠.

"**What seems to be the problem, sir?** 무슨 걱정거리라도 있나요?"
"**None of your business,** 상관 마 알아서 뭐하게?"

퉁명스럽게 잘라 대답하자 에로스가 입을 삐죽 내밀고는 말대답(talk back)을 하죠.

"흥! 혹 알아요, 내가 big help를 줄지."
"맞아요, **just talk to us, we may help.** 말해보세요, 우리가 도움이 될 수도 있잖아요"
"사실, 내가 어제 요정이랑 바람을 피다가 헤라에게 딱 걸렸거든. 알다시피 헤라의 **nagging** 바가지 이 장난이 아니잖아, 난 오늘 밤이 너무 무섭다. ㅠ~ㅠ"
"쳇! 별 일도 아니구만. 여자들은 남자 하기 나름이란 것을 모르는군. 헤라님을 달래줄 쉬운 방법이 있는데."

에로스의 말에 제우스가 급 반색을 하며 묻죠.

"**Really? You mean it? What is it?** 정말? 그게 뭔데?"
"**Lip service**만, 쉽게, 노가리만 잘 풀면 되죠. 가셔서 헤라님이 아프로디테보다 더 hot하다고, 아니 이 세상 모든 여인들 중 가장 hot하다고 말하면 금방 풀릴 걸요."
"맞아, 평소 아프로디테라면 자다가도 벌떡 일어나 거울을 보는 헤라니 **it will surely work.** 분명 효과는 있을 것 같아 그런데 둘 중 더 **hot**하다, 최고로 hot하다, 이렇게 표현할 수 있는 방법이 없잖아?"
"흥! **I have,** 난 있거든요 내가 누구예요? 연애의 달인 이잖아요. 비밀은 바로 형용사의 급 변화랍니다."
"급의 변화?? **What is it like?** 어떤 것인데?"
"**Just take a look, sir.** 다음을 보세요"

- 원급　Hera is **hot**.　헤라는 끝내줘

- None of your business: 너나 잘하세요

- nagging: 바가지

- hot: sexy

- it works: 효과가 있어

- 비교급 Hera is **hotter than** Aphrodite. 헤라는 아프로디테보다 근사해
- 최상급 Hera is **the hottest woman** of all. 헤라는 모든 여인들 중에서 가장 근사하다

둘을 놓고 비교할 때는 형용사의 어미에 er을 붙여 er than을, 셋 이상에서 최고를 말할 때는 어미에 est를 붙인 후 최고이며 유일함을 상징하는 정관사 the를 앞에 붙여만 주면 만사 okay가 되는 것이죠."

"Oh, brilliant! 완전 끝내주는구나 그런데 말이다. 부사의 최상급이면 어떡해? 정관사는 명사를 한정하는데 부사는 명사 아닌 동사, 형용사, 부사를 수식하잖아."

"부사의 최상급에는 정관사를 안 쓰면 되죠. 뭐가 문제람, 참 세상 복잡하게 사시네."

"오! Fantastic, I do love that. 완전 좋아, 지금 당장 가야지."

들뜬 마음에 헤라를 찾아간 제우스가 비교급을 이용하자 헤라가 방긋, 최상급을 이용하자 아주 꽃 미소를 날리며 좋아 죽죠. 제우스가 속으로 말하죠.

"Wow! 비교급, 최상급, 정말 fantastic한 급이야. episode two는 이들 급을 위한 장으로 만들어야지. 참, 에로스의 덕을 볼 줄 누가 알았어. 세상 오래 살고 볼 일이야. ♩♪"

- sexy: 꾸미다, 예쁘게 치장하다는 뜻으로도 사용됩니다.

1 형용사의 세 급 이야기

❶ 원급

동등한 사람, 사물을 비교할 때 사용합니다. 형용사, 부사의 원래 형태에 as~as, 혹은 so~as를 붙여 만들며 해석은 '~만큼, 혹은 ~처럼'으로 됩니다.

1) as~형~as, so~형~as (~만큼, ~처럼)
- Hera is **as(so)** beautiful **as** Aphrodite. 헤라는 아프로디테만큼 아름답다
- Hermes runs **as** fast **as** a wind. 헤르메스는 바람처럼 빨리 달린다

2) as + 원급 + as + 주어 + can = as + 원급 + as + possible ('가능한 ~~하게')
- Please, return my call **as swift as you can**.
  = Please, return my call **as swift as possible**. 가능하면 빨리 전화해 줘

- as soon as possible (가능한)은 줄여서 어세ㅍ(asap)이라고 합니다.

❷ 비교급

둘 사이를 비교할 때 사용하며 형용사나 부사의 어미에 er, est를 붙여 비교의 접속사 than과 함께 나타냅니다. 어미에 er, est 붙이는 법은 규칙과 불규칙에 따라 다음과 같이 달라집니다.

1) 규칙변화

a) 어미에 er, est만 붙입니다.

    tall- taller- tallest
    short- shorter- shortest
    young- younger- youngest

b) 단음절어인 경우 앞 **모음이 단모음이면 끝 자음을 하나 겹친 후**에 **-er, -est**를 붙입니다.
    fat- fatter- fattest
    hot- hotter- hottest
    thin- thinner- thinnest

c) 어미가 자음+y로 끝나면 y를 i로 고친 후 -er, -est를 붙입니다.
    easy- easier- easiest
    pretty- prettier- prettiest
    happy- happier- happiest

d) 3음절어 이상 혹은 어미가 **~ful, ~ive, ~ing, ~less, ~ous** 등으로 끝나면 more, most를 붙입니다.
    diligent- more diligent- most diligent
    exciting- more exciting- most exciting
    useful- more useful- most useful
    creative- more creative- most creative

2) 불규칙 변화

일정한 규칙 없이 변하며 특히 주의할 것은 다음과 같습니다.

a) 비교급과 최상급이 동일한 형용사, 부사
    good- better- best (형용사)
    well- better- best (부사)
    many- more- most (형용사)
    much- more- most (부사)
    ill(bad)- worse- worst (형용사)

b) 두 개의 급을 갖고 있는 형용사
    old- older- oldest (나이 비교)
       - elder- eldest (형제관계)
- You are **older** than I. 당신이 나보다 나이가 많다
- Daniel is my **elder** brother. 다니엘은 나의 형이다

    late- later- latest (시간)
       - latter- last (순서)
- This is **the latest** news. 이것은 최근의 소식이다
- This is **the last** chance. 이것이 마지막 기회다

    far- farther- farthest (거리)
       - further- furthest (정도)
- He threw a stone **farther** than I. 그가 나보다 멀리 돌을 던졌다
- Your nagging is **further** day by day. 당신의 바가지는 나날이 심해져

3) 우등비교

'둘 중에서 더 낫다'란 뜻을 나타내며 **형용사+er 혹은 more+형용사+than으로 나타냅니다.**

- Hercules **is stronger than** Zeus. 헤라클레스는 제우스보다 힘이 세다
- Preposition is **more jealous than** Verb. 전치사는 동사보다 더 질투가 많다

4) 열등비교

'둘 중 ~~더 못하다'란 뜻을 나타내며 **less+형용사+than으로 나타내죠.** as(so) ~as 구문 앞에 부정어를 붙여 원급으로 나타낼 수 있습니다.

- Interjection is **less** useful **than** Conjunction.
  = Interjection is **not so** useful **as** Conjunction. (원급)
  감탄사는 접속사만큼 유용하지 않다
- The Han River is **less** longer **than** the Nile.
  = The Han River is **not so** long **as** the Nile. (원급)
  한강은 나일 강보다 길지 않다

5) 비교급의 강조

형용사의 원급을 강조할 때는 부사 very로 하지만 비교급의 강조는 **much, even, still, far, a lot, by far** 등을 붙여죠. '훨씬 더, 더욱 더'란 뜻으로 해석됩니다.

- Noun works **even harder** than Verb. 명사는 동사보다 훨씬 더 열심히 일한다
- I was **much more** surprised than you (are). 내가 당신보다 훨씬 더 놀랐어요
  – 비교급 than 뒤에 오는 be동사는 생략할 수 있습니다.
- Diamonds are **still less** useful than gold. 다이아몬드는 금보다 훨씬 덜 유용하다

6) the+비교급, the+비교급, '~하면 ~할수록, 더 ~하다'

- **The more** we have, **the more** we want. 가지면 가질수록 더 많은 것을 원한다
- **The older** he is, **the wiser** he became. 그는 나이가 들수록 더 현명해졌다

7) get, grow, become + 비교급 + and + 비교급

'점점 ~~해지다' 상황의 변화를 나타냅니다.

- It is **getting colder and colder**. 점점 더 추워지고 있다
- The old man **became weaker and weaker**. 그 노인은 점점 더 쇠약해져갔다

8) 비교급 앞에 the를 붙이는 경우

원칙적으로 the는 최상급 앞에 붙지만 예외적으로 **비교급 앞에 the를 꼭 붙여야만 할 때**가 있죠. 빈출 어법이므로 extra caution이 필요합니다.

- extra caution: 각별한 주의

a) 비교급 구문 앞, 뒤에 둘 중을 말하는 **of the two**가 있을 때

- You are **the** smarter **of the two**. 둘 중에 당신이 더 똑똑하다

b) 비교급에 이유를 말하는 **because나 for**가 있을 때

- Zeus loves Aphrodite **the** better **for** she makes him comfortable.
  제우스는 아프로디테가 자신을 편안하게 해주기 때문에 더 사랑한다

❸ 최상급

셋 이상 중에서 '가장 무엇 하다,' 즉 최고를 나타내기 위해 사용하는 급으로 the+~est+of all 복수 보통명사 혹은 in+집합명사로 나타냅니다.

1) of all 복수 보통명사 vs in+집합명사

of all 다음에는 인원을 셀 수 있는 복수 보통명사가, in 다음에는 학급, 팀과 같은 집합명사가 옵니다.

- You are **the smartest students** of all. 너는 모든 학생들 중 가장 영리하다
- Apollo is **the best musician** in the world. 아폴로는 세상에서 가장 멋진 musician이다
- She is **the most diligent** worker in her company. 그녀는 회사에서 가장 근면한 사원이다

2) 최상급이지만 the를 생략할 때

a) 부사의 최상급일 때

부사는 동사, 형용사, 부사를 수식하는 품사이므로 정관사를 붙일 수가 없죠.

- I love spring **best** of four seasons. 나는 사계절 중 봄을 가장 좋아한다
  - best가 동사인 love를 수식합니다. 정관사를 붙이면 비문이 됩니다.

b) 동일한 대상을 놓고 '가장 ~하다' 라고 할 때

- Her eyes are **most attractive** point in her face. 그녀의 얼굴 중 눈이 가장 매력적이다
  - 동일 인물의 얼굴 중에서 비교를 하므로 the를 생략합니다.

3) 원급, 비교급으로 최상급의 의미를 나타내는 경우

원급, 비교급으로 최상급의 의미를 나타내기도 하죠. 어법 영순위 문제죠. 꼭 master하세요!

a) 원급으로 최상급의 의미를 나타낼 때

- <u>No</u> man in this village is <u>as diligent as Alex</u>. 이 마을에서 알렉스만큼 부지런한 사람은 없다
  = Alex is <u>the most diligen</u>t man in his village.

b) 비교급으로 최상급의 의미를 나타낼 때

- <u>No</u> man in his village is <u>more</u> diligent <u>than</u> Alex.
  = Alex is <u>more</u> diligent <u>than any other man</u> in his village.
     알렉스는 이 마을에서 다른 어떤 누구보다도 부지런하다
  = Alex is <u>the most diligent</u> man in his village.

Do remember!!

~er than any other **단수명사** vs one of the 최상급+**복수명사**

- John is **taller than any other boy** in his class. 존은 그의 반에서 다른 어떤 소년보다 키가 크다
  - 비교급 than any other 다음에는 반드시 단수명사입니다.
- Himalaya is **one of the highest mountains** in the world.
  히말라야는 세계에서 가장 높은 산 중의 하나이다
  - 최상급 one of the 다음에는 반드시 복수명사입니다.

4) 형용사 most의 다양한 의미

most는 다음과 같이 다양한 뜻으로 해석됩니다.

a) most of + 명사 = 대부분
- I donated **most of** money for the poor. 나는 대부분의 돈을 가난한 사람들을 위해 기부했다

b) most + 복수명사 = 대부분
- **Most countries** take part in the Olympic Games. 대부분의 국가들이 올림픽에 참가 한다

c) a most = 매우(very)
- She is **a most** arrogant woman. 그녀는 매우 교만한 여자다

d) the most = 가장
- George is **the most** diligent boy in his class. 조지는 그의 학급에서 가장 근면하다

5) 기타 주의할 형용사의 관용 표현

a) not more than = at most (기껏해야)
- I have **not more than** 1000 won. 나는 단지 1000원이 있다

b) not less than = at least (적어도)
- You have **not less than** million. 당신은 적어도 백만 원이 있다

c) no more than = only (단지)
- She is **no more than** a baby. 그녀는 단지 아기다

d) no less than = as much as (~만큼)
- We have money **no less than** you have. 우리는 당신들만큼 돈을 가지고 있다

e) not ~~ any longer = no longer (더 이상 ~~아니다)
   = not ~~ any more = no more (더 이상 ~~아니다)
- I am **not** a jerk **any longer**.
- I am **no more** a jerk. 나는 더 이상 바보가 아니다

At last, 명사의 make up artist 형용사와 세 급에 관한 이야기도 끝이 났습니다. 다음 Wrap Up을 통해 마무리 한 후 내일 만나요. bye!

Wrap Up & Explanation

Wrap Up

❶ [01~10] 다음 어색한 부분을 바르게 고치시오.

01 I want to drink cold something.

02 The rich is not always happy.

03 She has much friends.

04 Mother put a few sugar in a dough.

05 There are not a little students in the entrance.

06 Hundred of people died by accident.

07 You are the latest person to arrive.

08 He is my older brother.

09 This is one of the highest building in the world.

10 You are taller than any other girls in your class.

❷ [11~15] 다음 괄호 안에 들어갈 알맞은 말을 보기에서 골라 쓰시오.

[보기] little, not a little, some, few, not a few, a few, any

11 We have (많은) snow in winter.

12 Never carry (많은) bags while travelling.

13 He has (거의 없다) bread.

14 Will you have (좀) food?

15 Do you have (몇 개의) rooms to stay in?

❸ [16~20] 다음 문장을 영작하시오.

16 그는 둘 중에서 키가 더 크다.

---

17 나는 기껏해야 100불을 가지고 있다.

---

18 오늘은 어제만큼 춥지 않다.

---

19 그는 나보다 세 배나 많은 책을 가지고 있다.

---

20 건강보다 귀중한 것은 없다.

Explanation

❶

01 thing으로 끝나는 명사를 수식하는 형용사는 **뒤에서 꾸며줍니다**. cold something → something cold
(나는 마실 시원한 음료를 원한다)

02 the+형용사는 복수 보통명사의 뜻을 나타냅니다. 복수동사인 are로 나타내죠.
(부자라고해서 항상 행복한 것은 아니다)

03 친구는 가산명사이므로 many로 수식합니다.
(그녀는 많은 친구가 있다)

04 sugar는 일정한 형태가 없는 물질명사죠. 양을 나타내는 a little로 수식합니다.
(엄마는 반죽에 설탕을 조금 넣었다)

05 가산명사죠. not a few로 나타내며 many와 같은 의미가 됩니다.
(현관에 많은 학생들이 있다)

06 수사 중 hundred, thousand는 앞에 특별한 기수가 없으면 수백, 수천의 뜻으로 복수로 나타냅니다. hundred**s**
(수백 명의 사람들이 사고로 죽었다)

07 late가 순서를 말하면 latter, last로 되죠. 정답은 the last입니다.
(당신이 가장 늦게 도착했습니다)

08 old가 형제관계를 말하면 elder, eldest가 되죠. elder입니다.
(그는 나의 형이다)

09 one of the 최상급+**복수명사**이죠. -er than any other+**단수명사**와 비교하세요. building → buildings
(이것은 세계에서 가장 높은 건물 중의 하나이다)

10 비교급 than any other 다음은 반드시 **단수명사**로 나타냅니다. girls → girl
(너는 학급에서 다른 누구보다도 키가 더 크다)

❷

11 snow는 불가산명사이므로 not a little로 수식합니다.
(겨울에는 눈이 많이 온다)

12 bag은 가산명사죠. not a few로 수식합니다.
(여행을 할 때에는 많은 가방을 가지고 다니지 마라)

13 bread는 물질명사이므로 little로 수식하죠.
(그는 빵을 거의 가지고 있지 않다)

14 부정형용사인 some이 정답이죠. 의문문이지만 권유를 나타낼 때는 some을 씁니다.
(뭐 좀 드실래요?)

15 의문문에 쓰이는 부정형용사는 any죠.
(오늘밤 묶을 방이 있나요?)

❸

16 He is **the** taller **of the two**. 비교급이지만 of the two가 있기 때문에 the를 붙입니다.

17 I have **not more than** one hundred dollars. not more than = **at most**

18 Today is **not as** cold **as** yesterday.
  • not as~as = not so~as

19 He has three times **as** many books **as** I have.

20 Health is **the most precious** thing of all. (최상급)

   Nothing is **as** precious **as** health of all. (원급)

   Nothing is **more** precious **than** health. (비교급)

   Health is **more** precious **than any other thing**. (비교급)
  • things가 아닌 thing을 주의하세요!

| 창조 열한째 날 _ All about the parts of speech |

STORY 11

수식의 달인 부사 이야기

부사야, 수식의 달인이 되어라!

창조 열한째 날입니다. 오늘은 수식의 달인 부사에 관한 profile이 만들어지는 날입니다. 이 날 아침 제우스가 참모들에게 말하죠.

"오늘의 mission은 수식의 달인, 부사에 관한 상세한 profile을 만드는 것이다."

"수식의 달인? It sounds awkward. 참 별스럽네요. 형용사도 같은 수식어 품사라면서 왜 부사만을 수식의 달인이라고 하는데요? 특별한 이유라도 있나요?"   ● awkward: 어색한, 이상한

"Of가 course지. 형용사가 명사만을 수식한다면 부사는 동사, 형용사, 부사, 게다가, 구, 절, 문장까지 모두 수식하기 때문이지. 유남생? You know what I am saying?"

"아하! 과연 수식의 달인이라고 불릴 만하네요."

"그렇지, 그럼 이제 광장으로 출발하자."

한편, 광장에는 오늘은 당연 자신들의 날이 될 것이라고 확신한 부사들이 첫 새벽부터 모여들어 stand by를 하고 있죠. 제우스가 내려와 말하죠.   ● stand by: 준비하다, 대기하다

"Hey, Adverb,부사 It's time to shine. 너희들이 주인공이 될 시간이다 시간, 장소, 방법, 정도 등을 나타내며 동사, 형용사, 부사는 물론 구, 절, 문장까지도 수식해주는 수식의 달인이 될 준비는 되었겠지?"

이에 부사들이 한 목소리로 대답합니다.

"Definitely, sir,물론이죠 just go for it!"

창조 열한째 날, 동사, 형용사, 부사는 물론 구, 절, 문장까지 수식하는 수식의 달인 부사의 이야기 속으로 go! go!

수식의 달인 부사에 관한 오지랖 넓은 profile 팍! 팍!

INTRO

부사(Adverb)

형용사와 더불어 2대 수식어 품사로 구분되는 부사, 수식의 달인이란 별명을 갖고 있는 adverb 이야기 속으로 here we go!

Show 수식의 달인 부사 story

형용사 창조가 끝나던 날 밤, 동사들이 한자리에 모였죠. 주당 Drink가 말술을 푸며 불만을 토로했죠.

"**Damn it.**된장 이건 도대체 뭐하자는 situation이야? 이건 뭐 명사를 위한 종합선물 set도 아니고 말이야?"

"내 말이 그 말이야. 명사를 대신하는 대명사, 왕관이 되는 관사, 그것도 모지리시 명사의 진용분장사 형용사까지 술술이 사탕으로 엮어, 명사의 기만 살려주니. 어디, 동사는 서러워 살겠어. ㅏㅏ"

"**Hey, take it easy.**진정해 명사에게 형용사가 있다면 우리에겐 부사가 있잖아. 부사만 완전하게 제 자리를 잡으면 우리 동사도 폼 날 수 있어. 걱정 마."

"**Gee!** 그런데, 부사는 언제 완성 하냐고요?? 툭 까놓고 말해서 나 Run을 Run이라고만 하면 느리게(slowly) 달리는지, 쏜살 같이(swiftly) 달리는지 누가 알아? 동사에 관한 부가적인 정보(additional information)를 주는 부사가 있어줘야 팍! 팍! 삘(feel)이 살지. 부사가 없으면 동사의 상태나 정도를 그 누가 헤아려 주겠어."

"완전 일리 있는 말(sensible)이야. 정말 난 제우스가 싫다. 명사만 왕 총애하고, 정말 너무 편파적이야. 짱 싫어."

"**Me, either.**나도 싫어"

동사의 말에 심지어는 형용사들조차 맞장구를 치죠. 이 때 제우스가 말하죠.

"**Oh, dear,**이런! **my ears are burning,**귀가 왜 이리 가렵지? **somebody must be talking about me,**누군가 내 뒷 담화를 하고 있음에 틀림없어 헤르메스, 가서 알아 봐?"

헤르메스가 다녀와 전후 상황을 설명하자 제우스가 혀를 끌끌 차며 말하죠.

"**What a bummer!**이런 최악이 있나? 형용사가 끝났으니 다음은 당근 부사지, 바로 내일이 부사의 날인데. 그새를 못 참고, 쯧! 하여튼, 동사 저것들은 못 말려. **They turn me off in a big way.**완전 제대로 재수 없는 것들이야."

- situation: 입장, 상태

- either: 부정문에서 '~도 또한 아니다'란 뜻을 나타냅니다.

- what a bummer: 나쁜 상황, 끔찍한 일 등을 나타내는 말입니다.

| The Show 영문법 |

1 부사(Adverb)의 역할

끝말의 해석이 주로 '~~하게'로 되는 부사는 형용사와 더불어 2대 수식어 품사에 해당합니다. 동사, 형용사, 부사는 물론 구, 절, 그리고 문장 전체까지 수식하기 때문에 수식의 달인이라고 불립니다.

❶ 동사 수식

- Hermes <u>runs</u> **fast**. 헤르메스는 **빠르게** 달린다
- Can you <u>speak</u> more **clearly**? **분명하게** 말씀해 주시겠어요?
- She <u>hold</u> it **slowly**. 그녀는 그것을 **천천히** 잡았다

❷ 형용사 수식

- The weather is **extremely** <u>hot</u>. 날씨가 **매우** 덥다
- Athena is **very** <u>smart</u>. 아테나 여신은 **매우** 영리하다

❸ 부사 수식

- He eats **very** <u>slowly</u>. 그는 **매우** 천천히 먹는다
- Jane visits me **quite** <u>often</u>. 제인은 **아주** 종종 나를 방문한다

❹ 구 수식

- This store closes **normally** <u>at six</u>. 이 상점은 **보통** 6시에 폐점한다
  – 부사 normally가 구 at six를 수식합니다.

❺ 절 수식

- We left the house **just** <u>before he came in</u>. 우리는 그가 들어오기 **바로 직전에** 그 집을 떠났다
  – 부사 just가 종속절 전체를 수식합니다.

❻ 문장 수식

- **Fortunately**, <u>no one was injured</u>. **다행히도** 아무도 부상을 입지 않았다
  – 부사 fortunately가 문장 전체를 수식합니다.

2 부사의 형태

부사의 형태는 다음처럼 세 종류로 구분할 수 있습니다.

❶ 형용사의 어미에 ly를 붙여 만드는 부사

일반적인 부사들로 ly 붙이는 법은 다음과 같습니다.

1) 형용사의 어미에 ly를 붙여준다.

kind-kindly, rapid-rapidly, wonderful-wonderfully

2) 형용사의 어미가 -ue로 끝나면 e를 빼고 -ly를 붙인다.

true-truly

3) 형용사의 어미가 le로 끝나면 e를 빼고 -y를 붙인다.

gentle-gently possible-possibly

4) 형용사의 어미가 y로 끝나면 y를 i로 바꾸고 -ly를 붙인다.

happy-happily   easy-easily

5) 형용사의 어미가 ll로 끝나면 y만 붙인다.

full-fully dull-dully

명사에 ly를 붙이면 형용사가 되며 대표적인 ly형용사는 다음과 같습니다. 꼭 기억하세요.
lovely, friendly, timely 적시의, manly 남자다운, worldly 세속적인, etc.

❷ 형용사와 형태가 동일한 부사

early, hard, fast 등과 같은 단어들은 역할에 따라 형용사도 되고 부사도 됩니다. 명사를 수식하면 형용사/동사, 형용사, 부사를 수식하면 부사가 되죠.

- The **early birds** catch the worms. (형용사)

  일찍 일어나는 새가 벌레를 잡는다

- He **gets up early** every morning. (부사)

  그는 매일 아침 **일찍** 일어난다

- Jason is a **fast runner**. (형용사)

  제이슨은 **빠른** 주자이다

- He **runs fast**. (부사)

  그는 **빨리** 달린다

- Brian is a **hard** worker. (형용사)

  브리이언은 **근면한** 일꾼이다

- She works **very hard**. (부사)

  그녀는 **매우** 열심히 일한다

기타 빈출 부사들은 다음과 같습니다. 꼭 암기하세요.

long(오랜, 오래), right(옳은, 정확히), near(가까운, 가까이에), wrong(잘못된, 잘못되게), just(올바른, 정확히), close(가까운, 정밀하게), etc.

| The Show 영문법 |

부사에 ly를 붙이면 전혀 다른 뜻이 되는 부사 사인방

제우스와 참모들이 잠시 break를 하는 동안 꼬리에 리(ly)를 붙여 부사가 된 녀석들이 그새를 못 참고는 리가 없는 부사들에게 시비를 겁니다.

"**Oops! You look so different,** 어머나! 너희들 완전 외국인이네 꼬라지하고는. 쯧, 정말 안습이다."

부사 Surprisingly가 놀랍다는 듯이 말하자 부사 Exactly 또한 맞장구를 치죠.

"**Exactly,** 맞아 **I feel just the same way,** 내 생각도 그래 그래도 부사라면 꼬리에 리 정도는 달고 다녀야 부사지. 참 어디서 굴러먹던 개뼈다귀들인지 모르지만 싼티 제대로 나는구나, 저리 꺼져 줄래. 격 떨어져."

리 부사들로부터 강한 **attack** 공격이 들어오자 Hard가 발끈해 같은 처지에 있는 부사 Late, High, Near 등을 불러 모아 말하죠.

"어미에 리가 없다는 이유 하나로 이런 수모를 받다니, 정말 이래도 되는 거니?"

"물론 안 되지, 하지만 어쩌겠어. 이런 외모 지상주의, 소위 **lookism** 외모지상주의 시대를 헤쳐 나가려면 trend에 맞게 성형을 해야지. 말 나온 김에 지방 이식해서 꼬리에 리 달지 뭐."

- trend: 경향

"**Great, there you go!** 좋아, 가는~거야"

꼬리에 ly가 없는 것들 중, 특히 형용사와 부사의 역할을 동시에 하는 네 명의 부사 Late, Hard, High, Near가 의기를 투합해 바로 성형외과를 찾아가 성형수술(plastic surgery)을 받았죠. 뒤늦게 이 사실을 안 제우스가 노발대발해 이들을 응징합니다.

"이런 미친 것들, 죽으려고 환장을 했구나. 맘대로 창조질서를 어지럽히다니 정녕 죽고 싶은 것이냐?"

"흥! 맘대로 하삼, 비호감 부사로 사느니 차라리 죽는 게 낫죠. 봐요, 꼬리에 리를 붙이니 저 모여드는 girl들을, 이제 우리도 불행 끝 행복 시작인데 왜 초를 쳐요, 짬뽕나게."

"이 쳐 죽일 놈들, 너희 꼬리에 ly가 붙는 순간부터 너희들은 다음과 같이 전혀 다른 부사 될 것이다. **lately** 최근에, **hardly** 거의 ~아닌, **highly** 매우, **nearly** 거의 등."

- though: 그래도

"**Are you okay, though?** 그래도 좋아?"

"**We don't care at all.** 전혀 상관없거든요"

- not~at all: 전혀 ~아니다

❸ 부사에 ~ly를 붙이면 다른 뜻이 되는 부사

시간, 정도를 나타내는 부사 late, hard, near, high의 어미에 ly를 붙이면 원래의 뜻과는 전혀 다른 뜻을 나타냅니다. 각별히 주의하세요.

1) late(늦게) vs lately(최근에)

- Eros attended the meeting **late**. 에로스는 그 모임에 늦게 참석했다
- Have you seen her **lately**? 최근에 그녀를 보았습니까?

2) hard (열심히) vs hardly (거의 ~아니다)

- He studies **hard**. 그는 **열심히** 공부한다
- I **hardly** understood what he meant. 나는 그가 말하는 것을 **거의** 이해할 수 없었다

3) high (높이) vs highly (매우)

- The house stands very **high**. 그 집은 매우 **높게** 서있다
- I was **highly** moved by his speech. 나는 그의 연설에 **매우** 감동 받았다

4) near (가까이) vs nearly (거의)

- The hotel is **near** the city hall. 그 호텔은 시청 **가까이에** 있다
- I was **nearly** hit by a car. 나는 **거의** 차에 치일 뻔했다

| INTRO |

부사의 종류

부사는 기능(function)에 따라 **단순, 의문, 관계부사**로 구분됩니다.
짱 자리를 놓고 경합을 벌이는 이들 부사의 격돌, 그 현장 속으로 here we go!

Show 3대 부사가문의 무한경쟁

부사를 의미와 역할에 따라 단순, 의문, 관계부사로 구분 한 후 제우스가 말했죠.

"너희 3대 가문 중 짱을 뽑아야겠다. 준비들 해라."

제우스의 말이 떨어지자마자 3대 가문 간의 치열한 공방전이 시작되었죠. 부사 중 수적으로 가장 우세한 단순부사가 쪽수를 믿고 선빵(attack first)을 날리죠.

"짱의 자리는 단순부사의 것이다. 머리수는 곧 power, 의문부사, 관계부사, **why don't you give up?**포기하는 것이 어때?"

- why don't you: '~하지 그래,' 권유를 나타냅니다.

"쭈꾸미 사우나(sauna) 하는 소리 하고 있네. 머리수만 많으면 장땡이라고 누가 그래? 중요한 것은 양(quantity)이 아니고, 질(quality)이야."

의문 부사와 단순부사의 공방을 관망하던 관계부사가 가소롭다는 듯이 콧방귀를 끼며 말하죠.

"우리 관계부사는 이런 찌~질한 싸움 따윈 관심 없어. 왜? 음 파~하하하!!~ 우리는 앞으로 그 유명한 형용사절을 이끌고 갈 차세대 주자니까."

"차세대 주자? 놀고 있네. 의문부사인지 관계부사인지 알게 뭐야. 똑같이 생겨가지고는 입만 살았어, 아주."

| The Show 영문법 |

• royal family:
왕족, 귀족

> 똑 같다는 말에 급 흥분한 의문부사가 개 거품을 물고 반박을 하죠.
>
> "미친 것 아냐? 명사절을 끄는 왕족, royal family인 의문 부사를 감히 형용사 절이나 이끄는 관계부사와 동급으로 취급(treat)하다니. 야, 우리는 차원이 달라. 왜 이래?"
>
> 이에 관계부사 역시 질 수 없다는 듯이 말하죠.
>
> "그건 니~ 생각이고, 왜 이래? 우리 관계부사 없이 영어나라가 돌아 갈 것 같아? 어림없지."
>
> 분쟁이 길어지자 늘 그랬듯이 제우스가 중재를 하죠.
>
> "어이쿠, 이러다 밤새겠다. 다 시끄럽다. 명사절이니 형용사 절이니 그 딴 것 다 필요없어. 여기는 부사를 위한 장이다. 따라서 뭐니 뭐니 해도 부사는 부사다워야 하는 법. 그런 의미에서 시간, 장소, 정도, 방법, 긍정, 부정, 빈도까지 다 보여주는 단순부사, 너희가 짱 먹어라."

3 부사의 종류

부사는 역할에 따라 **단순, 의문, 관계부사**로 구분됩니다. 이 중 **의문부사는 명사절**을, **관계부사는 형용사절**을 이끕니다.

❶ 단순부사

시간, 장소, 긍정, 부정, 이유, 방법, 양태 그리고 빈도 등을 나타내며 동사, 형용사, 부사, 구, 절, 문장을 수식하는 가장 일반적인 형태의 부사들입니다.

1) 시간

already, now, ago, before, after, today, etc과 같이 구체적인 시간을 나타내줍니다.

- Have you **already** finished cleaning? 벌써 청소를 마쳤니?
- He went abroad five years **ago**. 그는 5년 전에 유학을 갔다
  – 시간부사는 동사의 시제와 일치를 이뤄야만 합니다. went~ago.

2) 장소

in, out, here, there, below, etc과 같이 장소를 나타냅니다.

- She went **out** last night. 그녀는 지난밤에 나갔다
- Did you see Eros **there**? 그곳에서 에로스를 보았니?

3) 긍정, 부정

yes, no, never, surely, not, etc과 같이 긍정과 부정을 나타냅니다.

- **Yes**, I do.
- **Surely**, you can. 물론, 할 수 있어요

4) 원인, 이유

therefore, because, so, thus 등과 같이 원인을 나타냅니다.

- I think **therefore** I am. 나는 생각한다, **고로** 나는 존재한다
- He was late **because** the traffic was heavy. 교통체증으로 **인해** 그는 지각을 했다

5) 정도

very, much, little, enough 등과 같이 정도를 나타냅니다.

- I was **very** excited to hear from you. 나는 너의 연락을 받고 **몹시** 기뻤다
- Thank you so **much**. **정말**, 감사합니다

6) 방법, 양태 부사

fast, well, slowly, quickly 등과 같이 방법이나 모양, 혹은 태도를 나타냅니다.

- The couple sang **well**. 그 부부는 노래를 **잘** 했다
- The courier express delivers **quickly**. 그 택배회사는 **빨리** 배달한다

7) 빈도부사

often, frequently, always, seldom, scarcely, hardly, barely, rarely 등과 같이 횟수를 나타냅니다.

- He is **always** late for school. 그는 **항상** 지각을 한다
- I can **barely** meet him these days. 나는 요즘 그를 **거의** 볼 수가 없다

❷ 의문부사

when(언제), **where**(어디서), **how**(어떻게), **why**(왜) 등과 같이 시간, 장소, 방법, 의문의 뜻을 나타냅니다.

- **When** did you go there? 당신은 **언제** 그 곳에 갔나요?
- **Where** are we going now? 지금 우리는 **어디로** 가고 있죠?
- **How** did your interview go? 면접이 **어떻게** 되었지?
- **Why** do I have to give up? **왜** 내가 포기해야하나요?

> **관계부사 vs 의문부사 구분법**
>
> 관계부사는 선행사가 있고 의문부사는 없죠. 전자는 해석이 안 되며 형용사절을, 후자는 해석되며 명사절을 이끕니다.
>
> - I can guess <u>the time</u> when you came back home. (관계부사)
>   나는 당신이 집으로 돌아온 시간을 추측할 수 있다
>   – when이 선행사 time을 수식하며 형용사절을 이끕니다.
> - I can guess when you came back home. (의문부사)
>   나는 당신이 **언제** 집으로 왔는지 추측할 수 있다
>   – 동사 guess의 목적절 역할을 하며 '언제' 라는 뜻으로 해석이 됩니다.

4 부사의 위치

부사는 보통 수식하고자 하는 말 앞에 오는 것이 원칙이지만 종류에 따라 위치가 변하기도 합니다. 특히 빈도부사의 위치에 관한 어법 문제는 단골 메뉴이므로 특히 주의할 필요가 있습니다.

❶ 빈도부사의 위치

always, almost, usually, normally, often, sometimes, never 등과 같이 횟수, 혹은 빈도를 나타내는 부사를 빈도부사라고 합니다. 빈도부사 중 특히 hardly, seldom, scarcely, barely, rarely 등을 준 부정어라고 하며, 그 해석은 '거의 ~~아니다' 로 됩니다. 빈도부사의 위치는 다음과 같습니다.

1) 일반 동사 앞

- Eros, you **always** deceive me. 에로스, 너는 **항상** 나를 속이는구나
- My family **barely** eat out on weekdays. 우리 가족은 주중엔 **거의** 외식을 하지 않는다

2) be 동사, 조동사 뒤

- He is **often** complaining. 그는 자주 불평을 한다
- I could **hardly** understand it. 나는 거의 그것을 이해할 수가 **없었다**

3) 조동사와 본동사 사이

- I can **scarcely** trust him. 나는 그를 **거의** 믿을 수가 **없다**
- He has **never** been to Mexico. 그는 **결코** 멕시코에 가 본 적이 **없다**

❷ 양태부사

모양이나 태도를 나타내는 부사들을 양태부사라고 합니다. 이들의 위치 역시 동사에 따라 다음과 같이 변합니다.

1) 자동사 뒤

- They lived **happily**. 그들은 **행복하게** 살았다

2) 타동사 앞

- He **reluctantly** admitted that he was wrong. 그는 **마지못해** 잘못을 인정했다

3) 완료형이나 수동태인 경우 조동사와 본동사 사이에서 수식합니다.

- The police has **carefully** examined my bag. 그 경찰은 **조심스럽게** 내 가방을 조사했다
- He has **severely** been criticized. 그는 **심하게** 비난을 받았다

❸ 기타 부사

수식하고자 하는 품사의 앞, 뒤, 그리고 문장의 앞과 뒤에 다 올 수 있습니다.

- **Luckily**, he passed English test. 운 **좋게도** 그는 영어시험을 통과했다
- She is coming home late tonight, **perhaps**. 아마도 그녀는 오늘밤 늦게 올 것 같다

❹ 부사가 겹쳐 수식할 때

부사가 겹쳐 올 때는 장소, 방법, 시간 부사의 순으로 나타냅니다.

- He returned <u>home</u> <u>safely</u> <u>yesterday</u>. 그는 어제 집으로 무사히 돌아왔다
               장소   방법   시간

Episode #2 시간, 정도 부사들의 internal fight(내분)

| INTRO |

과거시제의 양대 산맥 Ago vs Before의 격돌!

'~전'이란 뜻을 나타내는 시간부사 ago와 before의 어법은 어떻게 다를까요?
이 둘의 차이점 속으로 here we go!

시간부사 Ago vs Before의 대격돌

Episode one을 마무리한 후 제우스가 잠시 휴식을 하고 있네요. Oops! 하지만, 영어란 놈들이 또 방해를 하죠. 하여튼 영어란 놈들은 제우스가 편한 꼴을 못 보나 봅니다. 고함소리가 신전까지 울리자 제우스가 광장을 내려다보죠. Oh! My goodness, 이번에는 '~전에'란 뜻을 나타내는 Ago와 Before가 battle을 하고 있죠. Ago가 선빵을 날리죠.

"Hey, Before, 너 정말 자꾸 이렇게 번번이 내 영역을 침범할래? 과거는 나의 나와바리 (area 영역)라고 수없이 말했을 텐 데. 이제는 정말 못 참아, 아예 결판을 내자."

"바로 바라던 바야, 한 판 붙자, just bring it on, 덤벼 짜~샤아!"

이를 본 제우스가 몇 가닥 밖에 없는 머리카락을 쥐어뜯으며 아~! 신음을 하죠.

"**Stop fighting! I am really sick and tired of it.** 싸움이라면 이젠 정말 넌더리가 난다, 이것들아 제발 그만해! 아예 나를 잡아먹어라. 도대체 이유가 뭐야?"

제우스의 말에 Before가 갑자기 제우스를 비난하죠.

"**This is totally your fault.** 이것은 완전히 당신 잘못이거든요"

"**What? What's wrong with me?** 내가 뭘?"

"우리 둘 모두의 뜻을 '~전'이라고 했을 뿐 명백한 시제를 정해주지 않았으니 당연 싸울 수밖에요. ㅋㅋ"

"**Sorry, it slipped my mind.** 미안, 잊어버렸어 지금 당장 둘의 시제를 명확하게 구분해주마. ago는 과거시제, before는 과거완료시제. Just take a look at examples; 예문을 봐"

- Eros **was** dumped a week **ago**. 에로스는 일주일 전에 차였다
- When I **came** back home, grandpa **had already passed** away two weeks **before**.
  내가 집으로 돌아 왔을 때. 할아버지는 이미 2주 전에 세상을 떠나셨다

다시 한 번 요약을 할 테니 새겨들어라. ago는 현재를 기준으로 한 과거사실, before는 과거를 기준으로 대과거의 사실, 즉 과거완료와 함께 사용된다. Okay?"

"Yes, sir."

- battle: 결투
- fault: 잘못
- slipped one's mind: 잊어버리다
- pass away(돌아가시다)는 die(죽다)보다 공손한 표현입니다.

1 시간부사

❶ ago

과거시제와 함께 사용되죠.

- We **finished** the project a week **ago**. 우리는 그 프로젝트를 일주일 전에 마쳤다
- Dad **made** the box for me three days **ago**. 아빠는 삼일 전에 나를 위해 그 상자를 만들었다

❷ before

과거완료시제와 함께 사용됩니다.

- I went to the station but the train **had** already **departed before**.
  나는 역으로 갔지만 이미 기차는 출발해버렸다
- He hurriedly opened the door but the stranger **had gone before**.
  그는 서둘러 문을 열었지만 낯선 사람은 이미 사라지고 없었다

Before는 현재완료에도 사용되죠. 이런 경우 before는 경험을 나타냅니다.
- I have met you before. Do you remember me?
  나는 전에 당신을 본 적이 있어요. 나를 기억하나요?

시간부사 Already와 Yet의 아름다운 우정

'이미' 란 뜻을 나타내는 시간 부사 Already가 절친 Yet에게 make a phone call을 해서는 말하죠.

- make a phone call: 전화하다

"Buddy, it's been a quite long time.오랜만이네, 친구 Why don't we meet and catch up on behind talk?만나서 그간 못한 이야기나 하는 것이 어때?"

"Good thinking,좋은 생각이야 can you come over to my place?우리 집으로 올래?"

- come over: 방문하다

"Okay."

Yet의 집에 온 Already가 반가운 마음에 hugging을 하고는 묻죠.

- hug: 껴안다

"Buddy, did you hear the news?혹 소식 들었나?" "News, what?"

"Ago와 Before가 대판 싸웠다는 소식 말이야."

"Oh, my god, they did?어머, 그랬어? Why did they do that?왜 그랬대?"

"뻔한 story아니겠어, 영역 다툼이지 뭐."

"음, 그랬군, how did they go?그래서 어떻게 되었는데?"

"There is neither winner nor loser.승자도 패자도 없지 뭐 결국 제우스가 분명하게 영역을 나누어주셨다지, 아마."

- neither A nor B: A, B 둘다 아니다

"저런, 미리 정했으면 싸울 일도 없었을 텐데. 우리들처럼 말이야. 나 Already는 긍정

| The Show 영문법 |

문에서 '이미'로, 너 Yet은 부정문에서 '아직도'와 같이 말이야."
"Now that you bring it up, 네가 그 말을 하니 하는 말인데, **we also got a few problems.** 우리들의 어법에도 문제는 있어"
"문제라니? 어떤 문제?"
"부정문은 나 Yet이 접수했고, 긍정문은 너 Already가 관리하지만 문제는 의문문에서 말이야. 언젠가부터 자네가 의문문에 자주 보이던데, **how come?** 어떻게 된 일이니"
"Hey, you too. 너 Yet도 의문문에서 그러고 있던데. 사실 진작부터 알고 있었어."
"그럼 우리 말 나온 김에 제우스에게 가서 분명하게 영역을 정하자."
Already와 Yet이 **hand in hand** 손에 손을 잡고 사이좋게 찾아오자 제우스가 이들의 태도에 감동을 먹고는 말하죠.
"다른 놈들 같았으면 무식하게 소리부터 질렀을 텐데. How beautiful! 깔끔하게 정해 주지.
Already는 긍정문에서 '이미,' Yet은 부정문에서 '아직도'란 뜻으로 사용될 것이다. 하지만 예외적으로 너희 둘 모두 의문문에서는 '벌써? 즉,' 놀라움을 나타내게 될 것이다.
Are you happy? 쪼아?"
"**Absolutely, sir,** 당근이죠"

- bring up: ~를 꺼내다, 제기하다

2 Already vs Yet vs Still

❶ already

긍정문에서는 '이미,' 의문문에서는 '벌써?'란 뜻으로 뜻밖의 놀라움을 나타냅니다.

- I have **already** done my homework. 나는 이미 내 숙제를 했다
- Have you **already** finished booking? 아니 **벌써** 예약을 끝냈나요?

❷ yet

부정문에서는 '아직도' 의문문에서는 '벌써?'란 뜻으로 역시 뜻밖의 놀라움을 나타냅니다.

- Hera has not come **yet**. 헤라가 **아직도** 오지 않았다
- Have you packed your bag **yet**? **벌써** 가방을 꾸렸어요?

❸ still

긍정문, 의문문에 사용되며 '아직도, 여전히'란 뜻을 나타냅니다. 형용사가 되면 '고요한' 뜻을 나타내죠.

- We **still** have a long way to go. 우리는 **여전히** 갈 길이 멀다
- Zeus, do you **still** love me? 제우스, **아직도** 나를 사랑해요?
- The room is very **still**. 그 방은 매우 **조용했다**

정도부사 Very vs Much의 격돌

정도를 말해주는 very, much 역시 그 의미는 같지만 어법은 명백하게 다르죠. 이 둘이 격돌하는 현장 속으로 here we go!

정도부사 Very와 Much의 대격돌

정도를 나타내는 두 부사 Very와 Much가 눈을 부라리며 대치를 하고 있죠.

"**Why are you here? It's my place.** 왜 내 자리에 오는 거야? 여기는 내 자리야"
"**Gee! You took the words right out of my mouth.** 이런, 내 말을 가로 채가네"

'매우' 란 뜻을 나타내며 형용사, 부사를 수식하는 정도의 부사 Very와 Much가 다음 문장을 두고 **tit-for tat**말다툼 을 하자 제우스가 중재를 하죠.

"**Hey, guys, wait a minute,** 잠깐만 **I will take care of that problem.** 내가 해결해줄게"
"**How can you deal with it?** 어떻게 해결하실 건데요?"
"Very는 원급과 현재분사를 수식하고 Much는 비교급, 최상급, 그리고 과거분사를 수식해라. **This is my commandment,** 이것은 명령이다 **okay?**"
"**No, I am not okay, sir,** 왜 Much에겐 세 가지 경우를 주고 나에겐 두 가지 밖에 안 주는 건데요? **I can't accept it.** 받아들일 수 없어요"

Very가 징징대자 제우스가 헤르메스에게 묻죠.

"**Hermes, do you have any good ideas about this?** 좋은 의견 있니?"
"**Why don't you make an exception.** 예외를 만들면 어떨까요? Much가 수식하는 과거분사 중, 특히 사람의 emotion과 관련된 말을 수식할 때만 exceptional하게 very가 수식하게 하는 것이죠."
"사람의 감정? 뭐, 놀람, 기쁨, 피곤함, 흥분, 짜증 등과 같은 것들 말이지? **Sounds good, I will do what you mentioned.** 좋아, 말한 대로 하지 과거분사 중, 감정과 관련된 말들이 오면 Much 대신 Very, 네가 수식토록 해. **Are you happy now?**"
"**Not bad, we get it, sir.** 그닥, 나쁘지는 않네요, 알았어요"

- deal with: 해결하다
- commandment: 명령
- emotion: 감정
- exceptional: 예외적으로

3 Very vs Much

❶ very

원급과 현재분사를 수식하지만 예외적으로 **사람의 감정을 나타내는 과거분사는 very가 수식합니다.**

- Hercules is **very strong**. 헤라클레스는 힘이 매우 세다
- The class was **very boring**. 그 수업은 정말 지루했다

 | The Show 영문법 |

- She is **very surprised** to see the monster. 그녀는 괴물을 보고 매우 놀랐다

사람의 감정과 관련해 흔히 사용되는 과거분사들
interested, excited, surprised, pleased, delighted, annoyed, frightened, etc.

❷ much

비교급, 최상급, 과거분사를 수식합니다.

- You cook **much better** than I. 당신이 나보다 훨씬 더 요리를 잘합니다

비교급을 강조하는 다른 부사들로는 **even, still, a lot, far, by far** 등이 있으며 '훨씬 더, 더욱 더'로 해석됩니다.
- more는 비교급일 뿐, 비교급을 수식할 수 없죠. 꼭 기억하세요.
- Noun is **much the best** parts of eight speech. 명사는 단연코 8품사들 중에서 최고이다
  – 최상급을 수식하는 much는 '단연코'란 뜻을 나타냅니다.
- Admiral Lee is still **much respected** by people. 이순신 장군은 여전히 큰 존경을 받고 있다

Yahoo! 창조 열한 번째 날, 수식의 달인 부사에 관한 이야기도 모두 끝이 났습니다.
다음 Wrap Up을 통해 꼼꼼하게 마무리하시고 내일 또 만나요. take care. (^_^)/

Wrap Up & Explanation

Wrap Up

❶ [01~05] 다음 문장에 들어갈 알맞은 부사를 골라 쓰시오.

01 Have you ever seen Jane (late, lately)?

02 I can (hard, hardly) believe him.

03 The mountain is very (high, highly).

04 Has the train left (already, still)?

05 I was (very, much) annoyed by my son.

❷ [06~10] 괄호 안의 부사를 알맞은 자리에 쓰시오.

06 He goes to bed at 11. (usually)

07 My mom is at home on Monday. (always)

08 She could guess what he thought. (hardly)

09 My brother is strong to carry the bag. (enough)

10 He failed the exam. (unluckily)

❸ [11~13] 괄호 안에 들어갈 알맞은 부사를 쓰시오.

11 He is a student. (   ) am I.

12 My brother can't have a peach. I can not (   ).

13 She did not join the club. (   ) did I.

❹ [14~15] 다음에 들어갈 알맞은 품사를 고르시오.

14 He keeps his room (silent, silently).

15 Many runners fell down (right, rightly) before the finish line.

Explanation

❶

01 late는 '늦게,' lately는 '최근에'란 뜻을 나타내죠. 당연 '최근에'란 lately가 정답입니다.
   (최근에 제인을 본적이 있니?)

02 거의 ~아니다, 즉, 준 부정어 hardly가 필요하죠. scarcely, barely, rarely, seldom, etc.
   (나는 그를 거의 믿을 수가 없다)

03 높이를 나타내는 부사는 high죠. **highly**는 매우란 뜻으로 very와 같은 뜻을 나타냅니다.
   (그 산은 매우 높다)

04 already가 의문문에 쓰이면 놀람을 나타냅니다. already
   (어머, 벌써 기차가 떠났니?)

05 일반적인 과거분사는 much로 수식하지만 **감정을 나타내는 과거분사**는 **very**로 수식합니다.
   (나는 아들 때문에 매우 짜증이 났다)

❷

06 빈도부사의 위치는 be동사, 조동사는 바로 뒤에서, 일반 동사는 앞이므로 goes 앞에 둡니다.
   (그는 보통 11시에 잠자리에 듭니다)

07 빈도부사이므로 be동사 뒤, 즉 is always입니다.
   (엄마는 월요일에는 항상 집에 계신다)

08 조동사와 본동사가 나란히 있을 때 hardly는 그 사이에 옵니다. could hardly guess
   (그녀는 그의 생각이 무엇인지 좀처럼 알 수가 없었다)

09 부사 **enough**는 수식하려는 말 뒤에 옵니다. strong enough
   (내 동생은 그 가방을 운반 할 만큼 힘이 세다)

10 문장 전체를 수식하는 부사는 문두에 옵니다.
   (운 나쁘게도 그는 시험에 떨어졌다)

❸

11 '~도 또한 ~하다'란 뜻을 나타내며, 긍정문에 사용되는 부사는 So입니다.
    (그는 학생입니다. 나도 또한 학생입니다)

12 '~도 또한 아니다'란 뜻을 나타내는 **부정부사**는 **either**입니다.
    (동생은 복숭아를 먹지 못한다. 나도 못 먹는다)

13 부사 neither는 not+either의 뜻을 나타내며, 부정어이므로 문두로 가면 도치가 일어나죠.
    (그녀는 그 클럽에 참가하지 않았다. 나도 하지 않았다)

❹

14 keep은 목적어와 목적보어가 모두 필요한 불완전한 동사죠. **부사는 수식어일 뿐 보어가 될 수 없죠**.
   따라서 보어가 될 수 있는 형용사 silent입니다.
   (그는 그의 방을 조용하게 했다)

15 절을 꾸며주는 수식어 부사가 필요하죠. '바로'란 뜻을 나타내는 right입니다.   • rightly: 올바르게, 정당하게
   (많은 주자들이 결승점 바로 앞에서 쓰러졌다)

| 창조 열두째 날 _ All about the parts of speech |

STORY 12

연결어 접속사 이야기

영어란 강에 다리(bridge)가 되어라!

창조 열두째 날입니다. 오늘은 연결어 접속사에 관한 profile이 완성되는 날입니다. 아침이면 항상 그러하듯이 CR에는 참모들이 모여 small talk잡담 을 나누고 있죠. 제우스가 헐레벌떡 들어오더니 뜬금없이 유프라테스 강 위에 놓여있는 다리를 가리키며 묻죠.

"어이, 저기 강 위의 다리가 보이지?"
"당연 보이죠, 근데 뜬금없이 다리는 왜요?"
"오늘 주인공이 될 접속사의 역할이 저 강의 다리와 같지 않을까 해서 말이다."
"접속사가 다리, legs이라니? What does it mean, sir?뭔 말씀이죠?"
"No, 사람의 다리 legs가 아닌 강 위에 놓인 다리, bridge말이다. 저 다리가 강의 이편과 저편을 연결해 주듯이(link) 접속사 또한 분리되어 있는 단어, 구, 절을 하나로 연결해주니 말이다."
"오! 그렇게 깊은 뜻이. Nice comparison.정말, 좋은 비유네요."
"쌩~유!! I am so flattered this morning.아침부터 완전 비행기를 태우는군. ㅎㅎ"

참모들의 칭찬에 우쭐해진(flattered) 제우스가 바로 메가폰을 들고는 stand by하고 있는 접속사들을 향해 말하죠.

"Hey, Conjunction, can you hear me?접속사들, 내 말을 들리니? It's time for you to grab attention. 이제 너희들이 주목 받을 시간이 왔구나 저 유프라테스 강을 연결하는 bridge처럼 흩어져 있는 단어, 구, 절을 연결해주는 영어 나라의 다리가 되어보겠느냐?"

"Absolutely,물론이죠 it will be our honor, sir. 가문의 영광입니다"

창조 열두째 날, 강을 연결하는 다리처럼 단어와 단어, 구와 구, 절과 절을 하나로 연결해주는 연결어 품사, 접속사 이야기 속으로 go! go!

접속사와 접속부사에 관한 profile

| INTRO |

접속사 vs 접속부사

접속사가 연결어라면 접속부사는 문단이 흘러갈 방향을 제시하는 이정표(signpost)죠. 같은 접속이란 접두사를 달고 다니지만 역할은 다른 둘의 이야기 속으로 here we go!

접속사와 접속부사 이렇게 달라요

제우스가 접속사에 관한 briefing을 잘 끝냈음에도 불구하고 영어 중생들이 접속사와 접속부사에 관한 개념을 잡지 못해 우왕좌왕하자 이들 둘을 한 자리에 불러 심각하게 말하죠.

● briefing: 보고

"**Guys, look down there.** 애들아 저기를 좀 봐라 참, comedy가 따로 없구나. 너희 둘은 역할이 분명히 다름에도 불구하고 이름이 비슷해 영어들이 저리 혼동을 하니 밀나. 섞어도 너희 둘은 서로의 차이점에 관해 분명히 알고 있겠지? 그렇지?"

"**Of**가 course죠. 두 말하면 잔소리죠. 우리 접속사는 단어, 구, 절과 절을 연결해주는 연결어 품사지만 접속부사, 흥! 저것들은 하는 일이 없잖아요. 중요한 연결의 기능이 없잖아요. 참! 정말 궁금했는데요. 도대체 왜 재들을 만들었어요? 별 하는 일도 없이 밥만 축내는 놈들을, 쩝!"

접속사 And의 독설에 접속부사 However가 발끈해 소리치죠.

"**Say what?** 뭐라? 김밥 옆구리 터지는 소리 그만하고 닥쳐줄래? 너희가 연결의 상징, 다리라면 우리는 방향(direction)의 상징, 이정표거든. 흥, signpost가 뭔지나 알고는 있나? 알 턱이 없지, 무식한 것들. 설명해줄테니 내 설명(explanation) 직접 듣는 것만으로도 영광(glory)인줄 알아, 이것들아. 낯선 도로에서 이정표가 없다고 생각해봐. **What would happen?** 어떻게 되겠어? 당연히 낙동강 오리알 되지. 그래서 우리를 **transitional words** 전환어 라고 부르는 거야, 뭘 좀 알고 까불어."

하지만 And가 되받아치죠.

"그건 니 생각이고, **whatever,** 어쨌든 연결은 할 수 없잖아. 연결도 못하는 주제에 왜 괜히 접속이란 말은 붙여서 혼란을 야기해? 접속이란 말 붙여 여러 영어 잡지 말고 cool하게 접속이란 말 날려. 야, 창조주가 얼마나 불안했으면 너희들 뒤에 comma를 붙여 따로 명시를 하겠니?"

| The Show 영문법 |

> 이 때 제우스가 번개봉을 휘두르며 고함을 지르죠.
> "Hey, you two, would you please 닥쳐줄래? 감히 누구 면전에서 싸움질이야, 겁대가리도 없이. 건방진 놈들. 접속사는 연결, 접속부사는 문맥의 흐름을 보여주는 이정표, 이 문장이면 cool하게 끝날 일을. ㅋㅋ"

1 접속사 vs 접속부사

❶ 접속사(Conjunction)

연결어 품사로서 단어와 단어, 구와 구, 절과 절을 연결합니다.

1) 단어와 단어
- wise **and** clever 현명하고 영리한
- coffee **or** tea 커피 혹은 차

2) 구와 구
- To say **and** to practice is quite different. 말하는 것과 실천하는 것은 아주 다르다
- To be, **or** not to be, that is a question. 죽느냐, 사느냐, 그것이 문제로다

3) 절과 절
- I stayed up late last night **because** I had to study.
  나는 공부를 해야 했기 때문에 지난 밤 늦도록 잠을 잘 수 없었다
- You will make it **if** you try your best. 최선을 다하면 성공할 수 있을 것이다

❷ 접속부사

문맥이 앞으로 어떻게 진행될지 그 방향을 알려주는 것을 접속부사라고 합니다. 접속이란 말이 있지만 접속사처럼 연결은 할 수 없습니다. 의미에 따라 순접, 인과, 역접, 첨가 접속부사로 구분됩니다.

1) 순접 접속부사

앞, 뒤의 문맥이 흐름이 동일할 때 사용합니다. therefore(그러므로), thus(그래서), etc.
- I think, **therefore**, I am. 나는 생각한다, **고로**, 나는 존재한다
- She kept asking. **Thus**, I got embarrassed. 그녀는 계속 질문했다. **그래서**, 나는 난처해졌다

2) 결과 접속부사

앞 문장이 뒷 문장의 결과가 될 때 사용하며 consequently, as a result, etc.
- I studied hard. **Consequently**, I got a good mark. 나는 열심히 공부했다. 그 **결과로**, 좋은 성적을 얻었다

3) 역접 접속부사

앞, 뒤 문장의 내용이 상반 될 때 사용하며 however, still(그러나), yet, nevertheless(그럼에도 불구하고), etc.

- I tried my best. **However**, I failed. 나는 최선을 다했다, **그러나**, 실패했다
- We asked him to stay, **nevertheless**, he went away.
  우리는 그에게 머물러 달라고 부탁했다, **하지만**, 그는 가버렸다

4) 첨가 접속부사

앞 문장에 대한 추가설명을 할 때 사용하며 moreover, furthermore, in addition, etc.

- He gave me much food. **Moreover**, he found a shelter.
  그는 나에게 많은 음식을 주었다. **게다가** 은신처까지 찾아 주었다

유의할 접속부사의 어법

① 접속부사는 마침표(.) 혹은 세미콜론(;) 뒤에 사용되며 뒤에는 항상 **comma**를 찍어줍니다.
② 한 문장에서 접속부사와 접속사는 나란히 사용될 수 없습니다.
  - **Because** I found Jason innocent, **therefore** I let him go. (×)
③ 예외적으로 접속부사 yet, then은 and와 함께 사용될 수 있습니다.
  — and then 그리고 나서   and yet 그럼에도

2 접속사의 종류

접속사는 형태와 역할에 따라 다음과 같이 구분됩니다.

❶ 형태상 분류

접속사의 수에 따라 단일, 구, 상관접속사로 구분됩니다.

1) 단일 접속사

한 단어로 이루어진 접속사를 말합니다.
- and, but, though, when, if, until, etc.

2) 구 접속사

두 개 이상의 단어로 만들어진 접속사를 말합니다.
- as long as, in spite of, as far as, on the other hand, etc.

3) 상관 접속사

두 개 이상의 단어가 상호 관련을 갖고 사용되는 접속사를 말합니다.
- either A or B, both A and B, neither A nor B, not only A but also B, etc.

| The Show 영문법 |

| INTRO |

역할상의 분류

접속사는 역할에 따라 대등(혹은 등위), 종속, 상관접속사로 구분이 됩니다. 이들의 각각 다른 이야기 속으로 here we go!

대등접속사 이야기 (야! 너 깻잎 좀 날렸냐? Me too, 맞 짱 한 판 뜰까?)

접속사 구분을 기능(function)에 따라 대등한 놈, 종놈, 무리 지어 다니는 놈의 세 놈으로 구분한 후 가장 대등한 놈, 앞 뒤의 내용이 항상 자로 잰 듯이 같은 관계를 유지하는 대등접속사를 불러 orientation을 하죠.

● parallel: 대등한

"Guys, your name is Parallel conjunction, do you know why?" 너희들의 이름은 대등접속사다. 왜 그리 불리는지 아니?"

"Yes, sir, 단어면 단어, 구면 구, 절이면 절, whatever, 무엇이든 앞과 뒤에 오는 말을 아주 parallel하게, 즉, 대등하게 연결하기 때문이잖아요?"

"Bingo" ^_^* !

"그래서 말인데요, we are so hot, aren't we? 우린 정말 매력 있어요, 그렇죠? 동등하게 살 수 있도록 해주니 말이죠?"

"Yup, you really are, 그래 사실이야, however, 하지만 명심해라, 너희의 앞과 뒤는 항상 같은 구조(structure)를 유지해야 한다는 것을. 즉, 앞 말이 단어, 구, 절이면 뒷말 역시 단어, 구, 절의 구조를 취하라는 것이지, 유~남생? (you know what I am saying?)"

● definitely: 명확하게, 분명히

"Yes, sir, we will definitely keep that in mind 꼭! 명심할~ 께~ 용 ㅎㅎ"

"좋아, 그럼 이제 가서 영문법사에 한 획을 그을 평형구조(parallelism)를 맘껏 펼쳐봐라."

❷ 역할상의 분류

대등, 종속, 상관접속사, 세 종류로 구분되며 이 중 대등접속사와 상관접속사는 의미상 대등한 관계를, 종속접속사는 종속의 관계를 나타냅니다.

1) 대등(등위)접속사(Coordinate Conjunction)

접속사의 앞, 뒤가 대등한 관계를 나타내게 하는 접속사로 **and, but, for, or, so** 등이 있습니다. 앞, 뒤의 대등한 관계를 **평형구조(parallelism)**라고 합니다.

a) and

단어, 구, 절을 연결하며 앞, 뒤의 내용이 순접, 즉, 같은 흐름을 유지할 때 사용합니다.

▶ '그래서,' 혹은 '~와'

- Sheep **and** goat 양과 염소
- I met her yesterday **and** (I) fell in love with her. 나는 어제 우연히 그녀를 보았고 사랑에 빠져버렸다

▶ 명령문+and

'~해라, 그러면 ~할 것이다,' if를 사용해 조건의 부사절로 나타낼 수 있습니다.

- Try your best, **and** you can realize your dream.
  = **If you try your best**, you can realize your dream. 최선을 다 해라 그러면, 꿈을 이룰 것이다

b) but

앞, 뒤의 내용이 역접, 즉, 대조를 나타냅니다.

▶ '그러나'

- Zeus, you love her, **but** she dislikes you. 제우스, 당신은 그녀를 사랑하지만 그녀는 당신을 싫어해요

▶ not A but B (A가 아니라 B다)

- You are **not** a pilot **but** an astronaut. 당신은 조종사가 아니라 우주 비행사이다

c) or

▶ '혹은' 이란 뜻을 나타내며, which와 함께 선택의문문에 사용됩니다.

- **Which** do you want, stay **or** leave? 있을래요, 아님 갈래요?
- Do you like first class **or** economy class? 일등석으로 할까요? 아니면 보통석으로 할까요?

▶ 명령문+or

'~~하라, 그렇지 않으면 ~할 것이다,' if ~ not 혹은 unless를 이용해 부사절로 나타낼 수 있습니다.

- Start right now, **or** you will miss the bus. 지금 당장 출발해라, **그렇지 않으면** 버스를 놓칠 것이다
  = **If you don't** start right now, you will miss the bus.
  – **Unless** you start right now, you will miss the bus.

d) for

앞 절에 대한 근거를 제시합니다, because와는 달리 문두에 올 수가 없습니다.

- Autumn has come, **for** it is getting cooler. 가을이다. **왜냐하면** 점점 시원해지니까
  – 왜 가을인가? 종속절이 주절에 대한 근거를 제시합니다.

because vs for

for는 주절의 결과에 대한 원인을, because는 절 자체가 원인이 됩니다.

- **Because** he caught a bad cold, he is in hospital. 그는 독감 때문에 입원해 있다
  cf. He is in hospital **for** he caught a bad cold. 그는 병원에 있다, 왜냐하면 독감이 걸려서

e) so

'그러므로, 그래서' 즉 원인에 대한 결과를 나타냅니다.

- I grew up in English speaking country **so** (I) speak it fluently.
  나는 영어 사용권 나라에서 자랐다, **그래서** 영어를 잘한다,

등위 접속사 중 for와 so는 절과 절만을 연결합니다.

| The Show 영문법 |

 바늘과 실처럼 붙어 다니는 상관접속사 story

제우스가 항상 뭉쳐 다니는 놈들, 상관접속사를 불러 orientation을 하죠.

- co-relative: 상호 관련이 있는

"Hey, your name is co-relative conjunction, do you guess why?너희들의 이름은 상관접속사다, 이유를 아니?"

"Yes, sir, 둘 이상의 단어가 짝을 지어 밀접한 상관관계를 나타내기 때문이죠."

- stick together: 꼭 붙어 다니다

"Perfect!맞아! 너희들의 운명은 stick together,항상 붙어 다니는 것 둘 중 어느 하나라도 없으면 황 된다, 꼭 붙어 다녀라. 아! 하나 더, 당부사항이 있다. 너희들 또한 앞, 뒤의 관계가 대등한 평형구조를 유지한다는 것이다. Am I clear?알겠니?"

이때 둘 중 하나만을 선택해야 하는 상관접속사 Either~or가 말하죠.

"Hold on, sir, who the hell am I?잠깐만요, 나는 도대체 누구죠?"

"Gee! It sounds ridiculous.어이가 없군, 상관접속사지, 뭐야?"

"왜 나는 항상 하나만 choice선택 를 해야 하는 것이죠? 둘 중 하나를 선택한다는 것이 얼마나 힘든지 아세요? 피자와 햄버거 둘 다 먹고 싶은데 하나만 선택해야하는 나의 고통을 아시냐구요? 나도 Both~and처럼 둘 다 선택하게 해줘요??"

- neither A or B: A, B 둘 다 아니다.

Either의 말에 Neither~nor가 콧방귀를 끼며 말하죠.

"김밥 옆구리 터지는 소리하고 자빠졌네. 야! 야! 야! 그 둘 다를 거부해야 하는 고통을 네가 알아??"

이에 둘 다를 yes하는 Both~and 또한 보태죠.

"Actually사실, there is no easy work in the world,세상살이가 그렇게 만만치 않아, 니들 생각처럼 나 그렇게 행복한 것만은 아니거든."

- Buddy: 친구

"Buddy, that is just what I want to say.친구, 내 말이 그 말이라네"

Both의 말에 같은 뜻을 나타내는 Not only~but also 또한 맞장구를 치죠. 순간 Both가 생뚱맞은 말을 해 매를 부르죠.

"제우스님, 왜? 나 Both는 항상 and하고만 붙어 다녀야 해요? or, nor하고 짝이 되면 안 될까요?"

"당근, 안 되지, 너 미친 것 아냐?"

2) 상관접속사(Correlative Conjunction)

둘 이상의 접속사가 상호관련을 나타낼 때 이를 상관접속사라고 합니다. 이들 뒤에 오는 동사의 수는 상관접속사에 따라 다르기 때문에 각별히 주의할 필요가 있습니다.

a) either A or B
A, B 중 하나를 선택할 때 사용하며 동사는 B 주어에 일치시킵니다.
- **Either** you **or** I **am** wrong. 당신과 나 중에 하나가 잘못이다
- **Either** he **or** she **has** to do it. 그나 그녀 중 한 명이 그것을 해야 한다

b) both A and B
A, B 둘 다를 말할 때 사용하며 복수형으로 나타냅니다.
- **Both** Emma **and** Chen **are** students. Emma와 Chen 둘 다 학생이다
- Heather can speak **both** English **and** Japanese. 헤더는 영어와 일본어 둘 다 할 수 있다

c) neither A nor B
A, B 둘 다를 부정할 때 사용하며 동사는 B주어에 일치 시킵니다.
- **Neither** he **nor** she **is** Korean. 그도 그녀도 둘 다 한국인이 아니다

d) not only A but also B
A, B 둘 다를 모두 말하며 종종 but 다음에 오는 also는 생략됩니다. 동사의 수는 B주어에 일치시키며 B as well as A로 고쳐 쓸 수 있습니다. 이 때 주어의 위치가 달라지니 각별히 주의하세요!!
- **Not only** he **but** (**also**) I **was** born in New Zealand.
  = I **as well as** he **was** born in New Zealand. 그뿐만 아니라 나도 뉴질랜드에서 태어났다

e) B as well as A
A, B 둘 다를 말하며 not only~but also와 같은 뜻을 나타내지만 주의할 점은 주어의 위치가 바뀐다는 점이죠.
- I **as well as** you **am** no fault.
  = **Not only** you **but also** I **am** no fault. 당신과 나 둘 다 잘못이 없다

f) not A but B
- He is **not** a pilot **but** a sailor. 그는 조종사가 아니라 선원이다

종속접속사가 이끄는 세 종속절 이야기

| INTRO |

종속절(Subordinate Clause)

주절 없이 결코 살아갈 수 없는 종속절, 항상 주절에 묻어갈 팔자,
종속절의 비애 속으로 here we go!

 종속절 이야기 (명사절, 형용사절, 부사절로 거듭나는 종속절)

제우스가 마지막으로 종속접속사들을 불러 orientation을 합니다.

"Guys, your name is subordinate conjunction, 너희의 이름은 종속접속사 do you know why? 왜 그런지 알고 있니?"

"Yes, sir, 주절을 상전으로 모시고 그 주절에 종처럼 종속되어 살아야하기 때문이죠."

"What? It sounds funky. 희한하게 웃기네 지금이 뭐 조선시대니? 상전은 뭐고, 종놈(servant)은 또 뭐니? Look at us, 우리를 봐, 완전 당당하고 뽀대 제대로 나잖아, 우린 완전한 평등주의를 추구하잖아. Hey, do you happen to hear equality? 혹 들어는 봤어? 평등이라고"

말의 허리를 잘라먹고 들이대는 무례함에 열 받은 제우스가 yelling 고함 을 지르죠.

"Shut up! 닥쳐 이것들아, 너희들 싸가지는 엇다 두고 왔니? 고얀 것들. 그리고, 너희가 대등이니, 평등이니 쉰 소리를 해대지만 애들 종속접속사와 비교하면 잘난 것 하나도 없어, 알아?"

"Why are you talking like that? 무슨 근거로 그리 말하죠?"

"종속접속사가 이끄는 절을 종속절이라고 한다는 것을 알지? 그런데 그 절이 명사절, 부사절, 형용사절의 역할을 다 한다는 것은 몰랐지? 이것들아. 너희는 달랑 대등절 하나만 있잖아. 까~불고 있어."

종속접속사가 lead하는 절이 명사절, 부사절, 형용사절이란 말에 대등접속사들이 급 꼬리를 내며 말하죠.

"Oh, my goodness! 어머나! Is it real? 사실인가요? Wow! They are really great. 정말, 대단해요."

"Carrot 당근, 두 말하면 개소리, 이제 알았으면 닥쳐."

- subordinate: 종속되는
- funky: 이상한, 희한한, 재미있는
- like: ~처럼, ~와 같이

1 종속접속사가 이끄는 세 종속절 이야기

종속접속사가 이끄는 절로서 역할에 따라 명사절, 형용사절, 부사절로 구분이 됩니다. 항상 주절에 종속되어 사용되므로 종속절만으로는 완전한 문장을 만들 수가 없습니다.

❶ 명사절

that, if, whether 그리고 간접의문문에 사용된 의문사들이 명사절을 이끄는 접속사입니다.

1) That

주절, 목적절, 보어절, 그리고 동격절을 이끕니다.

a) 주절

- **That Zeus had an affair**/is certain. 제우스가 바람을 피운 것은 분명하다

  = **It** is certain **that Zeus had an affair**.

- **That he is a criminal**/is true. 그가 범인이라는 것은 사실이다

  = **It** is true **that he is a criminal**.
  　가주어　　　　　　　진주어

  – that이 주절을 이끄는 경우 주로 가주어 it을 사용해 it~~that으로 나타냅니다.

b) 목적절

- Zeus suspected **(that) one of the gods stole fire**. 제우스는 신들 중 하나가 불을 훔쳤다고 의심했다
- I know **(that) he is honest**. 나는 그가 정직한 것을 안다

  – 목적절을 이끄는 접속사 that은 생략할 수 있죠.

c) 보어절

- The fact is **that he is a criminal**. 사실은 그가 범인이라는 것이다
- The rumor is **that she got married**. 소문은 그녀가 결혼을 했다는 것이다

d) 동격

- **The news that he is a spy** makes me embarrassed. 그가 간첩이라는 소식에 나는 당황했다
- **The belief that you can do anything** is the most important thing.
  무엇이든 할 수 있다는 신념이 가장 중요하다

목적절 that vs 보어절 that의 구분

① 목적절은 타동사(think, ask, know, wonder, believe, etc.) 뒤에 오며 '~을, ~를'로 해석되며 생략 가능.

- I believe (that) I can fly. 나는 날 수 있다고 믿는다

② 보어절 that은 be동사 혹은 불완전자동사(seems, appears, etc.) 뒤에 오며 '~이다'로 해석되며 생략할 수 없다.

- Jill's dream is that she can be a model. Jill의 꿈은 모델이 되는 것이다

---

2) whether (인지, 아닌지)

주절, 목적절, 보어절을 이끌며 '~인지, 아닌지'로 해석됩니다.

 | The Show 영문법 |

a) 주절
- **Whether he agrees or not** doesn't matter. 그가 동의하느냐, 아니냐는 중요하지 않다
  = It doesn't matter **whether he agrees or not**.

b) 목적절
- I can't predict **whether he will pass the exam or not**.
  나는 그가 합격할지 아닐지 예견할 수가 없다

c) 보어절
- My question is **whether you went there or not**.
  내 질문은 당신이 그곳에 갔느냐, 아니냐에 관한 것이다
  - 주절과 보어절에 사용된 whether는 if로 바꾸어 나타낼 수 없죠. 주의하세요!

3) if (인지, 아닌지)

목적절로만 사용이 됩니다.

- I doubt **if it will snow tomorrow**. 내일 눈이 올지 아닐지 모르겠다
  = I doubt **whether** it will snow tomorrow.

명사절 if vs 부사절 if

if가 명사절을 이끌 때는 '인지, 아닌지'로 해석되며, 미래시제 will, shall을 사용할 수 있지만 부사절인 경우 조건을 나타내므로 미래시제를 사용할 수 없습니다.

- I don't know if my son **will** get on the bus. (명사절)
  나는 내 아들이 버스를 탔는지 아닌지 알 수 없다
- I will be happy if my daughter **comes** back home tomorrow. (부사절)
  내 딸이 내일 집에 돌아오면 좋을 텐데
  – 시간, 조건을 나타내는 부사절에서는 현재가 미래시제를 대용함을 꼭 기억하세요!

4) 기타 의문사 (who, when, where, what, how, which)

간접의문문에 사용된 의문사들 또한 명사절로 타동사의 목적어가 됩니다.

- Can you tell me **when he will come**? 그가 언제 올지 말해줄 수 있나요?
- Do you know **how he made it**? 그가 어떻게 성공했는지 아나요?

❷ 부사절

시간, 이유, 조건, 장소, 양보, 원인과 결과, 목적(so that ~ may) 등을 나타냅니다.

1) 시간 (~할 때)

when, before, after, until, since, as, while, as soon as, etc. 시간의 부사절에서는 현재시제가 미래시제를 대용합니다.

- **Before it rains**, we will be able to arrive at home. 비가 내리기 전에, 우리는 집에 도착할 수 있을 것이다

- I was reading a book **while my wife knitted**. 아내가 뜨개질을 하는 동안 나는 독서를 했다

2) 이유 (~때문에)

because, as, since, etc.

- My feeling was so terrible **because you humiliated me**.
  당신이 나를 모욕했기 때문에 나는 기분이 아주 엉망이었다
- **As it snows heavily**, we have to stay at home. 눈이 많이 내려서 집에 있어야만 한다

3) 조건 (~한다면)

if, unless(~하지 않는다면) 조건 절 역시 현재가 미래시제를 대신합니다.

- **If you accept my apology**, I will not make the same mistake again.
  나의 사과를 받아 준다면, 다시는 같은 실수를 하지 않을 것이다
- **Unless you two stop fighting**, I will call the police. 만약 싸움을 멈추지 않으면, 경찰을 부르겠다
  = **If** you two **don't** stop fighting, I will call the police.
  - unless는 if~not, 즉, 자체가 부정이므로 부정어를 중복 사용하는 실수는 피하세요.^^

4) 장소 (어느 곳에, ~어디든지)

where, wherever, etc.

- **Wherever she may go**, she will try her best. 그녀는 어디를 가든, 최선을 다할 것이다

5) 양보 (비록 ~할지라도)

though, although, as, etc.

- **Though she is charming**, she is very rude. 비록 그녀는 아름답지만 매우 무례하다
  cf. **Charming as she is**, she is very rude.

> **though vs as**
> as가 양보 절을 이끌 때 어순은 보어+as+s+v가 되죠. 즉 보어가 문두로 나가 도치가 일어납니다. 이 때 보어가 단수 보통명사이면 관사는 생략해야만 합니다.

6) 양태 (~와 같이)

as

- Do **as** I told you. 내가 말한 대로 해라

7) 목적 (~하기 위하여)

in order that+S+may(can), so that+S+may(can)

- Brian works very hard **so that** he **may** support his family.
  = Brian works very hard **in order that** he **can** support his family.
  브라이언은 가족을 부양하기 위해 열심히 일한다

lest~should(~하지 않기 위해), etc.

- I worked hard **lest I should** fail. 나는 실패하지 않기 위해 열심히 일했다

  = I worked hard **in order that I might not** fail.

  = I worked hard **in order not to** fail. (단문)

8) 원인과 결과

a) so~that+can't (너무 ~~해서 ~~할 수 없다) = too~ to~

- He got up **so late/that** he **could not** catch the first train.
  원인   결과

  = He got up **too** late/**to catch** the first train. 그는 너무 늦게 일어나서 첫 차를 놓쳐 버렸다
      원인   결과

b) so~that+can~ (너무 ~해서 ~~할 수 있다) = enough~ to~

- He is **so strong that he** can carry the box. 그는 그 상자를 옮길 수 있을 만큼 힘이 세다

  = He is **strong enough to carry** the box.
  - 부사 enough는 자신이 수식하는 형용사나 부사 뒤에서 수식합니다.

❸ 형용사절

형용사절에 관한 이야기는 4막 관계사 편에 준비되어 있습니다. 기다려주세요.^^

Yahoo! In the long run, 마침내 연결어 품사 접속사와 그들이 이끄는 절에 관한 이야기도 모두 끝이 났습니다. 수고 많으셨습니다. Nicely done. 다음 Wrap Up을 통해 깔끔하게 마무리 하시고 내일 다시 만나요. bye!

Wrap Up & Explanation

Wrap Up

❶ [01~05] 다음과 같은 문장이 될 수 있도록 밑줄 친 부분에 들어갈 알맞은 말을 쓰시오.

01 Work out regularly, and you will be fit.
   = _____ , you will be fit.

02 If you don't study hard, you will fail the exam.
   = _____ you study hard, you will fail the exam.

03 I worked hard so as to support my family.
   = I worked hard _____ I _____ support my family.

04 He gets up early every morning in order that he may not be late for school.
   = He gets up early every morning _____ he _____ be late for school.

05 She is very poor, but she is happy.
   = _____ she is very poor, she is happy.

❷ [06~08] 다음 어법 상 틀린 부분을 찾아 바르게 고치시오.

06 Brian can't swim. I can't too.

07 Neither he or you need to go there.

08 Valerie as well as you love cookies.

❸ [09~14] 다음 접속사 that이 이끄는 절을 쓰시오.

09 I think that he is a pilot.

10 The news that he will return makes me happy.

11 I will give you anything that you need.

12 The fact is that he is alive.

13 It was yesterday that I met him.

14 She is sure that he will come.

❹ [15] 다음 예문과 같은 용법의 as를 고르시오.

Do as I told you.

a. As it is rainy, I am staying at home.

b. She was listening to the music as she worked.

c. He was treated as a child.

d. That is the same watch as I lost.

e. As he is older, he becomes wiser.

Explanation

❶

01 명령문, and(~해라, 그러면 할 것이다)는 조건 절 **if+you+동사**로 나타낼 수 있죠.
   If you work out regularly (규칙적으로 운동해라, 그러면 건강해질 것이다.)

02 명령문, or(~하라, 그렇지 않으면)는 조건절 **if+you+don't+동사** 혹은 **unless+주어+동사**로 나타낼 수 있습니다.
   Unless you study hard, (열심히 공부해라, 그렇지 않으면 낙제할 것이다)

03 목적을 나타내는 구 so as to do는 절 so that+S+may(might)로 나타낼 수 있죠. 과거형이므로 so that I might이죠. (나는 가족을 부양하기 위해 열심히 일했다)

04 ~하지 않기 위하여, 즉 so that may not이며 **lest~~should**로 나타낼 수 있죠.
   (그는 학교에 지각하지 않기 위해 매일 일찍 일어난다)

05 양보의 뜻을 나타내기 때문에 though를 이용해 나타냅니다.
   Though she is very poor, (비록 그녀는 가난하지만, 그녀는 행복하다)

❷

06 부정문에서 '~도 또한 아니다'란 뜻을 나타낼 때는 문미에 either를 붙입니다.
   (브라이언은 수영을 못한다. 나도, 또한, 못한다)

07 둘 다를 부정하는 상관접속사는 neither A nor B입니다.
   (그와 당신 둘 다 그곳에 갈 필요가 없다)

08 'A뿐만 아니라 B도'란 뜻을 나타내는 B as well as A 구문이죠. 동사의 수는 B 주어, Valerie에 일치 시킵니다. loves. (당신뿐만 아니라 Valerie도 쿠키를 좋아한다)

❸

09 타동사 think의 목적어 역할을 하는 명사절입니다. (나는 그가 조종사라고 생각한다)

10 동격의 명사절이죠. (그가 돌아온다는 소식에 나는 기쁘다)

11 선행사 anything을 수식하는 관계대명사이며, 관계대명사는 형용사절을 lead합니다.
   (당신이 원하는 것이면 무엇이든지 다 줄 것이다)

12 불완전자동사 be동사 뒤에서 보어 역할을 하는 명사절입니다. (사실은 그가 살아 있다는 것이다)

13 강조 구문에 사용되는 that입니다. (내가 그를 만난 것은 바로 어제다)

14 타동사 sure의 목적어 역할을 하는 that으로 생략할 수 있습니다.
   (그녀는 그가 돌아올 것을 확신하고 있다)

❹

15 접속사 as의 다양한 뜻을 묻는 문제입니다.
   예문의 as는 내가 말한 것과 같이 하라. 즉, '~처럼, ~와 같이'란 뜻을 나타내죠. 정답은 c입니다.
   a. 이유,   b. ~하면서,   c. ~와 같이,   d. 유사관계대명사,   e. ~할수록

| 창조 열셋째 날 _ All about the parts of speech |

STORY 13

Navigation 전치사 이야기

전치사야, 방향을 알려주는 Navigation이 되어라!

창조 열셋째 날입니다. 오늘은 명사 앞에 찰싹 붙어 앞 말과 명사와의 관계를 나타내주는 연결어 전치사에 관한 profile이 완성되는 날입니다. 아울러 2막 품사 편이 끝나는 날이죠. 2막을 마무리하는 날이라는 생각에 up된 제우스가 콧노래를 부르며 CR로 들어서는데 난데없이 이마에 결사항쟁이란 붉은 띠를 두른 Of가 악을 씁니다.

"2막이 다하도록 우리 전치사에 관해서는 일언반구도 없다니, 이건 무슨 개 같은 경우죠? 과연 우리가 팔 품사이긴 한가요?"

이성을 상실한 Of가 발광을 하자 헤르메스가 말하죠.

"Are you out of mind?미쳤니? 감히 신전에 난입해 포악을 떨다니, 제우스의 성질을 몰라서 그래?"

"흥! 이판사판 공사판이죠. 그림자 대접을 받느니 차라리 맞아 죽는 것이 낫죠. 아, 배 째!"

여느 때면 욱하고 벼락을 칠 제우스가 어찌 된 판인지 Of를 달래네요.

"Just today you will be grabbed attention.바로 오늘 모든 영어들의 주목을 받게 될 것이다 그러니 가서 기다려라."

"그렇게 말하시니 그러죠. 뭐 하지만, 바로 오세요. 아니면 빡 치니까 말이죠."

Of를 돌려보낸 후 제우스가 서둘러 말하죠.

"오늘은 접속사와 더불어 2대 연결어 품사로 구분되는 전치사에 관한 profile을 완성할 것이다. Are you ready to go?"

"Absolutely, sir. Let's get started!"

창조 열셋째 날 명사 앞에 붙어 앞 말과의 관계를 나타내주는 전치사 이야기 속으로 go! go!

Episode #1 전치사의 역할과 종류에 관한 이야기

INTRO

전치사(Preposition)

전치사는 말 그대로 pre(미리)+position(위치), 앞에 오는 품사란 뜻이죠. 어떤 품사 앞에 올까요? 2막의 마지막 주인공 전치사의 이야기 속으로 here we go!

전치사 story

Of가 제우스와 담판(showdown)을 하러 신전으로 쳐들어갔다는 소문은 삽시간에 영어 왕국으로 퍼져나가 그날의 hot issue가 되었죠. 만나는 품사들마다 서로 주거니 받거니 추측(guess)을 하죠.

"일 났네, 일 났어, 제우스에게 그런 행패를 부리다니. 이제 Of는 끝났어, 안 그래?"

• no wonder: 당연하다

"**No wonder he should be kicked out.** 그가 쫓겨나는 것도 당연해 이제 Of는 퇴출이야."

하지만 예상을 뒤엎고 Of가 보란 듯이 구름을 타고 화려하게 내려와 전치사들에게 말하죠.

• gonna: going to

"**Hey, buddies,** 친구들**, today is gonna be so special to all of us.** 오늘은 우리에게 특별한 날이 될 거라네. **It's our time to shine.** 우리들의 날이라네."

Of의 말에 전치사들이 포옹(hugging)을 하며 기뻐하죠.

• make it: 성공하다

"**Oh, my god! You finally made it,** 세상에나, 네가 결국 해냈구나. **nicely done.** 잘 했어 ^^"

전치사들이 기뻐하고 있는데 제우스가 약속대로 내려와 말하죠.

"전치사야, 지존 명사 앞에 붙어 앞 말이 나아갈 방향을 지시해주는 navigation으로, 시간을 알려주는 clock으로, 날을 나타내는 calender로, 또 때론 재료, 도구, 수단까지 모조리 보여주는 multi-player가 되어보겠느냐?"

• why not?: 왜? 당연 되지

"Wow! You mean it? 정말이시죠? Why not? 당연히 좋죠 꿈에도 그리던 일인 걸요. 아시잖아요, 전치사는 명사의 big fan이란 것을. 명사 없는 전치사, Gee! 앙코 없는 붕어빵이죠. 아! 넘쳐나는 우리의 존재감. 쌩~유 베~리 감사하죠. ^_^*"

전치사의 행복은 곧 동사의 불행, 이를 보고 있던 동사들이 뒤에서 욕을 바가지로 해대죠.

"흥! 널뛰고 있네, 명사가 없다면 존재 자체가 불가능한 것들이 존재감(being existence)은 무슨 말라비틀어진 존재감이야. 웃기지도 않아."

동사의 말을 들은 전치사가 발끈해 동사에게 소리를 지르죠.

| The Show 영문법 |

> "너 말 다했냐?"
> "다했다, 어쩔래?"
> "너 소속이 뭐냐, 너 몇 형식의 동사냐고?"
> "자동사다, 왜 떫어?"
> "흥! 자동사? 네가 아직 뭘 모르나 본데, 너 타동사처럼 목적어 한 번 가져보고 싶지? What should you do? 그럼 어떻게 해야 할까?"
> "그야, 뭐."
>
> 자동사의 말에 전치사들이 명함을 뿌리며 말하네요.
> "어이, 자동사들, 타동사처럼 목적어를 가지는 star가 되고 싶어? 그럼 내게 연락해."

1 전치사의 역할

명사 앞에 붙어 앞 말과 명사와의 관계를 연결해주는 연결어 품사로서 방향, 시간, 장소, 도구, 재료, 수단 등을 나타냅니다.

❶ 방향을 알려주는 navigation

- May I come **to** your house tonight? 오늘 밤 당신의 집에 가도 될까요?
- I am starving so I ran **into** the dinning room. 나는 몹시 배가 고파서 식당 안으로 달려갔다

❷ 시간을 알려주는 clock, & 일, 월을 알려주는 calender

- I usually go to bed **at** 11. 나는 보통 11시에 잠을 잔다 〈시간〉
- We usually throw a party **on** Friday. 우리는 보통 금요일에 파티를 한다 〈요일〉
- He was born **in** 1960. 그는 1960년에 태어났다 〈년도〉

❸ 재료, 도구, 수단 etc.

- Cheese is made **from** milk. 치즈는 우유로 만든다 〈재료〉
- Have yogurt **with** this spoon. 이 스푼으로 요구르트를 먹어라 〈도구〉
- I went to seoul **by** express bus. 나는 고속버스로 서울에 갔다 〈수단〉

❹ 기간 by, until

'~까지,' by는 동작의 완료를, until은 동작의 계속을 나타냅니다.

- You should come back **by** six. 너는 여섯시 까지는 돌아 와야 한다 〈완료〉
- I have to wait for him **until** tomorrow. 나는 내일까지 그를 기다려만 한다 〈계속〉

❺ 출발점을 나타내는 from, since

'~이래로,' 혹은 '~로부터' 등과 같이 사건 혹은 동작의 시작된 시점을 나타냅니다.

- I work **from 9 to 5**. 나는 정규직으로 일한다
- She has studied English **since** primary school. 그녀는 초등학교 때부터 영어를 공부하고 있다
  - 9 to 5는 정규직을 나타내며, since는 현재완료와 함께 사용됩니다.

❻ 시간의 경과를 나타내는 in, within

전치사 in이 미래 will, shall과 함께 사용되면 '~~가 지나서,' 즉, 시간의 경과를 나타냅니다. within 은 '이내에'란 뜻을 나타냅니다.

- He will return home **in** a month. 그는 한 달이 **지나면** 돌아올 것이다
- We will finish this project **within** a month. 우리는 한 달 **이내에** 이 일을 끝낼 것이다

❼ 기간의 계속을 나타내는 during, for, through

'~동안'이란 뜻을 나타내며 for + 수사, during + 명사, through는 전체 기간을 나타냅니다.

- He only stayed at home **for** two days. 그는 단지 이틀 동안 집에 있었다
- I will be in New Zealand **during** next spring. 나는 다음 봄 동안 뉴질랜드에 있게 될 것이다
- He got a fever **through** the night. 그는 밤새도록 열이 났다

❽ 장소를 나타내는 at, in, out, into, out of, on, over, under, beneath, below

1) at, in

좁은 장소에는 at, 넓은 장소에는 in을 사용합니다.

- I arrived **at** home yesterday. 나는 어제 집에 도착했다
- Dad will arrive **in** Canada tomorrow. 아빠는 내일 캐나다에 도착하실 것이다

2) in, into, out, out of

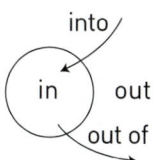

in(안), into(안으로), out(밖), out of(밖으로). in, out은 정지된 상태, into, out of는 운동방향을 나타 냅니다.

- Zeus is **in** the conference room. 제우스는 회의실 안에 있다
- A bird flew **into** the shrine. 새가 신전으로 날아들었다
- My boss is **out** now. 사장은 지금 외출중이다
- A robber ran **out of** the bank. 강도가 은행에서 뛰어 나왔다

3) on, over, above

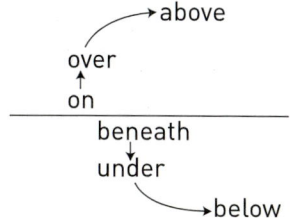

on(접촉해서), over(직선으로 위에), above(사선 방향으로 저 위)

- The pen is **on** my hand. 펜이 내 손바닥에 있다
- The ceiling is **over** my head. 천장이 내 머리 위에 있다
- Look at the plane **above** the sky. 하늘 저 위에 있는 비행기를 보아라

4) beneath, under, below

beneath(접촉해서), under(직선으로 ~아래), below(사선으로 저 아래를 말할 때)

- I found ten dollars **beneath** my feet. 발 밑에서 10불을 찾았다
- There is a table **under** the tree. 나무 아래 테이블이 있다
- The sun is setting **below** the horizon. 지평선 저 아래로 해가 지고 있다

❾ 방향 전치사 toward, for, to, along, across, through

1) towards(막연한 방향), for(목적지), to(도착지)

- He ran **toward** a village. 그는 마을을 향해 뛰었다
- I left Seoul **for** the East Beach last night. 나는 지난 밤 동해안을 향해 서울을 떠났다
  - leave A for B; A를 떠나 B를 향해 가다.
- We went **to** the church. 우리는 교회 쪽으로 갔다

2) along, across, through

along(가늘고 긴 길을 따라서), across(이쪽과 저쪽을 가로 질러), through(쭉 관통하여)

- I was walking **along** the beach. 나는 해변을 따라 걷고 있었다
- Look at the ship **across** the river. 강을 가로 지르는 저 배를 보아라
- The train is running **through** the tunnel. 그 기차는 터널을 통과하고 있다

방향을 지시하는 전치사 to의 생략

home, here, there, upward 등과 같은 부사는 자체에 방향을 나타내는 전치사 to가 포함되어 있죠. 해석을 보면 '~~로', 이처럼 '~로'에 해당하는 말이 to입니다. 따라서 **이들 앞에서 to는 생략**됩니다. Do keep it in mind!

- He is coming **here**.
- She is going **home**.

❿ 격리, 제거, 박탈

off(격리), of(제거, 박탈)

- Keep **off** the grass. 잔디에 들어가지 마시오
- He deprived me **of** all money. 그는 내게서 모든 돈을 훔쳐 갔다
  - deprived A of B: A에게서 B를 앗아가다

246

⑪ 원인, 결과

of, from, at, to(결과)

- Grandpa **died of** stomach cancer. 할아버지는 위암으로 돌아 가셨다 〈원인〉
- Tony **died from** traffic accident. 토니는 교통사고로 죽었다 〈원인〉
- I am suffering **from** headache. 나는 두통 때문에 고생을 하고 있다 〈원인〉
- She was angry **at** hearing the news. 그녀는 그 소식을 듣고 화를 냈다 〈원인〉
- He was frozen **to** death. 그는 얼어 죽었다 〈결과〉

 질병, 굶주림, 노쇠처럼 내적인 것이 원인일 때는 die of
교통사고, 전쟁과 같이 물리적이고 외적인 경우 die from

⑫ 재료, 도구의 from, of, with

be made from(화학적인 변화), be made of(물리적인 변화), with(재료, 도구)

- Wine **is made from** grapes. 와인은 포도로부터 만들어진다
  – 재료의 형태가 남아 있지 않죠. 화학적 변화입니다.
- This chair **was made of** wood. 이 의자는 나무로 만들어졌다
  – 재료의 형태가 남아 있죠. 물리적 변화입니다.
- Cut bread **with** knife. 칼로 빵을 자르세요 〈도구〉

⑬ 자동사와 결합해 동사구 역할

자동사는 원칙적으로 목적어를 취할 수가 없죠. 하지만 뒤에 전치사를 붙이면 타동사구가 되어 목적어를 취할 수 있습니다.

- Please **listen to** what your parents are saying. 부모님의 말씀을 주의 깊게 들으세요
- We have been **waiting for** a new leader. 우리는 새로운 지도자를 기다리고 있다

2 전치사의 종류

전치사는 형태에 따라 단순, 이중, 그리고 구 전치사로 구분이 됩니다.

❶ 단순 전치사

한 단어만으로 이루어진 전치사로 at, on, in, to, for, of, from, with, till 등이 있죠.

- We begin our class **at** eight o'clock. 8시에 수업이 시작된다
- She made a doll **with** clay. 그녀는 흙으로 인형을 만들었다

❷ 이중 전치사

두 개의 전치사가 합해 이루어진 전치사로 out of, from behind, till after, from under 등이 있죠.

- He comes **out of** the garden. 그는 정원으로부터 나왔다
- I waited for him **till after** the sunset. 나는 해가 진 후까지 그를 기다렸다

❸ 구전치사

동사, 부사, 형용사+전치사의 결합으로 이루어진 구로 결합된 품사에 따라 다음 네 종류로 구분됩니다.

1) 자동사+전치사

- He **ran for** the president. 그는 회장직에 출마했다
- I **object to** your going abroad. 나는 당신이 유학 가는 것을 반대한다
  - object to의 to는 전치사이므로 뒤에는 항상 명사상당 어귀가 따라 옵니다!!

object to (~에 반대하다), run for (~에 출마하다), insist on (~을 주장하다), call on (방문하다)

2) 동사+부사+전치사

- Hera **came up with** an intriguing idea. 헤라가 흥미진진한 제안을 했다
- You should **put up with** trying times. 당신은 시련을 이겨내야만 한다 ● trying times: 시련

look up to (존경하다), look down on (무시하다), do away with (제거하다)
look forward to (기대하다), come up with (제안하다), put up with (참다)

3) 동사+명사+전치사

- Many students will **take part in** this competition. 많은 학생들이 이번 대회에 참가할 것이다
- You are **making fun of** me now. 당신은 지금 나를 조롱하고 있다

take part in (참가하다), make use of (이용하다), make fun of (조롱하다)

4) be+형용사+전치사로 이루어진 전치사구

- Mountain Alps **is covered with** snow all through the year. 알프스 산은 일 년 내내 눈으로 덮여있다
- My heart **was filled with** sorrow then. 그 때 내 가슴은 슬픔으로 가득 찼었다

be ashamed of (~을 창피해 하다), be afraid of (~을 두려워하다), be aware of (~를 알다)
be covered with (~로 덮여있다), be proud of (~을 자랑하다), be good at (~를 잘하다)
be different from (~와 다르다), be famous for (~로 유명하다), be filled with (~로 가득 차다)

5) 기타 타동사와 짝을 이루는 전치사구

타동사는 홀로 목적어를 취하지만 다음과 같은 타동사는 예외적으로 특정 전치사와 짝을 이룹니다. 반드시 암기하세요.

- He **reminds** me **of** my father. 그를 보면 아빠가 생각이 난다
- People **compare** life **to** a marathon. 사람들은 인생을 마라톤에 비유한다

apply A to B (A를 B에 적용하다), compare A with B (A를 B에 비교하다)
compare A to B (A를 B에 비유하다), provide A with B (A를 B에게 공급하다)
remind A of B (A에게 B를 생각나게 하다), regard A as B (A를 B로 간주하다)

Match made in heaven(천생연분) 전치사와 명사

| INTRO |

전치사의 목적어

명사 혹은 명사와 같은 역할을 하는 명사상당 어구만이 전치사의 목적어가 될 수 있죠. 이에 동명사와 동사가 격돌하게 됩니다. 이 둘의 격돌 속으로 here we go!

 **전치사의 목적어는 명사 family만 okay**

전치사들이 빛을 발하자 동사들의 배가 살살 아프기 시작했죠. 전치사들이 명사 앞에 붙어 명사를 찬양하며 자신들의 목적어가 될 수 있는 품사는 오직 명사, 그리고 그에 상응하는 명사 family라고 하자 동사들이 약이 오를 대로 올라 음모를 꾸미게 됩니다.

"전치사, 저 쳐 죽일 것들이 염장을 제대로 지르는구나. 명사, 그 이름만 들어도 치가 떨리는데, 명사의 big fan이라며 fan club까지 창단을 하다니. 좋아, 어디 한 번 막장까지 가 보자. 동사라고 명사처럼 목적어가 되지 말란 법이 있어? 기다려라, 우리 동사가 니들 뒤에 붙어 주마."

악에 받친 동사들이 제우스의 창조 원칙, '동사는 목적어가 될 수 없다'를 깨고는 전치사 뒤에 찰싹 붙어 목적어 행세를 하기 시작합니다. 다음처럼 말이죠.

● I am afraid of **make** a mistake. 나는 실수할까 두렵다

- make a mistake: 실수하다

그런데 이게 웬 일입니까? 신기하게도 모든 영어들이 속아 넘어가죠. 완전 재미가 들린 동사들이 이제 대놓고 그 짓거리를 하자 뒤늦게 이를 알게 된 제우스가 노발대발하죠. 하지만 달리 동사를 대적할 인물이 없어 고민하던 차에 3막에서 등장할 new face, 동명사를 이용해 동사를 응징하게 됩니다. 동명사가 단숨에 동사를 제압하자 제우스가 동명사에게 특명을 내리죠.

"동명사야! 앞으로 동사들이 전치사 뒤에 숨어들어 목적어 행세를 하면 아주 반 죽여 쫓아내고 대신 너희가 그 자리를 접수 하여라. 너희는 동사가 할 수 없는 명사의 역할을 할 수 있으니 말이다. **Can you do that?** 할 수 있겠니?"

"**Absolutely, sir, that is just what we want.** 물론이죠. 바로 우리가 하고 싶은 일이예요"

"**Good! Go and take care of it right now.** 좋아, 가서 해결해라, 당장"

동명사들이 즉시 달려가 make를 쫓아내고 그 자리를 대신 접수하죠.

| The Show 영문법 |

> • I am afraid of **making** a mistake. 나는 실수할까 봐 두려워
>
> 동사 Make가 동명사 Making에게 깨져 도망가는 모습을 보자 전치사들이 yahoo를 외치며 말하죠.
>
> "**You deserved it,** 아주 까불더니 싸다, 싸. 자격 미달 동사들이 어디서 감히 전치사의 목적어 자리를 넘봐."

• you deserved it: 칭찬 혹은 꾸중을 들어 마땅할 때

1 전치사의 목적어

명사, 대명사, 동명사, 그리고 명사절이 전치사의 목적어가 될 수 있습니다.

- Zeus will throw a party **with staff members** tonight. 제우스는 오늘 밤 참모들과 파티를 할 것이다 〈명사〉
- Hera will prepare dessert **for us**. 헤라는 우리들을 위해 후식을 준비할 것이다 〈대명사〉
- She is proud **of entering** the honored class. 그녀는 우등반에 들어간 것을 자랑스러워한다 〈동명사〉
- Your success relies on **how you will get over obstacles**. 〈명사절〉
  당신의 성공은 어떻게 난관들을 극복하느냐에 달려있다

> 동사는 결코 전치사의 목적어가 될 수 없죠. 동사를 동명사로 고쳐주세요. 내신에 꼭 나옵니다.
> • I am interested in play the guitar. (×)
>   I am interested in **playing** the guitar. (○) 나는 기타 연주에 관심이 있다

2 전치사의 위치

전치사는 목적어 바로 앞에 오는 것이 원칙이지만 의문사나 관계대명사가 전치사의 목적어가 될 때는 목적어와 떨어져 문미로 이동할 수가 있죠. 이런 경우 빠지기 쉬운 함정은 바로 그 전치사를 생략하기 쉽다는 것이죠. 다음 예문을 통해 이에 관해 정확하게 짚고 갑시다.

❶ 일반적인 경우

전치사가 목적어 바로 앞에 옵니다.

- They are waiting **for Jack**. 그들은 잭을 기다리고 있다
- I am sure **of succeeding**. 나는 성공을 확신한다

❷ 예외

전치사가 목적어와 분리 될 때

1) 의문사가 목적어 일 때

의문사는 문두로, 전치사는 문미로 이동하게 됩니다. 이 때 **전치사는 절대 생략할 수 없습니다!**

- **What** are you looking **for**?

    = Are you looking **for what**? 당신은 무엇을 찾고 있죠?

    cf. What are you looking? (x)

- **Who** (**whom**) does he want to work **with**? 그는 누구와 함께 일하고 싶어 합니까?

    = Does he want to work **with whom**?

    cf. **Who**(m) does he want to work? (x)

    - 예문의 look, work는 자동사이므로 홀로 목적어를 취할 수 가 없죠. 반드시 전치사, for, with를 붙여야만 합니다. 목적격 whom이 문두로 나가면 who로도 나타낼 수 있으니 주의하세요.

2) 관계대명사가 목적어가 될 때

전치사가 문미로 이동할 수 있고 이럴 때 목적어가 되는 관계대명사는 생략할 수 있습니다.

- This is the house **in which** I live. 이것이 내가 사는 집이다

    = This is the house **which** I live **in**.

    = This is the house I live **in**.

    cf. This is the house **in** I live. (×)

❸ 2어 동사(two word verbs)와 목적어의 위치

2어 동사란 2개의 말이 모여 타동사구의 역할을 하는 것으로 자동사+전치사, 혹은 타동사+부사로 이루어집니다. 후자의 경우 목적어가 대명사이면 그 목적어는 타동사와 부사 사이에 삽입되어 타동사 l 목적어+부사의 어순을 취합니다. 어법 영순위 문제입니다. 꼭 기억하세요.

1) 자동사+전치사

목적어가 명사이든 대명사이든 관계없이 전치사 뒤에 목적어가 옵니다.

- Aphrodite is **looking at the moon**. 아프로디테가 달을 쳐다보고 있다
- Hey, girl, **listen to me,** please! 아가씨, 내 말 좀 들어줘!

2) 타동사+부사

대명사 목적어이면 타동사와 부사 사이에 옵니다.

- Please, **call me up** tomorrow. 내일 전화해줘요
- **Turn on the radio**. 라디오를 켜 주세요

    – 하지만 the radio를 대명사 it으로 받게 되면 다음과 같이 되죠.

    cf. **Turn it off**. 그것을 꺼주세요

    - 타동사+부사로 구성된 2어 동사들은 episode one을 참고하세요.

| The Show 영문법 |

| INTRO |

전명구

전치사와 명사가 결합해 만들어지는 대표적인 수식어구, 전명구
형용사구, 부사구로 맹활약하는 이들의 이야기 속으로 here we go!

전명구 story

전치사들이 학수고대하며 기다리던 날도 어느 듯 저물어 가자 아쉬움을 느낀 전치사들이 모여 말합니다.

"Oh, dear!이런! Time flies like an arrow,시간이 쏜살 같이 흘러가네 gee! 한 것도 없는데 말이야."

"그러게 말이야, 다른 품사들에 비해 우리의 profile은 too common.너무 평범해 우리의 위상을 upgrade높여줄 특별한 뭔가가 필요해."

"정말, 그 특별한 anything이 뭘까?"

In the mean time,한편 이 시간 제우스도 역시 생각에 잠겨있죠.

"드디어 문장 구성의 최소 단위가 되는 품사들, 명사에서 전치사까지 특징과 역할에 관한 세부 작업을 끝냈군. so far, so good!지금까지는 좋아 그런데, 한 가지, 수식어가 약해. 형용사와 부사가 제 역할을 잘 하고 있지만 수식어야 다양하면 할수록 좋은 법. 새로운 형태가 필요한데. 그래, 참모들과 의논을 해보자."

고민하던 제우스가 급히 staff들을 불러 이에 관해 말하자 헤라가 툭 내뱉죠.

"전명구를 만들어 수식어구로 사용하면 되지, 뭘 그리 고민을 한담."

"전명구? 그게 뭔데? Is it possible?가능해?"

"말밥이지, 그럼 안 될까 봐요. 초치는 소리 그만하고 다음 문장이나 봐요.

- Look at the girl **with a blond hair**. 금발을 가진 저 소녀를 보아라

전명구란 전치사와 명사가 모여 만들어지는 구란 말이죠. 전치사 with와 명사 a blond hair가 전명구가 되는 것이죠. 중요한 것은 이들이 명사 girl을 수식하며 형용사구의 역할을 한다는 것이죠."

"그럼, 전명구가 부사구도 될 수 있소?"

"당근이죠, 부사구가 별건 가요? 동사, 형용사를 수식하면 부사구가 되는 것이지."

"Wow! It sounds amazing.완전 끝내주는군 Let's do that right now.지금 당장 그렇게 하지"

제우스가 전치사와 명사를 불러 전명구에 관해 말하자 전치사가 함성을 지르며 기뻐하죠.

"Oh, my god! That is just what we want.어머! 완전 우리가 원하던 바로 그것 이예요 How on earth did you notice it?세상에 어떻게 우리 마음을 알았죠?"

• In the mean time= meanwhile: 한편, 그 사이에

• on earth: 도대체, 의문사를 강조함

> 이에 제우스가 어깨를 으쓱하며 말하죠.
> "**That is not a big deal.** 뭘, 이딴 걸 가지고 그래. 내가 누군지 몰라? 나, 영문법 창조하는 창조주야~!"
>
> 이에 헤라가 썩소를 날리며 말하죠.
> "창조주는 개뿔, 남의 idea copy하는 copycat 주제에. 쳇, 지나가는 소가 웃겠네. ()_() *"

• copycat: 남의 행동을 똑같이 모방하는 사람

3 전명구의 역할

전치사와 명사가 합해 이루어지는 구로 형용사구 혹은 부사구로 사용됩니다.

❶ 형용사구로서의 역할

명사를 수식합니다.

- The **church near the lake** is Saint Peter. 호수 옆에 있는 교회가 성 베드로 교회이다
- The **picture on the desk** is my daughter's. 책상 위에 있는 그림은 내 딸의 것이다
  - 명사 church와 picture를 수식하는 형용사구입니다.

❷ 부사구로서의 역할

동사, 형용사, 부사 그리고 문장 전체를 수식합니다.

- There **are** many books **on the table**. 탁자 위에 많은 책이 있다
  - 동사 are를 수식하는 부사구입니다.
- He is **too** young **to take that situation**. 그런 상황을 받아들이기엔 그는 너무 어리다
  - 형용사 young을 수식하는 부사구입니다.
- **In fact**, **he was a killer**. 사실, 그는 킬러였다
  - 문장 전체를 수식하는 부사구입니다.

Yahoo! 창조 2막의 마지막 품사, 연결어 품사인 전치사에 관한 모든 이야기도 끝이 났습니다. 다음 Wrap Up을 통해 전치사의 어법에 관해 깔끔하게 마무리하시고 창조 3막 구편에서 다시 만나요. Bye!

Wrap Up & Explanation

Wrap Up

❶ [01~10] 다음 괄호 안에 들어갈 알맞은 전치사를 쓰시오.

01 We are leaving (　　) two (　　) Monday (　　) June 12.

02 I waited for him (　　) midnight.

03 Butter is made (　　) milk.

04 She has been studying German (　　) three years.

05 Dad will come back (　　) seven days.

06 Finish your work (　　) noon.

07 I go to school (　　) foot.

08 What's the difference (　　) A (　　) B?

09 He cut the paper (　　) scissors.

10 Can you speak it (　　) English?

❷ [11~15] 다음 중 어색한 표현을 골라 바르게 고치시오.

11 You should prepare the exam before sleep.

12 Dad goes to work in car.

13 He went to Japan to business.

14 The Han Nam bridge is on the Han River.

15 The moon gives light to us for the night.

Explanation

| The Show 영문법 |

❶

01 시간, 요일, 년도를 말하는 at, on, in이죠. (우리는 6월 12일 월요일 두 시에 출발할 것이다)
02 '~~까지'란 뜻을 나타내는 전치사 문제죠. by는 **동작의 완료**를, until은 **계속**을 나타내죠. until.
   (나는 그를 자정까지 기다렸다)
03 형체가 완전히 변하는 화학적인 변화는 from을 사용합니다. (버터는 우유로 만든다)
04 기간을 나타내는 전치사에 관한 문제죠. 수사가 오면 for. (그녀는 3년 동안 독어를 공부하고 있다)
05 '~가 지나면'이란 뜻을 나타내므로 in. (아빠는 칠 일이 지나면 돌아 오실거야)
06 동작의 완료를 말하므로 by죠. (정오까지 하던 일을 마치세요)
07 걸어서란 표현은 on foot입니다. (나는 걸어서 학교에 간다)
08 '~사이'를 말할 땐 between A and B. (A와 B의 차이점이 무엇이죠?)
09 '~로' 즉, 수단을 말하는 with. (그는 가위로 종이를 잘랐다)
10 언어를 말하는 in이죠. (그것을 영어로 말씀해 주실래요?)

❷

11 before는 전치사이므로 목적어가 필요하죠. **동사는 목적어가 될 수 없으므로 동명사로 고칩니다**. **sleeping**
   (너는 잠자기 전에 시험 준비를 해야만 한다)
12 교통수단은 by로 나타내죠. by car (아빠는 승용차로 출근을 하신다)
13 '사업차'라는 뜻은 on business로 나타냅니다. (그는 사업차 일본에 갔다)
14 직선 방향으로 '~위'이므로 over라고 하죠. on은 강 수면에 붙어 있다는 뜻이 됩니다.
   (한남대교는 한강 위에 있다)
15 '~동안'을 나타내는 during 다음에는 명사, for 뒤에는 수사가 옵니다. during
   (달은 밤 동안 우리를 환하게 비쳐준다)

| The Show 영문법 |

SECTION 03

All about the phrase

창조 3막

Story 14 _ **창조** 열넷째날 : super동사 1탄 부정사 이야기

Story 15 _ **창조** 열다섯째날 : super동사 2탄 동명사 이야기

Story 16 _ **창조** 열여섯째날 : super동사 3탄 분사 이야기

| 창조 열넷째 날 _ All about the phrase |

STORY 14

Super동사 1탄 부정사 이야기

동사야, 머리에 to를 붙여 super동사로 거듭나라!

창조 열넷째 날입니다. 오늘은 super동사, 부정사가 탄생하는 날입니다.
영문법 창조과정 중 제1의 반란이 일어난 날로 기록되고 있는 이 운명적인 날 아침, 신전의 분위기는 어떤지 Shall we take a look around? 둘러보시죠
제우스와 참모들이 CR에 모여 talking을 하고 있는데 헤르메스가 급히 달려 들어오더니 말하죠.
"It's an emergency, sir. 비상입니다 동사들이 반란을 일으켰어요. ㅠ~ㅠ"
반란이란 말에 제우스가 화들짝 놀라서 내려다보니 Oh, gosh! 전국에 있는 동사들이 개떼처럼 모여 머리에 붉은 띠를 두르고는 악을 쓰고 있죠.
"동사도 주어가 되고 싶다. 되게 해 달라! 해 달라!"
"Say what? 뭣이라 주어는 명사의 소관인데 size에 맞는 소리를 해. ()_()*"
자신의 호통에도 불구하고 동사들의 저항이 더욱 거세져만 가자 위기감을 느낀 제우스가 staff들과 논의한 후 부정사란 대안을 마련하게 됩니다. 비록 뿌리는 동사지만 그 역할은 동사보다 great한 super동사란 말에 동사들이 뛸 듯이 기뻐하죠. 흑. 하지만 who knows?
이렇게 탄생한 부정사가 동사를 개무시 할 줄을, 동사들이 이로 인해 두고두고 굴욕을 당하게 될 줄을.
Whatever, 어쨌든 동사들 투쟁의 결과로 탄생한 부정사의 이야기 속으로 go! go!

Super동사 부정사에 관한 profile

| INTRO |

Super동사 부정사 탄생

왜 부정사를 구동사의 지존이라고 하며 또한 super동사라고 할까요?
그 behind story 속으로 here we go!

부정사와 동사의 대격돌

명사처럼 주어 노릇 한 번 해보는 것이 평생소원이던 동사가 급기야는 반란(revolt)까지 불사하고서야 뜻을 이루죠. 비록 머리에 to를 붙여 부정사로 변신한다는 조건을 붙이긴 했지만 어쨌든 주어가 될 수 있다는 사실에 흥분한 동사들이 머리에 to를 달기 시작했죠. Shame! 하지만 동사가 머리에 to를 달아 부정사가 되는 순간 이 무슨 조화인지 기억상실증에라도 걸린 듯이 부정사들이 동사에게 쌩을 깝니다. **What is worse,** 설상가상으로 동사들에게 마구 들이대기 까지 하죠.

"Hey, 허접 동사. **Do you know who I am?** 내가 누군지 알아?"

"허접 동사라니, 미친 것 아냐? 우리는 너희들이 이 자리에 있게 해준 일등공신 동사야. 어디서 형님도 몰라보고, 싸가지 없이. 너는 위 아래도 없니?"

"흥! 형님? 형님은 얼어 죽을, 기껏 동사 역할만 하는 주제에 주어는 말밥이고, 목적어, 보어까지 될 수 있는 부정사를 보고, 엇다대고 형님이래? 야! 너희들이 동사라면 우리는 동사보다 훨씬 강한 super동사야, 왜 이래. 백문이 불여일견, 다음 예문을 비교해 봐."

a. **To be infinitives** is really rewarding. 부정사가 되는 것은 참 보람 있다
b. **Be infinitives** is really rewarding. (×)

동사들, 어때? 동사 Be만으로는 절대 주어가 될 수 없지. 이제 동사와 부정사의 격이 하늘과 땅만큼 크다는 것을 알겠지? 달리 super동사겠어?"

부정사의 말에 달리 대꾸할 말이 없는 동사들, 애꿎은 가슴만 쥐어뜯으며 뒤늦은 후회를 하죠.

"Alas! 재주는 bear가 넘고 돈은 hunter가 챙긴다더니, 부정사가 저리 나올 줄 **who knows?** 누가 알았어? 열라 죽 쑤어 개 주고 말았네."

- shame!: 이런, 참 안됐다

- hunter: 포수

- who knows = nobody knows: 아무도 모른다

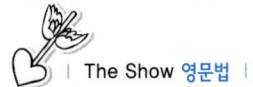
| The Show 영문법 |

1 Super동사 부정사(Infinitive)에 관한 profile

❶ 부정사의 특징

하나, to+**원형동사**의 형식을 취합니다.

- to do, to study, to sleep, to ask, to reply, to enter, etc.

둘, 주어의 인칭(1, 2, 3)이나 수(단수, 복수)에 영향을 받지 않고 **형태가 동일하죠**.

- I want **to break** up with you. 이제 우리 그만 만나
  - break up with 헤어지다
- Zeus asked staffers **to help**. 제우스는 참모들에게 도와 달라고 부탁을 했다

셋, 명사, 형용사, 부사의 역할을 다 할 수 있습니다.

- **To see** is **to believe**. 보는 것이 믿는 것이다
  - 명사와 같이 주어와 보어의 역할을 합니다.
- I got homework **to finish** today. 나는 오늘 끝내야 할 숙제가 있다
  - 형용사처럼 명사 homework를 수식합니다.
- Hera got up early **to attend** the meeting. 헤라는 회의에 참석하기 위해 일찍 일어났다
  - 부사처럼 동사 got up을 수식합니다.

❷ 부정사의 세 용법

1) 명사적 용법

명사처럼 주어, 목적어, 보어 역할을 합니다.

a) 주어

문장 첫머리에서 '~은, ~는, ~이, ~가'로 해석이 됩니다.

- **To master English** takes a long time 영어 정복은 긴 시간이 걸린다
  S
- **To work without a break** is not effective. 휴식 없이 일하는 것은 효과적이지 않다
  S

  = **It** is not effective **to work without a break**.
    가주어   진주어

b) 목적어

동사가 하는 동작의 대상이 되며 '~을, ~를'로 해석됩니다.

- Apollo loves **to play** the lyre. 아폴로는 수금 연주하는 것을 좋아한다
- The lost kid began **to cry**. 길을 잃은 그 아이는 울기를 시작했다
- Hera decided **to dump** Zeus. 헤라는 제우스를 차버리기로 결심했다

begin, decide, hope, like, know, want, love, start 등과 같이 '~을, ~를'로 해석되는 타동사 뒤에 오는 부정사는 대부분 타동사의 목적어 역할을 합니다.

260

c) 보어

be동사(am, are, is, was, were)와 기타 불완전 자동사(seem, appear, etc.) 뒤에서 주어를 보충 설명하며 '~이다, 혹은 ~한 것 같다'로 해석됩니다.

- My hobby is **to surf** the internet. 내 취미는 인터넷 검색**이다**
- You seem **to be** ill. 너는 아픈 것 같다
- My dream is **to become** a writer. 나의 꿈은 작가가 되는 **것이다**

be동사, seem, appear 등 뒤에 오는 부정사는 주어를 보충 설명하는 주격보어 역할을 합니다.

| INTRO |

명사구

의문사와 부정사가 결합해 탄생된 명사구, 하지만 유독 Why만은 부정사들로부터 왕따를 당하게 되죠. 그 behind story 속으로 here we go!

의문사와 부정사의 연맹 그리고 왕따 된 Why

부정사가 동사를 한 방에 제압했다는 소문은 영어왕국의 hot issue가 되어 검색어 1위가 되었죠.

부정사의 매력에 뿅 간 의문사(interrogatives)들이 부정사를 찾아가 동맹(confederation)을 제안하죠.

"Hey, super동사, **you look so cool!** 멋진 걸 우리들도 나름 행세 하는 특별한 의문사라고 해. 잘난 우리끼리 연맹을 맺어 영문법사에 한 획을 그어보는 것이 어때?"

"**Why not,** 좋지 그런데 어떻게? 방법이라도 생각해뒀나?"

"당연하지, 이미 준비했지. **Just take a look.** 다음을 보게

- He didn't tell **when to start**. 그는 언제 출발해야 할 지 말하지 않았다

우리 뒤에 부정사를 나란히 붙여 쓰기만 하면 목적어 역할을 하는 명사구로 거듭날 수 있다네. 어떤가? **Are you happy with what I am saying?** 이 제안이 맘에 드는가? 친구"

"**Cool, just go for it.** 좋아, 그렇게 하자고"

하지만 이 때, 의문사 Why가 결사반대를 하죠.

"**Negative.** 안 돼, 딱히 정해진 품사가 없어 이름이 부정사인 애들, 그야말로 근본도 알 수 없는 것들과는 연맹을 할 수 없어."

Why의 말에 부정사가 파르르 치를 떨며 맞불을 놓죠.

● negative: 부정의, 반대말은 positive입니다.

| The Show 영문법 |

> "Say what?뭐라? You humiliated us.우리를 모욕했어 감히 너 따위가. 좋아, 없었던 일로 하자."
>
> 이에 What이 황급히 부정사를 잡으며 말하죠.
>
> "Calm down,진정하게 Why 저것은 원래 비호감이야. 항상 이유가 많아 사실 왕따야. 오죽하면 이름이 Why일까. 저 놈만 빼면 되잖아."
>
> "그래? 싸가지 없는 저 놈만 치워준다면 좋아. Just go ahead.추진하자"
>
> 이렇게 해서 의문사와 부정사는 역사에 길이 남을 명사구를 만들게 되었죠. 하지만 쓸데없이 반대를 하던 Why는 낙동강 오리 알이 되고 말았죠."

- calm down: 진정해

d) 의문사 + 부정사 = 명사구

Why를 제외한 의문사와 부정사가 결합하면 명사구가 되며 이들 명사구는 타동사 뒤에서 목적어 역할을 합니다. 조동사 should를 이용해 명사절로 전환할 수 있습니다.

- Interrogatives got to know **how to propose**. (명사구)
  = Interrogatives got to know **how they should propose**. (명사절)
  의문사들은 제안하는 법에 관해 알게 되었다
- Infinitives asked Interrogatives **what to do** next. (명사구)
  = Infinitives asked Interrogatives **what they should do** next. (명사절)
  부정사들은 의문사들에게 다음엔 무엇을 해야 할지 물었다
- Can you guess **when to leave**? (명사구)
  = Can you guess **when we should leave**? (명사절)
  언제 떠나야할지 알겠니?

의문사 + 부정사로 만들어진 명사구 ~~명사절로 전환하기

① 의문사를 접속사로 사용하세요.
② 주절의 주어를 종속절의 주어로 사용하세요.
③ 조동사 should를 첨가하여 should + 원형동사로 나타내세요. too simple? ^^

2) 형용사적 용법

부정사가 명사를 한정, 서술하며 역할에 따라 한정, 서술, be to구문으로 구분이 됩니다.

a) 한정 용법

부정사가 명사 뒤에서 직접 명사를 수식하며 ' ~~하는'으로 해석됩니다.

- Verbs got power **to challenge** Nouns. 동사들이 명사에게 도전할 힘을 갖게 되었다

- The girl gave me something hot **to drink**. 그 소녀는 나에게 마실 따뜻한 차를 주었다

TIP

something, nothing, anything, everything과 같이 어미가 thing으로 끝나는 명사를 수식하는 형용사들은 뒤에서 명사를 수식하죠. 부정사가 thing으로 끝나는 명사를 수식할 때 역시 어순은 명사+형용사+부정사의 어순입니다. Be careful!

- Would you like something cold <u>to drink</u>? 시원한 음료 드실래요?

b) 서술 용법

부정사가 be동사 혹은 불완전 자동사들 appear, seem, prove, etc. 뒤에서 명사의 상태를 서술, 보충하며 보어가 되죠. 보통 '~하게'로 해석됩니다.

- The rumor proved **to be** true. 그 소문은 사실로 밝혀졌다
- Verbs appeared **to get** embarrassed. 동사들이 당황한 것 같았다
- It seems **to go** wrong. 뭔가가 잘못되어 가는 것 같다
  - go wrong: ~가 잘못되다

|INTRO|

자체발광 Be to구문

be동사와 부정사가 만나면 자체발광을 하게 되죠. 예정, 의무, 운명, 가능, 의도, 조건으로 해석되는 이들 이야기 속으로 here we go!

우리는, 우리는, 자체 발광하는 Be to예요.

의문사와 부정사가 명사구를 만들어 대박을 터트리자 비가문의 짱 Be가 머리를 굴리죠.
"흠~! 우리 가문도 부정사와 연맹해 큰일을 도모해야 할 텐데."
Be가 고민 하고 있을 때, 놀랍게도 부정사가 먼저 dash를 해오죠.
"Be, I heard about you a lot. 그대 가문에 대해 많이 들었다네 조동사와 본동사의 영역을 맘대로 넘나드는 power를 가지고 있다며? 이왕이면 자네들 같은 명문가와 연을 맺고 싶은데 what's your opinion? 당신 생각은 어때?"

- be about to: 막 ~하려 하다

"Why not? 당근, 좋지 Actually, I am just about to say, 내가 말할 참이었지 but you took the words right out of my mouth. 하지만 그 말을 바로 자네가 해주는 군"
"이런, 뻴이 통했군, 쪼아, 그럼 바로 자체발광 Be to구문을 만드세."
"자체발광이라니??"

- stick together: 꼭 붙어 다니다.

"자체발광이란 우리와 자네가 나타낼 고유한 해석법을 말한다네. **as follows;** 다음처럼
- Buddy, we **are to stick** together permanently. 친구, 우리는 영원히 함께 할 운명이라네

| The Show 영문법 |

> 예문에서 are to는 '할 운명이다,' 즉, are doomed to이란 뜻일세. 이것이 자체 발광이지."
> "Wow! Brilliant!정말! 대단해 일단 창조주의 허락을 받아야 하니 당장 가서 허락을 받도록 하세."
> "Okay. Step on it. 빨리 가세"
> 제우스가 허락은 했지만 속으로는 깜짝 놀라 말하죠.
> "헉! 무서운 놈들, they are getting smarter.점점 똑똑해지고 있어 이제 창조까지 불사하다니, I should keep an eye on them.조심 해야겠어 아니면 큰 코 다치겠어."

• keep an eye on: '~~을 주시하다.'

c) be to구문
be동사와 부정사가 결합해 예정, 의무, 운명, 가능, 의도, 조건 등의 뜻을 나타냅니다.

▶ 예정
'~하기로 되어 있다,' be scheduled to do, be supposed to do로 바꿔 쓸 수 있죠.
- Infinitives **are to come** here tonight. 부정사들이 오늘 밤 여기로 올 예정이다
  = Infinitives **are supposed to come** here tonight.

▶ 의무
'~해야 한다' 즉, should, must의 뜻을 나타내죠.
- We **are to cooperate** with each other. 우리들은 서로 협력해야만 한다
  = We **should cooperate** with each other.

▶ 의도
'~하고자 한다면,' 즉, intend to do, wish to do의 뜻을 나타냅니다.
- Dive deep if you **are to seek** the pearl. 진주를 얻고 싶으면 깊이 잠수해라
  = Dive deep if you **wish to seek** the pearl.

▶ 운명
'~할 운명이다,' 즉, be destined to do의 뜻을 나타냅니다.
- He **was to die** when young. 그는 젊어서 죽을 운명이었다
  = He **was destined to die** when young.

▶ 가능
'~할 수 있다,' 즉, can의 뜻을 나타냅니다.
- No god **is to be seen** in the shrine. 신전에는 누구도 보이지 않는다
  = No god **can be seen** in the shrine.

3) 부사적 용법
부정사가 동사, 형용사, 다른 부사를 수식하며 목적, 원인, 이유, 조건, 결과 등의 뜻을 나타냅니다. 부사절을 이끄는 접속사를 이용해 부사절로 전환할 수 있습니다.

a) 목적
'~하기 위하여,' in order to, so as to로 바꾸어 쓸 수 있습니다.

- Infinitives tried their best **to persuade** Be. (단문)
 = Infinitives tried their best **so that** they **could persuade** Be. (복문)
  부정사들은 Be를 설득하기 위해 최선을 다했다
- Zeus created grammar **to unite** the English kingdom.
 = Zeus created grammar **in order that he might unite** the English kingdom.
  제우스는 영어왕국을 통일하기 위해 영문법을 창조했다
  * 문장의 전환에 관한 Show는 동명사 편에 준비되어 있습니다. Coming very soon!

b) 원인

'~~해서 ~하다,' 부정사가 감정을 일으키게 한 원인이 되죠. 감정과 관련된 형용사들 sorry, sad, surprised, happy, glad, delight 등이 부정사 앞에 옵니다.
- Verbs were so **angry to hear** Infinitives say. 동사들은 부정사들이 말하는 것을 듣고 무척 화가 났다
- Zeus was **happy to see** Verbs humiliated. 제우스는 동사들이 개망신 당하는 것을 보고 기뻤다

c) 조건

'~한다면,' 접속사 if를 이용해 부사절로 나타낼 수 있습니다.
- I will marry you **to buy** me a diamond ring. 다이아 반지를 사준다면 결혼할게
 = I will marry you **if you buy** me a diamond ring.
- We can get over trying times **to get** together. 우리가 함께 한다면 시련을 이겨낼 것이다
 = We can get over trying times **if we get** together.

d) 이유

'~~하는 것을 보니, 혹은 들으니 ~~하다,' 부정사가 판단의 기준을 제공합니다.
- Verbs **must be** wise **to accept** our offer. 우리의 제안을 수락하는 것을 보니 동사들이 아주 똑똑해
- Eros can't be sick **to eat** well. 에로스가 저리 잘 먹는 것을 보니 아플 리가 없어

must be, can't be 등과 같이 추측을 나타내는 조동사 뒤에 오는 부정사는 주로 이유를 나타냅니다.

e) 결과

'~~해서 ~~하다, 혹은 ~~해보니 ~~하더라,' 앞에서 순서대로 해석해야만 정확한 의미를 전달할 수 있으니 해석에 각별한 주의가 필요합니다.
- Zeus grew up **to revenge** Cronos. 제우스는 자라서 크로노스에게 복수를 했다
 = Zeus grew up **and** (he) **revenged** Cronos.
- The movie star got up **to find** herself famous. 그 영화배우는 일어나 자신이 유명해진 것을 알게 되었다
 = The movie star got up **and** (she) **found** herself famous.

f) 정도 (enough to do)

'~할 만큼 충분하다,' so~~that 주어+can을 이용해 부사절로 나타낼 수 있습니다.
- Verbs were strong **enough to defeat** Nouns.
 = Verbs were **so** strong **that** they **could defeat** Nouns. 동사들은 명사를 이길 수 있을 만큼 강했다

| The Show 영문법 |

g) 정도 (too~~to)

'너무 ~~해서 ~~할 수 없다,'로 해석되며 so~~that 주어+can't를 이용해 부사절로 바꿀 수 있죠.

- Your dream is **too** idealistic **to be realized**. (단문)
 = Your dream is **so** idealistic **that** it **can't be realized**. (복문)
 당신의 꿈은 너무 이상적이라 실현될 수가 없어요. ㅠ~~ㅠ

부정사를 비롯한 동명사, 분사의 부정은 모두 바로 앞에 부정어 not을 붙여 나타냅니다.
- He wanted me **not to go** out. 그는 내가 외출하는 것을 싫어했다

부정사의 주어, 시제, 태에 관한 이야기

| INTRO |

부정사의 의미상의 주어

술어 동사의 주어가 아닌 부정사의 동작을 주도하는 주어를 부정사의 의미상의 주어라고 합니다. 어떻게 나타낼까요? 부정사의 주어를 찾아 here we go!

 부정사만의 주어가 desperately(절실하게) 필요해!!!

부정사에게 개망신을 당한 동사들이 와신상담하며 부정사에게 revenge복수 할 기회만을 노리고 있었죠. 약점을 찾기에 혈안이 되어있던 동사들이 드디어 건수를 찾았죠. 동사들이 떼로 모여 부정사를 찾아 가죠. 동사 중 평소 독설이 심해 동사계의 구라로 통하는 Criticize비난하다 가 부정사를 향해 비난을 퍼붓죠.

"어이! 부정사, 애송이, 너희들이 super동사라고? Super는 개뿔, 주어도 없는 것들이, 뻥치고 있네."

순간 부정사들이 띠~리리~! 급 당황하죠. 정말 주어에 관해 들은 바가 없었기 때문이죠.

● speak out: 솔직하게 말하다.

"It's time to speak out,이제 솔직해질 시간이 왔어 제우스를 찾아가 우리들의 주어를 만들어 달라고 하자."

부정사들이 광장으로 몰려가 메가폰을 들고는 큰소리로 말하죠.

"Zeus, can you hear us?제우스님, 들리세요?"
"What seems to be the problem?뭔 일이여?"
"We desperately need our own subject.우리만의 주어가 절박하게 필요해요"
"You need not,그럴 필요 없어, 동사의 주어에 묻어가면 될 것을, 뭐 하러 굳이 만들어??"

● make sense: 이치에 맞다

"No, it is not making any sense.김밥 옆구리 터지는 소리 그만해요 We are the super verb, aren't we?우리는 위대한 super verb라면서요? 그런데 동사의 주어에 의존하라니, 말이 안 되죠. 부정사만의 주어를 만들어줘요."
"I got that. 알았으니 일단 돌아가서 기다려."

제우스가 급히 emergency meeting비상회의 을 열죠.

"부정사만의 주어라. 그럼, 동사의 주어와는 다르다는 말씀인가요?"
"Exactly, 어떻게 만들어 주면 좋을까?"
"주어는 동사 앞에 오는 법, 부정사의 주어 또한 부정사 앞에 두면 되죠."

| The Show 영문법 |

"Cool~! 위치는 부정사 바로 앞, 그럼 형태는?"

"목적어가 될 수 있는 자격의 품사는 명사, 대명사니 이들 앞에 전치사 for를 붙여 나타내면 되죠."

"For라니, any special reason? 특별한 이유라도 있니?"

"셋째 날 전치사들의 달리기 경주에서 for가 2등이었잖아요?"

"그러면 1등한 to는 왜 빼는데?"

개념상실 에로스의 질문에 아폴로가 기가 막혀 말하죠.

"Hey, 1등한 to는 부정사의 to와 중복이 되니 그런 것이지. 툭하면 호박 떨어지는 소리지, 생각 좀 하고 살아. Please, behave yourself."

"ㅋㅋ"

● behave yourself: 철 좀 들어라

제안을 받아들인 제우스가 전치사 For를 불러 의미상의 주어에 관해 말하자 Of가 발끈해 발악을 하죠.

"Why not me? 왜? 나는 안 돼요? 간발의 차이로 밀려 3등이 된 것도 억울한 데, It's unfair. 부당해 Count me in. 나도 끼워줘요? P~~~LEASE!!"

Of의 성화에 제우스가 마지못해 허락을 하죠.

● pest: 해충

"You are such a pester. 왕 성가신 놈 알았어. 단, for와의 충돌(collision)을 피하기 위해 앞에 성격을 나타내는 형용사 good, nice, kind, rude, careful, polite 등이 올 때 만이다. Okay, though? 그래도, 좋아?"

"Absolutely, sir. 당근 좋죠."

1 부정사의 주어, 시제, 태에 관한 이야기

❶ 부정사의 주어 나타내는 법

1) 술어동사의 주어와 일치(생략)

- **Verbs** want to revenge Infinitives. 동사들은 부정사에게 복수를 하고 싶었다

2) 술어동사의 목적어와 일치

동사의 목적어가 부정사의 주어가 되며 '~가', 혹은 '~에게'로 해석된다.

- Infinitives asked **Zeus** to make subject. 부정사들은 제우스에게 주어를 만들어 달라고 요청했다
- Zeus allowed **them** to do so. 제우스는 부정사들이 그렇게 하도록 허락했다

3) for + 명사, 대명사(목적격)

부정사만의 주어가 필요할 때 **for+명사, 대명사의 형태로 부정사 앞에 써주며** '~가' 혹은 '~이'로 해석됩니다.

- The punishment is too harsh **for me** to follow. 그 벌은 **내가** 따르기엔 너무 가혹해염~!
- It is common **for Zeus** to have an affair. 제우스가 바람을 피우는 것은 다반사다

4) of + 명사, 대명사(목적격)

사람의 성격을 나타내는 형용사들, kind, nice, wise, clever, stupid, rude, foolish, polite 등이 부정사 앞에 오면 **for 대신 of로 나타내며** 의미상의 주어를 문장의 주어로 사용할 수 있습니다.

- It is **nice of you** to say so. 그렇게 말하다니 **당신은** 참 친절하시군요
  = **You** are nice to say so.
- It was **careless of mother** to leave the baby alone. 아기를 혼자 두다니 부주의한 **엄마다**
  = **The mother** was very careless to leave the baby alone.

5) 일반인 모두를 통칭할 때 생략

- It takes a long time **to master** a foreign language. 외국어를 정복하는 데는 많은 시간이 걸린다

❷ 부정사의 두 시제

부정사가 나타내는 동작의 시점으로 단순과 완료 두 시제로 구분 됩니다.

1) 단순부정사

동사의 시제와 일치하며 to + 동사원형으로 나타냅니다.

- Infinitives seem **to get** angry. 부정사들은 화가 난 것 같다
  = It **seems** that infinitives **get** angry.
- Verbs appeared **to be** embarrassed. 동사들은 당황한 것 같았다
  = It **appeared** that Verbs **were** embarrassed.
  − 동사가 현재이면 부정사도 현재, 과거이면 부정사도 과거가 됩니다.

2) 완료부정사

부정사의 시제가 동사보다 한 시제 미리 일어난 동작을 나타내며 to + have + pp로 나타냅니다.

- Infinitives seems **to have got** angry. 부정사들은 화가 났었던 것처럼 보인다
  = It **seems** that Infinitives **got** angry.
  − 동사가 현재이면 부정사는 과거가 됩니다.
- Verbs appeared **to have been** embarrassed. 동사들은 당황했었던 것처럼 보였다
  = It **appeared** that Verbs **had been embarrassed**.
  − 동사가 과거이면 부정사는 과거완료가 됩니다.

❸ 부정사의 두 태

부정사의 의지를 나타내며 능동부정사와 수동부정사로 구분됩니다. 능동부정사는 to + 원형동사, 수동부정사는 to + be + pp로 나타냅니다.

- Dad allowed me **to go** out. 아빠는 내가 외출하는 것을 허락했다
  − 부정사의 주어는 나, 외출하는 것은 내가 하는 것이니 **능동부정사**로 나타냅니다.
- Hera wanted Aphrodite **to be embarrassed**. 헤라는 아프로디테가 수모를 당하길 원했다
  − 부정사의 주어는 아프로디테, 그녀가 수모를 당하는 상황이므로 **수동형 be+pp**로 나타냅니다.

| The Show 영문법 |

- Eros still feels sorry **to have been dumped**. 에로스는 차였던 날을 생각하면 아직 속이 쓰리다
  – 에로스가 차였죠. 속이 쓰린 것은 지금이지만 차인 것은 과거, 시제가 달라서 **완료수동부정사**로 나타냅니다.
    • 수동태에 관한 설명은 5막에 준비되어 있습니다. coming soon!

2 원형부정사 관용표현

may well + 원형동사 (~~하는 것도 당연하다)

- Nouns **may well be** well treated. 명사가 특별한 대접을 받는 것은 **당연하다**

may as well, had better + 원형동사 (~~하는 것이 더 낫다)

- Verbs, you **may as well stop** complaining. 동사들, 이제 불평 그만 하는 편이 더 **좋아**

can't but + 원형동사 (~하지 않을 수 없다)

- Zeus **couldn't but accept** their requirement. 제우스는 그들의 요구를 받아들이지 않을 **수가 없었다**
  – can't help ~ing로 나타낼 수 있습니다.

would rather A than B   (B하기보다는 차라리 A하겠다)

- I **would rather die than steal**. 나는 도둑질하기보다는 차라리 죽겠다
  – may as well A as B로 나타낼 수 있습니다.

> Would rather A than B는 **상관 접속사니 평형구조**, 즉, A와 B 둘 다 원형부정사로 평형을 이룬다는 점에 주의하세요.

Wow! 3막 super동사 이야기 중 entry number one, 부정사에 관한 이야기도 모두 끝이 났군요. 다음 Wrap Up을 통해 깔끔하게 마무리 하시고 내일 만나요. Take care!

Wrap Up & Explanation

Wrap Up

❶ [01~05] 다음 밑줄친 부분의 부정사용법을 말하세요.

01　I need something <u>to nibble</u>.

02　Hera tried her best <u>to get</u> Zeus' attraction.

03　Hemingway grew up <u>to be</u> a great writer.

04　It is a bad habit <u>to sit up</u> until midnight.

05　You must be relieved <u>to get</u> over financial problems.

❷ [06~08] 두 문장의 의미가 같도록 빈칸에 알맞은 말을 쓰세요.

06　Your idea is too abstract for me to take.

= Your idea is _____ abstract _____ I _____ take _____.

07　She is so wise that she can predict what comes next.

= She is wise _____ _____ predict what comes next.

08　I don't know which bus to get on.

= I don't know _____ _____ I _____ get on.

❸ [09~15] 다음 문장을 올바르게 고치시오.

09　We have no house to live.

10　Did you see Peter to bully Jason?

11　You had not better talk back any more.

12　It is nice for you to pick me up for free.

13　She was enough old to go to school.

14　Let me to go home.

15　You may well to get angry to hear the gossip.

Explanation

❶ **1~5번 까지는 부정사의 용법을 구분하는 문제입니다.**

01 to nibble이 명사 something을 수식하죠. 형용사적인 용법입니다.
    (나는 씹을 거리가 필요해. ㅠ~ㅠ) ● nibble: 입이 심심할 때 가볍게 씹을 거리

02 to get이 동사 tried를 수식하며 '~~하기 위하여'로 해석되죠. 부사적 용법 중 목적입니다.
    (헤라는 제우스의 관심을 끌기 위해 최선을 다했다)

03 '해서 ~하다' 부사적 용법 중 결과를 말합니다. 해석은 항상 앞에서 순서대로 합니다.
    (헤밍웨이는 자라서 위대한 작가가 되었다)

04 부정사의 해석이 '~것은'으로 되죠. 명사적 용법의 주어, 앞에 오는 it은 가주어입니다.
    (늦게 까지 자지 않는 것은 나쁜 습관이다)

05 추측을 나타내는 조동사 must be, can't be 다음에 오는 부정사는 주로 부사적 용법 중 이유죠.
    (재정 문제를 해결했으니 분명 안심이 되겠군요)

❷ **6~7번은 문장의 전환에 관한 문제죠. 즉, 구를 절로 바꾸어 단문을 복문으로 나타내는 문제입니다.**

06 too~to=so~that~can't
    Your idea is so abstract that I can't take it.
    (너의 생각은 너무 추상적이라 나는 받아들일 수가 없다)
    - 이상과 같이 too~to~의 주어와 목적어가 동일 할 때 <u>구에서는 목적어를 생략하지만 절로 전환하게 되면 반드시 나타낸다</u>는 점에 각별히 주의하세요. 예문의 it – the idea입니다.

07 enough to do=so ~~ that can
    She is wise enough to predict what comes next.
    (그녀는 현명해서 다음에 올 일을 미리 예상했다)

08 명사구(의문사+to do)를 명사절(의문사+주어+should+do)로 바꾸는 문제입니다.
    I don't know which bus I should get on. (나는 어떤 버스를 타야할 지 몰랐다)

❸ **9~15번까지는 기타 시험에 자주 나오는 부정사의 어법에 관한 문제들입니다.**

09 house와 부정사 사이에 목적격 관대 which가 생략되었죠. **live는 자동사이므로 홀로 목적어를 취할 수가 없죠. 따라서 전치사가 필요하죠.** ~안이란 뜻을 나타내는 전치사 in을 붙여줘야만 완전하죠.
    live → live in (우리는 살 집이 없다)

10 지각동사인 see는 원형부정사를 목적보어로 취하므로 bully입니다. to bully → bully
    (너는 피터가 제이슨을 괴롭히는 것을 보았니?)

11 had better 역시 원형부정사를 취하며 이의 부정은 had better not으로 나타냅니다.
    You had better not talk back any more. (말대답은 더 이상 하지 않는 것이 좋아)

12 nice는 성격을 말하는 형용사죠. 이런 경우 for대신 of를 사용해야만 하죠. for you → of you
    (공짜로 태워주다니 정말 좋은 사람이군요)

13 <u>부사 **enough**는 항상 수식하고자 하는 품사 뒤에 오죠</u>. old enough입니다.
    (그녀는 학교에 갈만한 나이가 되었다)

14 사역동사인 let 역시 목적보어로 부정사를 취할 수가 없죠. to go를 go로 나타내야죠.
    (나를 집으로 가게 해줘요)

15 may well 역시 원형부정사를 취합니다. may well get입니다.
    (그런 소문을 듣고 화를 내는 것은 당연해) ● gossip: 소문

| 창조 열다섯째 날 _ All about the phrase |

STORY 15

Super동사 2탄 동명사(Gerund) 이야기

동사와 명사의 역할을 한 방에 날려라!

창조 열다섯째 날입니다. 오늘은 super동사 2탄, 동명사가 탄생되는 날입니다. 부정사처럼 뿌리는 동사지만 동사와 명사의 역할을 한방에 해결하는 동명사, 이런 동명사의 역할이 부정사와 닮아서 혹자는 둘을 사촌이라고 하기도 하죠. Whatever, 이 날 아침 신전의 분위기는 어떤지 CR로 가볼까요?

제우스를 보자마자 성격이 급한 에로스가 say hello도 없이 질문부터 날리죠.

"Sir, what are we gonna do today?오늘 할 일은 무엇인가요?"   • gonna=going to

"부정사에 이어 super동사 2탄, 동명사(gerund)를 창조하는 일이다."

"Wow! It sounds intriguing.꽤 재미있겠는걸요 What does it look like?어떻게 생겼죠? 왜? super동사죠?"

몰아치는 에로스의 질문에 살짝 화가 난 제우스가 말하죠.

"Take your time, 천천히 해, 아주 숨넘어가겠다. 평소엔 관심도 없더니, 별 일이군. 동명사의 형태는 아주 단순해. 항상 어미에 ~ing을 달고 다니니 말이다. 하지만 일단 꼬리에 이 잉만 붙으면 동사는 carrot당근 명사의 역할까지 해낼 수 있지."

"Wow! 동사와 명사의 역할을 동시에 해낸다니 awesome.끝내주네요"

"물론, 그러니 super동사지, 달리 super겠어? 자, 그럼, 슬슬 떠나볼까. do you get ready?"

"Yes, sir, here we go!"

창조 열다섯째 날, 동사의 어미에 ~ing만 붙이면 동사는 물론 명사의 역할까지 cover하는 super동사, 동명사 이야기 속으로 go! go!

Episode #1
동명사에 관한 profile

| INTRO |

동명사(Gerund)

동사의 어미에 잉만 붙이면 명사가 되는 동명사, 동사가 compete(경쟁)하기엔 너무 강한 동명사, 그의 superior한 이야기 속으로 here we go!

동사의 두 번째 humiliation(굴욕)

열다섯 째 날 아침, 제우스가 회심의 미소를 지으며 동사들을 불러 말하죠.

"동사들아, 기뻐해라. 오늘 또한 너희들을 위한 날이 될 것이다. 너희 동사의 원형 어미에 잉을 붙여 명사의 역할까지 할 수 있는 super동사, 동명사를 만들어 주마. 흠, Walk야, come here."

Walk가 나오자 그의 꼬리에 잉을 달아주고는 말하죠.

"Congratulations! Walking, 동명사로 거듭 난 것을 축하해. 이제 명사처럼 주어, 목적어, 보어 역할을 하며 super동사의 즐거움을 만끽해라. 먼저 동사들에게 소개를 하지."

Oh, gosh! 제우스의 말이 떨어지기가 무섭게 동명사 Walking 또한 부정사가 그랬듯이 눈을 내리깔고는 시건방을 떨죠.

"동사들, **do you know who I am?** 내가 누군지 알아?"

동사들이 애써 무시를 하며 말하죠.

"됐거든, 굳이 알고 싶지 않거든. 네 놈이 뭘 하던 그게 우리와 뭔 상관이여?"

"훨~! 그리 말하면 섭섭하지. 격조 높은 귀족 동명사와 서민 동사가 어떻게 다른지 정도는 알아줘야 예의지. 싫더라도 다음 예문은 봐 주지."

a. **Walking** is good for health. 걷는 것은 건강에 좋다
b. **Walk** is good for health. (×)

왜 b는 no good일까? 왜 그럴까? 주어가 될 수 없는 동사가 설치니 당연 error가 나지. **Can you feel me?** 알겠니?"

Walking의 말에 동사들이 급 짜증을 내며 말하죠.

"**Don't rub salt into the wound.** 상처에 소금 그만 뿌려 이것들아."

이를 보고 있던 제우스가 고소해 하며 한 번 더 염장을 지르죠.

● rub salt into the wound: 염장을 지르다

| The Show 영문법 |

> "영광인 줄 알아, 이것들아, 격이 다른 동명사가 비교해주는 일도 그리 흔치 않아. 동명사는 주어, 목적어, 보어가 될 자격(qualification)이 있지만 너희는 동사밖에 될 수 없지, 이것이 동사의 한계야. size에 맞게 놀아야지."
>
> 이에 동사들이 땅이 꺼져라 한숨을 쉬며 말하죠.
>
> "참, 나, **go, go mountain**가도, 가도, 산이군 어제는 부정사란 것들이 머리에 to를 달고 꼴값을 떨더니 오늘은 또 동명사란 것들이 꼬리에 잉을 달고 설치네. **Gee! It's all nightmare.**이건 완전 악몽이야. T_T"
>
> 이에 제우스가 회심의 미소를 지으며 말하죠.
>
> "동사, **you deserved it,**고통을 당해 마땅하다 그러게 왜 감히 반란을 일으켜? 기다려라, 내일은 3탄 분사를 만들어 **humiliation**굴욕 의 끝이 무엇인지 처절히 느끼께 해 주마. ♬♬"

● nightmare: 악몽

1 동명사(Gerund) verse 동사(Verb)

동명사는 동사와 명사의 역할을 하는 반면에 동사는 동사의 역할만 할 수 있습니다.

● **Seeing** is **believing**. (주어)
백문이 불여일견이다

cf. **See** is **believe**. (×)

● Zeus loves **drinking**. (목적어)
제우스는 음주를 즐긴다

cf. Zeus loves **drink**. (×)

● Eros is looking forward to **dating**. (전치사의 목적어)
에로스는 데이트 할 날만을 학수고대한다

cf. Eros is looking forward to **date**. (×)

 look forward to ~ing (하기를 학수고대하다)
to는 전치사이므로 동명사를 목적어로 취합니다. 부정사로 착각해 뒤에 원형동사를 사용하면 No! No!

● Eros' habit is **asking** any girls out. (보어)
에로스의 습관은 어떤 여자에게나 들이대는 것이다

cf. Eros' habit is **ask** any girls out. (×)

– 이상처럼 동사는 주어, 목적어, 보어 자리에 올 수가 없죠. PLEASE, do remember!

2 동명사의 역할

동명사는 동사와 명사를 합해 만들어진 이름이죠. 그 이름이 말해 주듯이 동사와 명사의 역할을 모두 할 수 있는 신개념 super동사입니다.

❶ 동사적 역할

목적어를 취할 수 있습니다.

- Hera loves **gossiping about Aphrodite**. 헤라는 아프로디테의 뒷담화 하는 것을 좋아한다
  - 동명사 gossiping의 대상이 되는 목적어는 아프로디테입니다. 목적어를 취하니 동사적인 역할이죠.
- Hermes finished **sending a message**. 헤르메스는 메시지 전달을 마쳤다
  - 동명사 sending이 뒤에 message란 목적어를 취하는 것, 바로 이것이 동사적인 역할입니다.

❷ 명사적 역할

동명사가 주어, 목적어, 보어 역할을 할 때 이를 명사적 역할이라고 합니다. 이런 동명사는 부정사로 나타낼 수 있죠. 단!! **전치사의 목적어로 사용된 동명사는 부정사로 바꿔 쓸 수 없습니다.**

1) 주어

주로 문장의 첫 머리, 즉, 주어 자리에서 '~은, ~는'이란 뜻으로 해석됩니다.

- **Choosing** a Miss goddess is really exciting. Miss 여신을 선발하는 것은 매우 흥미롭다
  = **To choose** a Miss goddess is really exciting.

2) 목적어

타동사 혹은 전치사의 목적어 역할을 하며 '~을, ~를'로 해석됩니다.

a) 타동사의 목적어

- Eros loves **having an** affair. 에로스는 바람피우는 것을 즐긴다
  = Eros loves **to have an** affair.
  - 동명사 making이 타동사 loves의 목적어 역할을 합니다.
- Eros' habit is **asking** any girls out. (주어)
  에로스의 취미는 아무 여자에게나 들이대는 것이다

전치사의 목적어가 되기에 너무 먼 동사

Super동사, 부정사와 동명사에게 연타를 맞은 동사들이 상실감에 빠져 불만을 토로 하고 있죠.

"Crap망했다 명사처럼 주어 노릇 한 번 해보려다 뭔 개망신이야."

"We screwed up.되는 일이 없어 죽 쑤어 개 준다더니, 분해 못 살겠네. 참새도 die할 때는 짹 한다는데, 동사의 꿈을 이렇게 접어야 하다니. 흑!"

"No, don't give up!포기 하지 마 주어가 될 수 없다면 최소한 목적어 자리만이라도 한 번 노려보자. 전치사 뒤에 몰래 숨어들어 목적어 행세를 하자. 분명 다른 품사들은 눈치도 못 챌 거야."

- screwed up: 일이 잘못되다

| The Show 영문법 |

"Oh, that's a great idea, let's try!"

작당한 동사들이 작심을 하고 전치사 뒤로 숨어들죠. 먼저 go가 슬쩍 전치사 of 뒤에 가서 붙죠. **as follows;** 다음처럼

- Bridget is afraid of **go** to the dentist. 브리짓은 치과에 가는 것을 두려워한다 (×)

동사 go가 전치사 뒤에 떡하니 버티고 있지만 별 말이 없자 동사들이 이에 재미가 들어 공공연히 전치사 뒤로 숨어들어 목적어 행세를 합니다. 나중에 이를 알게 된 제우스가 동명사를 불러 특명을 내리죠.

"동명사야, 지금 즉시 가서 전치사 뒤에서 목적어 행세를 하는 동사들을 응징하여라. 두 번 다시 그런 짓을 할 수 없도록 완전히 죽여 놓아라. **Step on it!** 어서 가라!"

- step on it: 빨리 빨리

동명사들이 눈썹을 휘날리며 가서는 동사의 뒤통수를 후려갈기면서 말하죠.

"야! 꺼져라. 어디서 동사 주제에 감히 명사의 영역인 목적어 자리를 넘봐. size에 맞는 행동을 해야지. 이 자리는 명사, 대명사, 그리고 나 동명사만이 올 수 있는 자리야.

- exclusivity: 독점

Did you happen to hear about exclusivity? 혹 들어는 봤니? exclusivity라고, 오직 특별한 나를 위한 자리라고"

동사를 밀어낸 그 자리에 동명사 going이 자리를 잡죠.
아주 cool하게 말입니다.

- Bridget is afraid of **going** to the dentist. (○)

제우스가 말하죠.

"**It looks perfect.** 음, 완벽해 아주 좋아 ^^"

b) 전치사의 목적어

- Hermes is proud of **being** a messenger. (○)

  cf. Hermes is proud of **be** a messenger. (×)
  헤르메스는 전령이 된 것을 자랑스러워한다

- He insisted on **going** there. (○)

  cf. He insisted on **go** there. (×)
  그는 그곳에 가야 한다고 주장했다
  - 이때 being, going은 부정사로 바꿔쓸 수 없죠.
  - 내신과 수능에 나오는 어법 영순위 문제입니다. Extra cautious, please!

3) 보어

be동사 혹은 기타 불완전자동사 뒤에서 주어를 보충하며 '~~이다' 란 뜻을 나타냅니다. 동명사 대신 부정사로 바꿔 나타낼 수 있습니다.

- My line of work is **decorating** food. 내 직업은 음식을 장식하는 것이다

  = My line of work is **to decorate** food. (○)

- Teaching is **learning**. 가르치는 것이 배우는 것이다
  = To teach is **to learn**. (○)

3   동명사(현재분사) 만들기

동명사와 현재분사는 모두 원형동사의 어미에 ing을 붙여 만들며, ing 붙이는 법은 다음과 같습니다.

① 동사원형에 ~ing을 붙인다.
   study-studying, go-going, walk-walking
② **묵음 e는 빼고** ~ing을 붙인다.
   love-loving, skate-skating, come-coming
③ 단모음+자음은 **자음을 한 번 더 겹쳐준 후** ~ing을 붙인다.
   stop-stopping, run-running, hug-hugging
④ ie로 끝나면 **ie를 y로 고친 후** ~ing을 붙인다.
   lie-lying, die-dying

동명사와 명사절의 특별한 관계

| INTRO |

명사구의 촉매 동명사

풍보 명사절이 날씬 명사구로 거듭나는 그 현장에 동명사와 부정사가 있죠.
명사절의 주어, 시제, 태가 이 두 super동사의 것이 되는 변화 속으로 here we go!

명사절의 diet 성공기 (동명사를 이용한 명사절의 diet)

부정사에 이어 동명사까지 만들어지자 제우스의 창조 작업은 제대로 탄력(momentum)을 받기 시작했죠. 만족스러운(satisfactory) 눈으로 영어왕국을 바라보는 제우스, 이 때 동명사들의 함성이 들려오죠.

- badly: 몹시

"Sir, we badly need to talk.대화가 필요해염"
"Go ahead.말해봐"
"우리 동명사의 주어, 시제, 태가 필요해요, 만들어주세요."
"No worry, I already made it.걱정 마, 이미 만들었어"
"정말요, 어떻게 나타내죠? 빨리 말해주세요."

- turn by turn: 차례차례로

"Listen to me. I will explain it turn by turn잘 들어, 순서대로 설명할게"

First, 동명사의 의미상의 주어,

동사의 주어와 다를 때는 명사, 대명사를 동명사 바로 앞에 붙여 나타낸다. 단, 대명사인 경우는 소유격으로 고쳐서 말이다. Have a look;

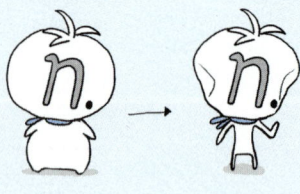

- I am sure of **your** succeeding. 나는 당신이 성공할 것을 확신한다

Second, 동명사의 시제

동사의 시제와 비교해 같으면 단순동명사, 다르면 완료동명사

Last, 동명사의 태

명사절의 주어가 능동이면 능동동명사, 수동이면 수동동명사. That's all,이것이 전부다, do you like it?좋아?"
"쪼아~!! 쌩~유!"
"Good! 이제 너희를 위해 준비한 surprise를 하나 더 주지. 너희 동명사와 부정사를 diet 친선대사로 임명하마."

> "Diet을 위한 친선대사, what does it mean, sir?"
> "Heavy뚱뚱한 명사절을 slim날씬한 명사구로 만들어주는 친선대사란 말이지."
> "How can we do that?어떻게요? 굉장히 복잡할 텐데."
> "다음과 같은 세 가지 원칙만 지킨다면 아무 문제없단다. 봐
> 명사절의 주어, 시제, 태＝동명사의 주어, 시제, 태. 참~쉽죠~잉?^^"
> "어머, 완전 쉬워, 완전 쉬워, 대박(jackpot)이야. We love it, sir."

1 동명사의 주어

동명사가 하는 동작의 주체로 나타내는 법은 다음과 같습니다.

❶ 술어동사의 주어와 일치할 때 (생략)

- **Hermes** is proud of **being** a messenger. 헤르메스는 전령이 된 것을 자랑스러워한다
- It is no use **crying** over the split milk. 엎질러진 우유를 보고 울어도 소용이 없다
  - 일반인이 주어가 될 때 역시 생략합니다.

❷ 술어동사의 주어와 일치하지 않을 때

1) 대명사 주어인 경우

대명사를 소유격으로 바꾼 후 동명사 바로 앞에 붙여줍니다. 명사절의 주어가 됩니다.

- Would you mind **his coming** to the party? 파티에 그를 데려가도 될까요?
- I am afraid of **your cursing**. 나는 당신의 저주가 두려워요. 흑!

2) 명사 주어인 경우

소유격 혹은 목적격으로 바꾸어 동명사 앞에 붙여줍니다.

- Gerunds still remember **Zeus(Zeus')** promising. 동명사들은 여전히 제우스의 약속을 기억한다
- She denied of **husband(husband's)** cheating. 그녀는 남편의 바람을 부인했다

2 동명사의 시제

단순시제와 완료시제로 구분됩니다.

❶ 단순동명사 (동사+ing)

동사의 시제와 일치하며 일반적인 동명사와 형태가 같습니다. **명사절의 동사 시제와 동일**합니다.

- Hera takes pride in **being** a beauty. 헤라는 자신이 미인인 것을 자랑스러워한다
  = Hera **takes** pride that she **is** a beauty.
  - 동사와 동명사의 시제가 모두 현재입니다.
- Verbs felt sorry for **losing** their power. 동사들은 그들의 power를 잃어버린 것이 유감스러웠다

= Verbs **felt** sorry that they **lost** their power.
- 동사와 동명사의 시제가 모두 과거입니다. lose-lost-lost

❷ 완료동명사 (having+과거분사)

술어보다 동명사의 동작이 한 시제 미리 일어났음을 나타내며 having+pp로 나타냅니다. 명사절로 나타내면 **명사절의 시제가 주절보다 한 시제 앞서게** 됩니다. (현재~과거. 과거~과거완료)

- Zeus admits **having made** a mistake. 제우스는 자신이 실수했던 것을 인정한다
  = Zeus **admits** that he **made** a mistake.
  - 인정을 하는 시점은 현재, 실수를 했던 것은 과거 사실이죠.
- Zeus admitted **having made** a mistake.
  = Zeus **admitted** that he **had made** a mistake. 제우스는 실수 했던 것을 시인했었다
  - 인정은 과거 시점에서, 실수는 그 이전, 즉, 대과거란 것을 알려줍니다.

3 동명사의 태

능동과 수동으로 구분됩니다.

❶ 수동 동명사 (being+과거분사)

동명사의 주어가 나타내는 동작이 수동적일 때 사용하며, 조동사 being을 붙여 being+pp로 나타냅니다. **명사절의 주어 역시 수동태**가 됩니다.

- **being done, being studied, being kept etc.**

- There is no chance of John **being elected** chairman. 존이 의장으로 당선될 확률은 없다
  = There is no chance that John **will be elected** chairman.
  - John이 선출되어지는 상황이므로 수동태로 나타냅니다.
- Cronos felt ashamed of **being defeated**. 크로노스는 패배로 인해 수치감을 느꼈다
  = Cronos felt ashamed that he **was defeated**.
  - 크로노스가 패배를 당했기 때문에 being defeated입니다.

❷ 완료 수동 동명사 (having been+과거분사)

동명사의 동작이 동사보다 한 시제 앞서 일어났을 때 사용하며 완료형조동사 having been을 붙여 having been+pp로 나타냅니다. **명사절 역시 완료형 수동태가 됩니다.**

- **having been done, having been kept,** etc.

- I remember **having been chased** by the police. 나는 경찰에 쫓겨 다녔던 것을 기억한다
  = I **remember** that I **was chased** by the police.
  - 쫓겨 다닌 것은 과거의 사실이며 또한 수동, 기억하는 것은 현재이므로 having been chased

3형식 완전타동사들의 분열 (동사모 vs 부사모)

일이 잘 풀려가자 제우스가 staff들에게 말하죠.

"**There is no time like the present!** 최고의 순간은 바로 지금 **Why don't we hang out?** 한 번 쪼아 볼까?"

모처럼 해방감을 만끽하려는데 oops! 저건 또 뭡니까? 성격상 목적어를 필요로 하는 타동사, 그 중에서도 3형식에 사용되는 완전타동사들끼리 설전을 벌이고 있죠. 한 소망하는 동사 hope, want, wish, expect 등이 부사모를 외치자 또 한 편에서는 이들과는 달리 다소 부정의 뜻을 나타내는 동사들이 동사모를 외치니 말입니다.

"**What's going on there?** 도대체 뭔 일이야? 부사모는 뭐고 동사모는 뭐야?"

제우스가 짜증을 내며 묻자 헤르메스가 설명을 하죠.

"부사모란 '부정사를 사랑하는 동사들의 모임' 이란 뜻이고, 동사모는 '동명사를 사랑하는 동사들의 모임' 이란 뜻이죠."

"**So what?** 그래서 어쩌라고?"

"부사모는 목적으로 부정사만을, 동사모는 목적어로 동명사만을 취하겠다고 저리 공방을 펼치는 중이죠. 어떡하죠?"

"휠~! 저것들이 이제 하다하다 별 짓을 다하는군."

욱한 제우스가 동사들에게 버럭 고함을 지르죠.

"**What the hell do you want?** 도대체 뭘 원해?"

"부사모와 동사모를 구분해 법으로 정해줘요. PLEASE!"

"**How can I set apart?** 어떻게 구분하라고??"

"**We can take care of it,** 우리가 할 수 있어요. **just leave it to us.** 우리에게 맡겨줘요"

"**If you insist,** 그렇다면 **suit yourself.** 니들 맘대로 해"

제우스의 대답에 타동사들이 기다렸다는 듯이 편을 가르죠. 부사모에는 주로 희망과 소망의 뜻을 나타내는 동사들이 모인 반면, 동사모에는 회피와 연기, 부정의 뜻을 가진 부정적인 동사들이 group을 이루게 되었죠.

- hang out: 어슬렁대며 시간을 보내다
- set apart: 구분하다
- suit yourself: 당신 맘대로 해

4 부사모 vs 동사모

3형식에 사용되는 완전타동사들 중 목적어로 부정사만을 취하는 동사, 동명사만을 목적어로 취하는 동사, 둘 다 취하는 동사, 둘 다를 취하지만 의미가 달라지는 동사들이 있습니다. 어법 영순위니 꼭 기억하세요.

| The Show 영문법 |

❶ 부사모 동사 (부정사를 목적어로 취하는 동사)

미래지향적이고 긍정적인 뜻을 나타내는 동사로 want, hope, wish, expect, plan, promise, decide, choose, agree, etc이 있습니다.

- Verbs really **wish <u>to be</u>** a subject. 동사들은 정말 주어가 되기를 소망했다
- Zeus **decided <u>to unite</u>** the kingdom. 제우스는 왕국을 통일할 결심을 했다

부사모들을 쉽게 기억하는 법
원하고(want) 소망(wish)하는 것을 위해 계획하고(plan), 약속(promise)을 통해 결정된(decide)일에는 동의(agree)하는 동사들입니다.

❷ 동사모 동사 (동명사를 목적어로 취하는 동사)

과거 지향적이며 부정적인 뜻을 나타내는 동사로 deny, mind, give up, put off이 대표적입니다. 물론, 즐기고(enjoy), 용서하고(forgive), 고려하고(consider), 끝내고(finish), 연습하기도(practice)하는 동사들도 있으니 주의하세요.

- Hera **finished <u>nagging</u>**. 헤라는 잔소리를 마쳤다
- Do you **mind <u>sitting</u>** here? 여기 앉아도 될까요?

동사모들을 쉽게 암기하는 법
왠지 꺼려(mind) 회피(avoid)해보고, 거절(deny)하고 부인(deny)도 하며 미뤄보지만(put off) 결국은 포기하고(give up) 도망(escape)가는 것으로 끝장을 내는(finish) 동사들이죠.

❸ 둘 다 취하는 동사

부정사와 동명사 모두 취하는 동사들로 begin, love, like, hate, continue, start, intend가 있습니다.

- Eros loves **<u>to hang</u> around**. 에로스는 싸돌아다니기를 좋아한다
  = Eros loves **<u>hanging</u> around**.
- Zeus finally begins **<u>to work out</u>**. 제우스는 마침내 운동을 시작했다
  = Zeus finally begins **<u>working out</u>**.

❹ 둘 다 취하지만 의미가 달라지는 동사

부정사와 동명사 모두 취하지만 의미상의 차이가 있는 동사들로 stop, remember, forget, try, regret 등이 있습니다.

1) stop to do (~~하기 위하여 멈추다)
   ing (~~하던 것을 멈추다)

- He stopped **smoking**. 그는 담배를 끊었다
  - cf. He stopped **to smoke**. 그는 담배를 피우기 위해 멈췄다

2) remember to do (~할 것을 기억하다) (미래)
   　　　　　ing (~했던 것을 기억하다) (과거)

- I remember **meeting** you before. 나는 전에 당신을 만났던 것을 기억한다
  - cf. I remember **to meet** my client tomorrow. 나는 내일 고객을 만날 것을 기억한다

3) forget to do (~해야 할 것을 잊고 있다) (미래)
   　　　　ing (~했던 것을 잊어버리다) (과거)

- Grandma forgot **promising**. 할머니는 약속하셨던 것을 잊어버렸다
  - cf. Don't forget **to toothbrush** before going to bed. 잠자리에 들기 전에 양치질 하는 것을 잊지 말아라

4) try ~ing (재미삼아서 해보다)
   　　to do (진지하게 해보다)

- I tried **copying** what he did. 나는 재미삼아 그를 따라했다
  - cf. I try **to make** students understood well. 나는 학생들을 이해시키기 위해 노력했다

5 동명사 관용표현

동명사를 이용한 관용표현 역시 자주 사용되므로 다음 표현 정도는 꼭 암기하셔야만 합니다. 이들 중에는 부정사로 바꾸어 사용할 수 있는 표현들도 많아서 함께 기억하시면 아주 효과적입니다.

❶ it is no use ~ing = it is of no use to do (~해도 소용없다)

- It is **no use arguing with** him.
  = It is **of no use to argue with** him. 그와 입씨름 해봤자 아무 소용없다

❷ make a point of ~ing = make it a rule to do (~하는 것을 규칙으로 하다)

- Apollo **makes a point of taking** a walk every morning.
  = Apollo **makes it a rule to take** a walk every morning.
  아폴로는 매일 아침 산책하는 것을 규칙으로 삼고 있다

❸ feel like ~ing = feel inclined to do (~하고 싶어 하다)

- Eros **feels like hanging** out with nymphs.
  = Eros **feels inclined to hang out** with nymphs. 에로스는 요정들과 시시덕 거리고 싶었다

❹ spend time (in) ~ing (~하는데 시간을 보내다)

- Hermes **spends most of his time delivering** a message.
  헤르메스는 대부분의 시간을 메시지 전달에 보낸다

| The Show 영문법 |

❺ keep (prevent)+목적어+from ~ing (목적어가 ~하는 것을 막다)

- The rain **kept me from going** out. 비 때문에 나는 외출을 하지 못했다

❻ what do you say to ~ing = how about ~ing? (~하는 것이 어때?)

- **What do you say to dancing** with me? 나와 춤 한 번 추시죠?

❼ can't help ~ing = can't but 원형동사   (~하지 않을 수 없다)

- I **can't help bearing** your criticism any more.
  = I **can't but bear** your criticism any more. 나는 더 이상 너의 비난을 참을 수가 없다

❽ be used to ~ing = get accustomed to ~ing (~하는데 익숙하다)

- She **is used to riding** a horse. 그녀는 말을 타는데 익숙하다

> 다음의 to는 전치사이므로 뒤에 동사가 올 수 없습니다. do remember, 동사를 동명사로 바꾸세요.^^
>
> ① look forward to ~ing ~할 것을 고대하다
> ② be used to ~ing ~하는데 익숙하다
> ③ devote oneself to ~ing ~하는데 몰두하다
> ④ object to ~ing ~하는 것을 반대하다
>
>   ex) She devoted herself to **teaching**. (O)
>   cf) She devoted herself to **teach**. (X) 그녀는 교육에 전념했다

Eventually, 동사와 명사의 역할을 한 방에 처리하는 super동사 2탄 동명사에 관한 이야기도 모두 끝이 났습니다. 다음 Wrap Up을 통해 잘 마무리하시고 super동사 3탄 분사에서 다시 만나요. Catch soon!

Wrap Up & Explanation

Wrap Up

❶ [01~09] 다음 문장들은 어법상 잘못된 표현들입니다. 바르게 고치세요.

01　Zeus avoided to answer.

02　Would you mind to use your phone?

03　My sister wishes becoming a movie star.

04　He is used to drive a car.

05　Have you finished to read a book?

06　I am interested in watch baseball.

07　Eros is ashamed of dumping yesterday.

08　He refused going abroad.

09　I am looking forward to see you.

❷ [10~15] 다음 두 문장이 같은 의미를 나타낼 수 있도록 밑줄친 부분을 완성하세요.

10　We are proud that he is a judge.
　　= We are proud of _____ a judge.

11　Zeus was sure that Eros had asked that nymph out.
　　= Zeus was sure of _____ that nymph out.

12　It is impossible to say what will happen tomorrow.
　　= _____ what will happen tomorrow.

13　I can't but laugh at seeing the sight.
　　= I can't help _____ at seeing the sight.

14　We remember that we met him somewhere.
　　= We remember _____ him somewhere.

15　Never forget that you will have to lock the door.
　　= Never forget _____ the door.

Explanation

❶

01 동사 avoid는 동명사를 목적어로 취합니다. 따라서 answering으로 나타냅니다.
   (제우스는 대답을 회피했다)

02 mind 역시 동명사를 목적어로 취하므로 using입니다.
   (전화 좀 사용해도 될까요?)

03 wish는 부정사를 목적어로 취하므로 to become이죠.
   (여동생은 영화배우가 되기를 원한다)

04 be used to~ing, '~하는 것에 익숙 하다'란 뜻으로 **to**는 전치사이므로 동사가 아닌 동명사를 목적어로 취합니다. driving이죠. (그는 운전에 익숙하다)

05 finish도 동명사를 목적어로 취하는 동사이므로 reading입니다. (책 다 읽었니?)

06 동사는 전치사의 목적어가 될 수 없죠. 동명사인 watching으로 나타냅니다.
   (나는 야구 관람을 좋아한다)

07 에로스가 어제 차인 것에 대해 수치스러워하는 상황을 말하죠. 따라서 **에로스가 당하는 수동**에다 또한 술어의 시제는 현재이지만 동명사의 시제는 과거이므로 완료형 수동동명사 **having been dumped**로 나타내야겠죠.
   (에로스는 어제 차인 사실이 창피했다)

08 refuse 역시 부정사를 목적어로 취합니다. 부정사 to go로 나타냅니다.
   (그는 유학가기를 거절했다)

09 look forward to ~ing '~하기를 고대하다.' 동명사를 이용하는 관용표현입니다. to seeing입니다.
   (당신을 만나기를 고대합니다)

❷

10 동명사를 이용해 복문을 단문으로 고치는 문제입니다. 이런 경우 고려할 세 가지 **tip**은 주어, 시제, 태이죠. 주절과 종속절의 주어가 일치하지 않죠. 동명사의 의미상의 주어 his를 써 줘야겠죠. 시제는 현재로 동일하므로 단순시제이며, 주어가 능동이니 his being으로 나타냅니다.
   (우리는 그가 판사인 것이 자랑스럽다)

11 역시 단문으로 전환하는 문제죠. 의미상의 주어는 Eros이며, 시제는 과거와 과거완료, 따라서 완료형으로 나타내며, 태는 에로스가 데이트를 신청하니까 능동이죠. Eros' having asked.
   (제우스는 에로스가 그 요정에게 데이트를 신청했었다는 것을 확신했다)

12 부정사 관용어를 동명사를 이용한 관용어구로 바꾸는 문제죠.
   There is no telling what will happen tomorrow.
   (내일 어떤 일이 일어날지 말하는 것은 불가능하다)

13 동명사 관용어로 나타내는 문제입니다.
   I can't help laughing at seeing the sight.
   (나는 그 장면을 보고 웃지 않을 수 없었다)

14 remember는 **동명사를 목적어로 취하면 과거 사실을, 부정사를 취하면 미래 사실**을 나타내죠.
   We remember meeting him somewhere.
   (우리는 어디선가 그를 만났던 것을 기억한다)

15 앞으로 할 일에 관해 말하죠. forget+to do로 나타냅니다.
   Never forget to lock the door.
   (문단속 할 것을 잊지 마라)

창조 열여섯째 날 _ All about the phrase

STORY
16

Super동사 3탄 분사 이야기

분사야, 진행형과 수동태를 위한 전령이 되어라!

창조 열여섯째 날입니다. 오늘은 super동사 막내, 분사가 창조되는 날입니다. 제우스가 CR로 들어서자 stand by를 하며 기다리던 참모들이 반갑게 say hello를 하죠. 급 기분이 좋아진 제우스가 화답을 하네요.

"Hi, there? What a surprise! 이렇게 일찍 모두 와 있다니 말이야. Anyway, 오늘의 주인공은 super 동사의 막내가 될 분사(participles)가 될 것이다."
● What a surprise: 어머, 웬일이니!

이에 개념 없는 에로스가 툭하고 내뱉죠.

"Oh! gosh! super동사라면 부정사, 동명사만으로 enough & enough 충분 하지 않나요?"

"Gee! Can't you remember? 진행형과 완료 시제를 만들기 위해 분사는 must have 필수 라는 것을 말이다."

"Aha! I got it, sir, 그런데 분사의 형태가 두 가지였던 것 같은데, 그렇죠?"

"Exactly, 현재분사는 동사의 어미에 잉을, 과거분사는 동사가 규칙이냐, 불규칙이냐에 따라 그 형태가 달랐지."

"그럼 두 분사는 형태와 역할 또한 완전히 다른가요?"

"Not really, 둘 다 명사를 수식하는 형용사 역할을 한다는 점에서는 같지, 하지만 의미상 현재분사는 능동, 과거분사는 수동을 나타낸다는 점에서는 큰 차이가 있지. Am I clear?"

"Yes, sir, crystal clear. 완전하게 이해했어요"

"Good! 이제 분사를 창조하러 떠나보자, are you all set? 준비됐니?"

"Sure, sir, just go for it!"

창조 열여섯째 날, super동사의 막내 분사(participle) 이야기 속으로 go! go!

두 분사에 관한 서로 다른 profile 팍! 팍!

INTRO

현재분사(Participle) vs 동명사(Gerund)

둘 모두 동사의 어미에 잉(ing)을 붙여 형태는 같지만 동명사는 명사의 역할을, 분사는 형용사의 역할을 하죠. 둘의 차이점 속으로 here we go!

현재분사와 동명사의 대격돌

제우스가 동사들을 보며 의미심장하게 말하죠.

"동사들아! 기뻐해라, 오늘 또한 너희가 leading actor가 되는 날이니 말이다. 너희를 분사로 upgrade 해 super동사로 만들어 주마."

"No, we hate to do that. Please! Stop bothering!"

동사들이 절규하지만 아랑곳하지 않고 제우스가 말합니다.

"에~! 현재분사는 원형동사의 어미에 잉을 붙이지, on the other hand, 과거분사는 동사의 종류에 따라 규칙이면 ~ed, 불규칙이면 그 형태가 달라 질 것이니 그리 알라."

"Oh, my gosh! 이쯤 되면 막 가자는 것이지, okay, do as you wish, 막장까지 왔는데 겁날 것도 없다구요.!"

Oh, my goodness, 그런데 이건 또 무슨 황당한 situation일까요? 분사로 인해 동사가 재고생할 거라는 제우스의 expectation과는 달리 이번에는 super동사끼리 서로의 정체성을 놓고 격돌을 하니 말입니다. 현재분사가 모습을 드러내자마자 형태가 같은 동명사들이 벌떼 같이 일어나 말하죠.

"제우스, are you insane? 제 정신이 예요? 도대체 어떻게 구분하라고, 똑같이 꼬리에 잉을 달아 놓으면 툭 까놓고 동명사인지, 분사인지 who knows? 누가 알겠냐고?"

"Right, it doesn't make sense at all. 완전 말도 안 돼"

동명사들이 분개를 하자 제우스가 말하죠.

"Hey, take it easy, let me clear it. 내가 분명하게 설명해줄게 동명사는 주어, 목적어, 보어 역할을 하는 명사라면, 현재분사는 명사를 수식하는 형용사로서 be동사와 함께 진행형시제를 만드니 말이다, you got that?"

이에 동명사가 호탕하게 웃으며 쐐기를 박죠.

"Did you hear what Zeus said? Whatever, power에 관해서라면 우리 동명사가 한 수 위란 말 아니겠어. 음~ 파~하하!"

- leading actor: 주연, 주인공
- bother: 괴롭히다
- on the other hand: 반면에
- do as you wish: 뜻대로 하세요
- expectation: 예상, 기대
- take it easy: 진정하다
- what: ~한 것

| The Show 영문법 |

1 동명사 vs 현재분사

현재분사와 동명사는 그 형태는 동일하지만 역할은 다음처럼 명확하게 구분이 됩니다. 내신에 반드시 출제되는 어법이죠. 다음 예문을 통해 꼭 master하세요.^^

❶ 동명사

주어, 목적어, 보어 역할을 하며 명사절을 명사구로 전환시켜 줍니다.

- **Practicing** makes perfect. 연습이 완전을 만든다
    = **To practice** makes perfect. (주어)
- Adjectives love **modifying** nouns. 형용사는 명사를 수식하기를 좋아한다
    = Adjectives love **to modify** nouns. (목적어)
- My dream is **being** a writer. 내 꿈은 작가가 되는 것이다
    = My dream is **to be** a writer. (보어)
- Jack is sure **that she will come** tonight. 잭은 오늘 밤 그녀가 올 것을 확신한다 (명사절)
    = Jack is sure of her **coming** tonight. (명사구)

❷ 현재분사(Present Participle)

형용사처럼 명사를 한정, 서술합니다. be동사와 결합해 진행형을 만들고 부사절을 분사구문으로 만들어 줍니다.

- Verbs **are demonstrating** now. (진행형)
    동사들이 지금 데모를 하고 있다
- Look at the **dancing girl**. (명사수식)
    춤추고 있는 소녀를 보아라
- When Zeus was working out, Hercules entered. (부사절)
    = Zeus (being)**working** out, Hercules entered. (분사 구문)
    제우스가 운동을 하고 있을 때, 헤라클레스가 들어왔다
    • 분사 구문에 관한 설명은 episode two에 준비되어 있습니다. coming so soon^^

❸ ing+명사의 구분

1) 동명사+명사 (Compound Noun)

'하기 위한 명사'로 해석 됩니다. 따라서 전치사 for를 이용해 나타낼 수 있습니다.

- swimming pool = a pool **for** swimming (수영장)
- sleeping car = a car **for** sleeping (침대차)

2) 현재분사+명사 (Adjective Noun)

'~하는 명사'로 해석되며 관계대명사와 be동사를 이용해 형용사절로 나타낼 수 있습니다.

- sleeping baby = a baby **who is** sleeping 잠자는 아기
- running car = a car **which is** running 달리는 차

2 분사의 두 얼굴

현재분사와 과거분사로 구분됩니다.

❶ 현재분사

동사의 어미에 ing을 붙여 만들며 능동의 뜻으로 '~하는'을 나타냅니다. 형용사와 동사, 두 용법으로 구분됩니다.

1) 형용사적 용법

형용사처럼 명사를 수식하며 한정, 서술용법으로 구분됩니다.

a) 한정용법

현재분사가 직접 명사를 한정하며 분사의 해석은 '~하는'으로 됩니다. 주로 명사 앞에서 한정하지만 분사가 수식어를 수반하면 명사 뒤에서 수식하는데 이를 분사의 후치라고 합니다.

- Be careful not to wake up the **sleeping** lion. 잠자고 있는 사자를 깨우지 않도록 조심해라
- The guy **standing there** is my boy friend. 저기 서 있는 남자가 내 남친이다
  - 분사가 부사 there를 수반하므로 명사 뒤에서 수식하죠.
- That lady **wearing a red coat** is my Grandma. 빨간 코트를 입고 있는 분이 나의 할머니십니다
  - 분사가 자신의 목적어 a red coat를 수반하므로 명사 뒤에서 수식하죠.

b) 서술용법

분사가 동사를 사이에 두고 명사의 상태를 서술하며 분사의 해석은 '~하다'로 됩니다. 이런 분사는 주로 보어 역할을 합니다.

- The show was **exciting**. (주격보어) 그 show는 재미있었다
     S   V   C

- Zeus watched verbs **debating**. (목적격 보어) 제우스는 동사들이 토론하고 있는 것을 보았다
    S   V   O   C

2) 동사적 용법

be동사와 결합해서 진행형 3시제와 완료진행형 3시제를 나타냅니다.

- Staff members **are** seriously **talking** about the issue. (현재진행형)
  참모들은 그 문제에 대해 진지하게 대화를 나누고 있다
- They **have been arguing** for three hours. (현재완료진행형)
  그들은 3시간 동안 논쟁을 벌이고 있다
  - 이에 관한 설명은 동사의 시제편을 참고하세요.

❷ 과거분사(Past Participle)

규칙동사인 경우 어미에 ed를 붙여 만들지만 불규칙동사들인 경우 그 형태가 다양해 따로 암기해야 합니다. 현재분사가 '~하는'으로 해석이 된다면, 과거분사는 '~해 지는'과 같이 수동의 뜻을 나타냅니다. 형용사적인 용법과 동사적인 용법이 있습니다.

 | The Show 영문법 |

1) 형용사적 용법

a) 한정 용법

명사 앞, 뒤에서 직접 명사를 한정 수식하며 '~해진'으로 해석이 됩니다.

- **Wounded** soldiers are coming back. 부상당한 군인들이 지금 돌아오고 있다
- Look at him **surrounded by fans**. 팬들로 둘러싸인 그를 보라
  - 분사가 by fan이란 수식어를 수반하므로 명사 뒤에서 수식합니다.

b) 서술용법

동사 뒤에서 명사의 상태를 서술하며 주격 보어 혹은 목적격 보어로 사용됩니다.

- We were **bored**. (주격 보어) 우리는 따분해졌다
  S V C
- She heard her name **called**. (목적격 보어) 그녀는 누군가 자신의 이름을 부르는 소리를 들었다
  S V O C

2) 동사적 용법

be동사와 결합해 수동태(be+pp)를, have동사와 결합해 완료(have+pp)시제를 만듭니다.

- He **was born** in 1950. (수동태)
  우리는 1950년에 태어났다
- We **have just finished** work. (현재완료)
  나는 막 일을 마쳤다
- When Zeus returned, Echo **had** already **left**. (과거완료)
  제우스가 돌아왔을 때 에코는 이미 떠나버렸다
  - bear-bore-born, finish-finished-finished, leave-left-left

❸ 형용사화한 분사

사람의 감정을 나타내는 동사들이 분사가 되면 동사의 성격을 잃어버리고 마치 형용사처럼 사용되는데 이를 형용사화한 분사라고 부르죠. 이들이 보어가 될 때 **사람이 주어이면 과거분사, 사물이 주어이면 현재분사** 형태를 취하게 되죠. 어법 영순위 문제입니다. Be careful!!

- I am **surprised** to hear the news. 나는 그 소식을 듣고 놀랐다
- The news is **surprising**. 그 소식은 놀라웠다
- The game was **exciting**. 그 게임은 재미있었다
- The spectators were **excited** at the game. 관중들은 그 게임을 보고 흥분이 되었다

꼭 기억해야 할 형용사화 한 분사들

surprised/surprising 놀라다	excited/exciting 흥분하다
interested/interesting 재미있다	bored/boring 따분하다
frightened/frightening 무섭다	confused/confusing 혼란스럽다
amazing/amazed 놀랍다	annoying/annoyed 짜증나다 etc.

분사구문과 부사절의 은밀한 관계

Episode #2

| INTRO |

분사구문의 촉매 분사

동명사와 부정사를 이용해 명사절이 명사구로 diet를 할 수 있었다면 부사절은 분사를 이용해 부사구로 diet가 됩니다. 이런 부사구를 분사구문이라고 하죠. 분사를 촉매로 했기 때문이죠. 부사절이 구로 거듭나는 분사구문의 이야기 속으로 here we go!

부사절의 diet 성공기 (분사가 촉매가 되는 분사 구문)

시장기를 느낀 제우스가 제안을 하죠.

"Guys, why don't we take a break and bite something?" 쉬면서 뭐 좀 먹는 것이 어때?"

" Sounds good, what kind of refreshment do you want?" 어떤 간식으로 하죠?"

"Hot choco & cookies. I am really into them. 난, 그것들이 너무 좋아"

이때 헤라가 핀잔을 주죠.

"You are getting fat. 나날이 똥보가 되어 가면서 또 choco 타령을 하다니, pull yourself together. 제발, 정신 좀 차려요!"

"Gee! I hate your nagging. 지겨운 바가지, 완전 싫어"

헤라의 잔소리가 듣기 싫어 밖으로 나오던 제우스가 우연히 언덕에 퍼져 있는 부사절을 보게 되죠. 부사절이 hill의 중턱에 오뉴월에 개 퍼지듯이 퍼져있는 것이 아닙니까. 이에 제우스가 묻죠.

"Hey, what's wrong with you? 원 일이여?"

"언덕을 오르다 너무 숨이 차서요, 헥! 헥!!! I am sweating too much. 땀도 너무 많이 나고 해서, 쩝"

"Hey, man, you badly need to diet. 정말 다이어트를 해야겠다. Just wait and I will take care of this problem. 기다려라, 해결해주마."

제우스가 참모들과 대책을 강구하자 아테나가 말하죠.

"동명사와 부정사를 이용해 명사절을 명사구로 바꾸었듯이 <u>분사를 이용해 부사절을 부사구로 diet</u>시켜주면 간단하죠."

"Good thinking, 그런데 분사가 둘인데 어떡하지?"

- refreshment: 간식거리
- be into: 좋아하다
- pull oneself together: 정신 차리다
- hill: 언덕
- badly: 몹시

| The Show 영문법 |

"능동의 부사절은 능동적인 현재분사가, 수동의 부사절은 수동을 나타내는 과거분사가 lead하면 되죠."

"**Fantastic, it sound too easy & simple.** 멋져, 완전 쉬워. 쪼아 **You know, strike iron while it is hot.** 쇠뿔도 단김에 뺀다고 어서 가서 부사절을 구로 변신시켜보자. here we go!"

- fantastic = awesome: 완전 멋져

제우스와 참모들이 곧장 언덕으로 달려가 부사절을 구로 diet를 시키죠.

- **When I took a walk**, I saw a hot girl. 나는 산책을 하다 한 멋진 소녀를 보았다 (부사절)
  Taking a walk, I saw a hot girl. (부사구문)

접속사 when을 out하고, 중복되는 주어도 out하고, 동사를 분사로 만들어야 하는데. 흠, 능동이니 현재분사로, **wow! it looks perfect** 완벽해! 좋아, 분사구문이 완성되었어. 이제 달려봐(speed up)"

급 날씬해진 부사구가 단숨에 언덕을 오르죠. 구로 변신한 자신의 모습에 완전 만족해 분사구문이 보이는 영어마다 붙들고는 묻죠.

"Buddy, 친구, how do I look? 나, 어때?"

- just fine: 딱 좋아

"Wow! You look just fine. 딱 좋아. ㅎㅎ"

1 분사구문

분사를 이용해 부사절을 부사구로 diet시킨 것을 분사구문이라고 합니다. 따라서 분사구문의 해석은 부사절과 같이 시간, 이유, 조건, 양보, 부대상황 등으로 합니다. 부사절을 분사구문으로 바꾸는 법은 다음과 같습니다.

① 접속사를 생략
② 부사절의 주어가 주절의 주어와 일치하면 생략
③ 동사원형에 ~ing을 붙여 분사로 upgrade 시켜준다.
  - 현재분사나 과거분사 앞에 오는 being, having been은 생략할 수 있습니다.

❶ 시간 (when, while, as, before, after, until, as soon as, etc)

- As soon as Eros saw a nymph, he asked her out to date.
  = **Seeing** a nymph, Eros asked her out to date. 에로스는 요정을 보자마자, 데이트를 신청했다
- While I was shopping, I met a friend of mine.
  = (Being) **Shopping**, I met a friend of mine. 쇼핑을 하는 동안 친구를 만났다

❷ 이유 (as, because, since)

- Because I love you, I will always be with you.
  = **Loving** you, I will always be with you. 당신을 사랑하기 때문에 항상 당신과 함께 할 것이다
- As he **was tired**, he left earlier than the schedule.

= (**Being**) **tired**, he left earlier than the schedule. 피곤해서 그는 예정보다 일찍 떠났다
- 부사절이 수동이므로 분사 또한 과거분사로 나타냅니다.

❸ 조건 (if, unless)

- If you marry me, I will be happy.
  = **Marrying** me, I will be happy. 당신이 나와 결혼해준다면, 행복할 텐데
- Unless we get over this obstacle, we can't survive.
  = **Not getting** over this obstacle, we can't survive.
  이 장애를 극복하지 못한다면, 우리는 살아남을 수 없다
  • 분사구문의 부정은 분사 바로 앞에 not을 붙여 나타냅니다.

❹ 양보 (though, although)

- Though Zeus defeated his father, he was still unhappy.
  = **Defeating** his father, Zeus was still unhappy.
  비록 아버지를 물리쳤지만, 제우스는 여전히 기분이 좋지 않았다
- Although Verbs **were heard** to keep silent, they kept making a scene.
  = (Being) **Heard** to keep silent, Verbs kept making a scene.
  조용히 지내라는 명령을 들었지만, 동사들은 계속해서 소란을 피워댔다
  수동의 부사절이므로 분사 역시 과거분사를 이용해 수동분사구문으로 일치시켜주었죠.
  • make a scene: 소란을 피우다, 주의를 끌다

❺ 부대상황 (with, and)

부대상황은 분사구문이 주절에 종속되지 않고 대등한 관계를 나타내죠. 동시동작과 연속동작으로 구분됩니다.

1) 동시동작 (~~하면서)

두 절의 동작이 동시에 진행되므로 어떤 절이든 분사구문이 될 수 있죠.

- She ran to me while she was waving her hands.
  = (**Being**) **Waving** her hands, she ran to me.
  = **Running** to me, she waved her hands. 손을 흔들면서 그녀는 내게로 달려 왔다
  • while (~하면서)

2) 연속동작 (~한 후에)

분사구문의 동작이 주절 다음에 순차적으로 일어납니다.

- Zeus heard Adverbial Clause complained and he made an alternative.
  = **Hearing** Adverbial Clause complained, Zeus made an alternative.
  부사절이 불평하는 소리를 들은 후에 제우스는 대안을 만들었다

3) with + 목적어 + 분사 (~~한 채로)

with+목적어+분사 역시 분사구문의 한 형태로 **with**는 '**~한 채로**'란 뜻을 나타냅니다. 유의할 점은 목적어가 능동적이면 현재분사를, 수동이면 과거분사를 목적보어로 사용한다는 것입니다.

 | The Show 영문법 |

- I was jogging with **my dog <u>following</u>**. 나는 개를 데리고 조깅을 했다
  - 목적어인 개가 걷는 것은 능동적이니 현재분사
- He nodded **with his arms <u>crossed</u>**. 그는 팔짱을 낀 채로 고개를 끄덕였다
  - 목적어인 팔이 포개지는 것은 수동이니 과거분사

2 독립분사구문

독립분사구분과 무인칭 독립분사구문으로 구분됩니다.

❶ 독립분사구문

부사절의 주어가 주절의 주어와 달라서 부사절의 주어는 남겨두는 것을 독립분사구문이라고 합니다. 이런 경우 분사구문의 주어는 반드시 명확하게 표시를 해줘야만 합니다.

- As **it** was fine yesterday, **we** went on a picnic. 어제 날씨가 좋아서 우리는 소풍을 갔다
  = **It** being fine yesterday, **we** went on a picnic.
  - 주절의 주어는 we, 부사절의 주어는 it이므로 독립분사구문이죠.
- Because **there** was no village, **they** had to keep walking.
  = <u>**There**</u> being no village, **they** had to keep walking.
    마을이 없었기 때문에 그들은 계속 걸어가야만 했다
  - 날씨의 비인칭 it, 유도부사 there 등이 주어가 되는 독립분사구문에 특히 주의하세요. **이런 it, there를 생략하면 피 봅니다.**

❷ 비인칭 독립분사구문

분사구문의 주어가 일반인 모두를 포함할 때 이를 비인칭, 혹은 무인칭 독립분사구문이라고 합니다. 관용적으로 사용됩니다. 통째로 암기하세요. 조건의 if와 주어 we를 이용해 부사절로 나타낼 수 있습니다.

- **Frankly speaking**, you look older than your age.
  = **If we** speak frankly, you look older than your age.
    솔직히 말하자면, 당신은 나이에 비해 삭아 보여요
- **Generally speaking**, health is above wealth.
  = **If we** speak generally, health is above wealth.
    일반적으로 말하자면, 건강이 부보다 더 중요하다

> **대표적인 비인칭 구문들**
> generally speaking 일반적으로 말하자면   frankly speaking 솔직히 말하자면   strictly speaking 엄격히 말하자면   roughly speaking 대충 말하자면   judging from 판단하자면   etc.

3 분사구문의 시제와 태

❶ 분사구문의 시제

단순시제와 완료시제 두 시제로 구분이 됩니다.

1) 단순분사구문(동사원형+ing)

동사와 분사의 시제가 동일하며 동사의 어미에 잉을 붙여 나타냅니다.

- As Hera **feels** so nervous, she **can't wait** for the result.
  = **Feeling** so nervous, Hera can't wait for the result.
  헤라는 너무 초조해져 결과를 기다릴 수가 없다

- Though Zeus **were** strong, he **couldn't beat** Hercules.
  = (**Being**) **Strong**, Zeus couldn't beat Hercules.
  비록 제우스가 힘이 셌지만, 헤라클레스를 이길 수는 없었다
  - 분사구문에서 형용사가 보어로 사용되면 앞에 오는 being, having been은 생략할 수 있습니다.

2) 완료분사구문(having+pp)

분사의 시제가 동사보다 한 시제 앞서 있을 때 사용합니다. 완료형 조동사 having을 붙여 having+pp 로 나타냅니다.

- As Hera **felt** so nervous, she **can't wait** for the result any more.
  = **Having felt** so nervous, Hera can't wait for the result any more.
  헤라는 초조해졌기 때문에, 결과를 더 이상 기다릴 수 없다
  - 주절은 현재, 부사절은 과거를 나타내므로 완료형 having felt로 나타냄

- After the sun **had set**, we **began** to move.
  = The sun **having set**, we began to move. 해가 진 후 우리는 움직이기 시작했다
  - 주절은 과거, 부사절은 과거완료이므로 완료분사구문입니다.

❷ 수동분사구문

부사절이 수동일 때 분사구문으로 바꾸면 역시 수동 분사구문이 되죠. 단순수동분사구문과 완료수동 분사구문으로 구분됩니다.

1) 단순수동분사구문

주절의 동사와 분사의 시제가 일치 할 때 사용하며, 수동 조동사 being을 붙여 being pp로 나타냅니다.

- As the window **was broken**, it **needed** to be repaired.
  (**Being**) **broken**, the window needed to be repaired.
  그 창문이 깨어졌기 때문에 갈아 끼워야 한다
  - 창문은 외부적인 요인으로 깨어지는 것이므로 수동이며 시제가 같은 과거이므로 단순시제, 단순수동분사구문이죠.

2) 완료수동분사구문

분사의 시제가 주절의 동사보다 한 시제 앞서 있을 때 사용하며 having been pp로 나타냅니다.

- Though the bill **was passed**, it still **leaves** something to talk.
  (**Having been**) **passed**, the bill still leaves something to talk.
  비록 그 법안은 통과되었지만 여전히 문제는 남아있다
  - 법안은 통과되어지는 것이므로 수동이며, 부사절은 과거지만 주절은 현재이므로 완료수동분사구문으로 나타냅니다.

Yahoo^_^* 이제 super동사 3탄 분사에 관한 모든 이야기도 끝이 났습니다. 다음 Wrap Up을 통해 잘 마무리 하신 후 4막에서 다시 즐겁게 만나요. So long!

Wrap Up & Explanation

Wrap Up

❶ [1~4] 다음 괄호 안에 들어갈 알맞은 말에 underline하시오.

01 The game was (exciting, excited).

02 Jennifer was (surprising, surprised) to hear the news.

03 I saw Tom (having, had) lunch yesterday.

04 I heard my name (calling, called).

❷ [05~06] 다음이 동명사인지 현재분사인지 쓰시오.

05 Walking stick

06 Crying baby

❸ [07~11] 다음 괄호 안에 들어갈 알맞은 말에 underline하시오.

07 I had my purse (stolen. stealing).

08 Look at the (run, running) train.

09 I saw Tom (repairing, repaired, to repair) his car.

10 We should get the work (to do, done) as soon as possible.

11 She can make herself (understand, to understand, understood) in Korean.

❹ [12~15] 다음 문장을 괄호 안의 지시대로 바꾸어 쓰시오.

12 As he was sick yesterday, he could not go to school. (분사 구문)

13 Watching him run away, I kept silent. (부사절)

14 If it is fine, we will go on a picnic. (분사 구문)

15 Written in haste, the book had lots of mistakes. (부사절)

Explanation

❶

01 감정을 나타내는 분사들이죠. **주어가 사람이면 과거분사, 사물이면 현재분사를 보어로 취하죠.** 주어가 무생물이라 현재분사를 보어로 취해야 합니다. exciting. (그 게임은 재미있었다)

02 사람이 주어이므로 과거분사입니다. surprised. (Jennifer는 그 소식을 듣고 놀랐다)

03 목적어인 탐이 스스로 먹고 있기 때문에 목적보어는 능동을 나타내는 현재분사입니다. having.
(나는 어제 탐이 점심을 먹고 있는 것을 보았다)

04 목적어인 이름은 사람들에 의해 불려집니다. 과거분사입니다. called.
(나는 내 이름이 불려지는 소리를 들었다)

❷

05 **걷기 위한 지팡이**, 즉, a stick for walking. 동명사+명사죠.

06 **우는 아기**, a baby who is crying, '~하는' 현재분사+명사입니다.

❸

07 have+생물목적어+원형 vs have+무생물목적어+pp. purse가 무생물 목적어이므로 **pp**를 보어로 취합니다. stolen.   (나는 지갑을 도둑맞았다)

08 달리고 있는 기차이므로 running. (달리는 기차를 보아라)

09 지각동사는 목적어의 상태에 따라 원형, 현재분사, 과거분사를 모두 목적보어로 취할 수가 있죠. 탐이 차를 고치고 있는 동작을 강조하므로 repairing입니다. (나는 탐이 차를 고치고 있는 것을 보았다)

10 **사역동사 get** 다음 무생물이 목적어로 오면 목적보어는 과거분사를 취하죠. done.
(우리는 가능하면 빨리 그 일을 끝내야 한다)

11 Make oneself pp 즉, 목적어가 되는 oneself 다음에 오는 목적보어는 과거분사 understood이죠.
(그녀는 한국어로 의사소통을 할 수 있다)

❹

12 부사절을 분사구문으로 바꾸는 문제입니다. ① 접속사 생략 ② 주어 일치하면 생략 ③ 동사를 분사로 고쳐야죠.
(Being) sick, he could not go to school. (그는 어제 아파서 학교에 갈 수가 없었다)

13 분사 구문(단문)을 부사절(복문)로 나타내는 문제, 즉 12번과 반대의 문제죠. rule은 다음과 같습니다.
① 주절을 보며 문맥에 맞는 접속사를 선택한다. ② 주절의 주어와 일치시킨다. ③ 주절의 시제에 따라 종속절의 시제(단순, 완료)를 결정한다.
Though I watched him run away, I kept silent. (비록 그가 달아나는 것을 보았지만, 나는 침묵했다)

14 부사절과 주절의 주어가 다르죠. 따라서 부사절의 주어를 살려두어야 하는 독립분사구문입니다.
It being fine, we will go on a picnic. (날씨가 좋으면 우리는 소풍을 갈 것이다)

15 책이 주어가 되는 수동분사구문으로 written 앞에는 being이 생략되었죠. 따라서 **부사절로 나타내면 역시 수동태가 되어야겠죠.**
As the book was written in haste, it had lots of mistakes.
(그 책은 급하게 쓰여 졌기 때문에 실수가 많았다)

| The Show 영문법 |

SECTION 04

All about the clause

창조 4막

Story 17 _ **창조** 열일곱째 날 : 접속사와 대명사의 역할을 한 방에 해결하는 관계대명사 이야기

Story 18 _ **창조** 열여덟째 날 : 관계부사와 복합관계사 이야기

| 창조 열일곱째 날 _ All about the clause

STORY 17

접속사와 대명사의 역할을 한 방에 해결하는 관계대명사 이야기

접속사와 대명사의 역할을 한 방에 날려라!

창조 열일곱째 날입니다. 오늘은 접속사와 대명사의 역할을 한방에 해결하는 관계대명사가 창조되는 날입니다. 창조 4막이 시작되는 이날 아침, 제우스와 staff들이 CR에 모여 morning tea를 마시며 담소를 나누고 있는데 갑자기 큰 소리가 들려옵니다.

"이제 반복은 제발 그만. 접속사와 쓸데없이 반복되는 대명사의 역할까지 담아낼 수 있는 multi-player 를 창조해 달라! 달라!"

평소 같았으면 욱했을 제우스가 신기해죽겠다는 듯이 눈이 휘둥그레 해져서는 말하죠.

"Oh, incredible! 이런, 믿을 수가 없어 That is just what I am going to do today, 바로 오늘 내가 하려는 일인데 어떻게 내 맘을 알았지?"

"마음을 알다니, What do you mean sir? 뭔 말이죠"

"음! 사실은 연결만 하는 접속사만으로는 왠지 부족해 연결은 기본, 중복되는 대명사의 역할까지 한 방에 해결해줄 해결사 multi-player, 꿈의 품사 관계대명사를 오늘 창조하려고 했었거든. 그런데, 마치 대명사들이 내 속내를 읽기라도 한 듯이 저리 선수를 치고 나오니 신기할 수밖에."

"꿈의 품사, 관계대명사? 헉! 접속사에다 대명사의 역할까지? Wow! Awesome! 끝내주네요! 빨리 그에 관한 profile을 만들어 봐요. 기다릴 수가 없네요 궁금해서."

"그래, 그렇다면 바로 시작하지 뭐, let's go for it!"

창조 열일곱째 날, 연결하는 접속사와 반복되는 대명사의 역할을 한 방에 해결하며 동시에 앞에 나오는 명사를 수식하는 형용사절의 지존 관계대명사 이야기 속으로 go! go!

Episode #1
4대 관계대명사에 관한 다양한 profile 팍! 팍!

INTRO

지존 who, which

원조, 지존 관계대명사로 추앙받는 who, which.
후발 주자인 that, what이 아무리 설쳐대도 이들 앞에서는 꼬리를 내릴 수밖에 없죠.
이들의 이 특별함은 어디서 오는 것일까요? 그 이야기 속으로 here we go!

사람을 수식하는 who story

제우스가 관대 Who, Which를 불러 말합니다.
"**Hey, you two, be proud of yourself!** 어이 거기 둘, 자부심을 가져라! 너희는 접속사와 대명사의 역할을 단 한 방에 해결하는 multi-player니 말이다. Moreover, 3대 종속절 중의 하나인 형용사절까지 관리하니 말이다."
"**Thanks million, sir. How can we appreciate it?** 님 감사합니다, 어떻게 감사를 해야 할지 정말 가문의 영광(honor)입니다. 그런데, 저희 둘의 역할은 똑 같은가요?"
"**Not really**, 거의 비슷하지만 big difference는 너희가 수식하는 명사에 달려 있지. 수식하는 명사가 사람이면 who, 사물이면 which, 기타는 exactly same하지. 유남생? (you know what I am saying?)"
"Yes, sir. 그럼 우리가 수식하는 명사의 격에 따라 우리들의 격도 또한 변하나요?"
"Of가 course지, 명사의 격이 주격, 소유격, 목적격으로 변하듯이 너희들 또한 그렇게 변하지. **Do you have any questions?**"
"저기, 자체발광, 즉 해석도 되나요?"
"**No, you can't**. 자체발광이 되면 '누구?' 라는 의문대명사가 되어 명사절 역할만 할 뿐 접속사와 대명사의 역할을 다 하는 꿈의 품사인 관계대명사는 될 수가 없지."
"Really? 그럼 우리가 그 콧대 높은 의문대명사보다 한 수 위란 말씀인가요?"
"Right! 형태는 의문대명사와 같지만 역할 면에서는 너희가 한 수 위지. Accordingly, 항상 자신감(self-confidence)을 가져라. Okay?"
"Yes, sir. We will do that. ^_^*"

- multi: 다기능의

- appreciate는 사람을 목적어로 취할 수 없습니다!!

- moreover: 게다가

- accordingly: 따라서

1 관계대명사(Relative Pronoun) who, which

접속사와 대명사의 역할을 하며 앞에 오는 명사인 선행사를 수식하며 형용사절을 이끕니다. 선행사가 사람이면 who, 사물이면 which를 사용합니다.

| The Show 영문법 |

❶ 관계대명사 who

선행사가 **사람**이며 대명사의 격에 따라 who(주격), whose(소유격), whom(목적격)으로 변합니다.

1) who (대명사가 **주격**일 때)

- I bumped into a guy. 나는 한 남자와 마주쳤다
- He was my ex-boyfriend. 그는 내 옛날 남자 친구였다
    = I bumped into a guy **and he** was my ex-boyfriend. 나는 한 남자와 마주쳤는데 그는 내 남자친구였다
    = I bumped into a guy **who** was my ex-boyfriend. 나는 옛 남자 친구와 마주쳤다
    - bump into: 마주치다

2) whose (대명사가 **소유격**일 때)

- I am dating Eric. 나는 에릭과 열애중이다
- His father is a lawyer. 그의 아빠는 변호사다
    = I am dating Eric **and his** father is a lawyer. 나는 에릭과 열애중인데 그의 아빠는 변호사다
    = I am dating Eric **whose father** is a lawyer. 나는 아빠가 변호사인 Eric과 열애중이다

3) whom (대명사가 **목적격**일 때)

- I have been seeing someone. 나는 누군가와 교재중이다
- Ann hooked him up to me. 앤이 그를 나에게 소개시켜 주었다
    = I have been seeing someone **and** Ann hooked **him** up to me.
    나는 어떤 사람과 만나고 있는데 앤이 그를 나에게 소개시켜줬다
    = I have been seeing someone **whom** Ann hooked up to me.
    나는 앤이 소개해준 사람과 만나고 있다
    - hook up: 소개시켜 주다

Show | **사물을 선행사로 하는 which story**

제우스가 말하죠.

"**Which, where are you?** 어디 있니? **It's your turn to shine.** 이제는 네가 주인공이다 Who와 비교해 가지는 특징은 only one, 선행사가 사람을 제외한 모든 사물이라는 것이다. 이 말에 밑줄 쫘~악 돼지 꼬리 똥똥~! 기타 사항은 who와 동일하니 말이다."

"I got it, sir. 그런데, 저의 격변화는 어떻게 되죠?"

"오! good question, which, of which(whose), which로 변하지. As you can see, 소유격이 두 개이므로 주의가 필요하지."

"**Crap!** 망했다, 소유격 중에서 whose는 who의 whose와 동일한데 어떻게 구분(distinguish)하죠?"

Which가 볼 맨 소리를 하자 Who가 썩소를 날리며 말하죠.

- show off:
  잘난 척하다

"**Hey, man, use your head.** 머리 좀 쓰고 살아 네가 수식하는 명사를 봐. 사람이면 나, 사물이면 you, 이리 단순한 것을 가지고 why 난리?"

"**Stop showing off** 잘난 척 그만해 소유격도 하나 밖에 없는 것이 잘난 척 하기는, 난 whose도 되고, of which도 되거든."

Which가 반박을 하자 Who가 비아냥을 떨죠.

"흥! 둘의 어법상의 차이도 모르는 주제에 둘이면 뭘 하나?"

"헉!"

이 때 제우스가 말하죠.

"만약 whose 대신 of which를 사용하려면 whose 뒤에 따라오는 명사 앞에 **정관사 the**를 붙이면 되니 don't worry. Let me show you examples;

- Look at the mountain **whose top** is covered with snow.
  = Look at the mountain **of which <u>the</u> top** is covered with snow.
  = Look at the mountain **<u>the</u> top of which** is covered with snow.
  꼭대기가 눈으로 쌓여 있는 저 산을 봐

Am I clear?"

"**Yes, sir, crystal clear.** 예, 확실하게 알았어요. ^^"

- Am I clear?
  = Can you understand?

❷ which

사물, 동물을 선행사로 취하며 대명사의 격에 따라 which, whose(of which), which로 변합니다.

1) which

대명사의 격이 주격일 때

- I am reading a story book. 나는 이야기책을 읽고 있다
- It is written in English. 그것은 영어로 쓰여 졌다
  = I am reading a story book **and it** is written in English.
    나는 이야기책을 읽고 있는데 그것은 영어로 쓰여 졌다
  = I am reading a story book **which** is written in English. 나는 영어로 쓰여 진 이야기책을 읽고 있다

2) whose, of which

대명사의 격이 소유격일 때 사용하며, whose를 of which로 바꿀 때는 whose 뒤에 오는 명사 앞에 the를 붙입니다. Do keep that in your mind!! (꼭 기억하세요)

- He bought a new house. 그는 새집을 샀다
- Its garden is beautiful. 그 집 정원은 아름답다
  = He bought a new house **and its** garden is beautiful.
  = He bought a new house **whose** garden is beautiful. 그는 정원이 아름다운 새 집을 샀다
  = He bought a new house **of which the garden** is beautiful.

The Show 영문법

- 소유격 whose 뒤에 오는 명사 앞에 정관사 the를 붙여야만 합니다.
  = He bought a new house **the garden of which** is so beautiful.
  나는 정원이 아름다운 집을 샀다
- The+명사는 관계대명사 of which 앞으로 이동할 수 있습니다.

- We climbed the mountain **whose scenery** was spectacular. 우리는 경관이 수려한 산을 등반했다
  = We climbed the mountain **of which the scenery** was spectacular.
  = We climbed the mountain **the scenery of which** was spectacular.

3) which

대명사의 격이 목적격일 때 사용합니다.

- Hercules has a nice body.
- Zeus envies it.
  = Hercules has a nice body **and** Zeus envies **it**.
  = Hercules has a nice body **which** Zeus envies.
  헤라클레스는 제우스가 부러워하는 멋진 몸을 가지고 있다

| INTRO |

전천후 관대 that의 탄생

선행사에 제약을 받지 않는 전천후 that, 하지만 겁 없이 원조에게 들이대다 개 박살이 나는 that의 이야기 속으로 here we go!

전천후 that의 ups and downs

제우스가 staff들을 보며 불만스럽게 말하죠.

"**I screwed up** 일이 꼬이네 who, which만 있으면 만사형통일 줄 알았는데. 여전히 찝찝한 이 기분, 정말 싫어, 뭐가 문제일까?"

"선행사 때문이 아닐까요?"

"선행사가 왜?"

"선행사가 사람, 사물로 딱딱 구분이 안 되니 말이죠. 이 둘이 섞여 나올 때 cover할 수 있는 관계대명사가 아직 없으니까 말이죠."

"**You've got a point**. 그래, 선행사에 제약을 받지 않는 전천후 관대의 창조가 **desperately need** 완전 필요해흠, 누가 좋을까?"

"**How about That, sir?** That이 어때요?"

"Sounds cool. 쪼아. 새로운 관대 That을 만들어 super power를 줘야겠어."

이렇게 해서 막강 power를 가진 전천후 That이 만들어지게 되었죠. 하지만 제우스의 총애(favoritism)를 한 몸에 받고 막강 power를 얻게 된 That란 놈이 싸가지 없게 원조

- ups &downs: 흥망성쇠

- you've got a point: 핵심을 찌르는 말이야

- over the hill:
  한 물 가다,
  구식이 되다

Who와 Which에게 들이대죠.

"Hey, you know who I am? 어이, 내가 누구인지 알아? 나는 선행사에 제약이 없는 전천후 That. 이제 대세는 나 That야. 한 마디로 **you are over the hill** 너희들은 한 물 갔어 늙은 사자들 같으니."

이에 Which가 욱해 맞불을 놓죠.

"Say what? 넌 어디서 굴러먹던 개뼈다귀냐? 굴러온 돌이 박힌 돌을 밀어낸다더니, 어디서 개기고 있어, 팍!"

"흥! 박힌 돌이면 뭐하나? 사람을 선행사로 모시지도 못하면서."

- side with:
  편을 들어주다

이에 초록은 동색이라고 Who가 Which의 side with를 하죠.

"이 발칙한 놈, 애송이 주제에 선배도 몰라보고."

"선배? 미친 것 아냐, 전천후인 내가 너희들을 상대해주는 것만도 영광인 줄 알아, 이것들아."

이에 참다못한 제우스가 That을 응징하죠.

"That, 이 발칙한 놈, 교만(arrogance)이 하늘을 찌르는 군. 모든 선행사를 취할 수 있는 특혜를 주었더니 감히 선배에게 개겨. 아주 개 박살을 내주마. 이후 너는 전치사와 comma로부터 개 무시를 당하게 될 것이다. 이놈, 이후 네가 전치사나 comma 뒤에 오는 그 순간이 바로 너의 제삿날이 될 것이니, 명심해라."

"Gee! Don't you think it's too hard on me? ㅠ~ㅠ 넘 심한 처사 아닌가요?"

이에 Who, Which가 박수를 치며 말하죠.

"Olleh! You deserved it, 와~! 쌤통이다."

2 관계대명사 that, what

관계대명사 that, what은 who, which와 용법상의 차이가 있습니다. that은 선행사에 제약을 받지않지만 계속적 용법이 없고, what은 아예 선행사를 포함하며 명사절의 역할을 하기 때문입니다.

❶ 전천후 관대 that story

선행사에 제약이 없고 주격과 목적격이 있으며 둘의 형태는 that으로 동일합니다.

1) 주격 that

대명사가 주격일 때 사용하며 주격 that 뒤에는 바로 동사가 따라 옵니다.

- Can you see **people and dogs** in the park? 공원에 있는 사람과 개가 보이나요?
- **They** are running together. 그들은 함께 달립니다

  = Can you see **people and dogs in the park** <u>and they</u> are running together?

| The Show 영문법 |

= Can you see **people and dogs that** are running together in the park?
사람들과 개들이 공원에서 함께 달리고 있는 것이 보이나요?

2) 목적격 that

대명사가 목적격일 때 사용하며 목적격 that 뒤에는 주어와 동사가 따라오며 이 동사는 타동사입니다.

- Jack is the only person. 잭은 유일한 사람이다
- I can trust him. 나는 그를 믿을 수 있다
    = Jack is the only person **and** I can trust **him**. 잭은 유일한 사람이며 나는 그를 믿을 수 있다
    = Jack is the only person **that** I can trust. 잭은 내가 유일하게 믿을 수 있는 사람이다

3) 주의할 that의 특별 용법

a) 오직 that만을 사용해야 할 때

다음과 같은 어구가 선행사절에 오면 who, which 대신 오직 that만을 사용합니다.

▶ the only, the same, every, some, no 그리고 서수, 최상급이 선행사를 수식할 때

- Aphrodite is **the most** beautiful goddess **that** I have ever seen. (최상급)
    아프로디테는 내가 보았던 여신들 중 가장 아름답다
- Eros, you are **the only** staff **that** makes a scene.
    에로스, 너는 문제를 일으키는 유일한 참모이다
    ● make a scene: 말썽을 일으키다
- Crap! That girl is wearing **the same** dress **that** I am.
    젠쟁! 저 여자애가 나와 똑 같은 옷을 입고 있잖아

▶ 의문사가 주어일 때

- **Who** is that guy **that** asks your phone number? 당신의 번호를 따르는 저 남자가 누구죠?

b) that을 사용할 수 없을 때

▶ that이 전치사의 목적어가 될 때 전치사와 붙여 사용할 수 없습니다.
목적어는 성격상 전치사 바로 뒤에 오지만 관대 that만은 전치사 바로 뒤에 올 수가 없죠.
→ 이유는 show를 다시 한 번 봐 주세요.

- She is my type **that** I have been looking **for**. 그녀는 내가 찾고 있는 이상형이다
    ≠ She is my type **for that** I have been looking.(X)
    = She is my type **for which** I have been looking for.(O)
        그녀는 내가 찾고 있는 이상형이다
    – whom, which는 전치사와 나란히 사용될 수 있습니다.

▶ 계속적 용법으로 나타낼 수 없습니다.
이에 관한 설명은 episode two 관계대명사의 용법 편에 준비되어 있습니다.

| INTRO |

자체발광 What

선행사를 포함하며 명사절을 이끌고 자체 발광까지 하는 what,
그도 부족해 수많은 관용표현까지 만들어내는 what, 그 이야기 속으로 here we go!

자체발광 What story

New face, That을 만들어 Who, Which의 한계를 **back up**보충했지만 제우스의 얼굴이 여전히 밝지 않자 아프로디테가 걱정스럽게 묻죠.

"**Honey, what seems to be the problem?** 꿀물, 무슨 걱정거리라도 있나요?"

"사실은 세 종류의 관계대명사만으로는 충분하지 않은 듯해서 말이오."

"그럼 새로운 관계대명사를 만들면 되죠."

"그래볼까? **What's on your mind?** 혹 생각해둔 것이라도 있소?"

- recommend: 추천하다

"I recommend What. What이 어떨까요?"

"What? Any special reason? 특별한 이유라도 있소?"

"Who, Which가 의문대명사 가문으로부터 왔으니 이왕이면 같은 출신 What을 선택하면 좋겠죠."

- make sense: 이치에 맞다

"**It does make sense.** 정말 일리 있는 말이군. I will do that."

결심한 제우스가 What을 불러 말하죠.

"What, 너를 관계대명사로 임명 하마. 너는 기타의 관계대명사와는 차별화가 될 테니 그리 알아라."

"Different? How?"

"First, 선행사를 아예 네 안에 포함하며 '~인 것, ~바의 것'과 같이 자체발광하게 될 것이다.
Second, 주어, 목적어, 보어 역할을 하는 절, 즉 명사절의 역할을 하게 될 것이다."

"Is it real? 정말요? No.1 명사의 역할을 한다니. It will be my honor, sir, 가문의 영광입니다."

하지만 go, go mountain이라고 이렇게 특별대우를 받다보니 이 What란 놈 또한 싸가지를 밥 말아 먹고는 기존의 관대들에게 도전장을 내밀죠.

- totally different: 완전히 다른

"**Hey, do you know who I am?** 내가 누군지 알아? 난 자체 발광, 즉 나만의 해석법이 있는 What야. **I am totally different from all of you.** 난 너희와는 완전 달라 관대 가문 최고의 귀족이지. **Nobody can beat me.** 아무도 나를 대적할 수 는 없어 음 파~하하하!"

| The Show 영문법 |

이에 That이 발끈하죠.

"**What the hell are you talking about?** 삶은 호박에 씨도 안 먹히는 소리 야! 야! 야! 관계대명사면 관계대명사답게 형용사절을 이끌어야지, 명사절이 뭐야? character 안 잡히게 스리."

That의 반격에 What이 조소를 머금으며 말하죠.

"오! **That. it's the very you** 바로 네 놈이구나 온갖 똥 폼 잡다가 개털 된 놈. 월, 여전히 (still) 입은 살았군. 야, 궤변 늘어놓지 말고 길을 막고 지나가는 영어에게 물어봐. 형용사와 명사 중 누가 더 짱인지?"

What으로 인해 기존의 관대들이 웅성대자 제우스가 나서서 말하죠.

"What, 네 이놈, 찬물에도 서열이 있는 법, 감히 형님 Who, Which에게 들이대다니, 군소리 말고 형님으로 모셔. 이것은 나, 창조주의 명령이다, got it?"

"**If you insist, I will do that, sir.** 그래야죠, 뭐. 제가 뭐 용 빼는 재주 있나요. ㅋㅋ"

● if you insist:
정 그러시다면

❷ 자체발광 What story

What은 기타의 관계대명사와는 달리 자신 안에 선행사를 포함하며 '~인 것,' 혹은 '~~바의 것' 등과 같이 해석이 됩니다. the thing that, 혹은 that which로 바꿔 쓸 수 있으며 명사절의 역할을 합니다.

1) 명사절

● **What** I want to know is your thinking. 내가 알고 싶은 **것은** 너의 생각이다 〈주절〉
  = **All that** I want to know is your thinking.

● I know **what** you did last summer. 나는 당신이 지난 여름에 **한 일**을 알고 있다 〈목적절〉
  = I know **the thing which** you did last summer.

2) What의 관용표현

a) what we call (소위, 말하자면)

● Hera is **what we call** a beauty. 그녀는 소위 미인이다

b) what is better (금상첨화 = 더 좋은 것은)

● Hercules has a good looking, **what is better**, is very nice.
  헤라클레스는 잘 생겼다, 금상첨화로, 성격까지 좋다

c) what is worse (설상가상 = 더 나쁜 것은)

● We were lost, **what was worse**, it was getting dark.
  우리는 길을 잃었다, 설상가상으로, 깜깜해지고 있었다

d) what one is (사람의 인격) vs what one has (사람의 재산)

● The important thing to judge a man is not **what one has** but **what one is**.
  사람을 판단할 때 중요한 것은 인격이지 재산이 아니다

e) A is to B what C is to D (A가 B에 대한 관계는 C가 D에 대한 것과 같다)

- Reading **is to** mind **what** exercise **is to** body.
  독서가 정신에 대한 관계는 운동이 몸에 대한 관계와 같다

f) what with A and what with B (한편으론 ~~하고, 또 한편으론 ~해서)
- **What with** wind and (**what with**) rain, we couldn't keep walking.
  한 편으론 바람, 또 한편으론 비 때문에 우리는 계속 걸을 수가 없었다

Episode #2
관대용법과 짝퉁 유사관계대명사 이야기

| INTRO |

관계대명사의 용법

뒤에서 선행사를 제한 수식하는 제한용법, 앞에서 뒤로 선행사를 서술하는 계속용법 이들 두 용법에 관한 이야기 속으로 here we go!

관계대명사의 용법 이야기 (흥, 콤마, 네 놈이 That, What을 경멸해?)

후발주자 That, What이 원조 Who, Which에게 들이대며 하극상이 일어나자 궁리하던 제우스가 Comma를 불러 order를 내리죠.

"Comma야, 관계대명사가 이끄는 절은 형용사 절이다. 당연 그 용법 또한 형용사처럼 제한과 서술용법으로 구분이 되어야만 한다. 그래서 내가 너를 이용해 두 용법을 구분하려고 한단다. 네가 관대 앞에 있으면 계속, 즉 서술용법, 없으면 한정하는 한정 혹은 제한 용법, can you do that for me?"

● Absolutely:
당연하죠

"Absolutely, sir."
"쌩유, 그런데 문제가 있어."
"문제라니요?"

● Principally:
원칙적으로

"**Principally**, 제한하는 용법은 모든 관계대명사가 갖게 되겠지만 **계속적 용법은 원조 Who, Which에게만 주려고 한단다.** 왜냐하면 후발 주자인 That, What이 power를 믿고 겁대가리 없이 형님들을 치려해서 말이다. 만약 That, What이 네 뒤에 오면 사정없이 머리통을 휘갈겨 줄 수 있겠니?"

"**No worry, that is one of the best things that I can do.**제가 가장 잘 할 수 있는 일중 하나예요"
"Good!"
이후 Comma가 That, What을 갈구자 이들 둘이 분해하며 말하죠.
"흥! Comma주제에 감히 우리를 경멸해."
반면 Who, Which는 회심의 미소를 지으며 말하죠.
"**How pathetic!**풋, 저런 딱하기도 하지"

1 관계대명사의 용법

❶ 제한적 용법

모든 관계대명사가 갖고 있는 용법으로 관계대명사 이하의 절이 선행사를 소급 한정 수식합니다.

- Can you see many audiences **who(that)** are cheering for us?

    우리를 보고 환호하는 많은 청중들이 보이니?

- Here are many tips **which(that)** you can use.

    여기에 당신이 이용할 수 있는 많은 tip이 있습니다
    - 예문과 같이 제한적용법으로 사용된 who, which는 that으로 바꿔 쓸 수 있습니다.

❷ 계속적 용법

who, which만이 갖고 있는 용법으로 앞에서 뒤로 순서대로 해석합니다. 이 용법의 특징은 다음과 같이 요약할 수 있습니다. 꼭 암기하세요.
첫째, 관계대명사 **바로 앞에 comma**가 있다.
둘째, 대등접속사(and, but, for, or, so)+대명사로 풀어서 번역한다.
셋째, who, which만 있다.

- I have an only daughter, **who** studies in New Zealand.

    = I have an only daughter **and she** studies in New Zealand.

    나는 외동딸이 있다, **그리고 그녀는** 뉴질랜드에서 공부를 한다

- I love my house, **which** makes me feel comfortable.

    = I love my house **for it** makes me feel comfortable.

    나는 내 집이 좋다, **왜냐하면 그것이** 나를 편하게 해주니까

2 관계대명사의 생략

관계대명사는 다음과 같은 경우 생략될 수 있습니다. 하지만 계속적용법을 나타내는 경우에는 생략할 수 없습니다.

❶ 타동사의 목적어가 될 때

- That is just the cloud **(which)** Zeus rides. 저것이 바로 제우스가 타고 다니는 구름이다
    - 동사 rides의 목적어이므로 생략할 수 있습니다.
- Do you have anyone **(whom)** you are seeing these days? 최근에 만나고 있는 사람이 있나요?
    - 동사 seeing의 목적어가 되므로 생략할 수 있습니다.

❷ 전치사의 목적어가 될 때

관계대명사가 전치사의 목적어가 될 때 역시 생략할 수 있습니다. 하지만 전치사와 나란히 있으면 생략할 수 없습니다.

| The Show 영문법

- This is the baby (**whom**) you should take care **of**. (O)
  ≠ This is the baby **of** (**whom**) you should take care. (×)
  이 애가 당신이 돌 봐야만 할 그 아기다

- Is that the building (**that, which**) we are looking for? (O)
  = Is that the building **for which** we are looking? (O)
  ≠ Is that the building **for that** we are looking? (×)
  저것이 우리가 찾고 있는 건물입니까?
  − that은 전치사와 나란히 사용될 수 없다는 점을 다시 한 번 기억하세요.

❸ 관계대명사와 be동사가 나란히 올 때

이때는 be동사도 같이 생략됩니다. Be careful!!

- The earings (**that are**) on the shelf are mine. 선반 위에 있는 귀걸이는 나의 것이다
- Look at the girl (**who is**) dancing on the street. 거리에서 춤을 추고 있는 소녀를 보세요

| INTRO |

유사 관계대명사

진짜는 아니지만 그와 유사한 역할을 하는 as, but, than. 어떻게 이 셋은 유사관계대명사가 되었을까요? 그 behind story 속으로 here we go!

유사관대(as, but, than) story

관대들이 접속사와 대명사의 역할을 한 방에 해결하며 빛을 발하자 접속사 But과 As가 부러운 듯이 말하죠.

"**They are really cool**, 쟤네 완전 죽이지"
"**Yup, they are!** 정말 그래 **Such a hot guy**, 완전 멋져 나는 언제 그렇게 살아보나."
"**Hey, cheer up,** 힘 내 우리도 하면 되지. 까짓것 말이 나왔으니 하는 말이지만 너와 나는 보통의 접속사들과는 살짝 다르잖아. 뜻도 다양하고 무엇보다 격 변화도 되니 말이지. **Why don't we go and ask for that?** 제우스에게 가서 한 번 부탁해 보는 것이 어때?"
"Cool, 밑져야 본전 아니겠어, **I mean we have nothing to lose.** 잃을 것도 없잖아"
"Okay, just go for it!"

이들 둘이 광장으로 가서 메가폰을 들고는 공손하게 말하죠.

"제우스님, 우리도 관계대명사처럼 접속사와 대명사의 역할을 할 수 있도록 해주면 안 될까요? 정말 되고 싶거든요. PLEASE~~!!!"
"관계대명사가 되고 싶어? 어떻게? 격변화도 없는데?"

- nothing to lose: 밑져야 본전

"우리 격 변화 되거든요. 진짜로."

"그래, 잠시만 기다려 봐. 알아보고 연락할게."

제우스가 참모들을 call해 말하죠.

"접속사 중 격변화를 할 수 있는 애들 있나?"

"Yes, sir, As, But, Than 인데요, 왜요?"

"사실은 As, But이 관계대명사가 되고 싶다고 징징대서 말이다. 흠, 일단 **qualification**자격 은 되는군. 하지만 기존의 관대들과 차별화는 필요하니 유사관계대명사라고 하면 되겠군."

잠시 후 제우스가 광장으로 친히(personally) 내려와 As, But은 물론 Than까지 불러 말하죠.

"너희 셋을 특별히 유사관계대명사로 임명하마. 관대의 역할은 할 수 있지만 단, title은 유사라는 이름을 붙여 유사관계대명사라고 할 것이다. Are you okay, though?그래도 좋으냐?"

"Absolutely, sir. That is just what we wanted.물론이죠, 바로 우리가 바라던 바예요"

이렇게 As, But, Than은 자신들이 열망하던 관대가 되었죠. 비록 유사이긴 하지만 말입니다. 나중에 이들이 관대로 활동을 하는 것을 본 original관대들이 소소를 머금고 말하죠.

"뭐야, 저것들, 완전 우리 짝퉁이잖아??"

"Hey, 봐주자. 짝퉁 중에는 그래도 A급이니 말이야."

3 유사관계대명사(Quasi Relative Pronoun)

접속사 중에서 관계대명사와 같은 역할을 하는 as, but, than을 유사관계대명사라고 합니다. 이들이 관대로 사용될 경우 특징은 다음과 같습니다.

❶ as

선행사 앞에 the same, such, as 등의 어구가 옵니다.

- Oh, my god! How can you have **the same** dress **as** I do?
  어머! 어떻게 나와 유사한 드레스를 갖고 있지?
  - the same~~as (같은 종류)

- The woman is wearing **the same** hat **that** I am.
  그녀는 나와 똑 같은 모자를 쓰고 있다
  - the same~ that(바로 그것)

- We made **such** a big cake **as** all my classmates could eat.
  우리는 반 애들이 모두 먹을 수 있는 그런 큰 cake을 만들었다

- He is **as** tall **as** my brother. 그는 내 동생만큼 크다

❷ but

관계대명사로 사용되는 but의 해석은 **that~not**으로 됩니다. 선행사 앞에 반드시 부정어가 수반되며 but 다음에는 바로 동사가 따라 나옵니다. 완전 중요합니다!!

- There is **no** rule **but** has some exceptions. 예외 없는 법칙은 없다
    = There is **no** rule **that does not have** some exceptions.
- There are **no** people **but** love their country. 조국을 사랑하지 않는 사람은 없다
    = There are **no** people **that don't love** their country.

외워두면 살이 되고 피가 될 but의 네 가지 용법

① 부사 (only)
- He is **but** a child. 그는 단지 어린이다

② 전치사 (except)
- All went out **but** me. 나를 제외하고 모두가 밖으로 나갔다

③ 대등접속사 (however)
- She loves horror movie **but** I don't. 그녀는 공포영화를 좋아하지만 나는 아니다

④ 유사관계대명사 (that~not)
- There is no woman **but** wants to be beautiful. 아름다워지고 싶어 **하지 않는** 여자는 없다

❸ than

비교급에 사용되는 모든 than은 유사관계대명사의 역할을 합니다.

- Eros, shut up! I know it much **better than** you(do).
  에로스, 닥쳐! 내가 너보다 훨씬 그것에 관해 더 잘 알고 있어
- Gee! You also know that Hercules is **stronger than** you(are)?
  아이고! 그럼 헤라클레스가 당신보다 힘이 세다는 것도 또한 알고 있나요?
    - 예문과 같이 비교급 than 다음에 오는 동사는 생략할 수 있습니다.

Wow! Eventually, 관계대명사에 관한 모든 이야기도 끝이 났습니다. 이에 관한 Wrap Up은 관계부사 편에 함께 준비되어 있습니다. Have a good time and catch you tomorrow.

| 창조 열여덟째 날 _ All about the clause

STORY 18.
관계부사와 복합관계사 이야기

접속사와 부사의 역할을 한 방에 해결하라!

창조 열여덟째 날입니다. 오늘은 관계사 2탄, 접속사와 부사의 역할을 한방에 처리하는 관계부사와 관계사의 어미에 ever를 붙여 만드는 복합관계사에 관한 이야기가 창조되는 날입니다. 오늘 아침 역시 광장에서 들려오는 부사들의 데모로 시작이 됩니다. 대명사들이 중복은 이제 그만이라고 외치며 관계대명사를 만들어내자 부사들 또한 이에 합세해 접속사와 부사의 역할을 동시에 cover할 수 있는 관계부사를 만들어달라고 떼를 쓰고 있죠. 제우스가 진저리를 치며 말하죠.

"그래 해 주마, 원하는 대로 다 해 주마. 관계부사만 갖고 니들이 성이 차겠니? 아예 복합관계사까지 full set으로 다 만들어 주마. 아유, 징그러운 것들, 아주 악귀(devil)가 따로 없어." ● devil: 악마

영어들의 요구에 신물이 난 제우스가 cynical냉소적 하게 말하죠.

"오늘은 접속사와 부사의 역할을 한 방에 해결하는 관계부사와 또한 관계사의 어미에 ever를 붙여 만들어지는 복합관계사를 창조할 것이다. Are you all ready?"

"Oh! dear, 관계부사에 복합관계사까지, 꽤 바쁜 하루가 되겠네요. We'd better hurry up, sir.빨리 시작하는 것이 좋겠어요"

"Right, let's get started.그래, 바로 시작하자"

창조 열여덟 째 날, 관계사 종결 편, 접속사와 부사의 역할을 한 방에 해결하는 관계부사와 관계사의 어미에 ever를 붙여 만드는 복합관계사 이야기 속으로 go! go!

관계부사에 관한 profile

I INTRO I

관계부사(Relative Adverb)

접속사와 부사의 역할을 한 방에 해결하는 관계부사, 형용사절을 이끌며 항상 완벽한 절의 형태만 고집하는 관계부사, 이들의 세상 속으로 here we go!

관계부사 사인방에 관한 profile 팍! 팍!

관계부사 사인방에 관한 profile을 완성한 후 제우스가 이들을 한자리에 불러 말합니다.

"Congratulations! When, Where, Why, How."

"축하라니? **What for?** 뭘 축하?"

"접속사와 부사의 역할을 한 방에 해결하는 해결사인 관계부사가 된 것을 추카, 추카! 한다는 말이지. **Now it's time to introduce yourself all over the world.** 이제 너희 자신을 천하에 소개할 시간이다 특별히 stage를 만들어 두었으니 가서 **one after another** 차례차례로 PT를 시작해라. 허두는 생략하고 핵심만 꼭 찍어, 쏙쏙 귀에 들어오게 말이다."

- PT= presentation: 발표회

이에 관계부사들이 one by one으로 나와 소개를 하죠. 먼저 When이 말하죠.

- one by one: 하나씩

"**Hello, ladies & gentlemen** 안녕? 나는 시간을 나타내는 관계부사 When이라고 해."

"Oh, dear! 그럼 의문사 When과 부사절을 이끄는 When과 어떻게 구분해? **You three look exactly the same.** 너희 셋 완전히 똑 같은데 말이야."

"No problem, 관계부사인 내 앞에는 항상 시간을 나타내는 명사들; the time, the day, the month 등이 있어. one more thing, 의문사 When은 '언제?' 부사절 When은 '~할 때,' 와 같이 자체발광 하지만 나는 no meaning, 해석이 되지 않아. It is easy, isn't it? 쉽지, 그렇지"

- one more thing: 또 하나 더

When에 이어 Where가 PT를 하죠.

"Hello, buddies! 나는 장소를 나타내는 관계부사 Where라고 해. 내 앞에는 주로 장소를 나타내는 the place, the office 등과 같은 명사가 있지. 물론 난 그 명사를 수식하는 형용사절의 역할을 해. 나 역시 의문사 where와 부사절의 where와 형태가 같지. 하지만 no worry, 의문사 where는 '~어디?', 부사절 where '~에' 등과 같이 자체발광 하지만 나는 아무런 뜻이 없으니까. Got it?"

- appeal: 호소하다

Where의 말이 끝나자마자 Why가 자신에 관해 appeal을 하죠.

"Hi, there, 나는 이유를 나타내는 관계부사 Why라고 해. 따라서 내 앞에 이유를 말하는 명사 the reason을 수반하지. 의문사 why는 '왜?' 라고 자체 발광하지만 난 no

| The Show 영문법 |

> meaning. 구분하기 쉽지?"
>
> 마지막으로 How가 나와 PT를 합니다.
>
> "Hi, there, 나는 방법을 나타내는 관계부사 How라고 해. 하지만 난 방법을 나타내는 명사 the way와는 결코 함께 할 수 없는 운명을 갖고 태어났지. 흑! 이건 정말 nightmare 그자체야. What? 의문사 how와 어떻게 다르냐고? 흠, 의문사 how는 '어떻게?'처럼 자체 발광하지만 나는 뜻이 없어. 꼭 부탁할게, the way how라고 하지 말아줘. 그건 나를 두 번 죽이는 일이야. PLEASE~!"
>
> 관계부사 사인방의 PT가 끝나자 제우스가 마무리를 하죠.
>
> "**Now can you clearly understand what they said?** 관계부사들의 역할에 관해 이제 분명히 알 수 있겠지?"
>
> "Yes, sir, 그런데 관계대명사와 관계부사 중 누가 더 짱이죠?"
>
> "헉! 관대는 명사를 대신하고, 관부는 부사를 대신하는데 어떻게 자웅을 가리겠어. 둘의 역할이 다른데."
>
> "그래도, 굳이 가린다면 누가 더 짱이냐고요?"
>
> "**It's tricky, but I can say this,** 관계대명사에 전치사를 붙여주면 관계부사가 되지."
>
> "쳇! 그럼 관부가 관대보다 세네요. 뭐, 쉽게 말하면 될 것을 괜히 꼬고 그래, 짬뽕나게 스리 ()_()*"
>
> "**Think as you wish** 좋을 대로 생각해 단순, 무식에는 medicine도 없으니 말이다."

● nightmare: 악몽

● tricky: 어려운

● medicine: 약

관계부사는 접속사와 부사의 역할을 동시에 하는 다기능 품사로 특징과 종류는 다음과 같습니다.

1   관계부사의 특징

❶ 접속사와 부사의 역할을 한방에 해결한다

- This is the church.   • we got married here.

  = This is the church **and** we got married **here**. 이곳이 그 교회이다 그리고 우리는 여기서 결혼했다

  = This is the church **where** we got married. 이곳이 우리가 결혼했던 교회이다

  – Where= and+here. 관계부사 where는 접속사(and)와 부사(here)의 역할을 동시에 합니다.

❷ 형용사절을 이끈다

- It was April.   • My dad passed away then.

  = It was April **and** my dad passed away **then**. 4월이었다. 그리고 아버지는 그때 돌아가셨다

  = It was April **when** my dad passed away. 아버지가 돌아가신 때는 4월 이었다

            ↑_____↑
         선행사   형용사절

  – 관계부사 when 이하의 절이 명사인 April을 한정 수식하며 형용사 절을 이끌죠.

❸ 관부 뒤는 항상 절(S+V)의 형태를 취한다

관계부사는 관계대명사처럼 격변화가 없기 때문에 <u>뒤에 항상 완전한 절(S+V)이 옵니다</u>.

- Home is the best place **where we can relax**. 집은 휴식하기에 가장 좋은 장소다
                                            S   V

❹ 제한적 용법과 계속적 용법이 있다

관계대명사처럼 두 가지 용법이 있죠. 제한적 용법은 관계부사 모두, 반면 계속적 용법은 when, where에게만 있습니다. 후자의 경우 대등접속사(and, but, for, or, so)+부사로 풀어서 해석합니다.

- We went to the broadcasting station **where** many entertainers were acting. (제한적)
  우리는 많은 연예인이 연기를 하고 있는 방송국으로 갔다

  cf) We went to the broadcasting station, **where** many entertainers were acting. (계속적)
  = We went to the broadcasting station **and** many entertainers were acting <u>**there**</u>.
  우리는 방송국에 갔다. 그리고 그곳에서 많은 연예인들이 연기하고 있었다
  - where는 문맥상 and+there로 나타낼 수 있죠.

❺ 관계부사는 전치사+관계대명사로 나타낼 수 있다

관계부사=전치사+관계대명사로 나타낼 수 있으며, 이때 사용되는 전치사는 시간, 장소, 방법, 이유 등과 관련된 in, on, at, for 등이 사용됩니다.

- Today is the day **when** we got married. 오늘이 우리가 결혼했던 날이다
  = Today is the day **on which** we got married.
- Please show me **how** you made it. 나에게 당신이 성공한 방법을 알려줘요
  = Please show me the way **at which** you made it.

2 관계부사의 종류

관계부사는 선행사에 따라 다음처럼 네 종류로 구분됩니다.

관계부사

관계부사	선행사	전치사+관대
when	시간, 때 (the time, the day, etc.)	(in, at, on)+which
where	장소 (the place, house, building, etc.)	(in, at, on)+which
why	이유 (the reason)	(for)+which
how	방법 (the way)	(in)+which

❶ 시간의 when

시간과 관련된 명사, the day, the time, the month 등을 선행사로 취하며 이들을 수식합니다. at, on, in+which로 바꿔 쓸 수 있습니다.

- Hermes, let me know **the time when** Zeus will return. 헤르메스, 제우스가 돌아올 시간을 알려주게
  = Hermes, let me know **the time at which** Zeus will return.

| The Show 영문법 |

❷ 장소의 where

장소를 나타내는 명사, the place, the office 등을 선행사로 취하며 at, on, in+which로 바꿔 쓸 수 있습니다.

- This is the cafeteria **where** we can have lunch. 이곳이 우리들이 점심을 먹을 수 있는 구내식당이다
  = This is the cafeteria **in which** we can have lunch.
  - cafeteria: 학교 구내식당

❸ 이유의 why

이유(the reason)를 나타내는 말이 선행사가 되지만 종종 the reason은 생략되죠. for+which로 바꿔 쓸 수 있습니다.

- You don't know (**the reason**) **why** I got mad. 당신은 왜 내가 화가 났는지 그 이유를 모른다
  = You don't know **the reason for which** I got mad.

❹ 방법의 how

방법(the way)을 나타내는 말이 선행사가 되지만 원칙상 **how는 the way와 함께 사용 될 수 없죠.** the way를 사용하려면 that으로 나타냅니다. how는 in which로 바꾸어 쓸 수 있습니다.

- Can you tell me **the way** you solve the problem?
  나에게 그 문제를 해결하는 방법에 관해 말해주실래요?
  = Can you tell me **how** you solve the problem?
  = Can you tell me **the way that** you solve the problem?
  = Can you tell me the way **in which** you solve the problem?

복합관계사 이야기

| INTRO |

복합관계사

관계사의 어미에 ever를 붙여 만드는 복합관계사, 선행사를 포함하며 명사절, 형용사절, 부사절을 lead하는 이들의 이야기 속으로 here we go!

 팔방미인 관계사(Versatile Relatives), 복합관계사의 탄생

제우스가 staff들에게 묻죠.

"복합관계사의 역할을 한 눈에 catch할 수 있는 좋은 nickname이 없을까?"

이때 지혜의 쌍두마차인 아폴로와 아테나가 한마음으로 brilliant suggestion을 합니다.

"팔방미인 관계사(versatile relatives)라고 하면 어떨까요?"

"팔방미인 관계사라? **Oh, good figure**좋은 비유야 사실 복합관계사 아니면 그 누가 명사절, 형용사절, 부사절의 역할을 모조리 할 수 있겠어? mega톤급 관계사에 딱 걸 맞는 이름이야. ♪♪ 출발이 아주 순조로운 걸. 쪼아, 일단 내려가서 홍보를 시작하자. 출발~!"

전용 sedan cloud를 타고 광장으로 내려온 제우스가 관계사 중 Who, Which, What, When, Where, How를 불러 어미에 ever를 달아준 후 복합관계사라고 불러주자 곁에 있던 에로스가 눈을 내리깔고는 말하죠.

"영광인 줄 알아, 이것들아. 제우스가 손수 꼬리에 ever를 달아주는 일이 흔한 줄 알아. 팍!"

이에 제우스가 말하죠.

"**Eros, behave yourself**너나 잘하세요 자! 그럼 이제 역할에 따라 분류를 해볼까. 관계대명사에 ever를 붙인 Whoever, Whichever, Whatever, come forward, 너희는 명사절, 형용사절, 부사절의 역할을 모두 cover할 수 있다. Next, 관계부사에 ever를 붙인 Whenever, Wherever, However, come forward, 너희는 부사절의 역할을 담당하게 될 것이며 특히, However군, be happy. 너는 양보절의 지존이 될 테니 말이다."

제우스의 말에 However가 완전 감동해 반문을 합니다.

"You mean it? 제가요? 제가 양보절의 지존이 된다고, **unbelievable!**믿을 수가 없어 Thanks million, sir, 대대손손 가문의 영광(honor)입니다."

"**No deal, the pleasure is mine.** 뭘 그래, 너의 행복이 곧 나의 행복인데, ㅎㅎ"

- suggestion: 제안
- figure: 비유
- sedan: 승용차
- come forward: 앞으로 나와라
- you mean it?: 정말요?

| The Show 영문법 |

복합관계사는 관계사의 어미에 ever를 붙여, 만들며 복합관계대명사와 복합관계부사로 구분이 됩니다.

1 복합관계대명사

관계대명사 who, which, what에 ever를 붙여 만들며, 명사절, 형용사절, 부사절의 역할을 모두 할 수 있습니다.

❶ 명사절 (whoever, whatever, whichever)

주절, 목적절을 이끕니다.

1) whoever

주어 자리에서 '어떤 누구라도'로 해석되며 anyone who로 바꾸어 쓸 수 있습니다.

- **Whoever** comes first can be a Noun. 먼저 오는 단어는 누구나 명사가 될 수 있다
  = **Anyone who** comes first can be a Noun.

2) whatever, whichever

타동사 뒤 목적어 자리에서 '모두, 혹은 무엇이든'이라는 뜻으로 해석되며 anything that, anything which로 바꾸어 쓸 수 있습니다.

- I will give you **whatever** you need. 당신이 필요로 하는 것은 무엇이든 줄게요
  = I will give you **anything that** you need.
  – 수여동사 give의 직접목적어 역할을 합니다.
- You can get **whichever** you want. 당신은 원하는 것 무엇이든 가질 수 있다
  = You can get **anything which** you want.
  – 타동사 get의 목적어 역할을 합니다.

❷ 형용사절 (whichever, whatever)

whichever, whatever가 뒤에 오는 명사를 수식하며 '어떤, 모든'으로 해석됩니다.

- Put out **whatever money** you have. 당신이 가진 모든 돈을 내 놓아라
- I will have **whichever food** a chef recommends. 주방장이 추천하는 어떤 음식이든 먹겠다

❸ 부사절 (whoever, whatever)

'어떤 ~~라도' 양보의 뜻을 나타내며 anyone who, anything what으로 나타낼 수 있습니다. 명사절과의 구분법은 부사절인 경우 주절과 나란히 오며 comma로 구분됩니다.

- **Whoever** wins, I don't care. 누가 이기든, 나는 관심이 없다
  = **Anyone who** wins, I don't care.
- **Whatever** you do, you should try your best. 당신이 무엇을 하든, 최선을 다해야만 한다
  = **Anything that** you do, you should try your best.

2 복합관계부사 (whenever, wherever, however)

관계부사 when, where, how에 ever를 붙여 만들며, 부사절과 양보절로 구분이 됩니다.

❶ 부사절 (whenever, wherever)

'언제라도, 어디라도' 란 뜻으로 해석되며 any time when, any place where로 바꿔 쓸 수 있습니다.

- You can leave here **whenever** you want. 당신이 원하면 언제든 여기를 떠나도 된다
  = You can leave here **any time when** you want.
- I will follow you **wherever** you go. 당신이 가는 곳이면 어느 곳이나 함께 할 것이다
  = I will follow you **any place where** you go.

❷ 양보절 (however)

'아무리 ~~할지라도' 란 뜻을 나타내며 조동사 **may**와 함께 사용됩니다. no matter how로 나타낼 수 있습니다.

- **However** hard you **may** try, you can't keep up with me.
  = **No matter how** hard you **may** try, you can't keep up with me.
  아무리 노력해도 너는 나를 따라올 수 없어
  - keep up with: 따라잡다
- **However** comfortable you **may** feel, there is no place like home.
  = **No matter how** comfortable you **may** feel, there is no place like home.
  아무리 편해도, 집과 같은 곳은 어디에도 없다

Yahoo! Finally 제4막 관계사에 대한 이야기도 모두 끝이 났습니다. 다음 Wrap up을 통해 깔끔하게 마무리 하시고 제5막에서 다시 만나요. Catch you tomorrow, bye!

Wrap Up & Explanation

Wrap Up

❶ [01~03] 다음 두 문장을 관계대명사를 이용해 한 문장으로 나타내시오.

01 a. I heard about Zeus.   b. He is the king of god.
   _____

02 a. Look at the shrine.   b. It's color is gold.
   _____

03 a. This is the tallest building.   b. I have ever seen it.
   _____

❷ [04~06] 다음 괄호 안에 적절한 관계대명사를 쓰시오.

04 (   ) you need most is a sound sleep.

05 Do you see Zeus and clouds (   ) are flying in the sky.

06 Is this the house in (   ) she lives?

❸ [07~08] 같은 뜻이 되도록 괄호 안을 채우시오.

07 a. Is this school where you studied?
    b. Is this school (   ) (   ) you studied?

08 a. We went to Mexico, where we stayed for two months.
    b. We went to Mexico (   ) we stayed (   ) for two months.

❹ [09~10] 다음을 완전한 문장으로 나타내시오.

09 can, the, house, is, roof, you, whose, see, pink (?)
   _____

10 will, there, whenever, call, I, you, be, me (.)
   _____

❺ [11~12] 다음을 영작하시오.

11 아무리 누추해도 집과 같은 곳은 없다.

    _____

12 나에게 그 문제를 풀었던 방법을 알려줄래?

    _____

❻ [13~20] 잘못된 부분을 바르게 고치시오.

13 His grandfather passed away on the day when he went back home.

14 He explained to me the way how to open the bottle.

15 This is the best season where we go on a picnic.

16 There is no man who loves his country.

17 Zeus disregards Eros, whom makes trouble too often.

18 Can you see that bridge of which color is orange.

19 I have no parents to depend.

20 We are watching the dancers are performing on the stage.

Explanation

❶ 1~3번은 관계대명사의 개념을 잘 이해하고 있는지 알아보는 문제입니다.

01 I heard about Zeus **who** is the king of god. (나는 신들의 왕인 제우스에 관해 들었다)
선행사 Zeus가 사람이며 그를 받는 대명사(he)가 주격이므로 who로 연결합니다.

02 Look at the shrine **whose color** is gold.
= Look at the shrine **of which the color** is gold.
= Look at the shrine **the color of which** is gold. (황금색깔의 신전을 보아라)
선행사 the shrine이 사물이며 대명사는 소유격(its)이므로 whose로 연결했죠. whose는 of which로 나타낼 수 있습니다. 단 whose가 수식하는 명사 앞에 정관사 the를 붙여야만 합니다.

03 This is **the tallest** building **that** I have ever seen. (이것은 내가 본 것 중 가장 높은 빌딩이다)
최상급 the tallest가 있기 때문에 that만 사용할 수 있습니다.

❷ 4~6번은 관계대명사 각각의 역할에 관해 알아보는 문제입니다.

04 What you need most~ (당신이 가장 필요한 것은 충분한 잠이다)
선행사를 포함하며 주절을 이끌 수 있는 관계대명사 what이 필요하죠.

05 Do you see Zeus and clouds that are flying in the sky? (하늘을 나는 제우스와 구름이 보이니?)
선행사가 사람과 사물이므로 that입니다.

06 Is this the house in which she lives? or Is this the house where she lives?
(이것이 그녀가 사는 집입니까?)
선행사가 사물이므로 which와 that 둘 다 사용할 수 있지만 **that**은 전치사와 나란히 사용될 수 없으므로 which로 나타내며, in which는 where로 나타낼 수 있습니다.

❸ 7번은 관계부사와 관계대명사의 관계를, 8번은 관계부사의 계속적용법에 관해 묻는 문제입니다.

07 Is this school in which~~ (이 학교가 당신이 공부하던 곳인가요?)
관계부사 where는 전치사+관계대명사, 즉, in which로 나타낼 수가 있죠.

08 We went to Mexico and we stayed there~ (우리는 멕시코에 갔다. 그리고 그곳에서 머물렀다)
계속적용법의 관계부사는 **대등접속사 + 부사**로 나타낼 수 있다.

❹ 9~10번은 관계사를 이용한 영작능력을 알아보는 문제입니다.

09 Can you see the house whose roof is pink? (지붕이 분홍색인 집이 보이나요?)

10 I will be there whenever you call me. (당신이 나를 부르면 언제든 나는 그 곳에 있을 것이다)

❺ 11~12번 역시 관계사를 이용한 영작능력을 알아보는 문제입니다.

11 However humble it may be, there is no place like home.
(아무리 누추해도 집과 같은 곳은 없다.)
 ● 누추하다 = humble

12 Can you tell me how you solved the problem?
= Can you tell me the way that you solved the problem?
(그 문제를 푼 방법을 말해주겠니?)

❻ 13~20번은 특별히 주의할 관계사의 어법을 얼마나 완전하게 이해하고 있는지 알아보는 문제입니다.

13 관계부사는 말 그대로 부사의 역할을 하는 품사이므로 전치사가 필요 없죠. **on**을 생략하거나 혹은 관계대명사를 이용해 **on which**로 나타내야 합니다. (그의 할아버지는 그가 집에 돌아 간 그날 돌아 가셨다)

14 관계부사 how는 명사 the way와 절대 함께 사용할 수 없죠. 따라서 the way를 생략하거나 how를 that으로 바꿔 the way that으로 나타냅니다. (그는 나에게 그 병을 따는 방법을 알려주었다)

15 Season, 계절은 때와 관계된 부사이므로 when으로 바꿔야죠. (지금은 소풍가기에 가장 좋은 계절이다)

16 that ~ not의 의미를 지닌 유사관계대명사 but이 필요한 문장이죠. who-but
(자신의 조국을 사랑하지 않는 사람은 없다)

17 선행사 Eros를 받는 대명사는 he. 따라서 주격관계대명사 who가 와야합니다.
(제우스는 에로스를 무시한다. 왜냐하면 **그는** 자주 말썽을 일으키기 때문이다)

18 Which의 소유격은 whose, of which. 후자를 사용하는 경우 관대 뒤에 오는 명사 앞에 the를 붙여줘야죠. 따라서 of which the color 혹은 whose color로 나타냅니다. (오렌지 색의 저 다리가 보이나요?)

19 선행사 Parents와 부정사 사이에 목적격 관대 whom이 생략되었죠. **depend**는 자동사이므로 홀로 목적어를 취할 수 없죠. 따라서 전치사 **on**을 붙여 **depend on**으로 나타냅니다. (나는 의존할 부모님이 없다)

20 주격관계대명사와 be동사는 생략할 수가 있죠. 단 **관대와 be동사 모두 생략**해야 합니다. Who are performing, 혹은 performing으로 나타내야 합니다. (우리는 무대에서 공연하고 있는 댄서들을 보고 있다)

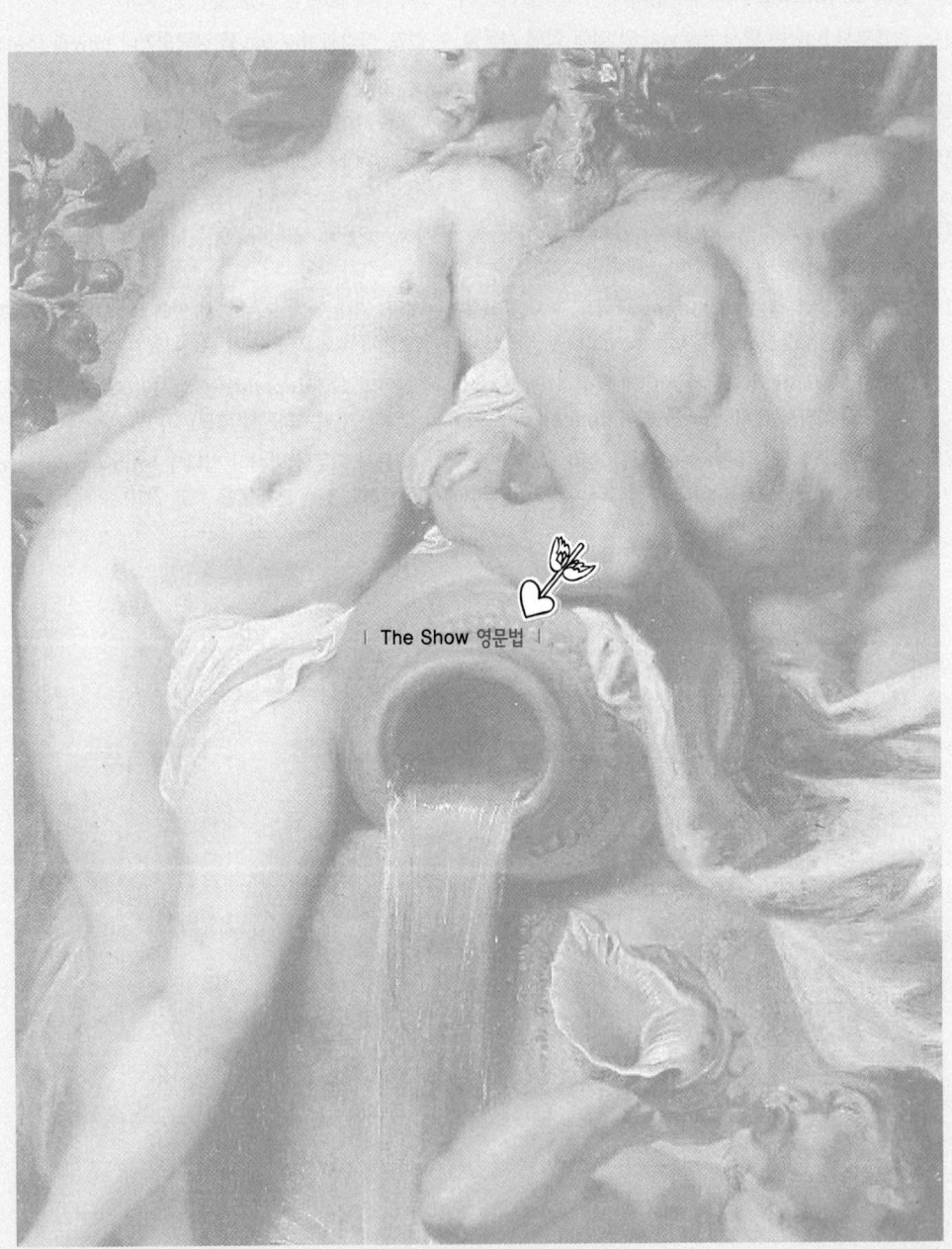

| The Show 영문법 |

SECTION 05

All about the others

창조 5막

Story 19 _ **창조** 열아홉째날 : 주어의 의지 상태를 보여주는 태 이야기

Story 20 _ **창조** 스무째날 : 가정의 나래를 펴보는 가정법 이야기

Story 21 _ **창조** 스물한째날 : 일치와 화법에 관한 이야기

Story 22 _ **창조** 마지막날 : 문장의 파격, 특수구문 이야기

창조 열아홉째 날 _ All about the others

STORY 19

주어의 의지 상태를 보여주는 태 이야기

비(be)야, 삐삐(pp)와 몸을 섞어 수동태의 상징이 되어라!

창조 열아홉째 날입니다. 오늘은 주어의 의지 상태를 보여주는 태(voice)에 관한 이야기가 창조되는 날입니다. 앞으로 4일 후면 모든 창조가 끝난다는 생각에 들뜬 제우스가 다소 격앙된 tone으로 말하죠.

"오늘의 mission은 주어의 의지 상태를 보여주는 두 태(voice), 능동태와 수동태가 될 것이다."

"능동태, 수동태, what's the difference between them?차이점이 뭐죠?"

"문장의 주어가 자신의 의지에 따라 능동적으로(actively) 문장을 이끌어 가는 것이 능동태라면 이와는 달리 주어가 외부적인 요인에 의해서, 자신의 의지와는 상관없이 행해지는 동작을 나타내는 문장을 수동태라고 하지."

"Gee! It sounds too complicated.왕 복잡해 얼어 죽을, 수동태는 왜? 왜? 굳이 수동태를 만들려고 해요? 능동태만으로도 잘 먹고 잘 살아왔는데, why 사서 고생?"

"이 뻥충아, 그건 니 생각이고, whatever그나저나, Eros, you were dumped by Iris, right?에로스, 너 아이리스에게 차였다며?"

"Damn it, who the hell said it?젠장, 어떤 놈이 그렇게 말했어요?"

"Whatever, you were dumped.어쨌든, 차였잖아"

"Yup, I was, so what?그래요, 차였어요, 그래서요 It's none of your business상관없잖아요?"

"흥! 난 너 따위엔 관심이 없어. 수동태가 필요 없다는 둥, 헛소리를 하니 그런 것이지. 왜 수동태가 필요한 지 보여줄 테니 Have a closer look and compare, okay?잘 보고 비교해 봐

A. Eros <u>dumped</u> Iris.에로스가 아이리스를 찼다 vs B. Eros <u>was dumped</u> by Iris.에로스가 아이리스에게 **차였다**

A는 주어인 에로스 네가 찼다는 말이라면 B는 주어인 네가 차였다는 뜻이지. 이제 왜 수동태가 필요한지 understand?"

"Yes, sir, ㅋㅋ"

"Good! 그럼 이제 수동태를 창조하러 가자, There you go!"

창조 열아홉째 날, 주어의 의지 상태를 보여주는 태 이야기 속으로 go! go!

Episode #1 능동태 vs 수동태 이야기

| INTRO |

태(Voice)

주어의 의지를 보여주는 태, 능동태와 비교해 수동태를 한 눈에 파악할 수 있는 방법은 없을까요? 그 비밀 속으로 here we go!

수동태의 상징은 비와 삐삐

제우스가 수동태에 관해 열심히 설명합니다.

"에~! 능동태와 비교해 갖는 <u>수동태의 가장 큰 특징은 비와 삐삐</u>, be+pp, such as, study → (is, are)+studied, 한 마디로 <u>수동태의 symbol은 바로 Be동사와 삐삐(pp)</u>란 말이지."

- such as: 예를 들면

"What does it mean, sir?"
"**To see is to believe** 백문이 불여일견 비로 보여 주마. Hey, Be군, **where are you?** 어디 있니?"

"**I am here, sir.** 여기요."

"Good, 이리 나와 수동태를 위해 자작곡 한 노래, 한 번 맛깔나게 불러봐."

"수동태를 위한 노래? **It sounds intriguing.**"

- sounds intriguing: 흥미롭네

참모들의 시선이 집중되자 으쓱해진 Be가 자신의 family(be, am are, is, was, were, been, being)를 모두 무대로 불러 안무에 맞춰 노래합니다.

"주근깨 소녀 말괄량이 삐삐(pp)가 나를 부르면 언제라도 달려갈게. 낮에도 좋아~! 밤에도 좋아~! 무조건 달려갈게. 삐삐를 향한 나의 사랑은 무조건, 무조건이야~! **Atlantic ocean** 대서양 을 건너, **Pacific ocean** 태평양 을 건너서라도 삐삐가 부르면 달려 갈 거야, 무조건, 무조건 달려 갈 거야~!!"

노래를 마친 Be family가 큰 절(bow)을 하며 마지막 멘트를 날리죠. 수동태의 상징, 비+삐삐, 최고예요."

Be의 노래가 끝나자 참모들이 일제히 말하죠.
"수동태의 상징은 비+삐삐, 흠, 풀어서 말하자면 <u>비는 be 동사를, 삐삐는 과거분사 past participle의 약자</u>란 말이 군. I got it."

이에 제우스가 여세를 몰아 예문을 들이밀죠.

"Guys, 굳히기 한 판, let me show you **examples.** 예문을 보여줄게;

| The Show 영문법 |

- I **love** Rain. 나는 가수 비를 사랑한다 (능동태)
- Rain **is loved** by me. 비는 나에 의해 사랑을 받는다 (수동태)

예문의 소개가 끝나자 pp들이 명함을 던지며 목청을 높입니다.
"Hey, 동사들, 수동태가 되고 싶어? 수동태가 되고 싶으면 **비와 삐삐**에게 연락해."

1 수동태(Passive Voice) 개념 잡기

주어가 나타내는 동작이 외부적인 요인에 의해 행해질 때 이를 수동태 문장이라고 합니다. 능동태가 가해자인 주어를 강조한다면, **수동태는 피해자가 되는 목적어를 강조하는 문장이죠**. 따라서 **목적어를 취할 수 없는 자동사는 수동태로 나타낼 수가 없습니다**. 능동태와 비교해 수동태가 갖는 형식상의 특징은 be동사+pp(past participle)이며, 능동태 문장을 수동태로 전환하는 기본 규칙은 다음과 같습니다.

① 능동태의 목적어가 수동태의 주어가 된다.
② 능동태의 동사는 be+pp가 된다.
③ 능동태의 주어는 by를 붙여 by+목적격으로 나타낸다.

- Hera dislikes Aphrodite. 헤라는 아프로디테를 싫어한다
  S   V   O

= Aphrodite **is disliked** by Hera. 아프로디테는 헤라에게 미움을 받는다
  O   be+pp   by+목적격

- Dad planted a pine tree. 아빠가 소나무를 심었다
  S   V   O

= A pine tree **was planted** by dad. 소나무가 아빠에 의해 심겨졌다
  O   be+pp   by+목적격

| INTRO |

3, 4, 5 형식의 수동태

수동태는 능동태의 목적어를 주어로 사용하죠. 따라서 수동태가 가능한 문형은 타동사가 사용되는 3, 4, 5형식입니다. 이들의 story 속으로 here we go!

목적어, 너는 수동태의 must have

수동태란 말을 듣자마자 1형식의 교만완자 Go, Sit, Fall 등이 흥분해 말하죠.
"**Buddy, let's hurry up** 야, 빨리 가자 비와 삐삐만 있으면 수동태가 된다고 하니 어서 가서 우리도 수동태로 변신해야지. 1형식의 완자답게 first로 말이야."
"그럼, 그럼, 당연하지, Let's move!"

완자의 설레발에 2형식의 불자 Look, Appear, Seem도 또한 덩달아 광장으로 달려가죠. 자동사들이 앞 다투어 몰려들자 3형식 완타 Hate저주하다 가 이들을 저지하며 말하죠.

"어이, 자동사들, **what brings you here?**여기는 왜 왔남?"

"왜라니, 당근 수동태 때문이지."

완자 Go의 대답에 비난 대마왕 **Blame**비난하다 이 콧방귀를 뀌며 말하죠.

- sauna: 싸우나
- must have: 필수

"쭈꾸미 sauna하는 소리 하고 있네. 수동태가 되기 위한 must have가 목적어인데, 그 목적어도 없는 자동사가 어떻게 수동태를 만들어, size에 맞는 소리를 해야지."

"**What the hell are you talking about?** 원 강아지 개 풀 뜯는 소리여? 목적어가 없으면 수동태를 만들 수 없다고? **Who said it?**누가 말했어? 대체 어떤 자식이냐고?"

"**I did.**내가 했다 Why?"

제우스의 대답에 완자 Sit이 털썩 주저앉으며 말하죠.

"**Do you think it makes sense?**말이 된다고 생각해요? **Why not me?**나는 왜 안 돼요?"

"닥쳐, 이것들아, 주어로 뛰어줄 목적어가 없는데 어떻게 수동태를 만들어? 어디 할 수 있으면 해 보던가."

이에 완자는 물론 불자 Look, Seem, Appear 등이 함께 한탄을 하죠.

"휭, 목적어가 뭐 길래? 그럼, is appeared, is seemed라는 말은 애시 당초 불가능 하다는 것이네, 흑!"

이에 타동사 Revenge가 그간 받았던 설움에 복수라도 하듯이 자동사들의 **wound**상처 에 소금을 뿌리죠.

"목적어를 취할 수 없는 자동사라면 수동태에 관해 말을 하지 마, got it?"

- revenge: 복수하다
- lament: 한탄하다

Revenge의 말에 자동사들이 lamenting을 하죠.

"목적어 없는 자동사 완전 개털이야."

이에 화답이라도 하듯이 타동사들이 한 목소리로 노래하죠.

"목적어, you are my energy~!"

2 문형으로 보는 수동태

5형식 문형 중 수동태로 전환될 수 있는 문형은 목적어가 있는 3, 4, 5형식입니다. 1, 2형식에 사용되는 자동사는 목적어가 없기 때문이죠. 자동사와 타동사에 관해 아직도 헷갈리신다면 셋째 날 문형이야기를 꼭 다시 review(복습)하세요.

| The Show 영문법 |

❶ 3형식 문형(S+V+O)의 수동태

3형식 능동태 문형을 수동태로 전환하면 1형식이 됩니다.

1) 타동사, 타동사구의 수동태

- You **changed** my life. 당신이 내 인생을 바꿔 놓았어요
    S   V   O

  = My life **was changed** by you. (1형식)
     O   be+pp   by+S

- Zeus **looked down on** Eros. 제우스는 에로스를 무시했다
    S   V   O

  = Eros **was looked down on** by Zeus. (1형식)
    O   be+pp   by+S

  ● 타동사구 역시 하나의 동사로 간주합니다. look down on = ignore, despise: 무시하다

절 목적어 이야기 (목적어가 절이라 곤란하니? 가주어 it에게 연락해)

3형식 능동태 문장을 수동태로 바꾸는 일이 무리 없이 진행되자 제우스가 콧노래를 하죠.

"어려운 태 이야기도 잘 풀려 가는 구나. 아싸~아! 오늘은 기분이 좋아. 랄랄라! 랄~~랄~랄 랄랄라!"

이때 헤르메스가 헐레벌떡 달려와 찬물을 끼얹죠.

"Sir, 지금 그리 콧노래 부를 timing 아니거든요."

"왜? 내 입으로 내가 노래하는데 what's wrong?떫어?"

"저기 광장이나 본 후 노래를 하시던가 마시던가 하세요."

광장을 보니 oh, my gosh! 이건 또 무슨 황당한 situation?상황 명사절의 leader인 that이 광장 복판에 대자로 누워 진상을 떨고 있는 것이 아닙니까. 이에 놀란 제우스가 말하죠.

"**What seems to be the problem?**도대체 뭔 일이야?"

"목적어가 한 단어가 아니라 접속사+S+V로 구성된 종속절, 명사절이 되다 보니 덩치가 너무 커져서 저래요. 절이 수동태의 주어 자리로 가려니까 동사들이 시야를 막는다고 저지를 했거든요. 간다, 못 간다 멱살을 잡고 싸우더니 저 모양이 되었어요. 빨리 action을 취하세요."

"저런, 건방진 동사들. 목적어가 수동의 주어 자리로 가는 것은 상식인데, 야! 헤르메스, **use your head,**머리 좀 써 뇌(brain)는 뒀다 어디 쓸라고? 국 끓여 먹을래? 주어가 길면 대신 가주어 it을 사용하면 되지, 수동태 역시 절 대신 it을 세우면 될 일, 안 그래?"

"그럼 원래 명사절은요?"

> "짱구 같은 놈, **it+be+pp that절로 나타내면 되지**. 빨리 가!"
> "알았다니까. ㅋㅋ"
>
> 헤르메스가 가서 It을 불러 말하자 It가 빼기며 말하죠.
>
> "주어가 절이라 곤란해? It에게 연락해~!"

2) 목적어가 절일 때

능동태의 목적어가 절이면 절 대신 가주어 it을 사용해 it+be+pp+that절로 나타냅니다. 또한 that절은 부정사를 이용해 명사구로 나타낼 수도 있어서 **명사절이 목적어가 되는 경우는 두 개의 수동태가 가능합니다.** 고교내신에 반드시 나오는 문제죠. Be careful!

- People say **that he is honest**. 사람들은 그가 정직하다고 말한다
     S   V   O (명사절)

  = **It is said** that he is honest. (복문)

  = **He is said to be** honest. (단문) 그는 정직하다는 말을 듣는다
   - 주절과 종속절의 시제가 일치하므로 단순 부정사로 나타냅니다.

- They suspect **that he murdered his wife**. 사람들은 그를 아내의 살해범으로 추정하고 있다
     S   V   O (명사절)

  = **It is suspected** that he murdered his wife. (복문)

  = **He is suspected to have murdered** his wife. (단문)
   - 주절과 종속절의 시제가 다르므로 완료부정사로 나타내야만 합니다.

3) 수동태 불가동사들

타동사지만 수동태로 나타내면 그 의미가 어색해져 **능동태만 취하는 동사들**이 있는데 이들을 수동태 불가동사라고 합니다. 고교내신은 물론 수능모의고사에도 아주 빈번하게 나오는 문제들입니다. 각별히 주의하세요!! 이들 동사는 다음과 같이 세 가지 유형으로 구분해 기억하면 훨씬 효과적입니다.

a) 상태, 소유동사

resemble(닮다), have(가지다), own, possess(소유하다), belong to(속하다), etc.

- I **resemble** my father. 나는 아버지를 닮았다

  ≠ My father **is resembled** by me. (✗) 아버지가 나에 의해 닮아졌다

b) 발생, 저항동사

take place(일어나다), occur to(발생하다), resist(저항하다), etc.

- A great idea **occurred to** me then. 그 순간 멋진 생각이 떠올랐다

  ≠ I **was occurred to** by a great idea. (✗) 멋진 생각에 의해 내가 떠올려졌다

c) 기타

consist of(구성하다), suffer from(겪다, 고생하다), etc.

- My team **consists of** five members. 내 팀은 다섯 명으로 구성되었다

  ≠ Five members **are consisted of** by my team. (✗) 클럽에 의해 다섯 명이 구성되어졌다

  cf) My team **is composed of** five members. (○) • be composed of: ~로 구성되다

| The Show 영문법 |

❷ **4형식 문형(S+V+IO+DO)의 수동태**

수여동사는 목적어가 두 개이므로 수동태 또한 두 가지로 나타낼 수가 있죠. 하지만 동사에 따라 간접목적어를 주어로 취할 수 없는 동사들도 있기 때문에 각별한 주의가 필요합니다.

1) 수동태가 두 개인 수여 동사

대부분의 수여동사는 두 개의 수동태로 나타낼 수가 있습니다.

- He **offered** me a director. 그는 나에게 국장자리를 제안했다
  S   V   IO   DO

  = I **was offered** a director by him.

  = A director **was offered (to) me** by him.

- Someone **asks** me a favor. 어떤 사람이 나에게 부탁을 했다
  S   V   IO DO

  = I **am asked** a favor by someone.

  = A favor **is asked (of)** me by someone.

예문과 같이 직접목적어를 주어로 사용하면 간접목적어 앞에는 전치사 to, for, of를 붙일 수도 있고 생략할 수도 있습니다. 세 전치사는 수여동사의 종류에 따라 선택되며 상세한 설명은 셋째 날 문형이야기를 참고하세요.

2) 간접목적어를 주어로 취할 수 없는 수여동사들

buy, build, sell, make, write, etc.

- Grandma **bought** me a school bag. 할머니가 내게 책가방을 사주셨다
  S   V   IO   DO

  = A school bag **was bought (for)** me by grandma.

  ≠ I **was bought** a school bag by grandma.

- I write parents a letter once a month. 나는 한 달에 한 번 부모님께 편지를 쓴다
  S V   IO   DO

  = A letter **is written (to)** parents once a month by me.

  ≠ Parents **are written** a letter once a month by me.

간목을 주어로 취할 수 없는 수여동사 이렇게 암기하세요!

자동차 판매사원이 하루에 BMW를 2대 연속으로 팔자 신이 나서 말하죠.

Yahoo! B(buy, build) M(make) W(write) 두 대나 팔았다(sell) ^^

❸ **5형식 문형(S+V+O+OC) 수동태**

수동태로 나타내면 2형식 문형이 되며 특히 지각동사와 사역동사를 수동태로 전환하면 원형부정사였던 보어가 부정사보어로 변신하게 되니 각별히 주의하세요.

1) 불완전 타동사의 수동태

- I **kept** the door open. 나는 문을 열어 두었다
  S V   O   OC

= The door **was kept** open by me. (2형식)
- People **call** Edison a genius. 사람들은 에디슨을 천재라고 부른다
  S   V   O   OC
  = Edison **is called** a genius by people. (2형식)
- He **allowed** me to go out. 그는 내게 외출을 허락했다
  S   V   O   OC
  = I **was allowed to** go out by him. (2형식)

| INTRO |

지각동사, 사역동사의 수동태

지각동사와 사역동사는 완전타동사로도, 불완전타동사로도 사용이 됩니다. 후자로 사용되는 경우 수동태가 되면 굉장한 일이 일어납니다. 어떤 일이 일어날까요? 그 이야기 속으로 here we go!

지각동사, 사역동사, 그리고 부정사의 귀환

5형식 문형을 수동태로 전환하기 위한 rule을 만들고 있는데 큰 소리가 들려옵니다.

"우리에게 to를 돌려 달라!"

"돌려 달라! 돌려 달라!"

느닷없는 to 타령에 제우스가 급 짜증을 냅니다.

"**What's going on?** 무슨 일이야? to를 돌려 달라니, 밑도 끝도 없이, 엇다 돌려 달라는 말이냐?"

"목적보어 자리에 부정사를 돌려 달라고요."

지각동사와 사역동사가 한 목소리로 말하자 제우스가 황당해 죽겠다는 듯이 묻죠.

"언제는 원형부정사라고 그렇게 핏대를 올리며 분열을 조장하더니. 뭣이라, 이제는 바로 그 to를 붙여 달라고? 대체 어느 장단에 dancing을 추란 말이야??"

"세상사가 그렇죠, 뭐. 동사의 마음은 항상 변하는 것이니까요. 그리고 뭐 까놓고 다 부정사로 만들어 달라는 것도 아니잖아요. **단지 수동태일 때만** 그렇게 해달라는데 안될 것도 없잖아요??"

"Shut up! 겁대가리도 없이, 엇다대고 말대답 질. **Don't talk back,** 말대답 그만해라 아니면 죽는다."

"**Do as you wish,** 맘대로 하세요 이판사판 공사판이죠, 뭐"

제우스의 blackmail에도 불구하고 사역과 지각동사들이 악을 쓰자 곁에 있던 아테나가 중재를 하네요.

"저들의 요구대로 해 주세요. 수동태가 될 때만 부정사 보어가 될 수 있도록 하면 되잖

- talk back:
  말대답하다

- blackmail:
  협박

| The Show 영문법 |

> 아요."
> "**If you insist,**그렇게 주장하니 **okay, I will do that.**그렇게 하지"
> 이후 불완전타동사로 사용되는 지각동사와 사역동사는 능동태에서는 원형부정사보어를, 수동태에서는 부정사보어를 사용하게 되었죠.

2) 지각동사, 사역동사의 수동태, 그리고 부정사의 귀환

사람의 지각을 나타내는 지각동사(see, hear, feel, watch, observe, etc.) 목적어를 종 부리듯 부리는 사역동사(make, have, let, etc.) 이 두 동사는 각별히 주의할 동사입니다. 능동의 문장에서는 보어로 원형부정사를 취하지만 수동태가 되면 부정사가 되살아나기 때문입니다. 쉽게 to의 귀환으로 기억하세요.

- Hera **saw** Zeus **date**. 헤라는 제우스가 데이트를 하는 것을 보았다
    S   V   O   OC

  = Zeus **was seen to date** by Hera.

- The King **let** the prisoner **free**. 그 왕은 죄수를 석방했다
      S   V   O   OC

  = The prisoner **was let to free** by the king.

- Teacher **made** me **kneel** down. 선생님은 나를 무릎 꿇게 했다
    S   V   O   OC

  = I **was made to kneel down** by teacher. • kneel down: 무릎 꿇다

3 시제로 보는 수동태

능동태의 시제는 모두 12시제이지만 수동태의 시제는 아홉 시제로만 구성됩니다. 수동태에는 완료진행형 3시제가 없기 때문이죠. 수동태의 시제 변화는 be동사와 have동사의 변화를 통해 나타내는데, 이런 be, have를 조동사라고 합니다.

❶ 기본형 3시제

기본형 3시제의 변화는 be동사의 시제변화를 통해 나타납니다.

1) 현재형(am, is, are+pp)

be동사의 현재형; am, are, is+과거분사(pp)로 나타냅니다.

- Zeus **favors** Aphrodite. 제우스는 아프로디테를 총애한다
  = Aphrodite **is favored** by Zeus.

2) 과거형(was, were+pp)

be동사의 과거형 was, were+과거분사로 나타냅니다.

- Hera **blamed** nymphs. 헤라는 요정들을 비난했다
  = Nymphs **were blamed** by Hera.

3) 미래형(will, shall+be+pp)

미래시제 수동태는 will, shall+be+pp로 나타냅니다.

- I **will follow** you everywhere. 나는 어디든지 당신을 따라갈 것이다
  You **shall be followed** everywhere by me.

❷ 완료형 3시제

완료수동태 3시제의 변화는 have동사의 변화를 통해 have(has, had)+been+pp로 나타냅니다.

1) 현재완료(have, has+been+pp)

- Hera **has invited** a goddess. 헤라는 한 여신을 초대했다
  = A goddess **has been invited** by Hera.
  - 주어가 3인칭 단수일 때는 have대신 has를 사용합니다.

2) 과거완료(had+been+pp)

- Many workers **had constructed** this building. 많은 사람들이 이 건물을 세웠다
  = This building **had been constructed** by many workers.

3) 미래완료(will, shall+have+been+pp)

- The staff **will have discussed** the plan. 스텝들이 그 계획에 관해 토론 할 것이다
  = The plan **will have been discussed** by the staff.

❸ 진행형 3시제(be동사+being+pp)

진행형 수동태는 being을 덧붙여 be+being+pp로 나타냅니다.

1) 현재진행형(am, are, is+being+pp)

be동사의 현재형 am, are, is를 사용해 나타냅니다.

- Dad **is repairing** an entrance door. 아빠가 현관문을 고치는 중이다
  = An entrance door **is being repaired** by dad.

2) 과거진행형(was, were+being+pp)

be동사의 과거형 was, were를 사용해 나타냅니다.

- Children **were eating** pizza then. 아이들은 그 때 피자를 먹고 있었다
  = Pizza **was being eaten** then by children.

3) 미래진행형(will, shall+be+being+pp)

미래조동사 will, shall+be+being으로 나타냅니다.

- Hermes **will be delivering** my message soon. 곧 헤르메스가 나의 메시지를 전달 할 것이다
  = my message **will be being delivered** soon by Hermes.

Episode #2 문장별로 구분해보는 수동태 이야기

| INTRO |

명령문의 수동태

사역동사 let을 이용해 **let+목적어+be+pp**로 나타내는 명령문의 수동태 **내목베가주**, 헉! 살벌한 명령문 수동태 이야기 속으로 here we go!

Show 명령문의 수동태 (내목베가주, let + 목적어 + Be + pp)

제우스가 말하죠.

"**Guys, so far, so good!**지금까지는 좋아! **Nicely done.**잘 했어 이제 명령문과 의문문으로 수동태를 마무리 하면 수동태 끝. Okay, 먼저 명령문에 관해 생각해볼까?"

"명령문이니 만큼 평서문과는 format이 달라져야 하니까 시작을 사역동사 let으로 하면 어떨까요?"

● format: 형태

"**Good thinking, just keep talking.**좋은 생각이야. 계속해봐"

"Let+목적어+be+pp, 수동태의 핵심이 다 들어 있으니까요. 목적어도 있고 수동의 상징 비와 삐삐도 있으니 괜찮지 않나요?"

"Wow! Amazing! 완전 좋아. Let's do that. 흠, 내 목을 베가주, so cool."

제우스의 말에 헤라가 놀라 말하죠.

"What? 뭔 말을 그리 살벌하게 한담, 왜 목은 베가래? 살 떨리게."

● initial: 첫자

"**No, don't get me wrong!**오해 말지 let+목적어+be+pp의 initial만 모았을 뿐이니. 좋잖아, 외우기도 쉽고. 명령문의 수동태는 **내목베가주**, 완전 좋아, I love it."

"이왕 말나온 김에 예문 한 번 쏴 주시죠."

"**Be my guest,**기꺼이 just take a look;

- Do your homework right now. 지금 당장 숙제해
     V   O

  = **Let your homework be done** right now.

Now can you clearly understand what I mean?이제 확실하게 이해가 되남"

"**Yes, sir, it is really working.**정말, 효과 만점이네요"

"let의 내, 목적어의 목, be의 베, 과거분사 pp의 과를 따서, 내목베가주."

1 명령문 수동태

명령문의 수동태는 사역동사 let을 이용해 let+목적어+be동사+과거분사(pp)로 나타냅니다. 부정명령문은 don't 혹은 never를 문두에 붙이거나 혹은 be 앞에 not을 붙여 나타냅니다.

- Open the door. 문을 열어라
  V   O
  = **Let the door be opened**.
- Keep this pork in the freezer. 냉동고 안에 이 돼지고기를 보관해라
  V   O
  = **Let this pork be kept** in the freezer.
- Don't touch this wall. 이 벽을 만지지 마시오
  V   O
  = **Don't let this wall be touched**.
  = **Let this wall not be touched**.

| INTRO |

의문문의 수동태

의문사가 주어냐, 목적어냐에 따라 구분되는 의문문의 수동태, 하지만 언제든지 의문사가 문두라며 떼를 쓰는 의문사들, 이들의 진상 속으로 here we go!

흥! 꺼져, 문두는 의문사의 것이야!

주격의문사 Who가 완전 열 받아 신전으로 난입을 해 제우스를 보며 막말을 합니다.
"**Damn it,** 된장 **Zeus, are you serious?** 지금 제 정신이세요? 나를 보고 문미로 가라니, 이런 개 같은 경우가 어디 있어요? 말 좀 해봐요?"

- rude: 무례한

Who의 rude함에 제우스가 욱해 고함을 지르죠.
"네 이놈, 아주 겁대가리를 상실했구나. 의문사고 나발이고 수동태가 되면 주어는 by+목적격이 되어 뒤로 가는 것이 원칙인데, 감히 그 원칙에 토를 달아, 죽고 싶으냐?"
"흥, 항상 문두를 원칙으로 하는 나, 의문사가 꼬리로 가는 것 자체가 죽음인데 뭐가 두려울까. 뭔가 **action** 행동 을 취하지 않으면 오늘부터 파업할 테니 그리 아세요."
"**What?** 파업? **Are you blackmailing me now?** 지금 나를 협박하는 것이냐?"
"**Think as you wish.** 맘대로 생각하세요"

이 때 에로스가 한 마디 지르죠.

"의문사의 자리는 항상 문두라고 말한 것이 바로 당신인데, 왜 한 입으로 두 말해요? 참 믿을 놈 없어." 의문사와 에로스의 협공에 제우스가 마지못해 허락을 하죠.

- I don't care: 상관않겠어

"**I don't care, suit yourself.** 니 맘대로 하세요"

| The Show 영문법 |

> 이에 의문사 who가 회심의 미소를 던지며 말하죠.
>
> "진작 그럴 것이지, whatever, 의문사의 자리는 first야."

2 의문문 수동태

의문문을 수동태로 전환할 때는 다음 두 가지 경우로 구분해 생각하세요.

❶ 의문사가 주어일 때

의문사를 by+목적격으로 바꾼 후 문두에 둡니다. 이 때 by는 문미로 보낼 수가 있는데 이를 전치사와 목적어의 분리라고 합니다. 이 때 혹시라도 **by를 생략하면 비문이 되니 각별히 주의하세요.**

- **Who** made this bag? 누가 이 가방을 만들었죠?
    S   V   O

  = **By whom was** this bag **made**?

  = **Who(m) was made** this bag **by**?

- **Who** discovered America?
    S   V   O

  = **By whom was** America **discovered**? 누가 미국을 발견했나요?

  = **Who(m) was** America **discovered by**?

  – 문두로 나가는 whom 대신에 주격 who를 사용하기도 합니다.

❷ 의문사가 목적어일 때

의문사를 주격으로 바꾼 후 그 격에 맞추어 be동사의 수를 일치시켜준 후 be+pp로 나타냅니다.

- **Whom** did you visit last Sunday? 지난 일요일에 당신은 누구를 방문했나요?
    O   S V

  = **Who was visited** last Sunday by you?

- **What** did Edison invent? 에디슨이 무엇을 발명했죠?
    O   S V

  = **What was invented** by Edison?

3 부정주어 수동태

원칙적으로 by nobody, by nothing과 같은 표현은 사용할 수 없기 때문에 동사를 부정한 다음 주어는 by anybody, by anything과 같이 바꾸어 나타냅니다.

- **Nobody** told me the truth. 아무도 나에게 그 사실을 말하지 않았다
    S   V IO DO

  = The truth **was not told** me **by anybody**.

- **Nothing** comforts me right now. 어떤 것도 지금 나를 위로 할 수 없다
    S   V O

  = I **am not comforted** right now **by anything**.

4 기타 수동태

❶ 동작수동태 vs 상태수동태

의미상 동작을 강조하면 동작수동태, 상태를 강조하면 상태수동태라고 합니다.

- The fence **was painted** by dad. 그 울타리는 아빠가 칠하셨다
  - by 이하의 행위자가 하는 동작을 강조하고 있죠.
- The fence **was(got) painted** green this year. 그 울타리가 금년에는 녹색으로 칠해졌다
  - 사물의 상태를 강조하며 이런 경우 be동사 대신 get을 이용하기도 합니다.

❷ by 이외의 전치사를 사용하는 동사구

능동태의 주어는 by+목적격으로 나타내는 것이 원칙이지만 다음과 같은 동사구는 by가 아닌 다른 전치사를 사용하며 특히 이들 동사구는 관용적으로 사용되기 때문에 꼭 암기하셔야만 합니다.

1) at을 취하는 동사구

be surprised at (~에 놀라다)
be astonished at (~에 놀라다)
be amazed at (~에 감탄하다)

- He **was surprised at** hearing the news. 그는 그 소식을 듣고 놀랐다

2) with를 취하는 동사구

be satisfied with (~에 만족하다)   **be pleased with** (~에 기뻐하다)
be covered with (~로 덮여있다)   **be filled with** (~로 가득 차있다)

- The mountain **is covered with** snow. 그 산은 눈으로 덮여있다

3) about을 취하는 동사구

be worried about (~에 대해 걱정하다)   **be concerned about** (~에 대해 근심하다)

- She **was concerned about** safety. 그녀는 안전을 염려했다

4) 기타 동사구

be married to (~와 결혼하다)   **be caught in** (~에 잡히다)
be known to (~로 알려지다; 일반적으로 알려진 경우)
be known for (~로 유명하게 알려지다)   **be known by** (~ 에 의해 판단하다)

- A man **is known by** his friend. 사람의 됨됨이는 친구를 보면 알 수 있다

❸ 항상 수동태를 사용하는 문장

보통의 경우 능동태를 사용하지만 다음과 같은 경우는 수동태를 사용합니다.

1) 가해자(주어)보다 피해자(목적어)를 강조할 때

- I **was left out** in the cold. 나는 왕따 당했다
  - 왕따를 만든 친구들보다 당한 내가 더 중요하므로 수동태를 사용합니다.
- My uncle **was hit** by a car. 삼촌이 교통사고를 당했다
  - 중요한 것은 피해자인 삼촌이므로 수동태로 나타냅니다.

| The Show 영문법 |

2) 무생물이 주어가 되거나 행위자를 밝힐 필요가 없을 때

- This shop **is closed** at seven. 이 상점은 7시에 폐점한다
- That bridge **was built** in 1988. 저 다리는 1988년에 세워졌다
  - 누가 상점 문을 닫는지, 누가 다리를 세웠는지 보다는 대상 그 자체가 중요합니다.

3) 언어가 주어가 될 때

- English **is spoken** in Australia. 호주에서는 영어가 사용된다
  - 사용하는 사람보다는 대상인 언어가 더 중요합니다.

4) 탄생과 관련된 문장을 나타낼 때

- My sister **was born** in New Zealand. 여동생은 뉴질랜드에서 태어났다
- They **were born** in the same village. 그들은 같은 마을에서 태어났다

5) 사람의 감정을 나타내는 동사가 과거분사화해서 보어로 사용될 때

- She **was scared** to see the horror movie. 그녀는 공포영화를 보고 매우 무서웠다
- I **was excited** to hear the news. 나는 그 소식을 듣고 몹시 흥분이 되었다

Yahoo! 이상으로 수동태에 관한 이야기도 모두 끝이 났습니다. 다음 Wrap Up을 통해 깔끔하게 마무리하신 후 내일 다시 만나요. Catch you later, bye!

Wrap Up & Explanation

Wrap Up

❶ [01~10] 다음 어법상 잘못된 부분을 골라 바르게 고치시오.

01 You are seemed to be rich.

02 He is resembled father.

03 The mountain is covered by snow.

04 He was seen cross the bridge.

05 This doll was given for me by dad.

06 Whom was this picture painted?

07 I was asked a question by nobody.

08 We heard Heather to deliver a speech.

09 This town is known by apples.

10 That stadium is constructing now.

❷ [11~15] 다음 문장을 수동태는 능동태로, 능동태는 수동태로 바꾸시오.

11 She writes a letter to me two times in a month.

12 They said that Jimmy became a prosecutor.

13 Susan heard him sing.

14 We have just finished homework.

15 Friends should be carefully chosen.

Explanation

❶

01 seem은 불완전자동사이므로 수동태로 나타낼 수가 없죠. 능동태로 바꿔야죠.
   You **seem to** be rich. (당신은 부자처럼 보인다)

02 resemble은 타동사이지만 수동태로 나타내면 뜻이 이상해져 능동태로만 나타내야 합니다.
   He **resembles** his father. (그는 아빠를 닮았다)

03 by 이외의 전치사를 필요로 하는 동사죠. '~로 덮여 있다'는 be covered with입니다.
   The mountain **is covered with** snow. (그 산은 눈으로 덮여있다)

04 불완전타동사로 사용되는 <u>지각동사, 사역동사가 수동태가 되면 to가 부활하죠</u>.
   He **was seen to cross** the bridge. (그가 다리를 건너는 것을 보았다)

05 직접목적어를 주어로 취할 때 간목 앞에 붙는 전치사에 관해 묻는 문제죠. give는 to입니다.
   This doll **was given to** me by dad. (이 인형은 아빠가 나에게 주신 것이다)

06 의문사가 주어인 문장을 수동태로 나타내면 의문사는 by+목적격의 형태가 되죠. 전치사 by가 필요하죠. 이 때 의문사는 문두로 이동하며 by는 분리될 수는 있지만 생략할 수는 없죠.
   By whom was this picture painted?
   = **Who(m)** was this picture painted **by**? (이 그림은 누가 그렸니?)

07 능동태의 주어가 부정어인 문장을 수동태로 전환하면 주어 대신 동사를 부정하고 주어는 긍정으로 나타내죠. nobody – anybody
   I **wasn't asked** a question by **anybody**. (아무도 나에게 질문을 하지 않았다)

08 능동태 문장이죠. 지각동사 heard는 **목적보어 자리에 오는 동사를 원형부정사로 제한하죠**.
   We heard Heather **deliver** a speech. (우리는 헤더가 연설하는 것을 들었다)

09 사과로 유명하단 뜻이죠. be known for~~로 유명하다, be known by~~로 판단하다.
   This town **is known for** apples. (이 도시는 사과로 유명하다)

10 경기장은 사람들에 의해 건설되어지는 것이므로 수동태로 나타냅니다.
   That stadium **is being constructed** now. (저 경기장은 지금 공사 중이다)

❷

11 수여동사이지만 write는 수동태가 하나뿐이죠. 간목을 주어로 취할 수 없는 동사죠.
   A letter is written to me two times a month by her. (한 달에 두 번씩 그녀는 나에게 편지를 쓴다)

12 명사절이 목적어가 되는 경우 수동태의 형식은 it+be+pp+that절로 나타내며 절은 부정사를 이용해 구로 나타낼 수 있습니다.
   It was said that Jimmy became a prosecutor.
   = Jimmy **said to become** a prosecutor. (지미가 검사가 되었다고들 말한다)

13 heard는 지각동사이므로 수동태가 되면 보어 앞에 to를 붙입니다. to의 귀환이죠.
   He **was heard to sing** by Susan. (수잔은 그가 노래하는 소리를 들었다)

14 현재완료시제를 수동태로 나타내는 문장이죠. 완료형 수동태는 have(had) been+pp입니다.
   Homework **has just been finished** by us. (우리는 숙제를 막 마쳤다)

15 조동사 수동태 문장이며 일반인 주어를 말하는 by us가 생략된 문장이죠.
   We **should** carefully **choose** friends. (친구는 신중하게 선택해야 한다)

| 창조 스무째 날 _ All about the others |

STORY 20

가정의 나래를 펴보는 가정법 이야기

동사야, 현실의 벽을 넘어 가정의 나래를 맘껏 펼쳐라!

창조 스무째 날입니다. 오늘은 현실의 벽을 넘어 무한한 가정의 나래를 펴보는 가정법이 창조되는 날입니다. 이날 아침 신전의 분위기는 완전 좋죠. 참모들이 오늘 밤 있을 쌍쌍 파티에 대한 기대감으로 그야말로 energy가 충만해있죠. 이때 제우스가 들어오며 say hi를 합니다.

"Hi, you look upbeat, anything special? 완전 좋아들 보이는군, 뭐 좋은 일이라도?"   ● upbeat: 아주 좋은 상태
"오늘 밤 있을 party 생각을 하니 괜히 기분이 좋아져서."
"Really? Can I accompany you? 정말, 나도 동행할까?"
"그리고 싶지만, 만약 헤라가 알면 불똥이 우리에게 튈 텐데. 쩝!"
"하긴, 헤라의 레이다망을 피하는 것은 불가능하지, 할 수 없지. 쩝!"
"유감이네요, 그나저나 오늘 topic은 무엇이죠?"
"가정법이란다."
"가정법? What is it like, sir?"
"앞으로 일어날지도 모를 불확실한 일을 상상, 가정하거나 혹은 이미 일어난 사실에 대한 정반대되는 상황을 가정해보는 법으로 사실을 말해주는 직설법과는 정반대의 개념이지."
"그런데 가정법이 왜 필요하죠?"
"사실만을 나타내는 직설법만으로는 우리들의 무한한 생각을 표현할 수가 없잖아. 때로는 현실의 벽을 넘어 무한한 상상의 나래를 펼 수 있도록 해주는 가정법이 있어야 비로소 완전한 문장이 구성되지 않겠어?"
"맞아요, 상상과 가정은 항상 우리를 행복하게 하고 자유를 주죠."
"That is just what I mean, good! 자, 이제 영어왕국의 행복 바이러스가 될 가정법을 창조하러 가볼까?"
"Yes, sir, just go for it! 함께, 출발~!"

창조 스무째 날, 현실의 벽을 넘어 무한한 상상의 나래를 펼쳐보는 가정법 이야기 속으로 go! go!

Episode #1
If 가정법 사형제에 관한 profile

INTRO

If 가정법

조건절과 주절이란 두 개의 절을 구성하며 두 절의 시제일치를 원칙으로 하는 If가정법, 얼짱 현재, 미래와 얼짱 과거, 과거완료가 만들어내는 happening 속으로 here we go!

한 외모 하는 미래와 현재의 건방진 profile 팍! 팍!

제우스의 야심작 if 가정법 사형제는 error였죠. 미래와 현재는 그야말로 큰 키에 준수한 외모를 주고, 과거, 과거완료는 작은 키에 비호감 얼굴을 주었으니 말이죠. **Whatever**어쨌든, 이들을 한 자리에 불러 orientation을 하죠.

"Guys, be happy, you are happy virus, 너희가 왜 happy virus인지 알겠니?"
"무한한 상상을 가능하게 해 주니 그런 것이죠, 그렇죠?"
"Right! 너희들이 왜 if 가정법으로 불리는지도 알고 있니?"
"그야 조건절이 if로 시작하기 때문이 아닌가요?"
"빙고, 그럼 너희 절 뒤에 따라오는 절이 누구인지도 또한 알겠지?"
"참, 나, 당근, 주절이 오겠죠. 종속절은 종놈의 절이니 당연 마님, 주절이 오겠죠."
"**Perfect.**완벽해 이제 마지막 하나만 알고 있으면 세상으로 나가도 좋다."
"**Just go ahead,**부분만 내리세요 **we are ready to answer.**대답할 준비 됐거든요"
"너희 두 절이 지켜야 할 **first rule**첫 원칙 이 뭐지?"
"시제일치를 이루는 것, 완전 기본이죠."
"Wow! Brilliant! 완전 똑똑해. Very good! 그럼 이제 **one after another**차례로, 무대로 가 너희 형제의 특징과 역할에 관해 소개해봐."
"저기, 이번 **presentation**발표회 의 concept이 뭐죠?"
"시건방이니, 아주 맘대로 건방을 떨어 봐."
"Oh, it sounds intriguing. I love that word."

막내 미래가 거들먹거리며 나와 의자에 쩍벌 다리를 하고는 앉아 건방을 떨죠.

"Hey, 내 이름은 미래, 별명은 쉬리. 왜? 유일하게 if절에 should가 있으니, 나는 보다

- concept: 개념, 테마
- intrigue: 흥미진진한

| The Show 영문법 |

> 시피 아주 hot guy, 얼짱, 몸짱, 게다가 자체 발광하는 **should**혹시라도 까지, 완소남 나 should 미래가 나타내는(cover) 영역은 앞으로 일어날지도 모를 불확실한 일을 상상, 가정하는 것. 이상 끝."
>
> 다음 바로 현재가 나와 눈을 내리 깔고는 건방의 끝을 보여주죠.
>
> "나는 현재, **as you can see, I have a good looking.**너희가 보다시피 한 외모하지 내가 하는 역할은 미래와 거의 비슷해. 사실, 같은 얘기 반복해봐야 입만 아프지, **what is the use of talking?**말이 무슨 소용이 있겠어? 이것 하나만 말할게. 미래에 비해 나 현재는 일어날 **possibility**확률 가 꽤 높아, okay?"
>
> 현재의 말이 끝나기도 전에 관중들이 야유를 하며 물병을 던지죠. 난리가 따로 없죠.
>
> "**Shut up, you are such a cocky,**이런 건방진 놈 닥쳐!"
>
> Oh! dear. 흥분한 관중들로 인해 과거와 과거완료는 무대에 올라보지도 못한 채 presentation은 끝나게 됩니다.

● looking: 외모

● cocky: 잘난 척 하는 사람

1   If 가정법 미래와 현재

가정법 미래와 현재는 둘 모두 현재 혹은 가까운 미래에 일어날지도 모를 불확실한 일에 대한 상상, 가정을 나타냅니다. 차이점은 미래는 현재에 비해 발생 확률이 훨씬 희박하다는 것입니다.

❶ If 가정법 미래

현재 혹은 미래에 일어날지도 모를 불확실한 일을 상상, 가정하며 should 미래와 were to 미래로 구분이 됩니다.

1) should 미래

If+주어+should+원형동사, 주어+조동사 현재, 과거형+원형동사 (만약 혹시라도 ~한다면, ~할 텐데)

● If it **should** snow tomorrow, we **can(could)** make a snowman.
  혹시라도 내일 눈이 온다면, 우리는 눈사람을 만들 텐데
  – 여름 무더위 속에서 상상의 나래를 펴고 있죠.

● If you **should** marry me again, I **can(could)** try my best.
  혹시라도 당신이 다시 결혼해 준다면, 나는 최선을 다할 텐데
  – 진저리를 치며 이혼한 아내를 향해 ex-husband(전 남편)가 하는 말이죠.

2) 순수가정 were to

If+주어+were to+원형동사, 주어+과거형 조동사+원형동사 (만약 ~한다면, ~할 텐데)

전혀 불가능한 일을 가정하기 때문에 순수가정이라고 합니다.

● If I **were to** be young again, I **could** live differently.
  내가 다시 어려진다면, 다르게 살 수 있을 텐데

- **If** the sun **were to** rise in the west, I **would** not change my mind.
  - 비록 태양이 서쪽에서 뜬다 **해도**, 내 마음은 변치 않을 것이다
    - if는 even if (비록 ~~라 해도) 양보의 뜻을 나타내기도 합니다.

❷ If 가정법 현재

If+주어+동사원형과 현재형, 주어+조동사현재, 과거형+원형동사 (만약 ~한다면, ~할 텐데)

현재 혹은 가까운 미래에 일어날 수 있는 불확실한 일을 상상 가정할 때 사용합니다. 조건의 부사절 현재와 같습니다.

- If you **trust** me, I **will**(**would**) try my best. 당신이 나를 믿어 준다면, 최선을 다할 텐데
- If he **ask(s)** me out, I **will**(**would**) say yes. 그가 나에게 데이트를 신청한다면, yes라고 할 텐데

If 가정법 과거와 과거완료에 관한 profile (워와 해피의 현실도피)

미처 소개도 하지 못한 채 돌아오던 과거와 과거완료 이 둘은 한마디로 죽고 못 사는 사이죠. 외모와 성격이 닮았기 때문이죠. 미래와 현재가 nice하다면 이 둘의 외모는 아주 ugly했죠. 과거의 별명은 워(were), 과거완료의 별명은 해피(had+pp)였죠. 어쨌든, 이 둘이 기분이 꿀꿀해 기분전환도 할 겸 club에 갔다가 해피의 이상형을 만나게 됩니다. 한 눈에 뽕 간 해피가 가서 작업을 걸었죠.

- ugly: 못생긴

"**May I buy you a drink?** 한 잔 살까요?"

순간 girl이 확 짜증을 내며 말했죠.

- the last: 정말 ~하고 싶지 않은

"**No, you are not my type.** 너는 내 style아니거든 **You are the last man to see.** 정말, 만나고 싶지 않은 인물이거든"

단칼에 거절당한 해피가 급 기분이 나빠 말하죠.

- mean: 야비한, 못된

"**You are so mean.** 성깔 완전 더럽네 튕기기는."

해피의 말에 욱한 girl이 더 심한 독설을 퍼붓죠.

"웃겨, **ugly**추남, **fatso**난쟁이 똥자루 주제에 누구에게 **dash**작업 를 해, **suck**재수 없어."

수많은 girl들 앞에서 제대로 굴욕을 당한 해피가 그 충격으로 그 날 이후 과거를 무조건 부정을 하자 동생 과거 워 역시 형이 장에 가니 거름지고 장에 간다고 이유 없이 현실을 부정하게 되었죠. 즉, 해피는 과거사실에 대한 반대를, 워는 현재사실에 대한 반대를 가정하게 되었답니다. 이런 이유로 가정법 과거를 직설법으로 나타내면 시제는 현재, 내용은 반대, 과거완료는 시제는 과거, 역시 내용은 반대가 되었죠. 과거가 이유도 없이 무조건 현재를 부정하자 미래가 참다 못해 말하죠.

| The Show 영문법 |

> "형, 도대체, 왜 그래? **Pull yourself together,** 정신 차려 현실을 직시해. 왜 이유도 없이 현재와 엇박자만 치는 건데?"
> "**Hey, stop blaming me like that,** 너무 그렇게 나무라지 마 그냥 해피 형이 과거를 부정하니 나도 현재를 부정할 뿐, 아무 이유 없어."

2 If 가정법 과거와 과거완료

❶ If 가정법 과거

현재사실에 대한 반대 사실을 가정하며 직설법으로 나타낼 수 있습니다. 단 **시제는 현재**, **의미는 반대**가 됩니다. 특히 주의할 점은 if절의 be동사는 수와 인칭에 관계없이 항상 **were**를 사용합니다.
- 별명이 워인 이유죠^^

If+주어+과거형 동사, 주어+조동사과거형+원형동사 (만약 ~라면, ~할 텐데)

- If I **were** you I **could help** him. 만약 내가 당신이라면, 그를 도울 텐데
   = **As** I **am not** you, I **can't help** him. 내가 당신이 아니므로, 그를 도울 수 없다
- If you **supported** me, I **would make** it. 만약 당신이 나를 지원했다면, 성공했을 텐데
   = As you **don't support** me, I **don't make** it. 당신이 지원해주지 않아서, 성공하지 못했다
  - Do keep that in your mind! : 가정법 과거를 직설법으로 나타내면 시제는 현재, 내용은 반대가 됩니다. 내신 영순위 문제입니다.

❷ If 가정법 과거완료

과거 사실에 대한 반대 상황을 가정하며 직설법으로 나타낼 수 있습니다, 단, **시제는 과거**, **내용은 반대**가 됩니다.

If+주어+과거완료, 주어+과거형조동사+현재완료 (만약 ~했었다면, ~했을 텐데)

- If I **had been** a bird, I **could have flown** to you. 만약 내가 새였다면 당신에게 날아갔을 텐데
   = As I **was not** a bird, I **couldn't fly** to you. 내가 새가 아니었기 때문에 당신에게 날아갈 수 없었다
- If I **had studied** hard, I **would have passed**. 만약 내가 열심히 공부했었다면, 합격했을 텐데
   = As I **didn't study** hard, I **couldn't** pass. 나는 열심히 공부를 하지 않아서, 떨어졌다
  - 주절이 현재완료인 이유는 조동사 뒤는 항상 원형동사를 원칙으로 하기 때문이죠. had의 원형은 have.

Episode #2

I wish, as if 가정법 이야기

| INTRO |

I wish 가정법

항상 소망하고 꿈꾸지만 현실은 언제나 유감스럽게 I am sorry로 끝나는 소망의 가정법 I wish 그들의 안타까운 이야기 속으로 here we go!

I wish 가정법에 관한 profile (너의 속마음을 보여줘)

제우스가 말하죠.
"이제 가정법의 두 번째 주인공 순수한 소망을 나타내 줄 I wish 가정법을 창조할 시간이구나."
"**Say what, sir?** 뭐라 구요? I wish 가정법? 도대체 if 가정법과는 어떤 차이가 있나요?"
"그 해석법과 시제에 차이가 있지. I wish는 그야말로 순수 소망을 나타내며 시제도 달랑 두 시제, 즉 과거, 과거완료만 있거든."
"그럼 I wish 역시 직설법으로 나타낼 수 있나요?"
"물론, I wish의 의미, '~라면 좋을 텐데,' 이 말의 **hidden meaning** 숨은 의미 은 '~가 아니라 유감이다'란 뜻 아니겠니? 유감, 즉 I am sorry란 말이며, 바로 이것이 직설법이지. Have a look;"

- **I wish I were** a handsome guy. 내가 미남이라면 좋을 텐데
  = **I am sorry (that) I am not** a handsome guy. 못생겨서 유감이야. ㅋㅋ

"오호! **I got it.** 알겠어요 I wish의 속내는 결국 I am sorry였네요. Right?"
"Exactly!" ^_^*

1 | I wish 가정법 과거와 과거완료

순수가정을 나타내는 I wish 가정법은 과거와 과거완료 두 시제로 구성이 됩니다. I am sorry를 이용해 직설법으로 나타낼 수 있습니다. 단, **과거시제는 현재, 과거완료는 과거시제로 바뀌며 내용은 반대**가 됩니다.

❶ I wish 가정법 과거

I wish 주어+과거형동사 (~~라면 좋을 텐데)
현재 사실에 대한 유감을 나타내며 가정법이므로 be동사인 경우 I wish 절에는 항상 were를 사용합니다. I am sorry를 이용해 직설법으로 전환할 수 있죠. 단 **시제는 현재, 내용은 반대**가 됩니다.

| The Show 영문법 |

- **I wish** I **were** a bird. 내가 새라면 좋을 텐데
  = **I am sorry** (that) I **am not** a bird. 새가 아니라 유감이다
- **I wish** I **had** a nice car. 멋진 차가 있다면 좋을 텐데
  = **I am sorry** (that) I **don't have** a nice car. 멋진 차가 없어 유감이다

❷ I wish 가정법 과거완료

I wish 주어+had+pp (~이었더라면 좋았을 텐데)
과거사실에 대한 유감을 나타낼 때 사용하며 I am sorry절을 이용해 직설법으로 전환할 수 있습니다.
단, **시제는 과거, 내용은 반대**가 됩니다.

- **I wish** I **had been** a bird. 새였다면 좋았을 텐데
  = **I am sorry that** I **wasn't** a bird. 새가 아니어서 유감이다
- **I wish** I **had bought** a nice car. 좋은 차를 샀더라면 좋았을 텐데
  = **I am sorry** I **didn't buy** a nice car. 좋은 차를 사지 못해 유감이다

| INTRO |

as if 가정법

'마치 ~처럼,' 센 척, 있는 척하지만 사실은 꽝인 척의 대마왕 as if 가정법
그들의 허풍 속으로 here we go!

As if 가정법에 관한 profile (개뿔도 없는 것이 있는 척, 척의 대마왕)

I wish 가정법을 마무리하자 참모들이 기다렸다는 듯이 말하죠.

"**Sir, can we go home, now?** 이제 집에 가도 되나요?"
"**No, we haven't finished yet.** 아니, 아직 할 일이 남았다, as if 가정법이 남았단다."
"**It freaks me out,** 완전 황당해 도대체 as if 가정법은 뭐죠? **Is it a must?** 꼭 필요해요?"

에로스가 급 짜증을 내자 헤르메스가 옆구리를 찌르며 말하죠.

"**Hey, you'd better keep silent,** 조용하는 게 좋아 또 얼마나 깨지고 싶어 그래?"

하지만 우려와는 달리 제우스가 갑자기 귀신 씨나락 까먹는 소리를 하죠.

"난, 헤라클레스, 그 놈이 정말 싫다."
"무슨, 사오정도 아니고, 생뚱맞게 헤라클레스가 왜 나와요?"
"그 놈의 **fit body** 멋진 몸 만 보면 열불이 올라와서 말이다. 죽자고 운동을 해도 따라 갈 수 없으니. 쩝!"

제우스의 넋두리에 에로스가 팡, 웃음을 터뜨리며 말하죠.

"파 하하하! **Do you think it is making any sense, sir?** 말이 된다고 생각하세요? 제우스님 나

- freak out: 놀라게 하다

- had better: ~하는 것이 더 좋다

이에 어떻게 헤라클레스의 body를, 바랄 걸 바래야지. **By the way**그런데 도대체 as if 가정법과 그것이 뭔 상관이죠?"

"당연 상관이 있으니 말하는 것이지. 무식한 놈. **Just suppose,**상상해봐 한 남자가 있어. 그의 주머니에는 땡전 한 푼도 없지만 사람들 앞에서는 엄청 부자처럼 행동하는 남자 말이야. 이때 어떻게 표현할 것이여? 당근 척의 가정법 as if가 있어야지.

- He acts **as if** he **were** a millionaire. 그는 마치 백만장자인 것처럼 행동한다

  = **In fact** he **is not** a millionaire. 사실 그는 백만장자가 아니다

이처럼 If 가정법으로도 I wish로도 나타낼 수 없는 가정을 위해 as if는 **must have**필수 란 말이다, got it?"

"아하! as if의 속내는 in fact였군요. 그렇게 깊은 뜻이."

2 as if(though) 가정법 과거와 과거완료

사실은 아닌데, ~인 척 해보는 가정법으로 과거와 과거완료 두 시제로 구성이 됩니다.

❶ 과거

as if 주어+**과거형 동사** (마치 ~처럼)

현재사실에 대한 반대되는 내용을 가정하며, in fact를 이용해 직설법으로 나타낼 수 있죠. 단, **시제는 현재, 내용은 반대**가 됩니다.

- He commands **as if he were** a king. 그는 마치 자신이 왕이라도 된 듯 명령한다

  = **In fact** he **isn't** a king. 사실 그는 왕이 아니다
  - as if 과거시제에 사용되는 be동사 역시 인칭, 수에 관계없이 were로 나타냅니다.

- She smiles **as if** she **knew** me. 그 여자는 마치 나를 아는 것처럼 웃는다

  = **In fact** she **doesn't** know me. 사실 그 여자는 나를 모른다

❷ 과거완료

as if 주어]+**had+pp** (마치 ~~~이었던 것처럼)

과거 사실에 대한 반대를 가정하며 직설법으로 나타낼 수 있죠. **시제는 과거, 내용은 반대**가 됩니다.

- He commands **as if** he **had been** a king. 그는 마치 왕이었던 것처럼 명령한다

  = **In fact** he **wasn't** a king. 사실 그는 왕이 아니었다

- She smiles **as if** she **had known** me. 그녀는 마치 나를 알고 있었던 것처럼 웃었다

  = **In fact** she **didn't know** me. 사실 그녀는 나를 몰랐었다

기타 주의할 가정법 story

INTRO

혼합가정법

if 가정법의 원칙, 시제일치를 타파하고 조건절은 해피가, 주절은 워가 장악하며, 돌연히 만들어 낸 혼합가정법, 그 이야기 속으로 here we go!

혼합가정법에 관한 profile (내 맘대로 가정법)

"**Yahoo! Finally we have finished the subjunctive mood.** 아싸아~! 드디어 가정법이 끝났다"
척의 대마왕 as if 가정법을 마무리 하자마자 참모들이 함성을 지르죠. 하지만 이때 광장으로부터 sound가 들려오죠.

"**What's going on there?** 뭔 일이여?"
뭔 일인가 궁금해 내려다보니 if가정법의 비호감 해피와 워가 내 맘대로 가정법이란 logo가 박힌 picket을 들고 광장 중앙에 앉아 농성을 하고 있죠. 도대체 왜 저 둘은 저러고 있을까요? Can you remember? 해피가 왜? 과거에 일어난 일이면 무조건 반대만 하며 청개구리가 되었는지 말입니다. 태어나 난생 처음 이상형 girl에게 dash를 했다가 대굴욕을 당한 사건 말이죠. 그 날 이후 해피의 생각은 오직 하나였죠. 제우스를 향한 원망과 복수.

"흥! 나를 요 모양, 요 꼴, 모개딱지로(ugly) 빚어 놓은, 제우스, 두고 보자. 매운 맛을 보여 주겠어."

제대로 깽판을 쳐 제우스를 엿 먹일 방법을 궁리하던 해피가 자신의 쫄쫄이 워를 불러 말했죠.

"우리에게 이런 외모를 준 제우스를 용서할 수가 없구나. 복수(revenge)하고 싶은데 would you help me?"

"**Sure, I would.** 좋아, 뭐든지 말만 해 난 형의 영원한 쫄쫄이잖아. 그나저나 어떻게 **pay back** 복수 을 하지, 형?"

"**I got a good scheme.** 좋은 계획이 있어 제우스가 열나 강조하는 if 가정법의 제 1원칙; 시제일치의 원칙을 깨버리는 거야."

"How?"

"내가 조건절을 맡을 테니 너는 주절을 맡아 as follows;

- Zeus, If you **had created** us hot, we **would follow** now.
제우스, 만약 당신이 우리를 멋지게 만들어 주었다면, 지금 우리는 순종할 텐데

• dash: 작업을 걸다

• scheme = plan: 계획

"쪼아! if절은 형, 과거완료가, 주절은 나, 과거가 책임을 지자는 말이지?"
한 마음이 된 둘이 결국은 사고를 친 것이죠. 제우스가 버럭 고함을 치죠.
"내 맘대로 가정법? What the hell are they talking about? 원 개소리여?"
"조건절은 과거완료, 주절은 과거시제라고 그러나 본데요."
"What? 미쳤냐? if가정법은 일치가 생명인데 헛소리 그만해."
"흥! 세상에 예외 없는 법칙은 없죠. 죽이든 살리든 맘대로 하세요."
해피가 이판사판으로 들이대자 마음이 급한 참모들이 push를 하죠.
"해피가 원하는 대로 해 주세요. 사실 예외도 필요하잖아요."
"그래도 그렇지, 맘대로 가정법이 뭐냐? 가오 상하게."
"그럼 혼합이라고 하던가. 문장의 종류 중에 혼합문도 이미 있으니 말이죠."
"If you insist, I can't help it. 뭐, 그렇다면, 할 수 없지 하지만 조건이 있어."
"조건? Condition? What's that?"
"주절에 현재를 나타내는 시간 부사, today, this morning, now 등을 수반할 것. 그 정도는 할 수 있지?"
해피와 워가 대답하죠.
"Okay, call. ♪♪"

1 혼합가정법

If+주어+had+pp, 주어+조동사 과거형+원형동사 (만약 ~했었다면, ~~할 텐데)

조건절은 과거완료, 주절은 과거로 구성된 가정법으로 주절에는 꼭 현재를 말해주는 시간부사가 따라옵니다. 직설법으로 나타내면 조건절은 과거, 주절은 현재가 되며 내용은 반대가 됩니다.

- If I **had exercised** regularly, I **would be** fit now.
  규칙적으로 운동을 했었더라면, 지금 몸짱이 되었을 텐데
  = As I **didn't exercise** regularly, I **am not** fit now.
  규칙적으로 운동을 하지 않아서, 지금 몸짱이 아니다
- If you **had saved** money for a rainy day, **you would not** suffer now.
  만약 네가 힘든 날을 위해 돈을 저축 했었더라면, 지금 고생하지 않을 텐데
  = As you **didn't save** money for a rainy day, you **suffer** now.
  힘든 날을 위해 저축을 하지 않아서 지금 고생을 한다

2 if의 생략과 조건절의 대용

❶ if의 생략

if가정법에서 if는 생략될 수 있습니다. 단, if가 생략되면 동사+주어의 어순, 도치가 일어나니 주의하세요.

| The Show 영문법 |

- Hey, Noun, if you **were** in my shoes, what **would** you do?
  = Hey, Noun, **were you** in my shoes, what **would** you do?
  어이, 명사, 너희들이 나라면, 어떡할래?
- Verb, if you **had not betrayed** us, we **could have made** good friends.
  = Verb, **had you not betrayed** us, we **could have made** good friends.
  동사, 너희들이 배신만 때리지 않았더라면, 우리는 친구가 될 수도 있었지

❷ if절의 생략

if절 자체가 완전히 생략된 체 주절만 있는 경우로 주절의 내용과 시제를 통해 if절을 유추할 수 있습니다.

- I **might have caught** the train. 기차를 탈 수도 있었을 텐데
  – 주절의 시제가 과거완료이므로 다음과 같은 if절을 가정해볼 수 있죠.
  = **If I had arrived** at the station earlier, I **might have caught** the train.
  일찍 역에 도착했더라면, 기차를 탈 수 있었을 텐데

❸ if절의 대용

부정사, 분사, 부사구, 기타 접속사가 if절을 대신합니다.

1) 부정사의 대용

- **To hear** him talk, you **would** trust him. 그가 말하는 것을 들으면, 당신은 그를 믿을 텐데
  = **If you heard** him talk, you **would** trust him.

2) 분사의 대용

- **Left** alone, he **would have been** lost.
  = **If he had been left** alone, he **would have been** lost.
  만약 그가 혼자 남겨졌더라면, 그는 길을 잃어버렸을 텐데
  – 그가 남겨지는 것이므로 수동분사로 나타냅니다.

3) 부사구의 대용

- **With many audience**, I would be happy. 청중이 많이 왔다면, 좋았을 텐데
  = **If many audience came**, I **would** be happy.

4) 기타 접속사의 대용

suppose, providing, granting, in case of (that) 등이 if를 대신합니다.

- **Suppose** that you were a judge, what **would** you do? 당신이 판사라면, 어떻게 했을까?
  = **If you were** a judge, what **would** you do?

3 주의할 관용표현

❶ if it were not for = but for = without

'만약 ~없다면'으로 사용되는 대표적인 관용구입니다. 조건절이 과거이므로 주절도 과거시제를 사용합니다.

- **If it were not for** water, nothing **could** live. 물이 없다면, 어느 것도 살 수 없을 텐데
  = **Were it not for** water, nothing **could** live.
  = **But for** water, nothing **could** live. = **Without** water, nothing **could** live.

❷ if it had not been for = but for = without

'만약 ~~가 없었더라면'의 뜻으로 과거완료시제로 사용되죠. 주절 역시 과거완료로 나타냅니다.

- **If it had not been for** your help, I **wouldn't have survived**.
  = **Had it not been** for your help, I **wouldn't have survived**.
  = **But for** your help, I **wouldn't have survived**.
  = **Without** your help, I **wouldn't have survived**.
  당신의 도움이 없었더라면, 나는 살아남지 못했을 텐데

❸ It is time that 주어+과거형동사

'~할 시간이다'란 뜻을 나타내는 관용구로 that절의 시제는 항상 과거로 나타냅니다.

- It is time that we **said** good bye. = It is time to say good bye. 헤어질 시간이다
- It is time that you **went** to school. = It is time to go to school. 학교 갈 시간이다

Yahoo! 사실의 벽을 넘어 무한한 상상의 나래를 펴는 가정법 이야기도 모두 끝이 났습니다. 다음 Wrap Up을 통해 깔끔하게 마무리 하시고 내일 다시 만나요. Bye!

Wrap Up & Explanation

Wrap Up

❶ [01~03] 다음 괄호 안에 들어갈 한 단어를 쓰시오.

01 Start early, (   ) you will catch the first train.

02 (   ) you work hard, you will fail the exam.

03 It is time that we (   ) a rest.

❷ [04~08] 괄호 안의 말을 올바른 형태로 고쳐 쓰시오.

04 If it (be) fine, we will go swimming.

05 If I (know) him, I could ask him to help me.

06 Had I (have) enough money, I would have bought that car.

07 I wish I (am) a famous actor.

08 He talks as if he (sees) me before.

❸ [09~13] 직설법은 가정법으로, 가정법은 직설법으로 고쳐 쓰시오.

09 If he were strong, he could lift it.

10 She did not work hard so she failed.

11 If you had helped me, I would have succeeded.

12 I wish I were with you.

13 She talks as if she had attended the seminar.

❹ [14~15] 다음을 영작하시오.

14 사랑이 없다면 어떻게 될까?

15 혹시라도 내가 반에서 일등을 한다면, 부모님이 기뻐할 텐데.

Explanation

❶

01 명령문, and의 구문입니다.
    (일찍 출발해라, 그러면 첫 기차를 탈 것이다)

02 Unless는 if ~ not의 뜻을 나타내죠.
    (만약 열심히 공부하지 않으면, 당신은 실패할 것이다)

03 It is time that 구문에서 **that**절의 동사는 항상 과거형이죠. took입니다.
    (휴식할 시간이다)

❷

04 가정법 현재이므로 현재형 동사 is 혹은 원형 be로 나타내죠.
    (날씨가 좋다면, 수영하러 갈 것이다)

05 두절의 시제는 일치를 이루어야 합니다. 주절이 과거니 조건절도 과거형입니다. knew.
    (만약 내가 그를 안다면, 그에게 도움을 청할 텐데)

06 If가 생략된 가정법 과거완료형입니다. 도치에 주의해야죠. had.
    (만약 충분한 돈이 있었다면 그 차를 샀을 텐데)

07 I wish 가정법 과거형이죠. **be** 동사는 인칭에 관계없이 **were**로 나타냅니다.
    (내가 유명한 배우라면 좋을 텐데)

08 as if 과거완료입니다. 소전 절에 before라는 말이 시제를 일러주죠. had seen입니다.
    (마치 그는 나를 전에 보았던 것처럼 말한다)

❸

09 As he is not strong, he can't lift it.
    (그는 힘이 세지 않아서 그것을 들 수가 없다)

10 If she had worked hard, she would not have failed.
    (그녀가 열심히 공부했었다면 실패하지 않았을 텐데)

11 As you didn't help me, I could not succeed.
    (당신이 나를 돕지 않아서 나는 성공할 수가 없었다)

12 직설법으로 나타내면 현재가 되죠.
    I am sorry (that) I am not with you.
    (당신과 함께 할 수 없어서 유감이다)

13 In fact, she didn't attend the seminar.
    (사실 그녀는 그 세미나에 참석하지 않았다)

❹

14 If it were not for love, what would happen?
    = But for love, what would happen?
    = Without love, what would happen?

15 강한 의심을 나타내는 미래 구문에 관한 영작이므로 조건절에 **should**를 사용합니다.
    If I should be the top in my class, my parents will(would) be happy.

| 창조 스물한째 날 _ All about the others

STORY 21

일치와 화법에 관한 이야기

수와 시제야, 일치(agreement)를 이루어라!

창조 스물한째 날입니다. 오늘은 일치(agreement)와 화법(narration)에 관한 full story가 전개될 날입니다. 이 날 아침, 제우스가 참모들을 보자마자 뜬금없이 노래를 부르죠.

"무엇이, 무엇이 똑 같을까? 주어와 동사의 수(number)가 똑 같아요. 무엇이, 무엇이 똑 같을까? 두 절의 시제(tense)가 똑 같아요."

영문을 몰라 참모들이 수군대죠.

"아침부터 웬 노래질?"

마치 이런 참모들의 궁금증에 화답이라도 하듯이 제우스가 말하죠.

"단지 오늘의 주제에 관해 hint를 주려는 것 뿐, 아무 이유 없어."

"그래요, 주제가 뭔데요?"

"일치와 화법(agreement & narration)이란다."

"그런데요? 일치와 그 노래가 뭔 상관있다고?"

"당연히 있지, 주어가 단수(singular)이면 동사도 단수, 복수(plural)이면 동사도 복수. 즉, 주어와 동사의 수를 똑 같게 만들어 주는 것, 이것이 바로 일치거든."

"아하! I got it. 그럼 화법은 뭐죠?"

"말을 전달하는 방법으로 직접과 간접화법이 있지."

"그런데 왜? 일치와 화법을 동시에 창조하려는 것이죠. 어떤 이유라도 있나요?"

"물론이다, 직접화법을 간접화법으로 전환할 때 전달되어지는 말이 일치를 이뤄야하기 때문이지. 그럼 이제 슬슬 일치와 화법을 창조하러 떠나볼까? Do you get ready?준비 됐니?"

"Yes, sir, we are completely ready.완전 준비 되었어요^^"

창조 스물한째 날, 수와 시제의 일치, 그리고 말을 전달하는 화법에 관한 이야기 속으로 go! go!

수와 시제가 짝을 이루는 일치이야기

| INTRO |

일치(Agreement)

일치란 두 개 이상의 사물이 같은 형태를 취하는 것으로 수의 일치, 시제의 일치, 격의 일치가 있습니다. 이들 일치 이야기 속으로 here we go!

주어와 동사 수의 일치 (단수는 단수끼리, 복수는 복수끼리 잘 먹고 잘 살아보세)

제우스가 수의 일치에 관한 규칙을 정한 후 개념을 정확하게 잡아주기 위해 에로스를 꼭 찍어 질문을 하죠.

"Eros, 수의 일치가 뭐라고 했지?"

"주어와 동사의 수를 같게 만들어 주는 것이라면서요. 주어가 단수이면 동사도 단수, 주어가 복수이면 동사도 복수. 그런데 정말 궁금해서 그런데요. 왜 수의 일치가 필요하죠? 꼭 있어야 하나요?"

"Good question, let me clear it. 수의 일치는 시소놀이에 비유할 수 있어. 에로스 네가 시소놀이를 하고 있다고 가정해 봐. 너는 혼자인데 상대방은 떼거리로 몰려들면 **What would happen?** 어떻게 될까?"

"It sounds ridiculous. 말도 안 되죠 당연 game over죠."

"Bingo, 그렇지, 수의 일치 또한 그래. 주어가 단수인데 동사가 복수로 들이밀면 어법상, 의미상 완전한 문장이 만들어지겠어?"

"No, it can't."

"바로 수의 일치가 꼭 필요한 이유지. 단수주어는 단수동사와 복수주어는 복수동사와 일치를 이룰 때 행복한 영어왕국이 만들어질 수 있지. You know what I am saying?"

"Yes, sir."

한편, 주어의 수에 따라 동사의 수가 결정된다는 말을 들은 동사들이 getting mad해져서는 마구 불평을 하죠.

"쳇! 왜 동사의 수를 주어가 결정하게 하는 건데? 대머리 제우스, 정말 짜증 지대로다."

이에 제우스가 욱해 고함을 치죠.

"Shut up! 닥쳐! 그럼 주인이 되는 주어가 수를 결정하지, 주어의 행동을 나타내는 동사 니들이 주어의 수를 결정하리? size에 맞는 소리를 해야지."

- let me clear it: 분명하게 해 줄게

- get mad: 화가 나다

| The Show 영문법 |

1 수의 일치(Number Agreement)

주어의 수에 따라 동사의 수를 일치시켜주는 것을 말합니다. 주어가 단수이면 동사도 단수, 주어가 복수이면 동사도 복수형으로 일치시켜 주는 것을 말하죠.

- **He is** a musician. 그는 음악가이다
  = **They are** musicians. 그들은 음악가들이다
- **This is** her book. 이것은 그녀의 책이다
  = **These are** her books. 이것들은 그녀의 책들이다

이상 예문의 일치 변화는 다음처럼 요약할 수 있습니다;

주어	동사	보어
He ~ they	is ~ are	a musician ~ musicians
This ~ these	is ~ are	book ~ books

- 주어의 수가 단수에서 복수로 바뀌면 동사는 물론 보어 또한 복수로 일치를 이룬다는 것에 주의하세요.

❶ 주의할 수의 일치

주어로 사용되는 명사 중에는 성격상 한 눈에 수를 파악할 수 없는 것들도 많고, 또한 성격상 복수형을 취하지만 항상 단수로 취급되는 것들도 많아 각별한 주의가 필요합니다. 특히 주의할 주어들은 다음과 같습니다. 꼭 암기하세요.

1) 구, 절이 주어가 되면 단수로 취급해 단수동사와 일치를 이룹니다.

- **To say is** one thing and **to act is** another. 말하는 것과 행하는 것은 별개의 것이다
- **The rumor** that he is a gay **is** really shocking. 그가 gay라는 소문은 매우 충격적이다

기타 꼭 기억해야 할 동격을 나타내는 접속사는 다음과 같습니다.

The idea that~ (that 이하의 생각)   The fact that~ (that 이하의 사실)
The conclusion that~ (that 이하의 결론)   The belief that~~ (that 이하의 신념)

2) 관계대명사가 이끄는 형용사 절은 선행사의 수에 동사의 수를 일치시켜 줍니다.

- **The girls** whom we met **were** so sweet. 우리가 만났던 소녀들은 아주 상냥했다
- Look at **the cat** that **sits** on the sofa. 소파에 앉아 있는 고양이를 보아라
  – the cat이 3인칭 단수이며 또한 시제가 현재이므로 3인칭 단수동사 현재형 s를 붙여 sits로 나타냅니다.

3) 관사가 하나이면 단수동사로, 각각이면 복수동사로 일치시켜줍니다.

둘 이상의 명사가 and로 연결되어 주어 역할을 할 때 관사가 하나이면 단수동사로, 각각이면 복수동사로 나타냅니다.

- **A** singer and actor Rain **is** performing now. 가수이며 배우인 비가 지금 공연을 하고 있다
- **An** actor and **a** director **are** on the stage. 배우와 감독이 무대 위에 있다

4) 상관접속사로 연결될 때

상관접속사가 주어가 될 때는 다음과 같은 원칙에 따라 동사의 수를 일치시켜줍니다.

a) either A or B (A, B 중에 하나를 말할 때)

B 주어에 동사의 수를 일치 시켜줍니다.
- Either you or **Jenny is** wrong. 당신 혹은 제니 중 한 사람은 틀렸다

b) neither A nor B (A, B 둘 다를 부정할 때)
B 주어에 따라 동사의 수를 결정합니다.
- Neither you nor **I am** a director. 당신도 나도 국장이 아니다

c) not only A but also B = B as well as A (A, B 둘 모두를 말할 때)
B 주어에 동사의 수를 일치시키며, as well as 구문으로 바꾸어 나타낼 수 있습니다. 단 **바꾸면 A, B의 위치가 변하게 되니** 각별히 주의하세요.
- Not only he **but also you are** Koreans. 그뿐 만 아니라 당신도 한국인이다
  = **You** as well as he **are** Koreans.
  - 어떤 경우든 B 다음에 오는 주어에 동사의 수를 일치 시키세요.

| INTRO |

수의 일치 예외

예외 없는 법칙은 없죠, 수의 일치 또한 당연히 예외가 있습니다. 그 예외 속으로 here we go!

 수의 일치 예외 (News와 학과명의 반란!)

평소 세상에 따끈따끈한 새로운 소식을 전한다는 자부심에 콧대가 높은 News, 가방 끈이 길고 배운 것들이라며 고상을 떨어대는 학과명들; **Mathematics**수학, **Ethics**윤리학, **Politics**정치학 등이 모여 잡담을 하고 있죠. 이 때 한 논리 하는 **Logics** 논리학 가 들어오며 불평을 하죠.

- devastated: 화가 나다

"You know what?있잖아? I was devastated and dumbfounded at the same time. 난 정말 화도 나고 동시에 어이가 없다"

"Why did you get so devastated?왜 그렇게 화가 났어?"
논리학의 비명에 **Economics**경제학 가 묻죠.

"웃겨, 세상에 하나뿐인 고유명사, 학문인 나에게 동사들이 복수로 들이대니 말이야. 도대체 논리학을 뭘로 보고, 완전 싼티 제대로다. you know, the rarer, the better,적을수록 더 좋다, 희소성의 가치가 없잖아."

"Oh, that is what I am thinking.맞아, 내 생각도 그래"

News가 맞장구를 치자 Maths가 제안을 하죠.

"우리 한 번 실력행사를 해볼까?"

| The Show 영문법 |

"**Good! Let's go for it!** 쪼아, 우리 가는 거야~!"
한 마음이 된 News와 학과명들이 모여 광장으로 가서는 메가폰을 들고 말하죠.
"**Sir, can you hear me?**"
"**Yup, what's wrong?**"
"우리는 하나 뿐인 귀한 고유명사, 그럼에도 불구하고 허접한 동사들이 단체로 들이대며 품위를 떨어뜨리니 열 받아 못살겠어요? 당장 조치를 취해줘요."
상황을 파악한 제우스가 화급히 참모들을 call해 말하죠.
"참~ 이거 야, 원. News와 학과명들이 저리 난리를 치니 **what should I do?** 어떡해?"
"아예 수의 일치에 관한 예외(exception)를 만들죠, 뭐."
"예외? 그래 까짓것 만들지 뭐."
수의 일치에 관한 예외를 만들어 발표 하려는 순간 어디서 들었는지 부정대명사 Every, Each가 나타나 자신들도 단수명사로 인정을 해달라고, 그래서 단수동사로만 짝을 이루겠다고 떼를 쓰죠. 둘의 성화에 이들까지 package로 묶어 공고(notice)를 하죠.

● package: 하나로 묶다

"동사들, listen to me. 앞으로 학과명과 News, 그리고 부정대명사 Every, Each는 항상 단수로 취급해 단수동사와 일치를 이룰 것이다. 따라서, 이들이 주어로 오면 항상 단수로 모셔라, 유남생?"
이에 동사들이 대답은 하지만 뒤돌아서서 욕을 해대죠.
"유남생(You know what I am saying?)은 얼어 죽을! 아 글구, 가방 끈 길고 든 게 많은 학문 명사면 다야? News면 다냐고? 지들이 뭔데, 단수로 하라 마라야, 완전 재수 없다."

❷ 수의 일치의 예외

다음과 같은 명사는 항상 단수로 취급해 단수동사와 일치를 이루니 각별히 주의하세요.

1) every, each가 수식하는 명사

- **Every** person **wants** to be happy. 누구나 행복해지기를 원한다
- **Each** man **has his** own taste. 모든 사람은 각각의 취향이 있다
  ● 소유격(his) 또한 단수로 일치시켜야 합니다. 어법에 자주 나오니 꼭 기억하세요.

2) news와 학과명

mathematics(수학), economics(경제학), politics(정치학), ethics(윤리학), astronomics(천문학), etc.

- **Logics is** very angry at seeing plural verbs. 논리학은 복수 동사들을 보고 매우 화가 났다
- Bad **news travels** fast. 나쁜 소식은 빨리 퍼진다

3) 시간, 거리, 가격, 무게 등이 통합된 뜻을 나타낼 때

- **Ten years is** very long to wait. 10년이란 세월은 기다리기엔 너무 길다
- **Hundred miles is** quite a long distance. 100마일은 아주 먼 거리다
- **Thirty pounds** sugar **is** heavy to carry. 30파운드의 설탕은 운반하기에 무겁다

4) 기타 부분을 나타내는 관용구

most of, half of, the rest of 등과 같이 부분을 나타내는 관용구는 뒤에 오는 명사의 수에 따라 동사의 수를 일치시켜줍니다.

- Most of **boys are** playing soccer. 대부분의 소년들이 축구를 하고 있다
- Half of the **melon was** rotten. 그 멜론의 반이 썩어 있었다
- The rest of **coffee was** all grinded. 나머지 커피는 모두 갈려졌다
  - coffee는 물질명사이므로 단수로 취급해 단수동사로 받습니다.

INTRO

시제 일치(Tense Agreement)

동사와 시간 부사, 주절과 종속절의 동사시제가 나란히 일치를 이루는 시제 일치, 이들 일치 속으로 here we go!

시제 일치 (마님, 항상 마님 시간에 맞춰 드릴게요)

제우스가 시제 일치에 관한 format을 동사와 시간부사, 주절과 종속절의 동사 시제 일치로 크게 구분한 후 먼저 시간을 담당하는 시간부사, tomorrow, today, ago, yesterday, last 등을 한자리에 불러 당부를 합니다.

"Guys, 시제 일치를 이루는 첫 걸음은 바로 너희 시간 부사와 동사의 시제 일치란다. 그래서 내가 너희들에게 아주 중요한 mission을 줄 것인데 can you do that? 할 수 있겠니?"

- absolutely: 당연하죠

"Absolutely, sir. What is it?"

"먼저, 동사의 시제를 관찰하는 것이다. 동사의 시제가 과거이면 너희들 중 과거를 나타내는 시간부사 Ago, Yesterday, Last가/ 미래이면 Tomorrow가/ 현재이면 Today가 가서 동사들의 supporter가 되어주는 일이다. Now, am I clear? 알겠니?"

- supporter: 후원자

"Yup! crystal clear, 완전 이해하죠. ♪♪"

- crystal; clear 를 강조함

"Good!"

시간 부사들의 긍정적인 태도에 고무된 제우스가 내친김에 동사들을 불러 말하죠. 특히 종속절에 사용되는 동사들을 지목해 강조를 하죠.

"종속절 동사의 시제는 주절의 시제에 달려 있단다. 종속절의 운명이 주절에 묻어가는

| The Show 영문법 |

> 종놈의 절, 돌쇠니 당연한 것이겠지. 다음의 두 원칙을 꼭 기억해 준수해라."
> 주절이 현재, 미래, 미래완료; 종속절 12시제 모두 okay
> 주절이 과거; 종속절은 오직 두 시제, 과거, 과거완료시제, just take a closer look;
>
> a. People **say** that Zeus **is** (was, has been, had been, etc.) a player.
>   사람들은 제우스가 바람둥이라고 말한다
> b. People **said** that Zeus **was**(**had been**) a player.
>   사람들은 제우스가 바람둥이였다고 말했다
>
> "돌쇠야, 동사의 시제를 어떻게 결정해야할지 이제 알았지?"
> "Yes, sir, 돌쇠의 모든 시간은 마님의 schedule에 맞추라는 말씀이죠?"
> "Exactly! 주제를 알고 처신하라는 말이다."

- player:
  바람둥이

2   시제 일치(Tense Agreement)

❶ 동사와 시간 부사의 일치

- The war **broke out** 100 years **ago**. 100년 전에 전쟁이 발발했다   • break-broke-broken
- I **will go** abroad **next year**. 나는 내년에 유학을 갈 것이다

❷ 주절과 종속절의 시제 일치

1) 주절이 현재 혹은 미래, 미래완료일 때 종속절은 **12시제 모두 okay**.

   - Hermes **thinks** that Aphrodite **is**(12시제 okay) the most beautiful goddess of all.
     헤르메스는 여신들 중 아프로디테가 가장 아름답다고 생각한다
   - Apollo **says** that he **is**(12시제 okay) a real gentleman.
     아폴로는 자신이 진정한 신사라고 말한다

2) 주절이 과거일 때 종속절에는 과거 혹은 과거완료만을 취할 수 있습니다.

   - Hermes **thought** that Aphrodite **was**(**had been**) the most beautiful goddess of all.
     헤르메스는 아프로디테가 여신들 중 가장 아름다웠다고 생각했다
   - Apollo **said** that he **was**(**had been**) a real gentleman. 아폴로는 자신이 진정한 신사였다고 말했다

3) 주절의 시제 변화에 따른 종속절 시제의 변화

   - He **asks** me if he **will** stay or leave. 그는 나에게 있어야 할지, 떠나야 할지 물었다
     = He **asked** me if he **would** stay or leave.
     - 주절이 과거시제로 변하면 종속절 또한 과거시제로 일치를 이룹니다.
   - I **know** that this **was** going to happen. 나는 이런 일이 일어날 줄 알고 있었다
     = I **knew** that this **had been** going to happen.
     - 주절이 과거로 변하면 과거였던 종속절은 과거완료로 변합니다.

시제 일치의 예외 (진리의 반란)

일치에 관한 작업이 슬슬 풀려가자 제우스가 말하죠.

"Oh, all is going well.만사형통이군 참 다행이야."

즐거움도 잠시 누군가가 shouting을 하죠.

"What happened?"

제우스가 내려다보니 항상 진리만을 나타내는 문장, "**The earth is round.** 지구는 둥글다"가 광장 한 복판에서 고성을 지르고 있죠. 제우스가 말하죠.

"**Hey, what's going on?** 무슨 일이야?"
"**I believe you must know who I am.** 내가 누구인지 알죠"
"**Definitely,** 당근이지 불변의 진리를 말하는 진리문이 아니냐?"

"그렇죠, 저는 truth진리 를 나타내는 문장이죠. 과거에도 그랬고, 현재도, 또한 미래에도 변하지 않을 불변의 진리 말이죠?"

"**So, what?** 그런데, 그것이 뭐?"

"이런 경우 어떡하죠? 내가 종속절이 되었는데, 주절의 시제가 과거면 나도 과거동사를 사용해야 하나요? 시제 일치의 원칙에 따라 내 절의 is도 was로 change해야 하나요?"

"**Carrot,** 당근이지"

"**How ridiculous!** 말도 안 돼. 그럼, 지구가 어제는 둥글지만, 오늘은 세모, 내일은 네모가 될 수도 있다는 말이예요? **Is it making sense??** 말이 돼요?"

진리 문의 날카로운 지적에 제우스가 말하죠.

"**Stop asking, I already planned everything.** 질문 그만해, 이미 다 만들어 뒀거든"
"**You did?** 정말요?"

"예외적으로 불변의 진리, 속담, 격언, 그리고 반복적인 습관을 말해주는 절은 **at any case** 어떤 경우든 현재 시제를 사용할 것이다. 그 의미가 영속성을 가지며 또한 변함이 없으니 말이다. Are you happy with this?"

이에 진리문이 꽃 미소를 날리며 대답을 하죠.

"**Yup, It couldn't be better.** 왕 최고죠. 생~유 ^_^ *"

- go well: 잘 되어가다

- definitely = absolutely: 물론

- It couldn't be better: '더 이상 좋을 수는 없다' 최고란 뜻이죠

❸ 시제 일치의 예외

1) 항상 현재로 나타내는 표현들

a) 반복되는 습관
- Heather **said** that she **goes** to church every Sunday. 헤더는 일요일마다 교회에 간다고 말했다

b) 불변의 진리
- Teacher **said** that two twice **is** four. 선생님은 2x2는 4라고 말씀하셨다

| The Show 영문법 |

c) 속담

- Grandma **used to say** that the early bird **catches** the worm.
  일찍 일어나는 새가 벌레를 잡는다고 할머니는 말씀하곤 하셨다

d) 미래시제의 대용

시간, 조건을 나타내는 부사절에서는 현재시제가 미래시제를 대신합니다.

- I will start **after** mom **recovers**.   엄마가 회복하신 후에 나는 출발할 것이다
  ≠ I will start after mom will **recover**. (×)
- We will go on a field trip **if** the weather **is** fine.   내일 날씨가 좋다면 현장학습을 갈 것이다
  ≠ We will go on a field trip if the weather **will be** fine. (×)   • field trip: 현장학습

2) 항상 과거로 나타내는 표현들

역사적인 사실은 항상 과거시제로 나타냅니다.

- Columbus **discovered** America in 1492.   콜럼버스가 1492년 미국을 발견했다
- The Korean war **broke out** in 1950.   한국 전쟁은 1950년에 발발했다

3) 기타

종속절이 가정법인 경우 주절의 시제 변화에 영향을 받지 않습니다.

- He **says** that if **I were a bird**, **I could fly** to you.
  = He **said** that if **I were a bird**, **I could fly** to you.
  만약 내가 새라면 너에게로 날아갈 텐데 라고 그가 말했다

말을 전달하는 화법이야기

| INTRO |

화법(Narration)

말을 전달하는 법, 화법, 전달하는 사람의 version 해석에 따라 달라지는 두 화법, 직접화법과 간접화법의 이야기 속으로 here we go!

 직접화법 vs 간접화법 (직접화법의 symbol은 콤마와 따옴표)

제우스가 화법에 관한 briefing을 하고 있죠.

"화법이란 말을 전달하는 방법에 관한 것으로 직접화법(direct narration)과 간접화법(indirect narration)이 있지. 전자는 전달자가 들은 그대로 전달하는 것이라면 후자는 전달자가 자기의 입장에서 재해석해, 즉, 전달자의 version으로 바꿔서 전달하는 것이지."

"Oh, ye! 그런데요. 직접인지, 간접인지 어떻게 구분하죠?"

"콤마와 따옴표, 즉 인용부호가 구분의 기준이지. 직접 화법에는 있지만 간접에는 없으니 말이다."

"두 화법은 서로 switch가 되나요?"

"Of가 course지"

"**Are there any rules?** 규칙이 있나요? 전환할 때 먼저 파악할 사항은 무엇이죠?"

"First thing은 바로 따옴표 안의 문장의 종류를 파악하는 것. 가령, 평서문, 의문문, 명령문, 감탄문 등"

"Aha! What's next?"

"문장의 종류에 따라 전달동사를 선택하고 인용부호 안의 내용을 바꾸면 되지. 이제 두 화법에 관해 감이 잡히냐?"

"Yes, sir."

- version: 해석, 관점, 입장
- switch: 바뀌다
- first thing: 첫 번째로 할 일

1 직접화법 vs 간접화법

❶ 직접화법(Direct Narration)

상대방의 말을 들은 대로 전달하는 화법으로 전달문과 피전달문으로 구성됩니다. 콤마 앞의 문을 전달문, 뒤 인용부호 속에 있는 문을 피전달문이라고 합니다.

- The judge says to him, "You are guilty." 판사가 그에게 말했다, "당신은 유죄야."
  전달문   피전달문

| The Show 영문법 |

- He said to the jury, "I am innocent." 그는 배심원들에게 말했다, "나는 무죄요."
  전달문   피전달문
  – 전달문의 동사를 전달동사, 피전달문의 동사를 피전달동사라고 합니다.

❷ 간접화법(Indirect Narration)

상대방의 말을 전달자의 version으로 바꾸어 전달하는 방법으로 **전달문은 주절이 되고 피전달문은 종속절이 됩니다.** 위의 예문을 간접화법으로 바꾸면 다음과 같습니다.

- The judge **tells** him that **he is** guilty. 판사는 그가 유죄라고 말한다
- He **told** the jury that **he was** innocent. 그는 배심원들에게 죄가 없다고 말했다

2 화법의 전환

직접화법을 간접화법으로 전환할 때 기억할 네 가지는 다음과 같습니다.
① 피전달문의 종류를 파악할 것 (평서문, 의문문, 명령문, 감탄문 등)
② 피전달문의 종류에 맞게 전달 동사를 선택한 후 comma와 인용부호를 없앨 것
③ 피전달문의 인칭과 시제를 전달자의 인칭과 시제에 일치 시킬 것
④ 피전달문 속의 시간, 장소의 부사 또한 전달자의 version으로 바꿀 것
   단, 전달동사가 현재형이면 피전달문의 시간 부사는 변하지 않습니다.

❶ 평서문

전달동사 say는 say로, say to는 tell로, said to는 told로 바꾼 후 접속사 that을 이용해 피전달문을 종속절로 바꿔줍니다.

- Hermes **says**, "**I am** a messenger." 헤르메스는 말한다, "나는 메신저다"
  = Hermes **says that he is** a messenger. 헤르메스는 자신이 메신저라고 말한다
- Eros **said to** me, "I was pretty busy **yesterday**." 에로스가 말했다, "나는 어제 무척 바빴어"
  = Eros **told** me that **he had been** pretty busy **the day before**.
    에로스는 나에게 그가 그 전날 무척 바빴다고 말했다
  – 전달문의 동사가 과거형이므로 피전달문의 시제와 시간부사가 변했죠.

※ 전달문의 전달동사가 과거형일 때 피전달문의 시간, 장소 부사는 다음과 같이 변합니다.

here	there
now	then
ago	before
today	that day
last	the previous
next	the following
this(these)	that(those)
tonight	that night
yesterday	the day before
tomorrow	the following day

❷ 의문문

보통 의문문과 특수 의문문으로 구분됩니다.

1) 보통 의문문

전달동사는 시제에 따라 ask, asked로 바꾼 후 피전달문은 if, whether를 이용해 종속절로 바꿔줍니다. 이 때 유념할 point는 **피전달문이 평서문의 어순을 취한다**는 것이죠. 즉 간접의문문이 됩니다.

- Verbs **say to** Zeus, "Can we be Nouns?" 동사들이 제우스에게 묻죠, "우리도 명사처럼 될 수 있나요?"

  = Verbs **ask** Zeus **if they can be** Nouns.

- Nouns **said to** Verbs, "Did you meet Zeus last night?"

  명사가 동사들에게 물었다, "너희들 어제 밤 제우스를 만났니?"

  = Nouns **asked** Verbs **if(whether) they had met** Zeus **the previous night**.

2) 특수 의문문

의문사로 시작하는 의문문으로 의문사를 접속사로 사용한다는 것 외에는 보통의문문과 동일합니다.

- He **said to** me, "**Where** do you live?" 그는 내게 물었다, "너 어디 사니?"

  = He **asked** me **where I lived**.

- Teacher **says to** me, "**What** does your father do?" 선생님이 내게 말했다, "너의 아빠 직업이 뭐니?"

  – Teacher **asks** me **what my father does**.

- Zeus **said** to her "**How long** did you wait for me here?"

  = Zeus **asked** her **how long she had waited** for him **there**.

  제우스는 그녀에게 여기서 얼마동안 그를 기다렸는지 물었다.

❸ 명령문

명령의 강도에 따라 전달동사를 tell, ask, advise, order 등으로 고쳐준 후 to부정사를 이용해 전달동사+목적어+to do, 즉, 5형식 문형으로 나타냅니다.

1) tell+목적어+to do (말하다)

- Dad says to me, "Help your brother."

  = Dad **tells me to help** my brother. 아빠는 나에게 형을 도우라고 말씀 하신다

2) ask + 목적어+to do (부탁하다)

주로 피전달문에 please가 있을 때 사용하며, 이때 ask의 해석은 요청하다가 되죠.

- Zeus said to the staff, "**Please** follow me."

  = Zeus **asked the staff to follow him**. 제우스는 참모들에게 그를 따라와 달라고 요청을 했다

3) order + 목적어+to do (명령하다)

강한 명령을 나타낼 때 사용합니다.

- The general said to the soldiers, "Keep going."

  = The general **ordered his soldiers to keep** going. 장군은 군사들에게 계속 돌격하라고 명령했다

4) advise + 목적어 + to do (충고하다)

충고나 권고의 뜻을 나타낼 때 사용합니다.

- Doctor said to me, "Lose your weight."
  = Doctor **advised** me **to lose** my weight. 의사는 나에게 살을 빼라고 충고했다

5) 부정명령문

부정의 뜻을 나타내는 명령문은 to부정사 바로 앞에 부정어 not을 붙여줍니다.

- Mom always **said to** me, "**Don't** tell a lie."
  = Mom always **told me** **not to tell** a lie. 엄마는 항상 나에게 거짓말 하지 말라고 말씀하셨다

❹ 감탄문

감탄문 그대로 전환하는 방법과 평서문으로 바꿔 전환하는 방법이 있습니다.

1) 감탄문으로 전환할 때

전달동사 say를 exclaim이나 cry 등으로 바꾼 후 감탄문의 어순 그대로 나타냅니다.

- Eros says to a nymph "What a lovely girl you are!"
  에로스가 요정을 보며 감탄했죠, "당신은 얼마나 아름다운지!"
  = Eros **cries to** a nymph **what a lovely girl she is**!
- He said, "How stupid I was!" 그가 말했다, "나는 얼마나 멍청했던가!"
  = He **exclaimed how stupid he had been**!

2) 평서문으로 전환할 때

전달동사는 cry, exclaim, shout 등으로 바꾼 후 접속사 that을 이용해 평서문으로 바꾸며 감탄을 나타내는 how, what은 very로 바꿔줍니다. 전달동사 뒤에 with a joy 혹은 with a sigh 등을 붙여 강조할 수도 있죠.

- Gerunds say, "How perfect we are!"
  = Gerunds **exclaim with joy that they are very perfect**.
  동명사들은 기쁨에 겨워 그들이 매우 완벽하다고 소리쳤다
- The girl said, "What a sad movie it was!" 그 소녀가 말했다, "정말 너무 슬픈 영화야"
  = The girl **shouted with a sigh that it had been a very sad movie**.

❺ 중문

1) and, but으로 연결된 중문은 접속사 that을 붙입니다.

- He said to me, "I am rich **and** I can buy you anything."
  = He **told** me **that he was** rich **and that** he could buy me anything.
  그는 나에게 말했다, "나는 부자야, 그래서 너에게 뭐든지 다 사 줄 수 있어"
- Preposition said to me, "We trust you, **but** Adverb doesn't."
  = Preposition **told** me **that** he trusted me **but that** Adverb didn't.
  전치사가 나에게 말했어, "우리는 너를 믿어, 하지만 부사는 아니야"

2) for는 that을 붙일 수 없습니다.

- Hera says, "spring has come, **for** the flowers are blooming."
  = Hera says **that** spring has come **for** the flowers are blooming.

  헤라가 말하죠, "봄이구나, 꽃이 피는 것을 보니"

❻ 복문

피전달문의 종류에 맞게 전달동사만 선택하면 되죠. 기타 사항은 동일합니다.

- A shopper said, "I like this shirt, can I try this on?"
  = A shopper **said that** he liked that shirt **and asked if** he could try that on.

  한 쇼핑객이 말했다, "난 이 셔츠가 맘에 들어, 입어 봐도 될까요"

피전달문이 평서문과 보통의문문으로 되어 있죠. 따라서 전달동사와 접속사는 said that, asked if로 나타냅니다.

Yahoo! 스물한 번째 날, 일치와 화법에 관한 이야기도 모두 끝이 났습니다. 다음 Wrap Up을 통해 깔끔하게 마무리 한 후 마지막 날 다시 만나요. Bye!

Wrap Up & Explanation

Wrap Up

❶ [01~10] 다음 어법상 잘못된 부분을 찾아 바르게 고치시오.

01　A bread and butter are my breakfast.

02　I as well as you are a student.

03　Every mother love their children.

04　A poet and a professor is supposed to come here.

05　People believed that the earth was round.

06　I studied hard so that I may pass the exam.

07　He said that he got up at six every morning.

08　Two thirds apples is rotten.

09　She asked me where did I stay.

10　He ordered me to not go out.

❷ [11~15] 다음 문장을 간접화법으로 나타내시오.

11　The weather caster said, "It will snow a lot this weekend."

12　She said to me. "Please let me settle this problem."

13　The driver says, "How heavy this traffic is!"

14　He said, "The pay is quite good, but the work is just boring."

15　She said to John, "How much do you love me?"

Explanation

❶

01 버터 빠른 빵은 단수 주어로 취급하죠. 수의 일치가 필요하죠. 동사 are를 is로 바꿔주세요.
(버터 바른 빵이 나의 아침이다)

02 B as well as A구문은 **B주어**에 동사의 수를 일치시키죠. are를 am으로 고쳐주세요.
(너나 나 모두 학생이다)

03 **Every, each**가 수식하는 명사는 항상 단수로 취급하죠. love를 loves로, their를 her로 바꿉니다.
(모든 엄마는 자식을 사랑한다)

04 관사가 각각 있기 때문에 두 사람, 즉, 복수죠. is를 are로 바꿉니다.
(시인과 교수가 여기에 오기로 되어있다)

05 주절이 과거시제이지만 종속절의 내용이 불변의 진리이므로 예외죠. was를 is로 바꿉니다.
(사람들은 지구가 둥글다고 믿었다)

06 주절이 과거이므로 종속절도 과거로, **may를 might**로 바꿉니다.
(시험에 합격하기 위해 열심히 공부했다)

07 반복되는 습관 역시 예외죠. 현재형으로 또한 3인칭 단수이므로 s를 붙여 got을 gets로 바꿉니다.
(그는 매일 아침 6시에 일어난다고 말했다)

08 분수는 뒤에 오는 명사에 의해 수가 결정되며, apples는 복수이므로 is를 are로 바꿉니다.
(사과의 2/3가 썩었다)

09 피전달문이 의문문이죠. 의문조동사 did를 없애고 stay를 stayed로 바꾼 후 평서문의 어순 **She asked me where I stayed**로 바꿉니다.
(그녀는 내가 어디에 머물고 있는지 물었다)

10 부정명령문은 to 바로 앞에 not을 붙이죠. not to go out.
(그는 나에게 밖에 나가지 말라고 명령했다)

❷

11 The weather caster said that it would snow a lot that weekend.
(그 캐스터는 주말에 눈이 많이 내릴 것이라고 했다)
— 평서문이죠. 전달동사가 과거이므로 this가 that이 되죠.

12 She asked me to let her settle that problem.
(그녀는 그녀가 그 문제를 해결할 수 있도록 해 달라고 부탁했다)
— 피전달문이 명령문이며 please가 있으므로 ask+목적어+to do로 나타내죠.

13 The driver cries (that) this traffic is very heavy. (평서문)
The driver cries how heavy this traffic is! (감탄문)
(교통이 얼마나 혼잡한지! 하고 기사가 소리쳤다)
— 감탄문은 감탄문과 평서문, 즉, 두 문장으로 나타낼 수가 있죠.

14 He said that the pay was quite good but that the work was just boring.
(월급은 꽤 높지만 일은 정말 따분하다고 그가 말했다)
— 중문이며 접속사가 but이므로 that을 붙여줍니다.

15 She asked John how much he loved her.
(그녀는 존이 얼마나 그녀를 사랑하는지 물었다)
— 의문사가 있는 특수의문문이므로 의문사를 접속사로 사용해 평서문으로 바꿉니다. 간접의문문이 되죠.

| 창조 마지막 날 _ All about the others |

STORY 22

문장의 파격, 특수구문 이야기

도치, 강조, 삽입, 생략, 공통관계를 통해 화끈한 feel을 나타내어라!

Wow, finally, 창조 마지막 날입니다. 오늘은 문장의 파격, 특수구문에 관한 profile이 창조되는 날입니다. 제우스와 참모들이 기분 좋게 last meeting을 시작하려는데 난데없이 동사가 이마에 도치라는 head band를 두르고는 신전으로 난입합니다. 놀란 제우스가 말하죠. "Oh my gosh! What business brings you here?도대체 여기에 왜 온 것이야?"

동사가 오히려 반문을 하죠. "흥! 오늘이 마지막 날이라고요? Do you really think so?"

"그렇다, what's wrong with that?왜 떨어?"

"널뛰고 계시네. 도치에 관해 일언반구도 없이 누구 맘대로 마지막이래요? ㅋㅋ"

동사의 말에 화답이라도 하듯이 강조, 삽입, 생략 등이 따라 들어오며 목청을 높이죠.

"도치, 강조, 삽입, 공통관계에 대한 특별법을 제정하라! 제정하라!"

"Oh, dear! 속담에 끝이 좋아야 만사가 좋다고 했는데. 쩝! 그래, 오늘을 특수구문을 위한 날로 정하는 거야."

결심한 제우스가 특수구문에 관해 말하자 특수구문들이 한 목소리로 제우스를 칭찬하죠.

"Awesome!멋져요! 역시 창조주는 scale이 달라요."

"You mean it?정말? awesome, or wicked awesome?그래? 그냥 멋져 부러, 아님 완전 멋져 부러?"

"Absolutely,당근, Wicked awesome, sir.왕 멋지죠"   ● wicked: awesome을 강조함

"I'm so flattered.완전 비행기를 태우는 군 하지만 기분 나쁘지 않아. ♪♪. 그럼 슬슬 출발해 볼까?"

"Yes, sir, let's go for it!쪼아~염, 출발~!!"

창조 마지막 날, 도치, 강조, 생략, 삽입, 공통관계, 그리고 물주구문에 관한 상세 profile 속으로 go! go!

Episode #1

술부의 반란에 관한 이야기

| INTRO |

특수 구문

주어가 first라는 원칙을 깨고 상황에 따라 동사, 목적어, 보어, 부정어 등을 문두로 끌어내는 특수구문에 관한 이야기 속으로 here we go!

도치 이야기 (주어, would you please 뒤로 꺼져줄래?)

특수구문에 관한 profile을 완성한 제우스가 이들을 한 자리에 불러 말하죠.
"**It's time to introduce yourself.** 너희들에 관해 소개할 시간이다 마지막으로 아주 cool하게 소개를 해봐라. 흠, 도치(inversion), **step forward**, 네가 먼저 시작해라."

- step forward: 앞으로 나오다

도치가 stage로 올라가더니 능수능란(skillful)하게 자신을 소개하죠.

"**Hey, my name is Inversion**. 도치란 쉽게 말해서 주어를 제외한 기타 문장의 요소들, for example, 동사, 목적어, 보어, 부사, 부정어 등이 주어 보다 앞으로 나오는 현상을 말하지. 구문상의 도치와 강조를 위한 도치 둘로 구분이 되지."

"구문상의 도치라니? **I have no idea about it.** What is it?"

- have no idea about it: 모르겠다

"의문문의 어순이 V+S가 되는 것, 혹은 나도 그래, 나도 아냐, 라고 할 때 사용하는 so+V+S, neither+V+S 등이 그것이지."

"그럼, 강조를 위한 도치는 뭐야?"
"동사, 목적어, 보어, 혹은 부정어의 의미를 보다 강조하기 위해 이들을 문두로 끌어내는 현상이지."

"오! **at any case,** 어떤 경우이든 주어 아닌 다른 요소가 문두로 나가는 현상을 도치라고 하는 것이구나, right?"
"**You've got a point.** 그럼, 그럼. 바로 그거야"

1 도치(Inversion)

도치란 주어를 제외한 기타의 요소, 곧 동사, 목적어, 보어, 부정어 등이 주어 앞으로 이동하는 현상을 말하는 것으로 구문상의 도치와 강조를 위한 도치로 구분이 됩니다.

❶ 구문상의 도치

| The Show 영문법 |

1) 의문문

의문문의 어순은 V+S입니다.

- **Do** you know Jack? 당신은 잭을 압니까?
- **Can** you understand what I mean? 내 말의 의도를 파악할 수 있죠?

2) so+V+S

'~도 역시 ~하다' 라는 뜻으로 사용되는 구문 역시 so+V+S로 나타내죠.

- He is a student. 그는 학생입니다
  So **am I**. 나도 학생입니다
- She went to church. 그녀는 교회에 갔다
  So **did we**. 우리도 또한 갔다

3) neither+V+S

'~도 역시 아니다' 라는 뜻으로 사용되는 부정 구문 역시 neither+동사+주어로 나타내죠.

- She did not sleep well. 그녀는 잠을 잘 자지 못했어
  Neither **did I**. 나도 못 잤어

4) if 가정법에서 if가 생략될 때

if 가정법에서 if가 생략되면 V+S의 어순이 되죠.

- If I were a bird, I could fly to you. 만약 내가 새라면, 당신에게로 날아갈 텐데
  = **Were I** a bird, I could fly to you.
- If it had not been for water, nothing could have lived.
  = **Had it** not been for water, nothing could have lived.
  만약 물이 없었더라면, 아무것도 살 수 없었을 텐데

❷ 강조를 위한 도치

문장의 한 어구, 목적어, 보어, 부정어를 특별히 강조하기 위해 이들을 문두로 이동시킬 때 일어나는 도치를 말합니다.

1) 부정의 부사가 문두로 나갈 때

little, never, hardly, nor, scarcely, barely, seldom, rarely 등과 같은 부정의 부사가 문두로 나가면 어순은 항상 V+S가 된다는 점에 주의하세요.

- I never thought that you proposed me.
  = **Never did I think** that you proposed me. 당신이 청혼할 것이라고는 결코 생각하지 못했다
  • did는 도치를 위해 사용된 조동사입니다. 일반동사는 do, does, did를 사용하며, 원칙은 의문문을 만드는 방법과 동일합니다.
- I little could dream that he betrayed me.
  = **Little could I dream** that he betrayed me. 그가 나를 배신한다는 것은 꿈조차 꿔 본 일이 없다
  • 조동사나 be동사가 있을 때는 직접 나갈 수 있죠.

2) 보어가 문두로 이동할 때

어순은 V+S가 됩니다. 하지만 주어가 대명사인 경우 어순은 S+V가 되죠.

- The man is happy who loves his life.
  = **Happy is** the man who loves his life. 행복하여라! 자신의 삶을 사랑하는 자
- **Here you** are. 여기 있어요
- **Stupid you** are who don't know my love. 멍청이, 나의 사랑도 몰라주고

목적어가 문두로 나가면 S+V의 어순이 됩니다.
- I can rely on God.
  God I can rely on. 내가 기댈 곳은 하느님 뿐
     S   V

3) 장소 혹은 방향을 나타내는 부사, 부사구가 문두로 나갈 때

동사의 종류, 이동하는 어구에 따라 V+S, 혹은 S+V의 어순을 취합니다.

a) 자동사일 때

V+S의 어순을 취합니다.
- Here **comes** the taxi. 택시가 이쪽으로 온다
- On the sand **sat** many girls. 모래 위에 많은 소녀들이 앉아 있다

b) only가 있는 구, 절이 문두로 이동할 때

V+S의 어순을 취합니다.
- They come to know what happened **only** that night.
  Only that night did they come to know what happened.
  그날 밤에야 무슨 일이 일어났는지 알게 되었다

강조이야기 (Star가 되고 싶어? 내게 연락해 ^_^*)

도치의 소개가 끝난 후 강조가 말하죠.

- emphasis(n): 강조

"My name is Emphasis, 동사 **emphasize** 강조하다 에서 온 강조라고 해. 말 그대로 강조한다는 뜻이지."

"이미 알고 있거든, 지금 우리가 알고 싶은 것은 강조하는 방법이야."

동사가 짜증난다는 듯이 말하자 강조가 말하죠.

"어이, 동사, star가 되고 싶어? 그럼 두더지에게 연락해."

"두더지, what does it mean? 생뚱맞게 두더지는 왜?"

"의문문과 부정문을 만들기 위해 조동사로 사용했던 do, did, does 말이야. 똑같이 동사 앞에 덧붙여주면 강조가 되니 말이야. Just try."

이 말에 동사 love가 얼른 강조를 하죠.

| The Show 영문법 |

> "I do정말 love you. 이렇게 말이니?"
> "Bingo!"
> "그럼 나 명사는 어떻게 강조해?"
> "오! 명사, 그대도 star가 되고 싶어? 앞에 the very만 붙여봐. Just try."
> "You are the very바로 person whom I want to love.당신은 내가 사랑하고픈 바로 그 사람 이렇게?"
> "Bingo!"
> "우리 의문사는, 우리 부정어는?"
> "의문사와 부정어 너희들도 star가 되고 싶어?"
> "말밥이지."
> "의문사는 뒤에 on earth, in the world를, 부정어는 뒤에 at all, in the least만 붙이면 that's okay. 참 쉽죠~잉?" ^^
> "Yup, it really is.정말 그러네 ♪♪"

2 강조(Emphasis)

문장 중 한 어구를 특히 강조하고자 할 때 사용하는 방법으로 강조하고자 하는 말에 따라 다른 형식을 취합니다.

❶ 명사 강조

명사 바로 앞에 the very를 붙여주며, 해석은 '바로~' 로 합니다.

- He is the man whom I want to meet. 그는 내가 만나고 싶은 사람이다
  = He is **the very man** whom I want to meet. 그는 내가 만나고 싶은 **바로** 그 사람이다

❷ 동사 강조

동사 앞에 do, does, did를 붙여 나타냅니다.

a) 3인칭 단수 현재형 동사일 때는 does+동사원형
- My sister **loves** cookies. 여동생은 쿠키를 좋아한다
  = She **does love** cookies. 그녀는 정말 쿠키를 좋아한다

b) 과거형동사일 때는 did+원형동사
- I **promised** mom not to tell a lie again. 나는 엄마에게 다시는 거짓말을 하지 않겠다고 약속했다
  = I **did promise** mom not to tell a lie again. 나는 엄마에게 **정말로** 거짓말을 하지 않겠다고 ~~~~

c) 동사가 현재형일 때 do+원형동사
- Go back to your seat. 너의 자리로 돌아가라
  = **Do go** back to your seat. 제발 너의 자리로 돌아가라

❸ 의문사 강조

의문사 바로 다음에 on earth, in the world 등을 붙여줍니다. 속어적인 표현을 할 때는 the hell을 사용하기도 하죠.

- Who made this bread? 누가 이 빵을 만들었니?
  = **Who on earth** made this bread? 도대체 누가 이 빵을 만들었니?
- **What the hell** are you doing? 젠장, 도대체 뭘 하고 있는 거야?

❹ 부정문 강조

부정문 끝에 at all, in the least 등을 붙여줍니다.

- They did **not** know the truth **at all**. 그들은 사실을 전혀 알지 못했다

❺ 동일한 어구를 반복하거나 재귀대명사를 이용한 강조

- It is getting **warmer and warmer**. 점점 따뜻해지고 있다
- I did it **myself**. 나 스스로 그것을 했다

❻ It is ~~ that 강조 구문

문장의 한 부분을 강조할 때 사용하며, be동사와 접속사 that 사이에 강조어구를 삽입합니다. 해석은 that 이하부터 시작해서 강조어구 앞에 '바로'란 말을 붙여합니다.

- I met Mrs. Robin in Dunedin. 나는 로빈 여사를 더니든에서 만났다

1) 주어 강조
- **It was I that**(who) met Mrs. Robin in Dunedin. 더니든에서 로빈 여사를 만났던 사람은 바로 **나다**

2) 목적어 강조
- **It was Mrs. Robin that**(whom) I met in Dunedin. 내가 더니든에서 만났던 사람은 바로 **로빈 여사다**

3) 부사구를 강조
- **It was Dunedin that** I met Mrs. Robin in. 내가 로빈 여사를 만났던 곳은 바로 **더니든이다**

3 생략(Eclipsis)

동일한 어구가 반복될 때 그 중에서 한 어구를 생략해도 의미상의 문제가 없을 때, 그리고 관용적으로 하는 생략이 있습니다.

❶ 대등절에서의 생략

대등접속사(and, but, for, or, so, etc.)가 이끄는 구, 절에서 반복되는 주어, 동사는 생략됩니다.

- I **played** the violin and he (**played**) the cello in the concert.
  연주회에서 나는 바이올린을, 그는 첼로를 연주 했다

| The Show 영문법 |

❷ **부정사에서 동사의 생략**

부정사에서 동사를 생략하죠. 동사 없이 홀로 사용되는 부정사를 대부정사라고 합니다.

- You may go home anytime if you want **to** (go). 원한다면 언제든지 집에 가도 좋아요

❸ **비교급 구문에서 동사의 생략**

원급, 비교급에서 as, than 다음에 오는 동사는 보통 생략됩니다.

- Aphrodite is as beautiful as you (**are**). 아프로디테는 너만큼 아름답다
  – be 동사의 생략
- You have more money than he (**has**). 당신은 그보다 더 많은 돈을 가지고 있죠.
  – have 동사의 생략

❹ **부사절에서 주어와 동사의 생략**

시간, 조건, 양보 등을 나타내는 부사절의 주어가 주절의 주어와 같을 때 주어와 be동사는 생략될 수 있죠.

- While (**you are**) in Korea, you should keep by the korean law.
  한국에서는 한국 법을 지켜야만 한다
- If (**it is**) written in Korean, the book is easily read by people.
  만약 그 책이 한국어로 쓰였다면, 쉽게 읽혀질 텐데
- Though (**he is**) still young, Tom behaves like an adult.
  비록 탐은 어리지만, 어른처럼 행동한다

❺ **감탄문에서 주어와 동사의 생략**

감탄문에서 주어와 동사는 생략할 수 있습니다.

- How beautiful (**you are**)! 당신은 얼마나 아름다운지!
- What a lovely girl (**she is**)! 그녀는 정말 예쁜 소녀다!

❻ **관용적인 생략**

광고문, 경고문, 게시판 등과 같이 보다 간결하고 압축된 느낌을 주기 위해 생략합니다.

- No parking(**is allowed**). 주차금지
- (**This is**) Not for sale. 비매품
- (**This store is**) Closed Sunday. 주일은 쉽니다
- (**Keep your**) Hands off. 손대지 마시오

4 삽입(Insertion)

보충 설명을 위해 삽입되는 구, 절로 보통 dash(–)나 comma(,)를 이용해 나타냅니다.
I believe, I think, for example, in fact, you know 등이 대표적이죠.

- There are many flowers there, **for example**, roses, lilies, cosmoses, etc.
  그곳에는 많은 꽃들이 있다, 예를 들면, 장미, 백합, 코스모스 등

5 공통관계(Common Relation)

한 요소가 둘 이상의 말과 공통적인 관계를 나타내는 것으로 피 수식어, 동사, 목적어, 보어 등이 공통관계를 이룹니다.

❶ 피수식어의 공통관계

- **A woman of wisdom**, not **of a beauty**, is wanted by man.
  미인이 아니라 지혜로운 여성을 남자들은 찾고 있다
  – 피수식어 a woman이 수식어 of wisdom, of a beauty에 공통적으로 연결되어 있죠.

❷ 동사의 공통관계

- The rich **can**, and **should help** the poor.   부자는 반드시 가난한 사람들을 도와야만 하고 또한 도울 수 있다
  – 본동사 help가 조동사 can과 should에 공통으로 연결되어 있죠.

❸ 목적어의 공통관계

- Row **with** and not **against wind**.   바람에 맞서지 말고 순응하여 노를 저어라
  – 목적어 wind가 전치사 with와 against에 공통으로 연결되어 있죠.

❹ 보어의 공통관계

- Eros **was** and **is a god of love**.   에로스는 사랑의 신이었고 지금도 사랑의 신이다
  – 보어 a god of love가 was와 is에 공통적으로 연결되어 있죠.

Episode #2 물주구문에 관한 이야기

| INTRO |

물주구문

사람이 주어가 되는 구문을 인주어구문, 반면에 무생물이 주어가 되는 구문을 물주구문이라고 하죠. 목적어를 주어처럼 풀어 해석하는 물주구문 속으로 here we go!

물주구문 이야기 (정신 차려, 이것들아, 목적어를 주어로 생각하라니까)

특수구문에 관한 설명이 모두 끝나자 에로스가 탄성을 지릅니다.

"Yahoo! 창조 끝."

이에 제우스가 째려보며 말하죠.

"그건 니 생각이고, **not yet,** 아직은 아냐, 물주구문이 남았는데 뭔 헛소리."

"**Oops, it slipped my mind,** 까먹었네 anyway, 물주구문이 뭐였죠?"

"무생물이 주어가 되는 구문으로 사람이 주어가 되는 인주어 구문과는 대조적인 구문이다."

"쳇! Nonsense, 말도 안 돼, 무생물이 주어가 된다니, 어떻게 무생물이 사람처럼 말하고 행동할 수 있어요?"

"**Why not?** 왜? 안 돼, 당근, 될 수 있지. 주어 대신 사람 목적어를 주어로 사용하면 되지."

"증거를 보여줘 봐요? **How can I believe?** 어떻게 믿어요?"

"**Seeing is believing,** just take a look;"

- **Ten minutes** walk gets me to the park.
  = **If I walk ten minutes,** I can get to the park.
  10분 정도 걸으면, 나는 공원에 갈 수 있다

예문처럼 무생물 주어 10분 대신 목적어인 사람 me를 주어로 삼아 적당한 부사절로 풀어서 해석하면 되지.

"**Am I clear?** 알아먹었냐?"

"**Yup, crystal clear.** 정확하게 알겠어요"

- slip one's mind: 잊어버리다

1 물주구문

사람이 주어가 되는 구문을 인주어 구문, 무생물이 주어가 되는 구문을 물주구문이라고 합니다. 후자의 경우 직역을 하게 되면 의미가 어색해지므로 주어 대신 목적어를 주어로 삼아 때, 이유, 조건 등을 나타내는 부사구나 부사절로 풀어서 번역하는 것이 일반적입니다. 이들 물주구문 중 꼭 기억할 구문은 다음과 같습니다.

❶ enable+목적어+to do (~할 수 있다)

- My wealth **enables** me **to buy** anything.
  = **Because I am rich**, I can buy anything. 나는 부자라서 무엇이든지 살 수 있다

❷ prevent(keep, prohibit)+목적어+from ~ing (~하지 못하게 막다)

- The hurricane **prevented** people **from going** out.
  = **Because of the hurricane**, people could not go out. 태풍 때문에 사람들은 외출을 할 수 없었다

❸ cause+목적어+to do (~원인이 되다)

- The accident **caused** me **to be** late for work.
  – **Due to the accident**, I was late for work. 사고로 인해 나는 지각을 했다

❹ 기타

- A call **brought** me **to** the window
  = **After I heard a call**, I went to the window 부르는 소리를 들은 후에 나는 창문가로 갔다
- An hour's rest **gets** you **to** feel good.
  = **If you take a rest for an hour**, you will feel good. 한 시간 정도 쉬면 기분이 좋아질 것이다

---

olleh! 드디어 22일간의 영문법 여정이 끝났습니다. 함께 해 준 여러분 I really appreciate it. 이제 비상할 수 있는 날개를 달았으니 맘껏 날아 보십시오. 이 책을 통해 갈고 닦은 여러분의 문법이 여러분을 영어의 정상으로 안내할 것 입니다.

I am a hundred percent sure you can achieve it.
Guys, take care and happy learning ^_^*

Wrap Up & Explanation

Wrap Up

❶ [01~05] 다음 문장에서 어법상 잘못된 문장을 바르게 고치시오.

01 Little I dreamed that I met him in India.

02 Here the taxi comes.

03 Here comes he.

04 A big boy as he is, he can't go abroad by himself.

05 It is you that is to blame.

❷ [6~10] 다음 괄호 안에 주어진 말을 강조해 나타내시오.

06 Dad (works) hard but we are still poor.

07 Tom broke the vase (yesterday).

08 She is the (girl) whom I am looking for.

09 (What) do you want to have?

10 Your speech is so (wonderful) that we are deeply moved.

❸ [11~12] 다음 문장에서 생략된 부분을 쓰시오.

11 Never pretend to know what you don't while learning English.
_____

12 Though young, he is very clever.
_____

❹ [13~15] 다음 문장을 부사구나 절을 이용해 다시 나타내고 해석하시오.

13 This subway should take you to the city hall.

14 That song reminds me of my boyhood.

15 Your advice made me change my mind.

Explanation

| The Show 영문법 |

❶

01. 부정의 부사 little, never가 문두로 이동하면 도치가 일어나죠. Little **did I dream** that~
    (인도에서 그를 만나리라고는 꿈도 꾸지 못했다)
02. 부사 here, there 다음에 일반명사가 주어로 오면 도치가 일어나죠. Here **comes the taxi**.
    (택시가 온다)
03. 대명사 he가 주어이므로 그냥 주어+동사로 나타냅니다. Here **he comes**.
    (그가 온다)
04. As가 양보 절을 이끌 때는 보어가 문두로 나오며 또한 이때 관사는 생략합니다. Big boy as he is,
    (그는 다 컸지만, 홀로 유학을 가지는 못한다)
05. It is ~that 강조구문의 동사는 강조어와 일치하죠. you이므로 **are**입니다. that are to~
    (비난 받을 사람은 바로 당신이다)

❷

06. 동사강조는 do, does, did로 합니다. 3인칭 단수 현재형 동사이므로 **does** work
    (아빠는 정말 열심히 일하지만 우리는 여전히 가난하다)
07. It was와 that 사이에 강조어를 삽입하죠. **It was yesterday that** Tom broke the vase.
    (톰이 꽃병을 깨뜨린 것은 바로 어제이다)
08. 명사의 강조는 the very를 붙이죠. **the very** girl
    (그녀가 바로 내가 찾던 그 소녀이다)
09. 의문사 강조는 바로 다음에 on earth, in the world를 붙여주죠. What **on earth** ~
    (도대체 무엇을 원하는 거야?)
10. 보어가 강조를 위해 문두로 가면 동사+주어의 어순이 되죠.
    So wonderful **is your speech** that we are deeply moved.
    (정말 멋진 연설에 우리 모두가 감동을 받았어요!)

❸

11. 시간을 나타내는 부사절에서 주어와 be동사는 생략이 되죠. while you are
    (영어를 배울 때 모르는 것을 결코 아는 척 하지 말라)
12. 양보의 부사절이죠. 주어와 be동사가 생략되었죠. Though he is
    (비록 그는 어리지만 매우 영리하다)

❹

13. 조건의 부사절로 나타내면 자연스럽죠.
    If you take this subway, you can go to the city hall. (이 지하철을 타면 시청으로 갈 수가 있다)
14. 시간의 부사절로 나타냅니다.
    Whenever I hear that song, I think of my boyhood. (그 노래를 들을 때마다 소년 시절이 기억난다)
15. 시간의 부사절로 나타낼 수 있죠.
    After I heard your advice, I changed my mind. (당신의 충고를 듣고 생각을 바꿨어요)

| The Show 영문법 |

참! 참! 길고 긴 시간이었습니다.

그동안 어려움도 많았지만 이 시간까지 올 수 있었던 것은 바로 약속과 신념 때문이었습니다. 새로운 version의 영문법 책을 만들어 누구나 쉽게 영문법의 달인이 될 수 있도록 해주겠다는 약속, 그리고 반드시 할 수 있다는 신념, 이제 그 약속의 결과로 만들어진 『The show 영문법』을 가지고 여러분을 찾아가려 합니다. 저의 혼을 쏟아 부어 만든 이 책이 여러분에게 신선한 재미와 큰 도움을 주는 책이 되기를 소망합니다. 끝으로 무명의 저를 믿고 출판을 결정해준 삼영서관, 격려와 조언을 아끼지 않고 외조를 해주었던 남편(나채환), 딸(나혜진), 어머니(이옥연여사) 그리고 이 책의 출판을 위해 기도해 준 지인들과 추천의 글을 준비해준 고마운 제자들에게 머리 숙여 감사드립니다.